Kohlhammer

Grundlagen des Kommunalrechts in Deutschland

Eine nach Verfassungsprinzipien geordnete Darstellung

Professor Dr. Dr. h. c. mult. Rolf Stober

Verlag W. Kohlhammer

1. Auflage 2025

Alle Rechte vorbehalten
© W. Kohlhammer GmbH, Stuttgart
Gesamtherstellung:
W. Kohlhammer GmbH, Heßbrühlstr. 69, 70565 Stuttgart
produktsicherheit@kohlhammer.de

Print:
ISBN 978-3-17-045612-9

E-Book-Formate:
pdf: 978-3-17-045613-6
epub: 978-3-17-045614-3

Dieses Werk einschließlich aller seiner Teile ist urheberrechtlich geschützt. Jede Verwendung außerhalb der engen Grenzen des Urheberrechts ist ohne Zustimmung des Verlags unzulässig und strafbar. Das gilt insbesondere für Vervielfältigungen, Übersetzungen, Mikroverfilmungen und für die Einspeicherung und Verarbeitung in elektronischen Systemen.
Für den Inhalt abgedruckter oder verlinkter Websites ist ausschließlich der jeweilige Betreiber verantwortlich. Die W. Kohlhammer GmbH hat keinen Einfluss auf die verknüpften Seiten und übernimmt hierfür keinerlei Haftung.

Vorwort

Otto Mayer, ein maßgeblicher Wegbereiter des heutigen Verwaltungsrechts, hat im Vorwort zur ersten Auflage seines Lehrbuchs zum Verwaltungsrecht im Jahre 1895 ausgeführt:

„*Vielleicht war es doch das Richtige, mutig das Ganze anzufassen, um es einheitlich nach gemeinsamen großen Gesichtspunkten aufzubauen.*"

Diese Ordnungs- und Systematisierungsaufgabe betrifft in besonderem Maße auch das Kommunalrecht. Zum einen bedarf es für diese Rechtsmaterie schon wegen der Existenz unterschiedlicher Gemeindeverfassungstypen einer Suche nach gemeinsamen übergreifenden Strukturen. Zum anderen sind die Gemeinden und Gemeindeverbände Teil des zugrunde liegenden Verfassungs- und Verwaltungssystems, das ihre Rolle innerhalb dieses Funktionsrahmens prägt.

Folglich ist das Kommunalrecht anhand von Verfassungsprinzipien zu erklären und zu konkretisieren. Dieser systemwissensbasierte Ansatz ist ein solides Fundament zur leichten stofflichen Erschließung des erforderlichen Detailwissens. Die klare Strukturierung gestattet die komplexe und komplizierte Thematik „Kommunalrecht" effizient zu erfassen, prozessuales Recht zu integrieren, ohne didaktische Elemente und die Kommunalpraxis zu vernachlässigen.

Rolf Stober, im Juli 2025

Abbildungs- und Tabellenverzeichnis

Abbildung 1: Sandwichposition der Gemeinde Rn. 17

Abbildung 2: Süddeutsche Ratsverfassung Rn. 31

Abbildung 3: Aufgabentypen Rn. 37

Abbildung 4: Dezenatsverteilungsplan Rn. 95

Abbildung 5: Gemeindefinanzierung Rn. 257

Prüfungs- und Aufbauschemata

Gemeinderatssitzung Rn. 64

Rechmäßigkeit kommunaler Satzungen Rn. 109

Kommunale Verfassungsbeschwerde Rn. 155

Zulassung zu einer öffentlichen Einrichtung Rn. 247

Inhaltsübersicht

Vorwort	V
Abbildungs- und Tabellenverzeichnis	VII
Prüfungs- und Aufbauschemata	VII
Abkürzungsverzeichnis	XVI

§ 1 Methodische Erschließung und Abgrenzung des Kommunalrechts 1
    I. Begriff und Gebiete des Kommunalrechts 1
    II. Kommunalrecht als konkretisiertes Unions- und Verfassungsrecht 2
    III. Zur Vernachlässigung der verfassungsrechtsprinzipiellen Seite und zu den Zielen dieses Lehrbuches 3
    IV. Welche Verfassungsprinzipien sind relevant? 4
    V. Abgrenzung von ähnlichen Erscheinungsformen. 5
        1. Kommunalverfassungsrecht und Staatsverfassungsrecht. 5
        2. Kommunalrecht und Verwaltungsrecht. 5
        3. Kommunalrecht im weiteren Sinne 5
        4. Konsolidiertes und kodifiziertes Kommunalrecht 6
        5. Kommunalrecht und Kommunalwissenschaften. 6
        6. Kommunalrecht und Kommunalpolitik 7
        7. Kommunalpolitik und Kommunalrechtspolitik 7
    VI. Herausforderungen an das Kommunalrecht 8
        1. Kommunen im permanenten Transformationsprozess. 8
        2. Aufgabenbezogene Herausforderungen. 8
        3. Verwaltungsinterne und verwaltungsexterne Verantwortung . . . 10
    VII. Gemeinden in der Sandwichposition 11
    VIII. Ausgewählte Hilfsmittel 11
        1. Kommunalrechtliche Literatur. 11
        2. Kommunalrechtliche Rechtsprechung 12
        3. Kommunalrechtliche Online-Recherche 12

§ 2 Kommunalrecht und Unionsprinzip 13
    I. Die EU als Kommunalunion 13
    II. Die Rechtsgrundlagen der Kommunalunion. 14
    III. Der Einfluss des Unionsrechts auf das Kommunalrecht 15
    IV. Mitwirkung und Schutz der Gemeinden 16
    V. Rechtsschutz. 17

§ 3 Kommunalrecht und Bundesstaatsprinzip 18
    I. Kommunalrecht als gestaltbare Landesangelegenheit 18
    II. Der Einfluss des Bundesgesetzgebers 18
    III. Grundgesetzliche Bezüge zum Kommunalrecht. 19
    IV. Unterschiedliche bundesstaatliche Kommunalrechtssysteme und Aufgabentypen 20
    V. Einzelne Kommunalrechtssysteme. 20
        1. Rats-, Bürgermeister- und Magistratsverfassung 20
        2. Aufgabenmonismus und Aufgabendualismus 21
        3. Eigener Wirkungskreis 22

Inhaltsübersicht

		4. Auftrags- und Weisungsverwaltung.	24
		5. Organleihe	24
		6. Gemeinschaftsaufgaben und Mischverwaltung.	25
		7. Aufgabentypen	26
	VI.	Kommunen als Glied der Verwaltungsorganisation	26
		1. Dezentralisierung und Dekonzentration als Grundprinzipien . . .	26
		2. Treuepflicht und gemeindefreundliches Verhalten	27
		3. Einzelne kommunale Erscheinungsformen	27
	VII.	Bundesstaat und kommunale Selbstverwaltung in Stadtstaaten	30
	VIII.	Kommunalverfassungen und Kommunalverwaltung	31
		1. Bundesstaatlich motivierte Abweichungen.	31
		2. Der Rat	31
		3. Der Ratsvorsitzende	41
		4. Ausschüsse	43
		5. Der Gemeindevorsteher/Bürgermeister	45
		6. Die Beigeordneten	47
		7. Die Fraktionen	48
		8. Bezirksvertretung und Bezirksvorsteher.	49
		9. Beiräte, Interessenvertretungen und Beauftragte.	50
	IX.	Kommunalverfassungsstreitverfahren	51
		1. Begriff und Abgrenzung des Kommunalverfassungsstreitverfahrens	51
		2. Prozessvoraussetzungen und Prüfungsumfang	52
§ 4	**Kommunalrecht und Selbstverwaltungsprinzip**		55
	I.	Verfassungsrechtliche und rechtstatsächliche Ausgangslage	55
		1. Rechtstatsächliche Bedeutung der Gemeinden und Gemeindeverbände.	55
		2. Verfassungsrechtliche Verankerung der Gemeinden und Gemeindeverbände	55
	II.	Das Kommunalrecht im Wandel der Verfassungs- und Verwaltungsgeschichte	56
		1. „Stadtluft macht frei" und Selbstverwaltung als Grundrecht	56
		2. Kommunalrecht in der Nachkriegszeit	57
	III.	Politische und juristische Selbstverwaltung.	58
	IV.	Verfassungsrechtliche Dimension der kommunalen Selbstverwaltung. .	59
	V.	Eigenverantwortliche Erledigung aller Angelegenheiten der örtlichen Gemeinschaft	60
		1. Institutionelle Garantie als Bestandsgarantie	60
		2. Subjektive Rechtsstellung	61
		3. Objektive Aufgabengarantie.	61
	VI.	Objektiver Schutz der kommunalen Selbstverwaltung und kommunale Hoheitsrechte	65
	VII.	Gebietshoheit	65
	VIII.	Organisationshoheit.	66
	IX.	Personalhoheit	68
		1. Kommunale Dienstherrnfähigkeit	68
		2. Gleichbehandlungsgebot und Diskriminierungsverbot	69
	X.	Finanz-, Haushalts- und Abgabenhoheit.	70

Inhaltsübersicht

XI.	Planungshoheit	72
XII.	Satzungshoheit	73
	1. Satzungshoheit und Satzungsrecht	73
	2. Zweck und Grenzen des Satzungsrechts	74
	3. Satzungsermessen und Rechtsansprüche	75
	4. Satzungsverfahren und Rechtmäßigkeit von Satzungen	76
	5. Rechtsschutz gegen Satzungen	81
XIII.	Verwaltungshoheit	82
XIV.	Kooperationshoheit	82
XV.	Informations- und Statistikhoheit	82
XVI.	Selbstverwaltung und Teilnahme am Rechtsverkehr	83
	1. Name, Bezeichnung, Siegel und Wappen	83
	2. Rechtsfähigkeit, Geschäftsfähigkeit und Dienstherrnfähigkeit	84
	3. Privatrechtsgeltung der Grundrechte	84
	4. Gesetzliche Vertretung	85
	5. Rechtsschutz	86
XVII.	Kommunale Haftung	86
	1. Haftungsrechtliche Ausganglage	86
	2. Gefährdungshaftung	87
	3. Haftung für unerlaubte Handlungen	87
	4. Haftung aus kommunalen Benutzungsverhältnissen	88
	5. Amtshaftung	88
	6. Enteignungs- und Entschädigungsregelungen	90
XVIII.	Selbstverwaltung und andere Verwaltungsträger	90
	1. Staat und EU	90
	2. Kreise	90
	3. Nachbargemeinden und kommunale Zusammenarbeit	93
	4. Kommunale Spitzenverbände und Fachverbände	97
	5. Überregionale Zusammenarbeit	98
XIX.	Selbstverwaltung im Rahmen der Gesetze	98
	1. Die Schranke des Art. 28 Abs. 2 GG	98
	2. Gesetze im Sinne des Art. 28 Abs. 2 GG	98
	3. Selbstverwaltungsrechtlich motivierter Gesetzesvorbehalt	99
XX.	Grundrechtsfähigkeit von Gemeinden und Gemeindeunternehmen	101
XXI.	Rechtsschutz der kommunalen Selbstverwaltung	102
	1. „Jedermann"-Verfassungsbeschwerde für Gemeinden?	102
	2. Kommunale Verfassungsbeschwerde	102
	3. Verwaltungsgerichtliche Klage	105

§ 5	**Kommunalrecht und Demokratieprinzip**	107
I.	Der demokratische Status einzelner Personengattungen	107
	1. Grundlagen des lokalen demokratischen Status	107
	2. Der demokratische Status der Einwohner	108
	3. Der demokratische Status der Bürger	110
	4. Der demokratische Status der Unionsbürger	115
	5. Der demokratische Status der Ausländer	115
II.	Legitimation durch Kommunalwahlen	116
	1. Legitimation der Repräsentativorgane	116

Inhaltsübersicht

		2.	Legitimation der kommunalen Wahlbeamten	117
		3.	Delegitimierung durch Abwahl	118
	III.		Kommunale Wahlrechtsgrundsätze	119
		1.	Allgemeinheit	119
		2.	Unmittelbarkeit	119
		3.	Wahlfreiheit	120
		4.	Wahlgleichheit	121
		5.	Geheimheit	121
	IV.		Inkompatibilitäten	122
	V.		Kontrolle und Rechtsschutz bei Wahlen	123
		1.	Kommunalinterne Kontrolle	123
		2.	Gerichtliche Wahlprüfung	123

§ 6 Kommunalrecht und Sozialstaatsprinzip ... 125
- I. Bedeutung des Sozialstaatsprinzips für die Kommunen ... 125
- II. Kommunale Sozialaufgaben und Ansprüche der Bewohner ... 126
- III. Einzelne kommunale Sozialaufgaben ... 127
  - 1. Zur Ausführung von Sozialrecht durch die Bundesländer ... 127
  - 2. Allgemeine kommunale Zuständigkeiten für Sozialleistungen ... 127
  - 3. Zur Kooperation bei der Erledigung von Sozialaufgaben ... 129
- IV. Weitere sozialstaatliche Aufgaben der Gemeinden und Kreise ... 130
  - 1. Sport und Freizeit ... 130
  - 2. Kommunale Gefahrenabwehr und Risikovorsorge ... 130
  - 3. Sozialgerechte Bodennutzung und sozialer Wohnungsbau ... 130
  - 4. Integration ... 131
  - 5. Gleichberechtigung und Inklusion ... 131
  - 6. Intersozialer Austausch ... 131

§ 7 Kommunalrecht und Rechtsstaatsprinzip ... 132
- I. Zur Bedeutung des Rechtsstaates für die Kommunen ... 132
- II. Kommunalrecht als Element der Funktionenteilung ... 132
- III. Der rechtsstaatliche Status der Gemeindeangehörigen im Kommunalrecht ... 133
  - 1. Gesetzesbindung und Ermessensschranken ... 133
  - 2. Gemeinden als Serviceeinrichtung ... 134
  - 3. Recht auf gute Kommunalverwaltung ... 134
  - 4. Gemeinden als Beschwerdeinstanz ... 134
- IV. Der rechtsstaatliche Status der Gemeinden ... 135
  - 1. Gesetzesvorbehalt und Gesetzesvorrang nach Art. 28 Abs. 2 GG ... 135
  - 2. Gesetzesvorbehalt und Verhältnismäßigkeitsgrundsatz ... 135
  - 3. Die rechtsstaatliche Rolle der Rechtsprechung ... 136
  - 4. Staatliche Rechtsaufsicht über die Gemeinden ... 136
  - 5. Staatliche Fachaufsicht und Rechtsschutz ... 142

§ 8 Kommunalrecht und Umweltstaatsprinzip ... 145
- I. Kommunen als Adressaten des Umweltstaates ... 145
  - 1. Schutz der natürlichen Lebensgrundlagen als wertvollstes Gut ... 145
  - 2. Kommunale Sorge für das ökologische Wohl und Berücksichtigungsgebot – sustainable city ... 145
  - 3. Interne und externe Umweltaufgaben ... 146

Inhaltsübersicht

	II.	Kommunaler Klimaschutz	146
	III.	Ökologischer Personennahverkehr	148
	IV.	Ökologische Bauplanung	148
	V.	Ökologische Entsorgung	148
	VI.	Ökologischer Status der Ortsbevölkerung	149
§ 9		Kommunalrecht und Kulturstaatsprinzip	150
	I.	Kultur als Hausgut der Bundesländer	150
	II.	Umfassender kommunaler Kulturauftrag	150
	III.	Einzelne Erscheinungsformen kommunaler Kulturaktivitäten	151
		1. Schulträgerschaft	151
		2. Kommunale Kulturförderung	151
	IV.	Sportförderung	152
	V.	Denkmalschutz	152
§ 10		Kommunalrecht und Infrastrukturprinzip	153
	I.	Der Infrastrukturauftrag der Kommunen	153
		1. Gegenstand der kommunalen Infrastruktur	153
		2. Kommunale Verantwortung für kritische Infrastrukturen	154
	II.	Rechtsgrundlagen und Dimensionen des kommunalen Infrastrukturauftrages	155
	III.	Kommunale Leistungs- versus Gewährleistungsverwaltung	156
	IV.	Kommunale öffentliche Einrichtungen	156
		1. Begriff der kommunalen öffentlichen Einrichtung	156
		2. Rechts- und Organisationsformen öffentlicher Einrichtungen	158
		3. Die Rechtsstellung der Benutzer öffentlicher Einrichtungen	159
		4. Rechtsschutz	164
§ 11		Kommunalrecht und Abgabenstaatsprinzip	167
	I.	Finanzierungsoptionen	167
	II.	Rechtsgrundlagen des Abgabenstaatsprinzips	167
		1. Finanzrechtliche Bestimmungen	167
		2. Umfassender Abgabenbegriff	169
	III.	System und Rangfolge der Kommunalfinanzierung	169
		1. Aufgabentypen und Finanzquellen	169
		2. Subsidiarität und Vertretbarkeit	170
	IV.	Steuern	171
		1. Verfassungsrechtliche Ausgangslage	171
		2. Grundsteuer und Gewerbesteuer	171
		3. Örtliche Steuern und Steueranteile	173
		4. Finanzzuweisungen	174
		5. Sonderlastenausgleich und Finanzhilfen	174
		6. Steuererfindungsrecht	175
	V.	Gebühren, Beiträge und Sonderabgaben	176
		1. Gebühren	176
		2. Beiträge	176
		3. Gebühren- und Beitragsbemessung	176
		4. Sonderabgaben	177
	VI.	Privatrechtliche Erträge und Entgelte	178

Inhaltsübersicht

VII.	Kreditaufnahmen	178
VIII.	Privatwirtschaftlich orientierte Finanzmodelle	178
IX.	Finanzierung der Auftrags- und Weisungsangelegenheiten	178
X.	Finanzierung der Landkreise	179
	1. Schwache Beteiligung an Steueraufkommen	179
	2. Kreisumlage als Finanzierungskonstante	180
XI.	Zur tatsächlichen Finanzsituation der Kommunen	180

§ 12 Kommunalrecht und Wirtschaftlichkeitsprinzip ... 183
    I. Zum Verhältnis von Abgabenstaat und Wirtschaftlichkeitsprinzip ... 183
    II. Wirtschaftlichkeitsprinzip als Verfassungsgrundsatz ... 184
        1. Verfassungsrechtliche Grundlagen des Wirtschaftlichkeitsprinzips ... 184
        2. Haushaltshoheit und konjunkturelle Verantwortung ... 184
    III. Haushaltsplan und Haushaltsgrundsätze ... 184
    IV. Haushaltssatzung ... 186
    V. Rechnungsprüfung ... 187
    VI. Rechtsstellung der Einwohner und Abgabepflichtigen ... 188
    VII. Grundlagen und Grenzen der wirtschaftlichen Betätigung der Gemeinde ... 189
        1. Die Gemeinde als Verbraucherin ... 189
        2. Die Gemeinde als Unternehmerin ... 190
        3. Zur Zulässigkeit kommunaler Unternehmen ... 192
        4. Ausländische und überörtliche Aktivitäten ... 194
        5. Marktbezogene Verfahrensvorgaben ... 195
        6. Drittschützender Charakter der Vorschriften? ... 195
    VIII. Wettbewerbliche und verfassungsrechtliche Schranken wirtschaftlicher Betätigung ... 196
        1. Zur Reichweite der Schutzfunktion des Lauterkeitsrechts ... 196
        2. Unternehmerische Motivation ist den Kommunen fremd ... 197
    IX. Organisationsformern wirtschaftlicher Betätigung ... 197
        1. Eingeschränkte Wahlfreiheit zwischen Organisationsformen ... 197
        2. Öffentlich-rechtliche Organisationsformen ... 198
        3. Privatrechtliche Organisationsformen ... 199
        4. Materielle Privatisierung von Kommunalaufgaben ... 200
    X. Aufsichtsrecht und Rechtsschutz gegen kommunale wirtschaftliche Tätigkeit ... 201

§ 13 Kommunalrecht und Wirtschaftsförderungsprinzip ... 204
    I. „think global and act local" ... 204
    II. Rechtsgrundlagen der kommunalen Wirtschaftsförderung ... 204
    III. Gegenstand kommunaler Wirtschaftsförderung ... 205
    IV. Die beihilferechtliche und ordnungspolitische Perspektive kommunaler Wirtschaftsförderung ... 205
    V. Mittelbare Wirtschaftsförderung als Schwerpunkt kommunaler Unterstützung ... 206
    VI. Kein Anspruch auf Wirtschaftsförderung ... 206

§ 14 Kommunalrecht und Sicherheitsstaatsprinzip ... 208
    I. Sicherheit als Kernbedürfnis der Ortsbevölkerung ... 208
    II. Sicherheit als Kernkompetenz der Bundesländer ... 208

	III.	Kommunalrecht und Sicherheit und Ordnung 209
	IV.	Ausgewählte kommunale Sicherheits- und Ordnungsaufgaben 210
	V.	Kein ordnungsrechtlicher Anspruch auf Tätigwerden der Kommune .. 211

§ 15 **Kommunalrecht und Grundrechtsstaatsprinzip** 212
    I.   Dimensionen der Grundrechtsgeltung im Kommunalrecht. 212
    II. Funktionen der Grundrechte auf der Kommunalebene 213
    III. Grundrecht auf gute Kommunalverwaltung?................... 213
    IV. Gleichheitsrechte für die Ortsbevölkerung und Bewerber.......... 214

Sachverzeichnis 217

Abkürzungsverzeichnis

Die verwendeten Abkürzungen entsprechen den Abkürzungen aus
Kirchner – Abkürzungsverzeichnis der Rechtssprache, 11. Auflage 2024

   Nachdenkaufgabe

   Zwischenfrage

§ 1 Methodische Erschließung und Abgrenzung des Kommunalrechts

Nachdenkaufgabe: Als Bürger und Einwohner einer Gemeinde kommen wir permanent mit dem Kommunalrecht in Kontakt. Man denke nur an die Benutzung des ÖPNV, den Besuch eines städtischen Schwimmbades oder an die Zahlung von Steuern.
Was verbirgt sich nach Ihrer Ansicht Alles hinter der Materie Kommunalrecht?
Welche Aufgaben fallen Ihnen ein, die von den Gemeinden zu erledigen sind?
Welche Ihnen aus den Medien bekannten aktuellen Herausforderungen müssen die Kommunen bewältigen?
Welche Verfassungsprinzipien beeinflussen nach Ihrer Auffassung die kommunale Aufgabenerledigung?
Wie würden Sie Kommunalrecht definieren?

1

I. Begriff und Gebiete des Kommunalrechts

Das Kommunalrecht lässt sich auf unterschiedliche Weise thematisieren, systematisieren, problematisieren und argumentieren. Allerdings befasst sich das Schrifttum nur ansatzweise mit kommunalmethodischen Fragen. Es nähert sich dieser Rechtsmaterie vielmehr ohne nähere Erläuterungen insbesondere begrifflich[1], organisatorisch[2] oder historisch[3]. Sämtlichen Konzepten ist gemeinsam, dass sie zutreffend eine ziemlich einheitlich verstandene normativ geprägte Definition des Kommunalrechts zugrunde legen.

2

> Danach ist Kommunalrecht die Summe der Rechtssätze, die sich auf die Rechtsstellung, Organisation, Aufgaben, Handlungsformen und Finanzen der Gemeinden, Gemeindeverbände (Kreise) und der kommunalen Zusammenschlüsse (z. B. Zweckverbände) beziehen[4].

Das Kommunalrecht regelt den Aufbau, und die Tätigkeit dieser Einrichtungen, insbesondere den Status der Organe gegenüber dem Staat und anderen gemeindlichen Organen sowie die Rechtsstellung der Einwohner und Bürger.
Das Kommunalrecht ist im Wesentlichen in Gemeindeordnungen, Kreisordnungen und Bezirksordnungen normiert, die durch andere Gesetze ergänzt werden. Innerhalb des Kommunalrechts kommt dem Gemeinderecht in Rechtsetzung, Verwaltung, Rechtsprechung, Praxis, Lehre und Wissenschaft die größere Bedeutung zu. Die Gemeindeordnungen sind das **Grundgesetz der Kommunalverwaltung**. Diese Führungsrolle wirkt sich gesetzestechnisch insofern aus, dass die übrigen Kommunalgesetze häufig auf die Gemeindeordnungen verweisen. Deshalb beschränkt sich dieses Lehrbuch vornehmlich auf das Gemeinderecht.
Systematisch betrachtet ist zwischen dem Allgemeinen Kommunalrecht und dem Besonderen Kommunalrecht zu trennen. Während sich das **Allgemeine Kommunalrecht** mit allgemeinen Grundsätzen dieser Rechtsmaterie befasst, die für alle Kommunalver-

---

[1] *Geis*, Kommunalrecht, 6. Aufl. 2023, § I 1; *Röhl*, in: Schoch (Hg.), Besonderes Verwaltungsrecht, 2018, 301.
[2] *Burgi*, Kommunalrecht, 7. Aufl. 2024, § 2; ders., in: FS Henncke, 2022, 115; *Hellermann*, in: Dietlein/Hellermann, Öffentliches Rechts in Nordrhein-Westfalen, 9. Aufl. 2022, § 2 A II 1.
[3] *Gern/Brüning*, Deutsches Kommunalrecht, 5. Aufl. 2025, § 1.
[4] BVerfGE 137,108 Rn. 132; *Burgi*, Kommunalrecht, 7. Aufl. 2024, Rn. 10; *Röhl*, in: Schoch (Hg), Besonderes Verwaltungsrecht, 2018, 301.

waltungen gelten, betrifft das **Besondere Kommunalrecht** die spezielle Ausgestaltung divergierender Kommunalrechtsverfassungen.

Das **materielle Kommunalrecht** bezieht sich auf die rechtlichen Grundlagen des Kommunalrechts, bei deren Umsetzung das geltende **Kommunalverfahrensrecht** zu beachten ist (z. B. Satzungsverfahren, Sitzungsverfahren). Demgegenüber regelt das **Kommunalprozessrecht** die gerichtliche Durchsetzung individueller und organschaftlicher Rechtspositionen (z. B. Kommunalverfassungsstreit – s. u. § 3 IX 10).

Aufgrund der Einbindung der Gemeinden in die Europäische Union sowie die Zusammenarbeit von Staat und Gemeinden im grenznachbarlichen Verwaltungsräumen ist es schließlich erforderlich, das Kommunalrecht in **unionales und internationales** sowie **in- und ausländisches Kommunalrecht** einzuteilen.

II. Kommunalrecht als konkretisiertes Unions- und Verfassungsrecht

3 Die begriffliche Annäherung und die sektorale Abschichtung eröffnen mehrere Wege zur Darstellung des Kommunalrechts. Im Mittelpunkt der anfangs zitierten Definition und der der Abschichtung nach Allgemeinem und Besonderem Kommunalrecht stehen hingegen die Schlüsselworte „**Summe der Rechtssätze**" und „**allgemeine Grundsätze dieser Rechtsmaterie**". Angesichts dieses umfassenden positivrechtlichen Bezugs drängt es sich auf, das Kommunalrecht unter Berücksichtigung hierarchisch vorgegebener Strukturen sowie allgemeiner Vorgaben in einem großen juristischen Kontext zu untersuchen. Nur diese übergeordnete Sichtweise berücksichtigt ausreichend, dass sich das Recht der Kommunalverwaltung aus unterschiedlichen Rechtsebenen zusammensetzt, die ihren Ursprung vornehmlich
- im Unionsrecht,
- im Grundgesetz und
- im Landesverfassungsrecht

haben[5].

> Die auf diesen Rechtsgrundlagen basierenden Verwaltungsrechtsnormen bilden den rechtlichen Rahmen für die differenziert stattfindende örtliche Aufgabenerledigung. So sind die Kommunen einerseits an die vorhandenen Regeln gebunden, die sie bei der Anwendung und Auslegung beachten müssen. Andererseits profitieren sie von gesetzlich vorgesehenen Verwaltungsspielräumen. Und schließlich können sie gegenüber übergeordneten Stellen und ihren Einwohnern bestimmte Ansprüche geltend machen.

 Zwischenfrage: Auf welchen verfassungsrechtlichen Grundlagentexten beruht das Kommunalrecht?

4 Diese transformationsrechtlichen Wirkungen belegen, dass das gesamte Kommunalrecht durchgehend unions- und verfassungsgeprägt ist, weil sämtliches Handeln der Gemeinden und Gemeindeverbände letztlich verfassungskonform sein muss. Im Vordergrund stehen die maßgeblichen **Verfassungsprinzipien** sowie die aus ihnen ableitbaren **Verfassungszwecke**[6] und **Verfassungsziele**. Diese Strukturentscheidungen und programmatischen Direktiven[7] verdichten sich zu **Verwaltungsprinzipien** und **Verwaltungszielen**. Sie sind von den Kommunen im Interesse ihrer verfassungsrechtlich gewollten

---

5 Ähnlich *Röhl*, in: Schoch (Hg.), Besonderes Verwaltungsrecht, 2018, 303, der zusätzlich auf die internationalen Rahmenbedingungen verweist.
6 S. etwa *Badura*, Verwaltungsrecht im liberalen und sozialen Rechtsstaat, 1966, 22 f.
7 *Merten*, DÖV 1993, 368 ff.; *Sommermann*, Staatsziele und Staatszielbestimmungen, 1997.

III. Ziele des Lehrbuchs

Funktionsfähigkeit umzusetzen[8]. Substanziell betrachtet ist das Kommunalrecht folglich ein **Spiegelbild des Verfassungsrechts.**
Damit steht gleichzeitig fest:

> Die klassische Aussage, wonach **Verwaltungsrecht konkretisiertes Verfassungsrecht** ist, gilt auch für die lokale Ausgestaltung des Verwaltungsrechts[9]. Es speist sich aus unterschiedlichen Rechtsquellen einschließlich der Rechtsprechung und berücksichtigt den Verfassungswandel.

Diesem Ansatz entspricht es ebenfalls, wenn man Kommunalrecht als verfassungsgeleitetes Steuerungsrecht[10], die kommunale Selbstverwaltung als staatsformende Institution im Sinne von Art. 4 Abs. 2 Satz 1 EUV oder die örtliche Exekutive als Teil der „**Guten Verwaltung**" gemäß Art. 41 EU GR Charta qualifiziert[11] (s. u. § 15 III 1). Dieses methodische Vorgehen deckt sich schließlich mit der Verfassungsanforderung, dass auch Kommunen das in Art. 20 Abs. 1 Satz 1 und Art. 28 GG niedergelegte **Homogenitätsgebot** beachten müssen[12]. Ein Blick in die Verwaltungslehre bekräftigt diesen Befund, wenn die Kommunalverwaltung als „**Dritte Säule**" der deutschen Verwaltung charakterisiert wird[13].
Zwischenfrage: Können Sie die Aussage begründen, dass Kommunalrecht ein Spiegelbild des Verfassungsrechts ist?

III. Zur Vernachlässigung der verfassungsrechtsprinzipiellen Seite und zu den Zielen dieses Lehrbuches

Die aufgezeigte verfassungskonzentrierte Rolle des Kommunalrechts wird im Schrifttum nur rudimentär beleuchtet[14], obwohl nur sie eine Darstellung der Kommunalverwaltung aus einer übergeordneten systematischen Perspektive und aus einem inhaltsbezogenen Guss gestattet. Meistens werden verfassungsrechtliche Bezüge nur am Rande in diversen Sachzusammenhängen angeschnitten. Wenn überhaupt, werden lediglich die Verfassungsgarantie der kommunalen Selbstverwaltung nach Art. 28 Abs. 2 GG, die landesrechtlichen Entsprechungen, die demokratische Komponente[15] oder die unionsrechtliche Seite präzisiert[16], teilweise unter dem verkürzten Aspekt der „Verfassungsgarantie"[17]. Es ist vor Allem erstaunlich, dass in der Literatur eigenständige **landesverfassungsrechtliche Staatsziele** aus den Bereichen Bildung und Kultur (s. u. § 9) nur selten als Legitimationsgrundlage oder Auftrag für kommunales Handeln vertieft werden, obwohl diese Gebiete typisches „**Hausgut der Bundesländer**" sind[18].

---

8 *Bachof*, JZ 1957, 334 f.; *J. Ipsen*, Allgemeines Verwaltungsrecht, 11. Aufl. 2019, § 1 Rn. 73.
9 *F. Werner*, DVBl 1959, 1327, 1334; Wolff/Bachof/Stober/Kluth, Verwaltungsrecht I, 14. Aufl. 2025, § 1 Rn. 5a und § 18 Rn. 1 b.; VGH Kassel, NVwZ-RR 2008, 807 ff.; *Eisenmenger*, DÖV 2025, 144. Zu eng und zu kritisch *Reimer*, in: Kahl/Ludwigs (Hg.), Handbuch des Verwaltungsrechts I 2021, § 10 Rn. 6 ff.
10 *Pitschas*, Verwaltungsverantwortung und Verwaltungsverfahren, 1990, 575.
11 Ähnlich *Unger*, VVDStRL 83, 2024, 10, 29 ff.
12 *Jarass*, in Jarass/Pieroth, GG-Kommentar, 18. Aufl. 2024, Art. 28 Rn. 1 ff.
13 *Thieme*, Verwaltungslehre, 4. Aufl. 1984, § 10 I, 136.
14 Defizitär *Brüning*, Deutsches Kommunalrecht, 5. Aufl. 2025; *ders.*, in Kahl/Ludwigs (Hg.), Handbuch des Verwaltungsrechts III, 2022, § 64; Burgi, in: FS Hennecke, 2022, 115.
15 *Heusch*, in: Heusch/Ullrich/Posser (Hg.), Handbuch Verfassungsrecht in der Praxis, 2024, § 5 Kommunalrecht.
16 *Geis*, Kommunalrecht, 6. Aufl. 2023, § 4 III; *Ennuschat*, in: Ennuschat/Ibler/Remmert, Öffentliches Recht in Baden-Württemberg, 4. Aufl. 2022, § 1 C; *Engel/Heilshorn*, Kommunalrecht Baden-Württemberg, 11. Aufl. 2018, 43 ff.; *T. I. Schmidt*, Kommunalrecht, 2013, § 3; *Engel/Krausnick*, Kommunalrecht, 2. Aufl. 2020, § 4.
17 *Burgi*, Kommunalrecht, 7. Aufl. 2023, §§ 6 f.
18 Defizitär etwa *K. Lange*, Kommunalrecht, 2013, Kapitel 1 II Rn. 154 ff.; *Röhl*, in Schoch (Hg.), Besonderes Verwaltungsrecht 2018, 332.

Diese Vernachlässigung der Verfassungsprinzipien zeichnet ein schiefes Bild des Kommunalrechts. Sie verhindert umfassende und ausgewogene Analysen sowie fundierte Problemlösungen, die insbesondere hinsichtlich der künftigen Entwicklung des lokalen Sektors von zentraler Bedeutung sind.

> Deshalb führt dieses Lehrbuch die maßgeblichen Verfassungsprinzipien zusammen, stellt deren inhaltliche Ausprägungen vor, erklärt das Kommunalrecht entlang der Kette der einschlägigen Verfassungsaussagen und subsumiert sämtliche kommunalrelevanten Ausformungen unter dieses Rechtsdach.

 Zwischenfrage: Was sind die Ziele dieses Lehrbuches?

IV. Welche Verfassungsprinzipien sind relevant?

6 Um welche Verfassungsprinzipien geht es im Einzelnen? Die zentralen Verfassungsvorstellungen finden sich meistens an prominenter Stelle in den jeweiligen Verfassungstexten[19]. Hierzu zählen neben den **Grundrechten** (Art. 1 bis Art. 19 GG – s. u. § 15) insbesondere die Art. 20, 20a, 23 und 28 GG, die auch für die Kommunen geltende zentrale Aussagen enthalten. Zu nennen ist das in Art. 23 GG angelegte **Unionsprinzip**, das die Stellung der Gemeinden im Rahmen der Verbundverwaltung zur Realisierung der Europäischen Union ausgestaltet. Für sie gelten ferner das
- das **Bundesstaatsprinzip** (s. u. § 3),
- das **Demokratieprinzip** (s. u. § 5),
- das **Rechtsstaatsprinzip** (s. u. § 7),
- das **Sozialstaatsprinzip** (s. u. § 6),
- das **Umweltstaatsprinzip** (s. u. § 8) und die
- **Gewährleistung der kommunalen Selbstverwaltung** (s. u. § 4).

Soweit das **Republikprinzip** gelegentlich materiell verstanden wird, kann es für das Kommunalrecht vernachlässigt werden. Denn die daraus abgeleitete Verpflichtung aller verfassungsrechtlich vorgesehenen Organe auf das Gemeinwohl ist immanenter Bestandteil kommunaler Selbstverwaltung[20].

Weitere Verfassungsprinzipien finden sich eher mittelbar in unterschiedlichen Sachzusammenhängen.

Beispiele: **Infrastrukturprinzip**, **Abgabenprinzip** (Art. 28 Abs. 2 Satz 3, 104b–d, Art. 105 ff. GG), **Wirtschaftlichkeitsprinzip** (Art. 114 Abs. 2 GG).

Aus der Perspektive der **Bundesländer** steht das bereits erwähnte, in den Landesverfassungen verankerte und ausgeformte **Bildungs- und Kulturstaatsprinzip** im Fokus (Art. 3 Abs. 1 Bay LV). Daneben partizipieren die Kommunen am föderal normierten **Sicherheits- und Ordnungsprinzip** (s. u. § 14) sowie am **Wirtschaftsförderungsprinzip** (Art. 153 Bay LV und u. § 13). Teilweise wiederholen einige Landesverfassungen deklaratorisch die im EU-Recht und im Grundgesetz enthaltenen Werte.

Beispiel: Art. 3a BayVerf und Art. 64 HeVerf hinsichtlich der EU.

Unklar ist in diesem Verfassungskontext, welche rechtliche Bedeutung dem in Art. 5 EUV und Art. 23 Abs. 1 Satz 1 GG niedergelegten **Subsidiaritätsprinzip** zukommt, das den Aufgabenbereich der Kommunen in mehrfacher Hinsicht betrifft.

Beispiele: Verhältnis zwischen Bund, Ländern und Kommunen, Verhältnis zwischen kommunalen, kirchlichen und privaten Trägern.

---

19 S. die zutreffende Aufbereitung nach „Grundprinzipien des Staatsrechts" bei Kischel/Kube (Hg.), Handbuch des Staatsrechts II, 2024, §§ 30 ff.
20 *P. M. Huber*, DÖV 2024, 426.

Nachdenkaufgabe: Welche Verfassungsprinzipien halten Sie für die Aufgabenwahrnehmung auf der kommunalen Ebene für besonders wichtig?

V. Abgrenzung von ähnlichen Erscheinungsformen

Die aufgezeigte Ausgangslage lässt sich allerdings nur dann sachgerecht entfalten, wenn das Kommunalrecht von ähnlichen Erscheinungsformen abgegrenzt wird, deren Vertiefung nicht Gegenstand dieser Abhandlung ist.

1. Kommunalverfassungsrecht und Staatsverfassungsrecht

Einerseits gleichen sich Kommunalverfassungsrecht und Staatsverfassungsrecht in bestimmten Punkten auf den ersten Blick. Man denke nur an den Aufbau, den Aufgabenbereich und die Rechtsstellung der Organe. Andererseits handelt es sich bei dem Kommunalverfassungsrecht nicht um Verfassungsrecht im staatsrechtlichen Sinne. Das Verfassungsrecht von Bund und Ländern beruht auf ihrer „Hoheitsmacht" und ihren Befugnissen als Staatsgebilde, die den Gemeinden nicht zusteht. Sie besitzen lediglich das **Recht der Selbstverwaltung** und unterfallen den Gesetzen. Ferner verfügen sie nicht über **Rechtsprechungsfunktionen**. Sie sind nur Untergliederungen der Länder und ihr Status ist in EU-Regeln, Bundes- und Landesgesetzen geregelt, die im Gegensatz zum Unions- und Staatsverfassungsrecht leichter geändert werden können.

2. Kommunalrecht und Verwaltungsrecht

Als Rechtsgebiet wird das Kommunalrecht dem Besonderen Verwaltungsrecht zugeordnet, weil es sich nur mit einem Ausschnitt der Verwaltungstätigkeit, nämlich die Verwaltung der Gemeinden, Städte und Kreise, befasst. Diese Stellung teilt es mit anderen Materien des Besonderen Verwaltungsrechts, wie etwa dem **Polizei- und Ordnungsrecht**, dem **Baurecht**, dem **Kulturverwaltungsrecht**, dem **Sozialrecht** und dem **Öffentlichen Wirtschaftsrecht**[21], die gleichzeitig weitere Grundlagen für kommunales Handeln liefern.

Beispiele: Die Kommunen sind nach § 10 BauGB für den Erlass von Bebauungsplänen zuständig. Sie setzen nach §§ 64 ff. GewO und dem entsprechenden Landesrecht Messen und Märkte fest und wirken als Träger der Sozialhilfe (§ 3 SGB VIII).

Darüber hinaus bestehen zahlreiche Anknüpfungspunkte zum Allgemeinen Verwaltungsrecht, das vielfältige organisations- und verfahrensrechtliche Vorgaben für die Aufgabenerledigung der Kommunen enthält.

Zwischenfrage: Können Sie die angeführten Beispiele der Aufgabenerfüllung wiederholen?

3. Kommunalrecht im weiteren Sinne

Die erörterten Materien bilden das **Kommunalrecht im engeren Sinne**. Diese Festlegung erschöpft jedoch nicht die Breite und Tiefe kommunaler Aktivitäten. Da unsere Rechtsordnung traditionell auf einer Zweiteilung in **Öffentliches und Privates Recht** beruht, ermöglicht sie es den Kommunen, sich jenseits des Sonderrechts auch **privatrechtlicher Gestaltungsmittel** zu bedienen, soweit der Grundsatz der **Wahlfreiheit** sie dazu berechtigt[22].

Beispiele: Gründung privatrechtlicher Gesellschaften, Erhebung privatrechtlicher Entgelte, Beschäftigung von Angestellten.

Darüber hinaus greifen die Kommunen zur Ahndung von Verwaltungsunrecht auf das **Ordnungswidrigkeitenrecht** zurück und Bedienstete als auch ehrenamtlich Tätige können verantwortlich gemacht werden

---

21 S. *Stober/Korte*, Öffentliches Wirtschaftsrecht Allgemeiner Teil, 20. Aufl. 2023.
22 Wolff/Bachof/Stober/Kluth, Verwaltungsrecht I, 14. Aufl. 2025, § 22 und § 23 II.

Beispiele: Korruption, Untreue²³.

Diese und andere Vorschriftenkomplexe lassen sich zum **Kommunalrecht im weiteren Sinne** zusammenfassen. Seine praktische Bedeutung zeigt sich daran, dass diese Abgrenzung über Zuständigkeiten, Rechtswege und Haftungsfolgen entscheidet.

4. Konsolidiertes und kodifiziertes Kommunalrecht

10 Das Kommunalrecht im weiteren Sinne ist nicht identisch mit der Frage nach einer **Kodifikation** im Sinne eines Kommunalgesetzbuches, das alle kommunalrelevanten Vorschriften der lokalen Ebene in einem Gesetz vereint, wie das etwa für das Sozialgesetzbuch der Fall ist. Allenfalls könnte man von einer **Konsolidierung** sprechen, würde man die existierenden Vorschriften in einer Sammlung zusammentragen²⁴.
Bislang haben drei Bundesländer **Teilkodifikationen** erlassen:
- Das **saarländische Selbstverwaltungsgesetz** besteht aus den Teilen Gemeindeordnung, Landkreisordnung und Stadtverbandsordnung.
- **Mecklenburg-Vorpommern** hat ein **Kommunalverfassungsgesetz**, das die Gemeindeordnung, die Landkreisordnung und die Amtsordnung einschließt.
- **Niedersachsen** verfügt ebenfalls über ein **Kommunalverfassungsgesetz**, das die Gemeindeordnung, die Kreisordnung. Gesetze über die Region Hannover, Göttingen-Gesetze sowie die Verordnung über öffentliche Bekanntmachungen umfasst.

Damit haben diese Landesparlamente zentrale Grundlagen des Kommunalrechts in einem einheitlichen Text vorbildlich zusammengeführt. Dieser erste Schritt ist ein guter Ausgangspunkt für die Schaffung eines Kommunalgesetzbuches, das auch das Kommunalwahlrecht, das Kommunalabgabenrecht und das Recht der kommunalen Zusammenarbeit integriert. Derartige Gesetzeswerke sind für Bürger und Einwohner sowie für die ehrenamtlich engagierten Menschen hilfreich und sinnvoll, weil sie das Verständnis für und die Durchdringung des Kommunalrechts erleichtern.

 Zwischenfrage: Beruht das geltende Kommunalrecht auf einer Kodifikationsstrategie?

5. Kommunalrecht und Kommunalwissenschaften

11 Das Kommunalrecht ist Bestandteil der **Kommunalwissenschaften**, die als Teildisziplin der Rechtswissenschaft und als Querschnittsmaterie fungieren²⁵.

> Die Kommunalwissenschaften befassen sich unter sämtlichen Gesichtspunkten mit der Erfassung, Untersuchung, Verarbeitung und Lösung von Fragen, Bezügen, Erscheinungsformen, Bedingungen und Konzeptionen der Kommunalverwaltung im Sinne einer umfassenden Urbanismus-Forschung²⁶.

Die Kommunalwissenschaften sind die Folge davon, dass sich moderne Kommunalverwaltung nicht in juristisch vorgeformter Aufgabenerfüllung erschöpft. Sie impliziert daneben ein hohes Maß an metajuristischer Verantwortung und muss im Interesse der Bürger und Einwohner, der lokalen Gesellschaft, der örtlichen Wirtschaft und Kultur im Interesse der Weiterentwicklung und Pluralität der kommunalen Verwaltungstätigkeit intra- und interdisziplinär sowie transfergeeignet angelegt sein. Die Kommunalwissenschaften erstrecken sich daher auf zahlreiche hier exemplarisch vorgestellte benachbarte Disziplinen²⁷.

---

23 BGH, NJW 2019, 378 ff. zur Untreue bei einem Verstoß gegen das Haushaltsrecht.
24 S. näher *Stober*, in: Wolff/Bachof/Stober/Kluth, Verwaltungsrecht I, 14. Aufl. 2025, § 1 Rn. 8.
25 *Schulze-Fielitz*, DVBl 2016, 1031 ff.; *Schoch*, DVBl 2018, 1 ff.
26 *Andres/Zhang*, Transforming Cities through Temporary Urbanism, 2021.
27 S. näher *Stober*, in: Wolff/Bachof/Stober/ Kluth, Verwaltungsrecht I, 14. Aufl. 2025, § 2

V. Abgrenzung von ähnlichen Erscheinungsformen

- **Kommunale Rechtsvergleichung** (Auswertung unterschiedlicher nationaler und ausländischer Kommunalverfassungssysteme),
- **Kommunale Rechtsetzungslehre** (Optimierung des Satzungserlasses),
- Berücksichtigung der **Verwaltungslehre** und der **Verwaltungswissenschaft,**
- **Allgemeines** und **Besonderes Öffentliches Recht,**
- **Privatrecht** (Zivilrechtliche Handlungs- und Organisationsformen),
- **Volkswirtschaftslehre** (Finanzwissenschaft, Konjunkturpolitik, Stadtökonomie),
- **Betriebswirtschaftslehre der öffentlichen Verwaltung** (Verwaltungsbetriebslehre),
- **Ökonomische Analyse des Kommunalrechts** (Kommunalversagen, Wirtschaftlichkeit),
- **Verwaltungssoziologie,**
- **Regionale Raum- und Stadtplanungswissenschaft,**
- **Kommunalgeografie** (Kommunale Gliederung und Gebietsänderungen),
- **Verwaltungspsychologie,**
- **Kulturwissenschaft,**
- **Stadtökologie** und
- **Kommunalethik** (Erfüllung von Compliance-Anforderungen)[28].

Zwischenfrage: Welche kommunalwissenschaftlichen Aufgabenfelder sind Ihnen nach der Lektüre der bisherigen Ausführungen bekannt?

6. Kommunalrecht und Kommunalpolitik

Das Kommunalrecht schafft die Voraussetzungen und setzt die Grenzen für die **Kommunalpolitik**[29]. Sie ist Voraussetzung und Folge kommunaler Wahlen, parteipolitischer Willensbildung und Mitwirkung auf der lokalen Ebene. Sie eröffnet **Gestaltungsspielräume**, mit denen unterschiedliche **Zweckmäßigkeitsvorstellungen** und politische Konzepte realisiert werden können. Währen sich das Kommunalrecht mit dem geltenden Recht und dem Ist-Zustand dieser Materie auseinandersetzt, befasst sich die Kommunalpolitik mit der Ausfüllung der vom Verfassungsrecht und dem Gesetzgeber zugestandenen Freiräume[30].

Beispiele: Ansiedlungspolitik, Sozialpolitik, Umweltpolitik, Wirtschaftsförderungspolitik.

7. Kommunalpolitik und Kommunalrechtspolitik

Ein weiterer Zweig der Kommunalwissenschaften ist die **Kommunalrechtspolitik.** Sie vergleicht das positive Kommunalrecht mit der tatsächlichen, gesellschaftlichen und wirtschaftlichen Situation sowie der Umsetzung der Verfassungsordnung. Sie setzt sich als mit dem Soll-Bestand sowie dem Soll-Zustand der Normen auseinander und ermittelt die erforderlichen Zielsetzungen zur Optimierung und Weiterentwicklung des Kommunalrechts. **Kommunalrecht ist insoweit geronnene Kommunalrechtspolitik.** Sie trägt der Dynamik des lokalen Rechts und dem sozialen, ökologischen sowie ökonomischen Wandel Rechnung und spiegelt divergierende Ansichten über die Verwirklichung der Kommunalrechtsordnung wider.

Die Kommunalrechtspolitik hat im Wesentlichen drei Aktionsfelder:

Ordnungspolitisch geht es um das Grundproblem, welches Kommunalverfassungssystem realisiert werden soll und insbesondere darum, ob und inwieweit Kommunen bestimmte Aufgaben erledigen sollen. Das ist im Kern eine Frage nach der **Regulierung und Deregulierung, Kommunalisierung und Privatisierung** kommunaler Einrich-

---

[28] S. näher *Stober*, in: Stober/Ohrtmann (Hg), Compliance, Handbuch für die Öffentliche Verwaltung, 2. Aufl. 2022.
[29] *Henneke/Ritgen*, Kommunalpolitik und Kommunalverwaltung in Deutschland, 2021.
[30] *Kurz*, Gute Politik. Was wir dafür brauchen, 2024.

tungen sowie **Formalisierung und Entbürokratisierung** kommunalen Handelns unter Berücksichtigung des Subsidiaritätsprinzips.

Strukturpolitisch geht es um die verwaltungsrechtliche Verbesserung der Funktions- und Entwicklungsfähigkeit der Kommunen sowie die Förderung der Anpassungsfähigkeit bei Bedürfnis- und Strukturwandel. Zur Umsetzung und Weiterentwicklung kommunalpolitischer Vorstellungen enthalten einige Gemeindeordnungen **Experimentierklauseln** (§ 129 NWGO, § 63 NWKrO).

Prozesspolitisch geht es um die kurz- und mittelfristige Steuerung des kommunalen Verwaltungsablaufes.

Zwischenfrage: Was bedeutet der Satz, dass Kommunalrecht geronnene Kommunalrechtspolitik ist?

Nachdenkaufgabe: Können Sie sich nach der Lektüre dieser Ausführungen vorstellen, sich in der Kommunalpolitik zu engagieren?

VI. Herausforderungen an das Kommunalrecht

1. Kommunen im permanenten Transformationsprozess

14 Die eben beschriebene kommunalpolitische Komponente belegt, dass sich Gemeinden, Städte und Kreise in einem permanenten **Transformationsprozess** befinden, aus dem sich komplexe Herausforderungen für Verwaltung, Bevölkerung, Wirtschaft, Kultur und Politik ergeben. Diese Umbrüche betreffen sämtliche Aufgabenbereiche. Sie müssen teilweise neu gedacht, definiert und ausgerichtet werden, um geänderten Bedürfnissen angemessen Rechnung zu tragen und Kommunen resilient zu machen. Diese Laborsituation wird mit folgenden Stichworten umschrieben, denen unterschiedliche Szenarien[31] und Strategien zugrunde liegen:
– Attraktivität der Stadt,
– Zukunft der Stadt,
– Erlebnisraum Stadt,
– Neuerfindung der Stadt
– Nachhaltige Stadt oder
– Smart City.

> **Beispiel:** Während früher Märkte und Markthallen das ökonomische Leben der Gemeinden prägten, haben im 19. Jahrhundert Warenhäuser und im 20. Jahrhundert Shopping Malls weitgehend diese Rolle übernommen. Im 21. Jahrhundert dominiert der Online-Handel, der überkommene Geschäftsmodelle substituiert und die tradierte Versorgungsrolle der Gemeinden verdrängt.

Selbst wenn sich ein allgemeiner Stadttrend abzeichnet, übersieht diese Diskussion, wie etwa die Themenverengung des 73. Deutschen Juristentages zur nachhaltigen Stadt der Zukunft belegt, die **Perspektiven des ländlichen Raumes und der Landkreise.** Ihre Interessen dürfen nicht ausgeklammert werden, weil auch sie sich vielfältigen Veränderungen stellen müssen. Deshalb wird zu Recht ein funktionales Zusammenspiel von Städten und Landkreisen gefordert[32].

2. Aufgabenbezogene Herausforderungen

15 Wendet man sich den aktuellen Herausforderungen an die Kommunen detailliert zu, dann liefert eine skizzenhafte Realanalyse folgenden Befund:

Aus **ökonomischer Perspektive** haben sich Stadt- und Gemeindezentren in jüngerer Vergangenheit wegen der gewandelten Handels- und Dienstleistungsstruktur und des

---

31 S. „Neue Leipziger Charta" vom Dezember 2020 als Leitdokument für eine gute Stadtpolitik; *Baumgart/Kment*, Gutachten D und E zum 73. DJT, 2020; *Battis*, DVBl 2022, 193; *Burgi*, NJW 2022, 2726.
32 *Burgi*, NJW 2023, 2726.

Konsumverhaltens stark verändert. So führte insbesondere die Zunahme des Online-Handels zu Leerständen von Ladenflächen auch in Klein- und Mittelstädten und einer schleichenden Verödung der Innenstädte bei gleichzeitiger Möblierung und Kommerzialisierung öffentlicher Räume.

Beispiele: Schließung von Mode- und Schuhgeschäften, Warenhäusern und Bankfilialen.

Gleichzeitig wird versucht, den KFZ-Verkehr sowie Parkflächen bei gleichzeitiger Erreichbarkeit für Unternehmen zu reduzieren und durch urbane Logistik zu kompensieren.

Beispiele: Umnutzung von Parkhäusern zu Hotels. Sharing-Dienste. Lebensmittel-Lieferdienste und Paketstationen.

Eine wirtschaftliche Belebung nach der Devise *„think global, act local"* (s. u. § 13) kann über sog. Business Improvement Districts[33] sowie ein **Gewerbeflächenmanagement** erfolgen. Ziel ist, Rahmenbedingungen zur innovativen Stärkung ortsansässiger Handels-, Handwerks-, Produktions- und Dienstleistungsfirmen innerhalb eines bestimmten Quartiers zu schaffen[34].

Aus **sozialer Perspektive** stellt die demographische Entwicklung der Ortsbevölkerung (Überalterung versus Babyboom) die kommunale Leistungsfähigkeit hinsichtlich der Vorhaltung entsprechender Einrichtungen und Dienste vor große Herausforderungen. Ferner ist die Versorgung der Bevölkerung mit bezahlbarem Wohnraum eine offene Flanke, die das sog. Baulandmobilisierungsgesetz (s. u. § 6 III 3) nicht hinreichend schließt. Vielmehr bedarf es eines zukunftsfähigen **Bauflächenmanagements** (Nachverdichtung, Bestandsanierung, Konversion von Brachflächen) sowie einer Renaissance herkömmlicher wohnortnaher Versorgung. Ihre Aufgabe ist es, im Rahmen ganzheitlich gestalteter und konfliktarm funktionierender Konzepte ein Miteinander von Leben, Wohnen, Arbeiten Handeln und Produzieren (§ 6a BauNutzVO) in einer Zeit zu ermöglichen, in der das Modell „Homeoffice" an Bedeutung gewinnt. Hinzu kommen vielfältige Integrations- und Inklusionsaufgaben.

Aus **infrastruktureller Perspektive** (s. u. § 10) sind Gemeinden häufig gezwungen, kommunale Einrichtungen und Leistungen zu reduzieren (Schließung von Schwimmbädern aus finanziellen Gründen), auszubauen (Umsetzung von Ansprüchen auf KITA-Plätze und Ganztagesbetreuung) oder renovierungsbedürftige Anlagen zu sanieren (Straßen, Schulen, Brücken). In diesem Zusammenhang haben die Kommunen zu entscheiden, ob sie in die Erledigung dieser und anderer Aufgaben die Privatwirtschaft einbinden (Public Private Partnership), die Aufgabe beibehalten oder ausgelagerte Sektoren rekommunalisieren.

Außerdem bestimmt die Notwendigkeit einer politisch geforderten **Verkehrs- und Mobilitätswende** die kommunale Agenda[35]. Dabei geht es einerseits um eine optimale, alle Interessen berücksichtigende Neuaufteilung des Verkehrsraumes zwischen LKW/PKW-Verkehr und Sharing-Modellen (Stadtteilauto, E-Scooter- und Leihräder) sowie andererseits um den Ausbau des Fahrradverkehrs (Schaffung und Erweiterung von Velorouten) bei Vorhaltung einer integrativen urbanen Verkehrsplanung im Sinne eines *„Sustainable Urban Mobility Plans"*[36].

Aus **ökologischer Perspektive** (s. u. § 8) steht die Forderung nach einer *„grünen Kommune"* und *sustainable city"* im Vordergrund. Sie hat den Klimaschutz[37]- und die Klimaanpassung zu managen, damit Gemeinden weniger anfällig für negative Auswirkungen

---

33 Graf/Paschke/Stober (Hg.), Rechtsrahmen der Business Improvment Districts, 2007.
34 *Burgi*, NJW 2022, 2726.
35 *Steiner*, NVwZ 2021, 356.
36 *Ellenbrok/Allien*, DÖV 2024, 1029.
37 *Baumgart*, Gutachten D zum 73 DJT, 2020.

des Klimawandels sind. Ferner ist die Energie- und Wärmewende vor Ort umzusetzen und weiteren Nachhaltigkeitsgesichtspunkten Rechnung zu tragen.

Beispiele: Umstellung auf erneuerbare Energien wie Windkraft, Solarthermie und Erdwärme, Flächenentsiegelungen, Baumanpflanzungen, Neugestaltung von Grünflächen durch Begrünung von Dächern und Häuserfronten, Verbot von Steingärten, Weiterentwicklung der Recycling-Abfallwirtschaft unter Nutzung von *„Urban Mining"* zur Aufbereitung und Wiedernutzung gebrauchter Rohstoffe, Anlegung von Wasserrückhaltebecken.

Aus **technologischer Perspektive** sind die Kommunen auf dem Weg zur *„smart city"*, die dem Leitbild einer digital vernetzten, effizient und papierlos arbeitenden lokalen E-Government-Struktur nach der Maxime *„Digital First"* entsprechen sollen (§ 1 Abs. 1 Nr. 2 OZG-Änderungsgesetz)[38]. Im Zentrum dieser Verwaltungsevolution steht die umfassende Zurverfügungstellung verwaltungsrechtlich vorgesehener elektronischer Dienstleistungen für die Bevölkerung.

Beispiele: EGovG, § 3a, § 35a, § 71e VwVfG; § 6a und § 10a BauGB. Verkehrslenkung, Parkplatzüberwachung.

Die dazu vorhandenen **Verwaltungsplattformen** und **Portalverbünde** (s. etwa § 10 Abs. 2 BauGB) sollen den Benutzern einen barriere- und medienbruchfreien Zugang zu sämtlichen Verwaltungsdienstleistungen ermöglichen § 7 OZG-Änderungsgesetz. Voraussetzung ist ein **Nutzerkonto** in Gestalt einer IT-Komponente zur einmaligen oder dauerhaften Identifizierung und Authentifizierung der Nutzer. Es wird als Bürger- oder Organisationskonto bereitgestellt (§ 2 Nr. 5 OZG-Änderungsgesetz)[39].

Beispiel: Verkehrsbetriebe bieten eine Plattform für den städtischen Verkehr an, über die Kunden mit einer Registrierung verschiedene Verkehrsmittel buchen können.

Zwischenfrage: Vor welchen aktuellen Herausforderungen stehen die Kommunen?

3. Verwaltungsinterne und verwaltungsexterne Verantwortung

Die Betonung der verfassungsrechtlichen Ausrichtung der örtlichen Ebene sowie die objektive kommunale Verantwortung für das Gemeinwohl muss ferner elementare verwaltungsinterne und verwaltungsexterne Aspekte bedenken.

Verwaltungsintern stellen sich für die Gemeinden hauptsächlich drei Fragenkomplexe:
– Wie können sie die beschriebenen Herausforderungen finanziell bewältigen? (s. u. § 11 XI)
– Wie können sie geeignetes Personal für die Verwaltung begeistern und rekrutieren?
– Wie können sie zur lokalen Entbürokratisierung beitragen?

Verwaltungsextern ist der Gedanke der **Eigen- und Mitverantwortung** der Ortsbevölkerung und der Unternehmen für das Gemeinwohl aus zwei Richtungen fruchtbar zu machen:
– Soll eine bestimmte Aufgabe von der Gemeinde selbst erledigt werden oder kann sie von einem privaten Unternehmen oder einer gemeinnützigen Organisation wahrgenommen werden?
– Soll eine bestimmte Maßnahme hauptamtlich oder im Rahmen bürgerschaftlicher Selbstverwaltung ehrenamtlich ausgeführt werden[40]?

---

[38] *Botta*, NVwZ 2022, 1247.
[39] *Buckler*, DÖV 2025, 9.
[40] Ebenso *v. Arnim*, ZRP 1995, 340, 351; Bericht der Enquete-Kommission „Zukunft des Bürgerschaftlichen Engagements, BT-Ds. 14/8900.

VII. Gemeinden in der Sandwichposition

Die vorläufige verfassungssystematische und transformatorische Analyse belegt die Multidimensionalität und Komplexität des Kommunalrechts. Dieses komplizierte Beziehungsgeflecht kann man am Ehesten mit dem Bild eines Sandwiches erfassen, bei dem die kommunale Selbstverwaltung als Sandwichbelag fungiert, der vertikal und horizontal herausgefordert wird und ausgleichend wirken muss.

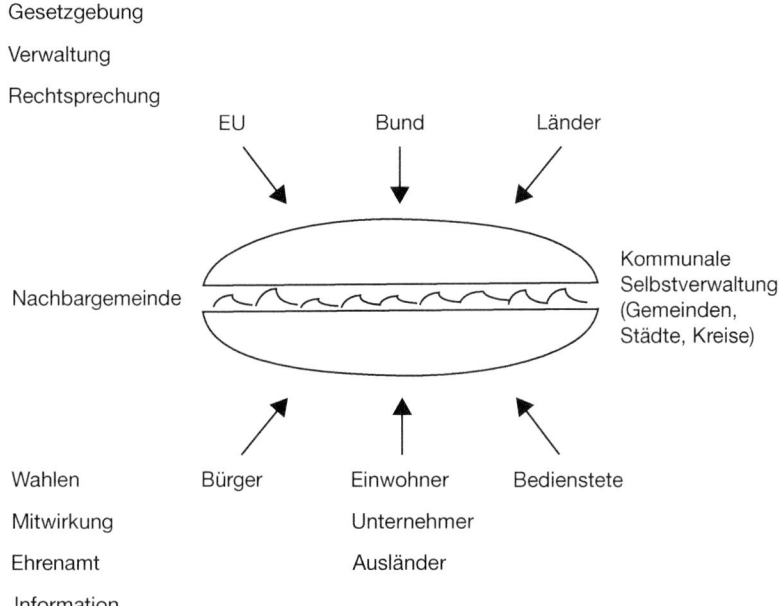

Abbildung 1 Sandwichposition der Gemeinde

Lösung der ersten Nachdenkaufgabe:
Welche Aufgaben haben die Kommunen (s. o. § 1 V 2).
Vor welchen Herausforderungen stehen die Gemeinden (s. o. § 1 VI).
Wie würden Sie den Gegenstand Kommunalrecht gegenüber anderen Personen erklären? (s. o. § 1 I).
Welche Verfassungsprinzipien beeinflussen nach Ihrer Meinung die kommunale Aufgabenerfüllung? (s. o. § 1 IV).

VIII. Ausgewählte Hilfsmittel

1. Kommunalrechtliche Literatur

Zur vertieften Auseinandersetzung mit dem Kommunalrecht bedarf es einer zuverlässigen und umfassenden Kenntnis des dazu erforderlichen Handwerkzeuges. Bevor deshalb näher inhaltlich auf das Kommunalrecht eingegangen wird, wird zunächst ausgewählte Lehrbuchliteratur vorgestellt, während auf die Wiedergabe von Fundstellen für Kommentare und Nachschlagewerke verzichtet wird.

Becker Ulrich, Kommunalrecht, in Becker u. A. Öffentliches Recht in Bayern, 8. Aufl. 2022.
Brüning Christoph/Schmidt Thorsten Ingo, Kommunalrecht, in: Ehlers/Fehling/Pünder (Hg.), Besonderes Verwaltungsrecht, Band 3, 4. Aufl. 2020.

Burgi Martin, Kommunalrecht, 7. Aufl. 2024.
Engels Andreas/Krausnick Daniel, Kommunalrecht, 2. Aufl. 2020.
Ennuschat Jörg, Kommunalrecht, in: Ennuschat/Ibler/Remmert, Kommunalrecht in Baden-Württemberg, 4. Aufl. 2022.
Erbguth Wilfried/Mann Thomas/Schubert Mathias (Hg.), Besonderes Verwaltungsrecht Teil I, 15. Aufl. 2019.
Erichsen Hans-Uwe/Dietlein Johannes, Kommunalrecht des Landes Nordrhein-Westfalen, 3. Aufl., 2021.
Gern Alfons/Brüning Christoph, Deutsches Kommunalrecht, 5. Aufl. 2025.
Geis Max Emanuel, Kommunalrecht, 6. Aufl., 2023.
Gönnenwein Otto, Gemeinderecht, 1963.
Haack Stefan, Kommunalrecht, in: Steiner/Brinktine (Hg.), Besonderes Verwaltungsrecht, 9. Aufl. 2018.
Hellermann Johannes, Kommunalrecht, in: Dietlein/Hellermann, Öffentliches Recht in Nordrhein-Westfalen, 9. Aufl. 2022.
Lange Klaus, Kommunalrecht, 2. Aufl. 2019.
Röhl Hans Christian, Kommunalrecht, in: Schoch (Hg.), Besonderes Verwaltungsrecht, 2018.
Schmidt Thorsten Ingo, Kommunalrecht, 2. Aufl. 2014.

2. Kommunalrechtliche Rechtsprechung

20 Rechtsprechungsberichte zum Kommunalrecht finden sich in der NVwZ (Siehe zuletzt NVwZ 2024, 473; 2025, 462).

3. Kommunalrechtliche Online-Recherche

21 Beck-Online-Datenbank „Beck Kommunalpraxis Plus". NomosOnline Kommunaljurist.

§ 2 Kommunalrecht und Unionsprinzip

> **Praxisfall:**
> Der in Paris ansässige Pierre Labuday möchte bei einer von der Stadt Dortmund veranstalteten Tourismusmesse einen Stand mieten, um seine Ferienwohnungen in Frankreich anzubieten. Die Stadt Dortmund antwortet auf seine Bewerbung, dass nach dem Messekonzept Stände nur an „bekannte und bewährte" Personen und Firmen vergeben würden.
> Ist diese Auffassung zutreffend? Prüfen Sie die materielle Rechtslage!

I. Die EU als Kommunalunion

Die bisherigen Ausführungen haben die unionsrechtliche Seite des Kommunalrechts nur kurz gestreift. Sie ist nunmehr unter dem Aspekt zu vertiefen, welche Bedeutung unionsrechtlichen Vorgaben zukommt. Zwar existiert kein eigenständiges **gesamteuropäisches Kommunalrecht**. Und die politische Forderung, das kommunale Selbstverwaltungsrecht in EU-Verfassungstexten zu verankern, ist gescheitert (s. Art. I–5, Art. 1-9 III des Entwurfs eines Verfassungsvertrages für Europa)[41].

Das EU-Recht erfasst jedoch als **Raum der Freiheit, der Sicherheit und des Rechts** (Art. 3 Abs. 2 EUV, Art. 67 AEUV) alle Gemeinden und Gemeindeverbände in den Mitgliedsstaaten, die elementarer Bestandteil der Europäischen Union sind und an dem europäischen Integrationsprozess partizipieren. Sie beruhen zwar nicht auf einer gemeinsamen Verfassungsüberlieferung kommunaler Selbstverwaltung im Sinne eines allgemeinen Grundsatzes nach Art. 6 Abs. 3 EUV. Jedenfalls bilden sie aber, unbeschadet verschiedenartiger Kommunalverfassungssysteme in den Mitgliedsstaaten als **Kommunalunion** in dem verantwortungsgeteilten **Mehrebenen-Verwaltungssystem**[42] die vierte Ebene nach der EU, der Bundesrepublik und den Bundesländern[43]. Diese Einbettung in das Gesamtverwaltungssystem ist deklaratorischer Bestandteil von Art. 18 NWVerf. Dort heißt es:

22

> „Nordrhein-Westfalen ist ein Gliedstaat der Bundesrepublik Deutschland und damit Teil der Europäischen Union. Das Land gliedert sich in Gemeinden und Gemeindeverbände." (s. auch Art. 1 Abs. 2 NdsVerf)

Aufgrund der in Art. 23 Abs. 1 Satz 2 GG eröffneten Möglichkeit, Hoheitsrechte auf die EU zu übertragen, ist das kommunale Selbstverwaltungsrecht zwar nicht unmittelbar europafest[44]. Gleichwohl erfasst die **Struktursicherungsklausel** des Art. 23 Abs. 1 Satz 1 GG auch über den dort aufgeführten Grundsatz der Subsidiarität sowie die Berufung auf das Demokratieprinzip die kommunale Selbstverwaltung als Facette der **institutionellen Rechtssubjektsgarantie** und als identitätsstiftendes Merkmal[45]. Diese Verankerung begründet gegenüber dem Bund eine objektivrechtliche Unterstützungspflicht kommunaler Belange bei EU-Organen (§ 10 EuZBLG).

Zwischenfrage: Was verstehen Sie unter der Mehrebenen-Verwaltung? [?]

---
41 ABl EG 2004, C 310, 1.
42 *Groß*, in: Voßkuhle/Eifert/Möllers (Hg.), Grundlagen des Verwaltungsrechts, 3. Aufl. § 15 Rn. 39.
43 *Röhl*, DVBl 2006, 1070 ff.
44 *Nierhaus*, in: Sachs (Hg.), GG-Kommentar, 6. Aufl. 2012, Art. 28 Rn. 32 b.
45 BT-Ds 12/6000, 20 f.; *Calliess*, in: Calliess/Ruffert (Hg.), EUV/AEUV, 6. Aufl. Art. 4 Rn. 39; *Engel/Heilshorn*, Kommunalrecht in Baden-Württemberg, 11. Aufl. 2018, § 4 Rn. 5 ff.; *Brüning*, DVBl 2023, 57.

Diese Interpretation bietet nur rudimentären Schutz, der insbesondere auf eine gemeindefreundliche Auslegung von Rechtstexten gerichtet ist[46]. Gleichzeitig sind die Kommunen unionsrechtlichen Einflüssen nicht rechtlos ausgeliefert, zumal das Unionsrecht die Verwaltungs- und Organisationshoheit der Mitgliedstaaten weitgehend unberührt lässt. Allerdings sind die Kommunen **Verwaltungsstellen der Mitgliedstaaten**,[47] die auf unterschiedliche Weise in den Vollzug des Unionsrechts eingeschaltet sind. Das hat zur Konsequenz, dass sie im Interesse der Verwirklichung der Unionsziele EU-Vorgaben hinnehmen und ihren Verwaltungsvollzug darauf ausrichten müssen (s. auch Art. 4 Abs. 3 EUV), um dem Unionsrecht zu **praktischer Wirksamkeit** zu verhelfen. Folglich bestimmt das EU-Recht zunehmend auch den Handlungsspielraum von Kommunalverwaltung und Kommunalpolitik im Rahmen des aus Art. 23 und Art. 28 Abs. 1 S. 1 GG folgenden **Anwendungsvorrangs**[48], der das Kommunalrecht auf vielfältige Weise verdrängt, überlagert oder modifiziert[49].

> **Beispiel:** Natürliche und juristische Personen aus dem EU-Ausland können sich gegenüber deutschen Gemeinden und Kreisen auf alle unmittelbar geltenden Bestimmungen des Unionsrechts berufen.

Ein zentrales Regelungsinstrument auf der Sekundärebene sind **EU-Richtlinien** (Art. 288 Abs. 3 AEUV). Sie sind in nationales Recht umzusetzen und beeinflussen damit das kommunale Handeln.

> **Beispiel:** Kommunalwahlrichtlinie[50].

II. Die Rechtsgrundlagen der Kommunalunion

23 Erstmals hat der **Vertrag von Lissabon** (2009) die lokale Ebene ausdrücklich in das Europäische Vertragswerk aufgenommen[51]. So erkennt Art. 4 Abs. 2 Satz 1 EUV die „**lokale Selbstverwaltung**" als Teil der nationalen Identität an (Art. 5 Abs. 3 und Abs. 1 EUV) und bezieht die lokale Ebene in das **Subsidiaritätsprinzip** ein. Danach darf die EU nur handeln, wenn ein Ziel nicht angemessen von den Mitgliedstaaten einschließlich deren regionaler und lokaler Ebene umgesetzt werden kann. Diese Aufwertung räumt den Kommunen aber ebenso wenig ein wehrfähiges, mit Art. 28 Abs. 2 GG vergleichbares Recht ein wie das dem Vertrag von Lissabon zur Auslegung des Art. 14 AEUV beigefügte „**Protokoll über Dienste von allgemeinem Interesse**". Art. 1 lautet:

> „*Zu den gemeinsamen Werten der Union in Bezug auf Dienste von allgemeinem wirtschaftlichem Interesse im Sinne des Artikel 14 des Vertrages über die Arbeitsweise der Europäischen Union zählen insbesondere die wichtige Rolle und der weite Ermessensspielraum der nationalen, regionalen und lokalen Behörden in der Frage, wie Dienste von allgemeinem wirtschaftlichem Interesse auf eine den Bedürfnissen der Nutzer so gut wie möglich entsprechende Weise zur Verfügung…*"

Jenseits dieser allgemeinen kommunalrelevanten Aussage kann jedoch der **Ausschuss der Regionen**, der auch aus Vertretern lokaler Gebietskörperschaften besteht (Art. 300 Abs. 3 AEUV) die Einhaltung des Subsidiaritätsprinzips nach Art. 8 Abs. 2 des **Protokolls über die Anwendung der Grundsätze der Subsidiarität** gerichtlich einfordern. Im Übrigen sind die Kommunen darauf angewiesen, über ihre Verbände Einfluss auf die sie tangierende EU-Rechtsetzung zu nehmen.

 Zwischenfrage: Können Sie den Inhalt des Art. 4 Abs. 2 Satz 1 EUV wiederholen?

---

46 VerfGH Rheinland-Pfalz, U. vom 11. 7 2005, VGH N 25/04, juris Rn 57 f.
47 EuGH, NVwZ 1990, 649.
48 BVerfGE 89, 155 ff.
49 BVerwGE 87, 154, 158; *Burgi*, VVDStRL 62, 2003, 405 ff.
50 Richtlinie vom 19.12.1994, ABl. EG L 368, 38.
51 *Zimmermann*, KommJur 2008, 41 ff.

Ergänzend ist die **Europäische Charta der kommunalen Selbstverwaltung** zu erwähnen[52], die den Rang eines Bundesgesetzes nach Art. 59 Abs. 2 GG einnimmt. Sie ist aber weder Bestandteil des Unionsrechts noch ein allgemeiner Rechtsgrundsatz im Sinne eines **acquis communautaire**. Denn sie wurde nur von Europarat verabschiedet und mehrere Staaten haben von der in Art. 12 vorgesehenen „a la carte" Klausel Gebrauch macht, die Ausnahmen gestattet. Inhaltlich stimmt die in Art. 3 der Charta niedergelegte Definition der kommunalen Selbstverwaltung mit Art. 28 Abs. 2 GG überein. Sie lautet:

„Kommunale Selbstverwaltung bedeutet das Recht und die tatsächliche Fähigkeit der kommunalen Gebietskörperschaften, im Rahmen der Gesetze einen wesentlichen Teil der öffentlichen Angelegenheiten in eigener Verantwortung zum Wohl ihrer Einwohner zu regeln und zu gestalten."

Die Bedeutung der Charta liegt darin, dass sie die politischen Gedanken der Dezentralisierung und Subsidiarität betont sowie die Leistungsfähigkeit und Integrationswirkung kleiner Verwaltungseinheiten hervorhebt. Die Rolle des mit der Charta geschaffenen Kongresses der Gemeinden und Regionen des Europarates ist auf die Abgabe von Empfehlungen und Stellungnahmen beschränkt.

Im Gegensatz dazu gilt die **EU-Charta der Grundrechte** für die Organe und Einrichtungen der Union unter Wahrung des Subsidiaritätsprinzips und für die Mitgliedstaaten bei der Durchführung des Rechts der Union (Art. 51 EU GR Charta). Die Präambel bekennt sich unter Anderem zur Erhaltung und Entwicklung der gemeinsamen Werte, zu denen auch die Achtung der Organisation staatlicher Gewalt auf lokaler Ebene zählt. In diesem Zusammenhang wird Art. 41 EU GR Charta relevant, der ein **Recht auf gute Verwaltung** enthält. Zutreffend wird darauf hingewiesen, dass diese Vorschrift ein verfassungsgeprägtes Leitbild der Verwaltung im Sinne eines **Good-Governanca-Konzeptes** transportiert, welches das Verfassungsverständnis in den Mitgliedstaten prägt und von ihnen praktiziert wird[53].

Zwischenfrage: Wie unterscheidet sich die Europäische Charta der Kommunalen Selbstverwaltung von der EU-Charta der Grundrechte?

III. Der Einfluss des Unionsrechts auf das Kommunalrecht

Die im Schrifttum aufgestellte Prognose, das europäische Recht werde die entscheidende Grundlage des kommunalen Handelns sein[54], hat sich inzwischen erfüllt. Denn unbeschadet der in Art. 5 EUV niedergelegten Grundsätze der **begrenzten Ermächtigung und der Subsidiarität** ist zu beobachten, dass die EU ihre Kompetenzen stetig ausweitet, weshalb Experten eine Erosion der örtlichen Selbstverwaltung diagnostizieren[55]. Diese Einschätzung trifft zu, weil es kaum einen Sektor des Unionsrechts gibt, der nicht gleichzeitig auf die Kommunen und ihre Selbstverwaltung mit dem Ziel einwirkt, möglichst einheitliche Regelungen vor Ort zu etablieren. Es sei nur an folgende Bereiche erinnert:
- Kommunales Satzungsrecht
- Kommunales Organisationsrecht,
- Kommunale Wirtschaftsförderung (Art. 107 ff. AEV)[56]

---

52 G. v. 22.1.1987, BGBl II, 65; s. auch NVwZ 1988, 1111; *Schmahl*, DÖV 1999, 852, 860 f.; *Schaffarzik*, Handbuch der europäischen Charta der kommunalen Selbstverwaltung, 2002.
53 *Unger*, VVDStRL 83, 2024, 10, 35.
54 *Mombaur/von Lennep*, DÖV 1988, 988.
55 *Krausnick*, VerwArch 103, 359, 361 ff.
56 *Stober/Korte*, Öffentliches Wirtschaftsrecht Allgemeiner Teil, 20. Aufl. 2023, § 31.

- Kommunale Infrastruktur einschließlich Verkehrsplanung (Art. 170 AEUV)[57]
- Kommunale Unternehmen (Art. 14 und 101 ff. AEUV)[58]
- Kommunale Bauleitplanung und Raumordnung[59]
- Kommunale Finanzen (Art. 126 AEUV)[60]
- Kommunale Daseinsvorsorge (Art. 14 AEUV)[61]
- Kommunales Gesundheitswesen (Art. 168 AEUV)
- Kommunales Vergabewesen (Art. 56 f. AEUV)
- Kommunale Ausländer- und Asylpolitik
- Kommunale Sparkassen[62]
- Kommunaler Umweltschutz (Art. 191 ff. AEUV)
- Kommunale Bildung und Kultur (Art. 165 ff. AEUV)
- Kommunaler Verbraucherschutz (Art. 12, 169 ff. AEUV)
- Kommunales Wahlrecht (Art. 22 Abs. 1 AEUV)
- Kommunales Personalwesen (Art. 19 und 45 Abs. 4 AEUV, Art. 21 EU GR Charta).

Diese exemplarische Auflistung stellt Kommunen, Bürger und Einwohner jedoch nicht schutzlos, weil die kommunale Bindung an das EU-Recht – wie dargelegt – zugleich bewirkt, dass sich Staatsangehörige auf die Einhaltung ihrer Rechte berufen können.

> **Beispiele:** Vergibt die städtische Messe-GmbH im Rahmen einer Tourismusausstellung Verkaufsstände, hat sie Art. 56 f. AEUV zu beachten. Danach darf sie nicht nur ausschließlich Einwohner der Stadt oder frühere Bewerber nach dem Motto „Bekannt und bewährt" zulassen. Sie muss vielmehr in dem Auswahlverfahren auch Neubewerber aus dem gesamten EU-Raum berücksichtigen. Andernfalls würde die Gemeinde den Zugang für EU-Staatsangehörige oder Unternehmen rechtswidrig ausschließen.[63]
>
> Personen aus EU-Staaten können sich auf kommunale Stellen bewerben, wobei Art. 45 Abs. 4 AEUV bezüglich Ausnahmen für die Wahrnehmung von Hoheitsaufgaben eng auszulegen ist und eine Einzelfallprüfung erfordert.[64]
>
> Die Gemeindevertretung darf in ihrer Beschäftigtenordnung eine Verpflichtung zur exklusiven Neutralität einführen, wenn sie darauf abzielt, allen Arbeitnehmern in der Gemeinde am Arbeitsplatz zu verbieten, irgendein sichtbares Zeichen religiöser oder weltanschaulicher Überzeugung zu tragen.[65]

 Zwischenfrage: Erläutern Sie, in welchen Sektoren das Unionsrecht auf das Kommunalrecht einwirkt.

IV. Mitwirkung und Schutz der Gemeinden

Der beträchtlichen Einwirkung des Unionsrechts auf die Kommunen stehen zwar Mitwirkungsrechte der Gemeinden und ihrer Zusammenschlüsse gegenüber, die das sog. **Gegenstromprinzip** verwirklichen:

---

57 *Ellerbrock*, DÖV 2024, 1029.
58 *Stober*, NJW 2002, 2357 ff.
59 *Schmahl*, DÖV 1999, 852 ff.; Gesetz zur Anpassung des BauGB an EU-Richtlinien, 2004.
60 *Schwarz*, NWVBl 2012, 245 ff.
61 *Pielow*, JuS 2006, 693 ff. und 786 ff.; RL 2020/2184/EU vom 16.10.2020, ABl. 2020, L 435, 1 *Reinhardt*, NVwZ 2023, 281.
62 *Oebbecke*, VerwArch 93, 278 ff.; *ders.*, LKV 2006, 145 ff.; *Brüning*, DVBl 2023, 57 zur Eignungsprüfung von Verwaltungsratsmitgliedern.
63 *Stober/Eisenmenger*, Öffentliches Wirtschaftsrecht, Besonderer Teil, 18. Aufl. 2023, § 45 Rn. 10 ff. und § 46 Rn. 294 ff.
64 EuGH, Rs 66/85, Slg 1986, 2121 ff. und NVwZ 1987, 41 ff.
65 EuGH, NVwZ 2024, 45.

- Kommunale Repräsentanz im Ausschuss der Regionen (Art. 305 AEUV[66] und § 10 EuZBLG[67].
- Kommunale Rechte bei EU-Vorhaben (Art. 307 AEUV), wobei die regionale Komponente auch auf die Wahrnehmung lokaler Interessen angewendet wird[68].

Diese und andere Schutzmechanismen zugunsten der Kommunen sind jedoch nur schwach ausgeprägt[69] und vor dem Hintergrund unzureichend, dass das im Primärrecht verankerte **Subsidiaritätsprinzip** nach seinem klaren Wortlaut nur im Verhältnis zwischen Union und Mitgliedstaat gilt. Seine Erstreckung auf Gemeinden[70] wäre auch deshalb zu begrüßen, weil die EU nach Art. 1 Abs. 2 EUV dem Grundsatz der **Bürgernähe** verpflichtet ist, der insbesondere durch die kommunale Selbstverwaltung realisiert wird[71]. Deshalb wird zutreffend gefordert, den Rechtsgedanken der Europäischen Charta der Selbstverwaltung als allgemeinen Rechtsgrundsatz im Primärrecht zu verankern. In der Verwaltungspraxis wird vornehmlich moniert, dass die EU-Kommission den kommunalen Sachverstand erst dann abfrage, wenn die Gesetzesprojekte weit vorangeschritten sind. Dadurch komme es bei der Ausführung zu Fehlsteuerungen auf der kommunalen Ebene.

V. Rechtsschutz

Kommunen können vor dem Europäischen Gerichtshof gegen die an sie gerichteten oder sie unmittelbar oder individuell betreffenden Handlungen sowie gegen Rechtsakte mit Verordnungscharakter klagen (Art. 256 Abs. 1 i. V. m. Art. 263 Abs. 4 AEUV).

Lösung des Praxisfalls:
Die Stadt Dortmund hat bei ihrer Antwort an den französischen Bewerber Art. 56 f. AEUV verletzt, wonach bei einem Auswahlverfahren auch Neubewerber aus anderen EU-Mitgliedstaaten zu berücksichtigen sind. Die Ausgestaltung ihres Messekonzeptes verstößt deshalb gegen den AEUV.

---

66 S *Heberlein*, BayVBl 1996, 1 ff.
67 BGBl I 1993, 313 ff.
68 *Suhr*, in Callies/Ruffert (Hg.), EUV-AEUV, 4. Aufl. Art. 307 AEUV Rn. 19.
69 *Schmidt-Eichstaedt*, KommJur 2009, 249 ff.; *Geis*, Kommunalrecht, 6. Aufl. 2023, § 4 Rn. 19.
70 *Hobe/Biehl/Schroeter*, DÖV 2003, 803, 810.
71 *Blanke*, DVBl 2010, 1333 ff.

§ 3 Kommunalrecht und Bundesstaatsprinzip

> **Praxisfall:**
> Der Bundestag plant mit Zustimmung des Bundesrates, den Gemeinden und Gemeindeverbänden die „Verantwortung für die Cybersicherheit" als neue Aufgabe zu übertragen. Dagegen wehren sich die Kommunalverbände, die das Gesetzesvorhaben für verfassungswidrig halten.
> Wie ist die materielle Rechtslage?

I. Kommunalrecht als gestaltbare Landesangelegenheit

27 Kommunen sind nicht nur ein Teil der Europäischen Union. Sie verkörpern gleichzeitig ein Stück **Bundesstat**, der sich aus Kreisen und Gemeinden zusammensetzt. Diese Zuordnung folgt aus der Verneinung der Staatsqualität der Gemeinden, der Grundgesetzregelung im Abschnitt „Bund und die Länder" (Art. 20 ff. GG) sowie aus der finanzrechtlichen Festlegung, dass Einnahmen und Ausgaben der Gemeinden als Einnahmen und Ausgaben der Länder gelten (Art. 106 Abs. 9 GG). Folglich ist das Kommunalrecht aus bundesstaatlicher Perspektive fruchtbar zu machen. Danach muss auch die verfassungsmäßige Ordnung in den Gemeinden und Kreisen den Grundsätzen des demokratischen und sozialen Rechtsstaats entsprechen. Dieser **Homogenitätsgrundsatz** (s. o. § 1 II) verlangt allerdinge weder Konformität noch Uniformität, weil die Ausgestaltung des kommunalen Rechts mangels bundesgesetzlicher Regelungskompetenz den Ländern obliegt.

 *Zwischenfrage:* Was bedeutet das Homogenitätsprinzip für die Ausgestaltung des Kommunalrechts?

II. Der Einfluss des Bundesgesetzgebers

28 Die prinzipielle Zuständigkeit der Bundesländer zur Normierung des Kommunalrechts schließt Einwirkungen des Bundes zur Wahrung der bundesstaatlichen Ordnung nicht aus. Voraussetzung ist jedoch, dass der Bund hierzu eine **Gesetzgebungskompetenz** besitzt. Zwar darf der Bund für den Vollzug von nach Art. 73 ff. GG erlassenen Bundesgesetzen durch die Länder mit Zustimmung des Bundesrates die Einrichtung der Behörden regeln (Art. 84 Abs. 1 und Art. 85 Abs. 1 GG). Dabei darf er aber nicht in die kommunale Organisations- und Finanzhoheit eingreifen. Denn seit der **Föderalismusreform**[72] ist dem Bund nicht gestattet, den Gemeinden und Gemeindeverbänden neue Aufgaben zu übertragen. Dieses in Art. 84 Abs. 1 S. 7 und Art. 85 Abs. 1 S. 2 GG ausdrücklich normierte absolute **Aufgabendurchgriffsverbot**[73] erlaubt allerdings im Umkehrschluss den Bundesländern, Kommunalbehörden in die Aufgabenerledigung einzubinden.
Eine weitere Weichenstellung für das Verhältnis zwischen Bund, Ländern und Gemeinden ergibt sich aus der bundesstaatlich inspirierten Grundsatzentscheidung zur Ausführung von Bundesgesetzen. Art. 83 GG stellt die Regel auf, dass die Bundesländer die Bundesgesetze als eigene Angelegenheiten ausführen. Das bedeutet, dass sie auch darüber befinden, ob in einem Bundesland die Landesverwaltung oder die Kommunalverwaltung für die Aufgabenwahrnehmung zuständig ist. Folglich dürfen Bundesgesetze lediglich auf die Regelungsbefugnis der Länder hinweisen.

---

72 BGBl. I, 2006, 2034.
73 BVerfGE 155, 310 Rn. 59 ff.

> **Beispiel**: Nach § 26 Abs. 1 SGB I i. V. m. § 24 Wohngeldgesetz entscheidet da Landesrecht, welche Stelle zur Ausführung des Gesetzes zuständig ist.

Nach Art. 72 Abs. 1 GG können jedoch kommunalrelevante Bundesgesetze im Interesse der **Herstellung gleichwertiger Lebensverhältnisse** im Bundesgebet oder zur **Wahrung der Rechts- und Wirtschaftseinheit** erlassen werden, soweit sie im **gesamtstaatlichen Interesse** erforderlich sind (Art. 72 Abs. 2 GG). Der Bund ist insoweit begründungspflichtig und seine Gesetzgebung unterfällt der gerichtlichen Kontrolle (Art. 93 Abs. 1 Nr. 2a GG).

> **Beispiel**: Gesetz zur Weiterentwicklung der Qualität und zur Verbesserung der Teilhabe in Tageseinrichtungen und in der Kindertagespflege (KiQuTG).

III. Grundgesetzliche Bezüge zum Kommunalrecht

Unabhängig davon wird das Verhältnis zwischen dem Bund, den Bundesländern und den Gemeinden in zahlreichen, nachfolgend aufgeführten Grundgesetzartikeln angesprochen, die der Gesetzgeber ausfüllen muss.
– Art. 1 Abs. 3 (Grundrechtsbindung der Kommunalverwaltung)
– Art. 20 Abs. 1 (Demokratie und sozialer Bundesstaat)
– Art. 20 Abs. 3 (Gesetzesbindung der Exekutive)
– Art. 21GG (Mitwirkung der Parteien bei der kommunalpolitischen Willensbildung)
– Art. 24 Abs. 1a (Grenznachbarschaftliche Einrichtungen)
– Art. 28 Abs. 1 (Gemeinde- und Kreisvertretung, Wahlrecht für Unionsbürger, Gemeindeversammlung)
– Art. 28 Abs. 3 (Gewährleistungspflicht des Bundes für die Einhaltung des Art. 28 GG)
– Art. 29 Abs. 7 und 8 (Anhörungspflicht für Gemeinden und Kreise bei bestimmten Gebietsänderungen)
– Art. 33 Abs. 4 (Ausübung hoheitsrechtlicher Befugnisse)
– Art 34 (Haftung der kommunalen Körperschaften)
– Art. 84 f. (Ausführung von Bundesgesetzen durch Gemeinden und Grenzen der Aufgabenübertragung)
– Art. 91c (Informationstechnische Festlegung von Standards für Kommunikationssysteme)[74]
– Art. 91e (Zusammenwirken von Bund, Ländern und Gemeinden auf dem Gebiet der Grundsicherung für Arbeitsuchende und Zulassung zur alleinigen Wahrnehmung)
– Art. 93 Abs. 1 Nr. 4b (Verfassungsbeschwerde für Gemeinden und Gemeindeverbände)
– Art. 104b–d (Finanzhilfen für besonders bedeutsame Investitionen von Gemeinden und Gemeindeverbänden in den Bereichen Bildungsinfrastruktur und sozialer Wohnungsbau)
– Art. 105 Abs. 2a (Gesetzgebungskompetenz über örtliche Verbrauchs- und Aufwandsteuern sowie die Bestimmung des Steuersatzes bei der Grunderwerbsteuer)
– Art. 105 Abs. 3 (Steueraufkommen für die Gemeinden und Gemeindeverbände)
– Art. 106 Abs. 5 (Gemeindeanteil am Aufkommen der Einkommensteuer)
– Art. 106 Abs. 5a (Gemeindeanteil am Aufkommen der Umsatzsteuer)
– Art. 106 Abs. 6 (Aufkommen der Grundsteuer, der Gewerbesteuer und der örtlichen Verbrauch- und Aufwandsteuern, Festlegung der Hebesätze)
– Art. 106 Abs. 7 (Beteiligung an den Gemeinschafts- und Landessteuern)
– Art. 106 Abs. 8 (Ausgleich von Sonderbelastungen)
– Art. 107 Abs. 2 (Berücksichtigung der Finanzkraft und des Finanzbedarfs der Gemeinden und Gemeindeverbände)

---
[74] *C. K. Petersen*, DVBl 2018, 1534 ff.

- Art. 108 Abs. 4 Satz 2 (Übertragung der Steuerverwaltung auf die Gemeinden für die ihnen allein zufließenden Steuern)
- Art. 109 Abs. 4 (Gemeinsam geltende Grundsätze für das Haushaltsrecht, die Haushaltswirtschaft und die Finanzplanung)
- Art. 115c Abs. 3 (Garantie der Lebensfähigkeit der Gemeinden und Gemeindeverbände auch in finanzieller Hinsicht im Verteidigungsfall)
- Art. 137 Abs. 1 (Wählbarkeitsbeschränkungen für Angehörige des öffentlichen Dienstes in den Gemeinden).

Zwischenfrage: Können Sie einige grundgesetzliche Bezüge zum Kommunalrecht repetieren?

IV. Unterschiedliche bundesstaatliche Kommunalrechtssysteme und Aufgabentypen

30 Nach den bisherigen Ausführungen liegt die Ausgestaltung des Kommunalrechts mangels grundgesetzlicher Vorstrukturierung in der parlamentarischen Gestaltungsmacht der Bundesländer[75], soweit sie die bundesverfassungsrechtlichen Vorgaben beachten. Bundesstaatlichkeit in diesem Sinne bedeutet Autonomie und politische Selbstbestimmung mit eigenen Handlungsspielräumen[76]. Die Länder können folglich zwischen **unterschiedlichen Kommunalverfassungsmodellen** wählen. Sie haben diese Gestaltungsoptionen sowohl in ihren Landesverfassungen als auch in den Gemeinde- und Kreisordnungen umgesetzt und unterschiedlich strukturierte Kommunalformate entwickelt, die lebendiger Ausdruck föderaler Vielfalt[77] und konkretisiertes Landesverfassungsrecht sind.

Die Ausschöpfung dieser Möglichkeiten hat zu einer **Zersplitterung des Kommunalrechts** geführt, weil von der Wahlmöglichkeit reichlich Gebrauch gemacht wurde. Partielle Rechtsidentität besteht lediglich im Sektor **Haushaltsrecht**, da der Bund berechtigt ist, auch für die Gemeinden geltende Haushaltsgrundsätze aufzustellen (Art. 109 Abs. 4 GG, § 1 HGrG s. u. § 12).

Eine gegenwärtig kaum praktizierte und hier zu vernachlässigende Modellvariante ist in Art. 28 Abs. 1 Satz 4 GG angelegt. Danach können an die Stelle der Wahl und Entscheidung von Gemeindevertretungen **Gemeindeversammlungen** treten (s. u. § 5 I 2).

Beispiel: § 54 SH GO für Gemeinden bis zu 70 Einwohnern.

Allerdings ist angesichts des Rufes nach mehr partizipativer Demokratie denkbar, dass Modelle unmittelbarer Demokratie künftig an Bedeutung gewinnen. Gemeindeversammlungen sind nicht identisch mit **Bürgerversammlungen** (s. u. § 5 I 3 d), denen nur Mitberatungsrechte zustehen (Bayern, Sachsen).

Im Übrigen nehmen die Landesverfassungen nur punktuell zur Ausgestaltung der Kommunalverfassungen Stellung, weshalb die konkrete Ausformung nur in den Gemeinde- und Kreisordnungen erfolgt.

Beispiele: Sicherung der Aufgabenerfüllung, Einräumung der Abgabenhoheit, Vorgaben für die Wahl der Gemeindevertretung (Art. 72 f. BWVerf). Förderung der technischen und digitalen Infrastruktur (Art. 26a HeVerf).

V. Einzelne Kommunalrechtssysteme

1. Rats-, Bürgermeister- und Magistratsverfassung

31 Dementsprechend haben sich in der Vergangenheit unterschiedliche Kommunalverfassungssysteme herausgebildet, die herkömmlich in **Norddeutsche und Süddeutsche**

---
75 BVerfGE 91, 228, 239.
76 *P. M. Huber*, DÖV 2024, 426.
77 *Gärditz*, DVBl 2024, 870.

Rats-, Bürgermeister- und Magistratsverfassung eingeteilt werden. Maßgebliches Unterscheidungskriterium ist die Anzahl der erstzuständigen Hauptorgane, wobei es entscheidend auf das Letztentscheidungsrecht ankommt. Nach dieser Einteilung werden Ausprägungen als **monistische** Systeme betrachtet, bei denen die Vertretungskörperschaft alle Entscheidungsbefugnisse besitzt, während bei den **dualistischen Systemen** die Erstzuständigkeit bei der Gemeindevertretung und der Verwaltungsspitze liegen. In der jüngeren Zeit wurden die Kommunalverfassungssysteme mit der Folge reformiert, dass sich die Süddeutschen Ratsverfassung als Standardmodell durchgesetzt hat[78].

Eindeutig dualistisch ausgestaltet ist die Süddeutsche Ratsverfassung mit dem Rat als Hauptorgan, der für grundlegende Entscheidungen, Planungen, Kontrolle usw. zuständig ist. Zweites Organ ist der unmittelbar vom Volk gewählte Bürgermeister. Er ist zuständig für initiierende und koordinierende Lenkung, vorbereitende und durchführende Verwaltung, Außenverwaltung sowie Aufgabenerledigung im übertragenen Wirkungskreis. Zwischen beiden Organen besteht eine starke organisatorische, personelle und funktionelle Verzahnung. So ist der Bürgermeister Vorsitzender des Rates mit Widerspruchsrecht und Eilentscheidungsbefugnis. Er führt die Geschäfte der laufenden Verwaltung und vertritt die Gemeinde nach außen.

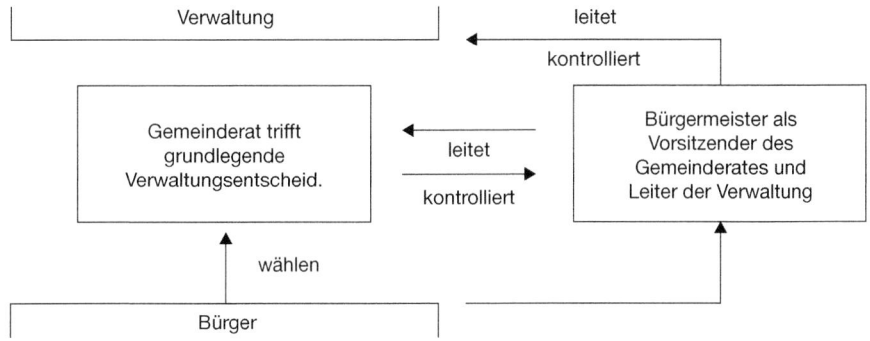

Abbildung 2 Süddeutsche Ratsverfassung

2. Aufgabenmonismus und Aufgabendualismus

Die im Grundgesetz angelegte Länderzuständigkeit für das Kommunalrecht wirkt sich nicht nur auf die monistische oder dualistische Festlegung der Kommunalorgane, sondern auch auf die Systematisierung der Kommunalaufgaben aus. Auch insoweit können sich die Kommunalgesetzgeber für eine **monistische oder eine dualistische Aufgabenerledigung** entscheiden, sofern sie die Vorgaben der Art. 84 f. GG (Weisungsbefugnis des Bundes) beachten.

Der von den Innenministern der Länder und den kommunalen Spitzenverbänden erarbeitete sog. *Weinheimer Entwurf* aus dem Jahre 1948 geht von einem einheitlichen Begriff öffentlicher Aufgaben aus. Danach obliegt den Gemeinden in ihrem Gebiet die Erfüllung aller öffentlicher Aufgaben allein und in eigener Verantwortung, soweit die Gesetze nichts anderes bestimmen (**monistisches Modell**). Diese Zuordnung realisiert das Prinzip **Dezentralisierung** im Sinne einer Stärkung der lokalen Verwaltung (s. u. § 3 V).

Beispiele: Art. 78 Abs. 2 und 4 NWVerf[79], § 2 Abs. 3 BWGO, § 2 HeGO, § 2 Abs. 3 SächsGO.

---

[78] *Henneke*, DÖV 1995, 1064; *Brüning*, in: Kahl/Ludwigs (Hg.), Handbuch des Verwaltungsrechts III, § 64 Rn. 103
[79] S. *Mann/Elvers*, in: HWKP I, § 10 Rn. 23 ff.

Folglich sind die Gemeinden nicht nur Träger spezifischer kommunaler Aufgaben, sondern sie erledigen auch sämtliche staatlichen Aufgaben auf der Ortsebene. Dementsprechend differenziert dieses Modell zwischen **freiwilligen Aufgaben**, **Pflichtaufgaben** und **Pflichtaufgaben zur Erfüllung nach Weisung** (**Weisungsaufgaben**).

> **Beispiel:** Die Wahrnehmung polizei- und ordnungsrechtlicher Aufgaben ist etwa im Rahmen der Überwachung von Geschwindigkeitsüberschreitungen oder der Befolgung von Lichtzeichenanlagen als Weisungsaufgabe ausgestaltet (§ 3 NW Gesetz über Aufgaben und Befugnisse der Ordnungsbehörden – s. u. § 14).

Demgegenüber beruht das **dualistische Modell** auf dem gewandelten Verhältnis zwischen Staat und Kommunen. Danach war ursprünglich die Aufgabenerfüllung in dem Sinne geteilt, dass der Staat alle die Gesamtheit betreffenden Aufgaben wahrnahm, während die Gemeinden, die in der örtlichen Gemeinschaft wurzelnden Aufgaben erledigten. Seit dem 19. Jahrhundert erfüllen die Gemeinden auch Aufgaben, die über den örtlichen Bereich hinausreichen, aber aus Zweckmäßigkeitsgründen der kleineren politischen Einheit übertragen wurden. Dabei spielt vornehmlich der Gedanke der **sach- und bürgernahen Verwaltung** und der **Einsparung staatlicher Behörden** auf der unteren Verwaltungsebene im Sinne einer **Dekonzentration** eine Rolle (s. u § 3 V).

Das dualistische Aufgabenmodell gliedert den Aufgabenbereich der Gemeinden in **Selbstverwaltungsaufgaben** und **Staatsaufgaben**. Die Selbstverwaltungsaufgaben bilden, wenn man sie auf das dualistische Modell überträgt, den **eigenen Wirkungskreis**. Hingegen sind die Aufgaben des **übertragenen Wirkungskreises** den Gemeinden „zur Besorgung namens des Staates" (Art. 8 Abs. 1 Bay GO, § 6 NKomVG) zugewiesen und mit Weisungsrechten verbunden[80]. Bei dieser **Auftrags- oder Fremdverwaltung** (Art. 11 Abs. 3 Bay Verf.)[81] überträgt der Staat den Kommunen lediglich die verwaltungsrechtliche Ausführung.

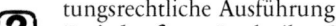 *Zwischenfrage: Beschreiben Sie, wie sich das monistische und das dualistische Modell bei der Aufgabenerledigung voneinander unterscheiden?*

3. Eigener Wirkungskreis

Zum **eigenen Wirkungskreis** gehören sämtliche aus der Aufgabenallzuständigkeit der Gemeinden ableitbaren Aufgaben der örtlichen Gemeinschaft, soweit sie nicht durch Gesetz einem anderen Träger zugewiesen sind. Dieser Aufgabenkatalog lässt sich nicht exakt abstrakt und für alle Zeiten verbindlich festschreiben. Er richtete sich vielmehr nach den jeweils vorhandenen und wechselnden **örtlichen Bedürfnissen** sowie der **Leistungsfähigkeit** der Gemeinden.

Innerhalb des eigenen Wirkungskreises unterscheiden die Gemeindeordnungen zwischen **freiwilligen** und pflichtigen **Selbstverwaltungsaufgaben**. Bei der zuerst genannten Kategorie entscheiden die Gemeinden im Rahmen ihres Selbstverwaltungsrechts ohne inhaltliche staatliche Vorgaben, ob sie überhaupt eine Aufgabe übernehmen, modifizieren oder aufgeben wollen[82]. Das bedeutet zugleich, dass den Kommunen ein **Aufgabenerfindungsrecht** zusteht[83]. Das damit verbundene Entscheidungsermessen erstreckt sich ferner auch auf die Ausgestaltung und Ausführung und damit auch auf das „Wie" der Aufgabenerledigung.

In dem Sektor des freiwilligen Aufgabenkanons realisiert die Gemeinde vor allem ihre Sozial-, Kultur-, Wirtschafts- und Umweltverantwortung auf lokaler Ebene (s. u. §§ 6ff.). Insoweit unterfallen Gemeinden und Gemeindeverbände lediglich einer **Rechtmäßig-**

---

80 BVerwGE 19, 121, 123; BVerwG, NVwZ 1983, 610f.
81 *Schmidt-Jortzig*, DÖV 1993, 973, 976.
82 BVerfGE 79, 127, 143.
83 S. auch *Röhl*, in: Schoch (Hg.), Besonderes Verwaltungsrecht, 2018, 320 und 334; *Geis*, Kommunalrecht, 6. Aufl., § 7 Rn. 7

V. Einzelne Kommunalrechtssysteme

keitskontrolle (s. u. § 7 III 4) und sie sind berechtigt, die Aufgabenwahrnehmung durch Satzung zu regeln (s. u. § 4 XII).

Beispiele: Maßnahmen zur Förderung des Wohnungsbaus, insbesondere durch Erwerb von Grundstücken. Kommunale Wirtschaftsförderung über den Verkauf verbilligter Grundstücke an Jungunternehmer[84]. Bau und Unterhaltung von Sportanlagen. Gründung von Volkshochschulen, Gemeindearchiven, Bibliotheken und Museen. Einrichtung kommunaler Sparkassen. Bau und Unterhaltung von Altenheimen und Sozialstationen. Tourismusförderung (Art. 83 BayVerf).

Aus besonderen verfassungsrechtlichen Gründen kann eine **Aufgabenwahrnehmungspflicht** bestehen[85].

Im Gegensatz zu den freiwilligen Aufgaben werden die **kommunalen Pflichtaufgaben** durch Gesetz begründet. Sie sollen die örtliche Grundversorgung mit bestimmten unabdingbaren Gütern und Dienstleistungen sicherstellen. Wegen dieses Charakters besitzen die Gemeinden keine Entscheidungsfreiheit bei der Frage, „ob" sie diese Aufgaben übernehmen wollen, sondern nur hinsichtlich des „Wie" der Aufgabenerledigung. Deshalb scheidet eine materielle Privatisierung dieser Aufgaben aus[86]. Da es sich auch bei den pflichtigen Selbstverwaltungsaufgaben um eigene Angelegenheiten handelt, dürfen für ihre Durchführung keine staatlichen Weisungen erteilt werden. Die Gemeinden unterliegen lediglich der **Rechtsaufsicht** (s. u. § 7 III 4), die auf die Erledigung der Pflichtaufgaben dringen kann. Im Falle eines Widerspruchs dagegen eine gemeindliche Entscheidung bleiben die Gemeinden bis zum Erlass des Widerspruchsbescheides nach § 73 Abs. 1 Satz 2 Nr. 3 VwGO zuständig.

Beispiele: Trägerschaft von Grundschulen und weiterführenden Schulen[87]. Einrichtungen der Kinder-, Jugend- und Sozialhilfe (§§ 27 f. SGB I, § 69 SGB VIII, §§ 3 ff. SGB XII). Straßenbaulast hinsichtlich der Ortsstraßen, Gemeindeverbindungsstraßen sowie Ortsdurchfahrten. Gewässerunterhaltung, Feuerschutz. Bauleitplanung (§ 2 Abs. BauGB). Kommunale Abfallwirtschaft (§ 17 KrWG). Abwasserbeseitigung (§ 56 WHG). Wasserversorgung[88]. Anlage und Unterhaltung von Friedhöfen. Bereitstellung von Tageseinrichtungen und Kindertagespflegestellen (§ 24 SGB VIII). Vorbereitung und Durchführung von Kommunalwahlen. Einstellung von Bediensteten. Aufnahme und Unterbringung nach dem AsylUG[89]. Unterbringung Obdachloser[90]. Verwirklichung der Gleichberechtigung von Mann und Frau (§ 5 Abs. 1 NW GO). Krankenhausversorgung[91].

Der Gesetzgeber kann bei der Normierung einer pflichtigen Selbstverwaltungsaufgabe zugleich auch ins Einzelne gehende Maßstäbe für die Durchführung dieser Aufgabe vorgeben. Insoweit wird die Eigenverantwortlichkeit der Gemeinde bei der Aufgabenerfüllung eingeschränkt, so dass die Grenzen zur **gemeindlichen Fremdverwaltung** im Einzelfall fließend sein können.

Beispiel: Differenzierte Regelung der Sozialhilfe im SGB XII.

Zwischenfrage: Können Sie einige Beispiele für freiwillige und pflichtige Kommunalaufgaben nennen?

---

84 *Stober/Korte*, Öffentliches Wirtschaftsrecht, Allgemeiner Teil, 20. Aufl. 2023, § 31.
85 *Gern*, DVBl 1987, 1194; *Schmidt-Jortzig*, DÖV 1993, 973 ff.; BVerwG, KommJur 2009, 424.
86 RPOVG, DVBl 1985, 176 f; *Katz*, NVwZ 2010, 405 ff.
87 NW OVG, NVwZ-RR-1992, 186.
88 BGH, NWVBl 1988, 213.
89 BWVGH, BWVBl 1987, 30; BayVGH, DVBl 1991, 1095.
90 BVerwGE 82, 364.
91 BVerfGE 83, 363, 383 ff.

4. Auftrags- und Weisungsverwaltung

34 Die Aufgabenbereiche der Auftrags- und Weisungsverwaltung sind breit gestreut. Dabei handelt es sich insbesondere um Aufgaben, die Kommunen in ihrer Eigenschaft als **untere Verwaltungsbehörde** im Wege mittelbarer Staatsverwaltung zur Durchführung von Bundes- und Landesrecht wahrnehmen (§ 18 BWLVG, § 16 Abs. 1 NWLOG). Soweit der Staat von seinem Weisungsrecht keinen Gebrauch macht, agieren die Kommunen eigenverantwortlich.
Die Angelegenheiten der Auftrags- und Weisungsverwaltung bzw. des übertragenen Wirkungskreises sind dadurch gekennzeichnet, dass der Staat den Gemeinden Aufgaben zuweist und sich zudem das Recht vorbehält, die Wahrnehmung der konkreten Aufgabe durch detaillierte fachliche Weisungen zu steuern, die auch Zweckmäßigkeitsüberlegungen einschließen. Folglich erstreckt sich die die staatliche Kontrolle auf eine **Rechts- und eine Fachaufsicht** (s. u. § 7 III 5). Satzungen dürfen die Gemeinden bei Auftrags- und Weisungsaufgaben nur aufgrund besonderer gesetzlicher Ermächtigung erlassen. Einen Widerspruchsbescheid erlässt grundsätzlich die nächsthöhere Behörde, die sowohl Rechtmäßigkeits- als auch Zweckmäßigkeitsgründe anführen kann (§ 73 Abs. VwGO).

> **Beispiele**: Aufgaben der Ordnungsverwaltung auf den Gebieten des Bau-[92], Rettungs-, Gewerbe-, Straßen-, Verkehrs-, Wege- und Wasserwesens. Lebensmittelüberwachung. Öffentliches Gesundheitswesen (Gesundheitsämter – § 2 Nr. 14 IfSG oder Fachbereiche Gesundheit – § 4 RP Gesetz über den öffentlichen Gesundheitsdienst, § 8 NWZVO-IfSG). Melde-, Pass- und Staatsangehörigkeitsrecht. Personenstands- und Namensangelegenheiten. Veterinärsachen und Tierkörperbeseitigung. Lastenausgleich und Flüchtlingsbetreuung.

Für die funktionelle Wahrnehmung dieser Aufgaben auf der unteren Verwaltungsebene ist in Städten der Bürgermeister und in Kreisen der Landrat zuständig.

> **Beispiele**: Bürgermeister als Ortspolizeibehörde (§ 107 Abs. 4 BWPolG) oder als untere Bauaufsichtsbehörde (§ 57 und § 70 NWBauO), die für die Erteilung von Baugenehmigungen zuständig ist (§ 71 NWBauO).

Da der Umfang der staatlichen Auftrags- und Weisungsverwaltung permanent ausgebaut wird, besteht die Gefahr, dass die Selbstverwaltungsangelegenheiten allmählich verdrängt werden. Insbesondere die den kommunalen Gebietsreformen nachfolgenden **Funktionalreformen** haben zu einem schleichenden Anwachsen staatlicher Auftragsangelegenheiten geführt. Die dadurch bewirkte Aufgabenverlagerung auf die durch die Gebietsreform leistungsfähiger gewordenen Gemeinden ist geeignet, das Selbstverwaltungsrecht zu schmälern. Diese neue Ausgangslage dürfte kaum den Vorstellungen des Verfassungsgebers hinsichtlich einer eigenständigen kommunalen Selbstverwaltung entsprechen. Unabhängig davon bedarf es einer grundlegenden **Deregulierung** auf Unions-, Bundes- und Landesebene. Ziel muss es sein, die beträchtliche Normenflut und Normendichte einzudämmen und die teilweise hohen und erhebliche Kosten verursachenden Ausstattungsstandards im Bau-,Umwelt- Sozial- und Bildungssektor zu senken, die offenbar weder für Gemeinden noch für Nutzer einen spürbaren Qualitätsgewinn bringen[93].

5. Organleihe

35 Eine Sonderform staatlicher Verwaltung auf der lokalen Ebene ist die **Organleihe**. Sie ist von der Auftrags- und Weisungsverwaltung zu unterscheiden, weil nicht die Gemeindeverwaltung als solche, sondern ein bestimmtes Gemeindeorgan mit der Erledigung

---

92 BayVGH, BayVBl 1986, 213.
93 *Schink*, Eildienst LKT NW 1995, 133 ff. *Dolde*, Verwaltungsverfahren und Deregulierung, NVwZ 2006, 857 ff.; *Christiansen/Voß*, LKV 2004, 529 ff.

einer bestimmten staatlichen Aufgabe betraut wird, ohne dass eine echte Zuständigkeitsübertragung erfolgt[94].

Beispiel: Nach § 9 Abs. 4 NW OBG werden Weisungen, deren Geheimhaltung im Interesse der Staatsicherheit erforderlich ist von dem Hauptverwaltungsbeamten als staatliche Verwaltungsbehörde ausgeführt.

6. Gemeinschaftsaufgaben und Mischverwaltung

Eine spezielle Form der Aufgabenerfüllung bilden ferner die in Art. 91a ff. i. V. m. Art. 104a GG festgelegten **Gemeinschaftsaufgaben**, die vom Bund, den Ländern und Gemeinden zur finanziellen Sicherung der Aufgabenvollzugs im Rahmen einer **Verwaltungszusammenarbeit** wahrgenommen werden.

Während die Art. 91a–d G die Kommunen nicht unmittelbar ansprechen, ermöglicht Art. 91e GG im Bereich **Grundsicherung für Arbeitsuchende** ausnahmsweise eine **Mischverwaltung** von Bund, Ländern und optierenden Kommunen (**Optionskommunen**), die als Jobcenter nach § 44b SGB II fungieren. Damit erhalten Gemeinden und Gemeindeverbände die Chance, die damit verbundenen Leistungen als kommunale Träger eigenverantwortlich wahrzunehmen. Das Antragserfordernis für die Beteiligung an dieser Aufgabe berücksichtigt das Selbstverwaltungsrecht ebenso wie die in Art. 91e Abs. 2 Satz 2 GG enthaltene Finanzierungsklausel[95], die eine unmittelbare Finanzbeziehung zwischen dem Bund und den Optionskommunen begründet (s. u. § 6 III 2).

Zwischenfrage: Welche besondere Bedeutung liegt den Optionskommunen zugrunde?

Zur Komplettierung der digitalen Verwaltung auf Ortsebene ist ferner die in Art. 91c GG vorgesehene Gemeinschaftsverantwortung für die Planung, Errichtung und den Betrieb der zur Aufgabenerfüllung erforderlichen **informationsrechtlichen Systeme** von zentraler Bedeutung. Zwar richtet sich diese Norm unmittelbar nur an den Bund und die Länder. Sie betrifft aber mittelbar auch die Gemeinden, die jedenfalls in ihrer Rolle als untere Verwaltungsbehörde im Interesse der Einwohner an dem übergreifenden informationstechnischen Zugang zu Verwaltungsleistungen teilhaben müssen.

---

94 BVerwG, NVwZ-RR 1990, 44; BVerfGE 63, 1, 31 ff.; *Krüger*, LKV 2000, 189.
95 BVerfGE 119, 331, 361 ff.; BVerfG, DVBl 2014, 1534 ff.

7. Aufgabentypen

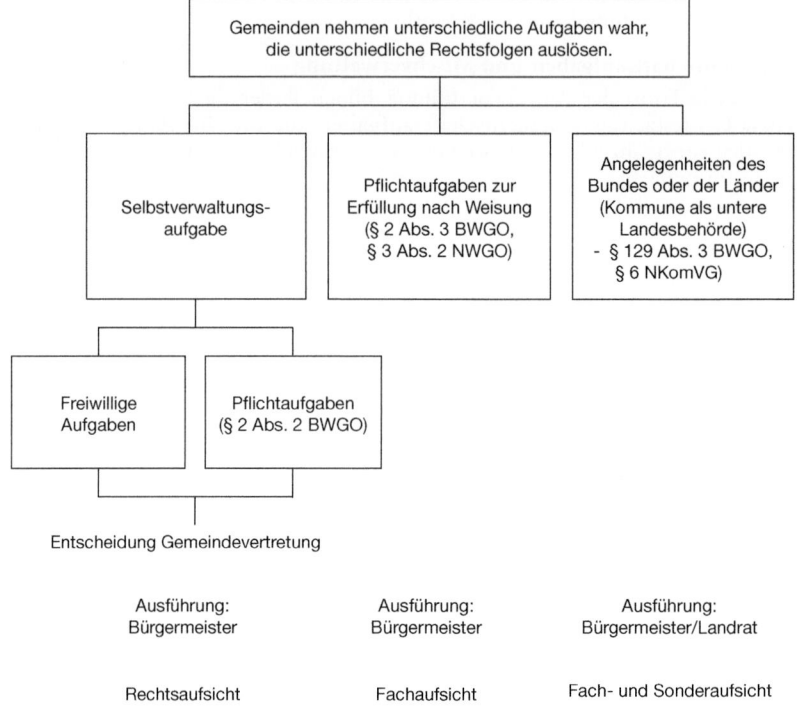

Abbildung 3 Aufgabentypen

> **Lösung des Praxisfalls:**
> Die geplante Aufgabenübertragung wäre nur zulässig, wenn der Bundesgesetzgeber dafür eine Gesetzgebungskompetenz besäße. In Art. 84 Abs. 1 S. 7 GG heißt es ausdrücklich, dass der Bund den Gemeinden keine neuen Aufgaben übertragen darf. Dieses Verbot dient dem Schutz der Kommunen vor zu intensiver Einwirkung des Bundes auf die kommunale Aufgabenerfüllung sowie der Wahrung ihrer Organisations- und Finanzhoheit. Es liegt auch kein Fall der Mischverwaltung vor, dessen Tatbestände in Art. 91a ff. GG abschließend festgelegt sind. Folglich wäre die vorgesehene Aufgabenübertragung verfassungswidrig.

VI. Kommunen als Glied der Verwaltungsorganisation

1. Dezentralisierung und Dekonzentration als Grundprinzipien

Die Bedeutung des Bundesstaatsprinzips erschöpft sich nicht in Aussagen über Zuständigkeiten zur Normierung des kommunalen Verfassungsrechts. Sie spiegelt sich ferner in Direktiven für die Ausgestaltung der **Verwaltungsorganisation**. Danach können Bund und Länder Verwaltungsaufgaben entweder selbst erfüllen oder sie dezentralisieren, indem sie Aufgaben durch rechtlich verselbständigte Organisationen erledigen

lassen. Dazu zählt die kommunale Aufgabenwahrnehmung. Sie wird aus dem hierarchisch gegliederten Verwaltungsaufbau herausgelöst, mit dem sie aber vornehmlich durch das Instrument der Aufsicht über die Kommunen verklammert bleibt.
Die Verwaltung in der Bundesrepublik Deutschland ist durch eine starke **Dezentralisierung** geprägt. Das liegt in erster Linie an der Existenz von Gemeinden und Gemeindeverbänden, die einen Großteil der Verwaltungsaufgaben erfüllen. Dieses Verwaltungsprinzip ist in Art. 28 Abs. 2 GG und in dem entsprechenden Landesverfassungsrecht angelegt, die den Gemeinden und Gemeindeverbänden das **Recht der Selbstverwaltung** (s. u. § 4) im Rahmen ihres verfassungsrechtlich und gesetzlich geregelten Aufgabenkreises einräumen[96]. Diese Verfassungsvorgabe findet sich ferner deklaratorisch im Text der Gemeindeordnungen. Danach sind die Gemeinden **Grundlage des Staatsaufbaus**, die in ihrem Gebiet ihre Angelegenheiten verwalten (§ 1 NKomVG, § 1 NW GO). Die Dezentralisierung setzt eigene Willensbildung, Begrenzung des Weisungsrechts und finanzielle Unabhängigkeit voraus. Sie zielt darauf ab, ein flexibles, bürger- und sachnahes Verwaltungshandeln zu ermöglichen[97], ein Gegengewicht zur staatlichen Einheitsverwaltung zu schaffen und damit neben der horizontalen eine **vertikale Gewaltenteilung** zu erreichen[98]. Mit der Idee der dezentralisierten Verwaltung wird gleichzeitig das **Subsidiaritätsprinzip** zwischen staatlicher und kommunaler Verwaltung realisiert.
Das Prinzip der Dezentralisierung umschreibt allerdings die verwaltungsorganisationsrechtliche Rolle der Gemeinden im Gefüge des Bundesstaates nur unvollständig, weil die Kommunen und Kommunalverbände auch **staatliche Aufgaben** erfüllen und staatliche Zuständigkeiten wahrnehmen (s. o. § 3 IV 4). Hier gilt das Prinzip der **Dekonzentration.** Dieser Verwaltungsmodus ist eine in der Staatsverwaltung typische Erscheinung. Sie bindet die Gemeinden ein, die für den Staat bestimmte Verwaltungsangelegenheiten weisungsgebunden zu erledigen haben (s. o. § 3 V). Die dekonzentrierte Aufgabenerledigung bezweckt, eigene Behörden auf der untersten Verwaltungsstufe einzusparen und sich der örtlichen Vollzugserfahrungen zu bedienen. Ferner soll eine effiziente, zweckmäßige und zuverlässige Koordination zwischen staatlichem und kommunalem Handeln sichergestellt werden.
Zwischenfrage: Was bezweckt das Prinzip der Dezentralisierung?

2. Treuepflicht und gemeindefreundliches Verhalten

Den dargelegten Erscheinungsformen des Bundesstaatsprinzips ist immanent, dass die Gemeinden als Teil der Länder dem Bund und den Ländern gegenüber **verfassungstreu** sein und staatliche Eingriffe im Interesse der Funktionsfähigkeit des öffentlichen Lebens in einem bestimmten Umfang hinnehmen müssen. Umgekehrt sind Bund und Länder zu **gemeindefreundlichem Verhalten** verpflichtet.

3. Einzelne kommunale Erscheinungsformen

a. Gemeindetypen und Binnengliederung in Bezirke und Ortsteile. Die einschlägigen kommunalrechtlichen Bestimmungen des Grundgesetzes und der Landesverfassungen erwähnen lediglich die Begriffe Gemeinde und Gemeindeverband ohne weitere Differenzierung. Die Beschränkung auf diese Worte suggeriert, in Deutschland existiere nur die sog. **Einheitsgemeinde.** Dieser Eindruck ist jedoch unzutreffend, weil die Gemeindeordnungen hinsichtlich der Leistungsfähigkeit, Einwohnerzahl und Aufgabenwahrnehmung verschiedene Gemeindetypen kennen, die länderweise voneinander abweichen.

---

[96] BVerfGE 79, 127, 147 ff.; 83, 363, 382.
[97] *Hendler,* in: HdBStR IV, § 106 Rn. 73.
[98] BVerfGE 52, 95, 111; 79, 127, 149.

Beispiele: Große kreisangehörige Stadt, kreisangehörige Stadt, kreisangehörige Gemeinde, kreisfreie Gemeinde, Stadtkreis, Große Kreisstadt (§ 3 Abs. 2 BWGO), Samtgemeinde (§ 2 Abs. 2 NKomVG).

Diese und andere Klassifizierungen sind rechtlich relevant, weil sie u. A. über Zuständigkeiten zur Aufgabenerledigung, Namen, Amtsbezeichnungen, Gemeindebezirksaufteilung und zuständige Aufsichtsbehörden entscheiden.

Die Bezeichnung Einheitsgemeinde ist ferner wegen der gesetzlich zulässigen **Binnengliederungsoptionen** von Gemeinden verfehlt. Die Gemeindeordnungen sehen grundsätzlich die Möglichkeit vor, das Gemeindegebiet räumlich zu gliedern, mit Organen zu versehen und an der kommunalen Aufgabenerfüllung zu beteiligen.

Beispiele: Gemeindebezirke, Stadtbezirke, Ortschaften (§§ 64 ff. BWGO, §§ 35 ff. NWGO).

Welche Ziele verfolgt diese organisatorische Aufteilung des gemeindlichen Binnenraumes?
– Verbesserung der Transparenz kommunaler Aufgabenerledigung,
– Förderung der aktiven Beteiligung der Bürger bei der verwaltungsrechtlichen Bewältigung örtlicher und bezirklicher Probleme,
– Stärkung der durch die Gebietsreform geschwundenen Verbundenheit der Einwohner mit der Gemeindeverwaltung und
– Zurückführung der Rolle der Gemeindevertretungen auf ihre Kernfunktion sowie der Überlassung der Entscheidung von Detailfragen, die nur für bestimmte Ortsteile von Interesse sind, den dazu legitimierten Organen.

Diese Argumente sprechen dafür, den Binnengliederungen im Interesse einer gewünschten eigenverantwortlichen Bürgermitwirkung an den sie betreffenden örtlichen Angelegenheiten noch mehr Entscheidungszuständigkeiten zu übertragen.

Zwischenfrage: Welche Argumente sprechen gegen die Einheitsgemeinde?

Hinsichtlich der Ausgestaltung der innergemeindlichen Gliederung weichen die Gemeindeordnungen der Bundesländer erheblich voneinander ab. Teilweise sehen die Länder für Stadtgemeinden eine **fakultative Einführung der Bezirksverfassung** vor. Teilweise sind die Gemeinden zur Bildung von Stadtbezirken verpflichtet und teilweise haben sie nur ein Anhörungs- und Beratungsrecht. Ferner können bestimmte Entscheidungsbefugnisse übertragen werden, wodurch ein Maximum an Dezentralisierung erreicht wird (s. o. § 3 V 1).

Länderunterschiede bestehen schließlich bei der Einrichtung von **Bezirksverwaltungsstellen**. Soweit sie als Außenstellen der zentralen Gemeindeverwaltung fungieren, dienen sie lediglich einer servicefreundlichen Verwaltungsführung im Sinne einer ortsnahen Anlaufstelle für die Bevölkerung. Anders verhält es sich, wenn die Verwaltungsstellen für bestimmte Geschäfte der laufenden Verwaltung oder für übertragene Aufgaben verantwortlich sind (s. § u. 3 VIII 5 b).

Beispiel: Erledigung von Ausweis- und Meldeangelegenheiten.

41 b. Kreise und Landkreise. Während die Gemeinden eigenständige Einheiten sind, setzen sich die **Kreise**, die teilweise auch als **Landkreise** bezeichnet werden, aus den kreisangehörigen Gemeinden zusammen. Auch die Kreise haben im Rahmen ihres gesetzlichen Aufgabenbereiches das Recht der Selbstverwaltung (Art. 28 Abs. 2 GG – s. u. § 4).

Kreise erledigen in ihrem Gebiet unter eigener Verantwortung sämtliche die Leistungsfähigkeit der kreisangehörigen Gemeinden übersteigenden öffentlichen Aufgaben und unterstützen sie bei der Wahrnehmung ihrer Aufgaben[99].

---

[99] *Breder*, Vergleichende Analyse der Kreisverfassungssysteme, 2022.

Während die vor Jahrzehnten erfolgten Gebietsreformen häufig zur Einkreisung bislang selbstständiger Gemeinden führte, kommt es neuerdings gelegentlich zu einer Gegenbewegung im Sinne einer **Auskreisung**. Ursachen dafür sind gestiegene Einwohnerzahlen, eine positive wirtschaftliche Entwicklung oder die günstigere Aufgabenerledigung für die Ortsbevölkerung. Bei dieser Ausgangslage besteht einerseits die Gefahr, dass diese kreisangehörigen Kommunen die kreisliche Verwaltungsarbeit dominieren. Andererseits sind die berechtigten Belange betroffener Landkreise für die verbleibenden Gemeinden zu berücksichtigen (§ 6 Abs. 2 ThürKO).

Der Kreis ist zugleich das Gebiet der **unteren staatlichen Verwaltungsbehörde**, sofern er als dekonzentrierte Verwaltungseinheit tätig wird. Die Aufgaben werden vom **Landrat** wahrgenommen, der die Richtlinien der Landesregierung zu beachten hat und die Aufsicht über die kreisangehörigen Gemeinden führt (§§ 58 ff. NWGO). Für eine organisatorische Zusammenfassung von Selbstverwaltung und Staatsverwaltung auf der Kreisstufe spricht der Grundsatz der **Einheit der Verwaltung**, der auf sämtlichen Verwaltungsebenen verwirklicht werden soll. Dieses Konzept wird ferner umgesetzt, wenn bestehende Sonderverwaltungen in die Kreisverwaltung integriert werden. Dieser Gedanke wird etwa bei **Funktionalreformen** umgesetzt. Sie beabsichtigen, die Aufgabenverteilung innerhalb der Länder zu verbessern und der Aufgabenwanderung nach oben entgegenzuwirken. Die Kompetenzübertragung auf die Gemeinden und Kreise soll eine effiziente, bürgernahe, kostensparende, leistungsfähige und fachübergreifende Aufgabenerledigung garantieren[100].

c. Stadt-Umland-Verbände. Kreise und Städte stehen in einem permanenten Konkurrenzverhältnis. Insbesondere Großstädte üben auf Menschen wegen ihrer wirtschaftlichen, kulturellen und sozialen Zentrumsfunktion eine beträchtliche Anziehungskraft aus. Da das Raumangebot in Städten begrenzt, das Wohnen und Arbeiten teuer, aber die Stadtnähe geschätzt ist[101], entstanden in der Vergangenheit **großstädtische Verdichtungs- und Ballungsräume** in Gestalt von um die Großstadt wachsenden Ringen (sog. Speckgürtel), auf die sich das gesellschaftliche und ökonomische Leben zunehmend verlagerten. Angesichts dieser Entwicklung stellen sich aus kommunalorganisatorischer und fiskalischer Sicht Fragen nach einer kommunalen Zusammenarbeit (s. u. § 4 XIV und XVIII 3).

> **Beispiel:** Bildung von Nahverkehrsgemeinschaften zur Erfüllung der Verkehrsnachfrage im Stadt-, Vorort- und Regionalverkehr einschließlich der damit verbundenen finanziellen Leistungen (§ 8 PBefG).

Da die damit zusammenhängenden komplexen Sachprobleme dem herkömmlichen Gemeindetypen nicht befriedigend gelöst werden konnten, wurden vornehmlich im Zuge kommunaler Neugliederungen **Stadt-Umlandverbände** gegründet. Sie agieren etwa als Nachbarschaftsverband in Form eines **Zweckverbandes** (s. u. § 3 V 3e und § 4 XVIII 3 b) sowie als Regionalverband, die jeweils Städte und ihr Umland als geschlossene Region erfassen.

> **Beispiele:** Regionalverband Ruhr, der für die Regionalplanung und Infrastrukturprojekte verantwortlich ist. Region Hannover (§ 3 NKomVG).

Zwischenfrage: Welche Erwägungen sprechen für die Bildung von Stadt- und Umlandverbänden?

d. Landschafts- und Bezirksverbände. Über die Kreis- und Stadt-Umlandebene hinaus wirken in einigen Bundesländern die auch als **höhere Gemeindeverbände** bezeichneten **Landschafts- und Bezirksverbände**. Sie nehmen unterschiedliche überörtliche und

---

100 BVerfGE 34, 2016, 233.
101 *Thieme*, Verwaltungslehre, 4. Aufl. 1984, § 55 C.

kreisübergreifende Angelegenheiten einer meist historisch gewachsenen eigenständigen Region wahr.

Beispiele: Die Landschaftsverbände in Nordrhein-Westfale[102] (Landschaftsverband Rheinland und Landschaftsverband Westfalen-Lippe) sind kommunale Bund- oder Verbandkörperschaften, deren Mitglieder die im Verbandsbezirk gelegenen kreisfreien Städte und Kreise sind. Der Landschaftsverband nimmt erledigt vornehmlich Sozial-, Jugend-, Bildungs- und Gesundheitsaufgaben (Träger von Spezialkrankenhäusern). Die bayerischen Bezirksverbände sowie der rheinland-pfälzische Bezirksverband Pfalz befassen sich ferner mit Umweltschutz- und Verbraucherschutzthemen. Im Unterschied zu Nordrhein-Westfallen sind Mitglieder unmittelbar die Bürger des Verbandsgebietes, die den Bezirkstag als Repräsentativorgan wählen.

44 **e. Kommunale Zweckverbände.** Das Kriterium einer optimalen Aufgabenwahrnehmung steht auch bei den **kommunalen Zweckverbänden** im Vordergrund (s. auch u. § 4 XVIII 3b cc). Dabei handelt es sich um Zusammenschlüsse von Gemeinden und Gemeindeverbänden zum Zweck gemeinsamer Aufgabenerfüllung[103]. Selbst wenn eine Gebietskörperschaft eine Aufgabe allein erfolgreich wahrnehmen kann, sprechen Praktikabilitätsüberlegungen und regionalwirtschaftliche Argumente für die Bildung von Zweckverbänden. Denn dieses Modell einer kommunalen Zusammenarbeit verbessert die Koordination innerhalb von Gebietsräumen, bringt Größenvorteile, hat Synergieeffekte und gestattet auf der Basis leistungsfähiger Gemeinden eine wirksame Verfolgung gemeinsamer Interessen und Projekte.

Gegen Zweckverbände wird vorgebracht, die Aufgabenübertragung höhle die Selbstverwaltung aus. Denn die Gemeindevertretung begebe sich ihrer unmittelbaren Entscheidungsbefugnis, weil das mittelbar gewählte Leitungsorgan des Zweckverbandes über wichtige kommunale Fragen entscheide. Diese Sichtweise relativiert sich, wenn die jeweilige Gemeindevertretung nach sorgfältiger Abwägung der Vor- und Nachteile einer Aufgabenverlagerung zustimmt, die auch wieder zurückholbar ist.

Verfassungsrechtlich besteht weitgehend Einigkeit darüber, dass Zweckverbände wegen ihres begrenzten Aufgabenbereiches und mangels unmittelbarer demokratischer Legitimation nicht den Charakter von Gemeindeverbänden im Sinne des Art. 28 Abs. 2 GG besitzen[104]. Gleichzeitig gehört das Recht, sich zu Zweckverbänden zusammenzuschließen als Bestandteil der **Kooperationshoheit** (s. u. § 4 XIV) zum Wesensgehalt der kommunalen Selbstverwaltung. Angesichts dieser Verklammerung steht auch die Aufgabenerledigung durch Zweckverbände mittelbar unter dem Schutz des Art. 28 Abs. 2 GG[105].

VII. Bundesstaat und kommunale Selbstverwaltung in Stadtstaaten

45 Die Bundesrepublik besteht aus 13 Flächenländern mit eigenständigen Kommunalverfassungen sowie aus drei Stadtstaaten (s. Präambel des Grundgesetzes). In den Stadtstaaten **Berlin**, **Bremen** und **Hamburg** verschmelzen Landes- und Kommunalrecht. Deshalb existieren weder spezielle Gemeindeordnungen noch wurden eigenständige Gebietskörperschaften mit Selbstverwaltungscharakter errichtet[106]. Folglich fungiert die Landesverfassung gleichzeitig als Kommunalverfassung.

Beispiel: In Art. 4 HmbVerf ist festgeschrieben, dass staatliche und gemeindliche Tätigkeiten nicht getrennt werden.

---

102 *Burgi/Ruhland*, Regionale Selbstverwaltung durch die Landesverbände in Nordrhein-Westfalen, 2003; *Palmen/Schönenbroicher*, NVwZ 2008, 1173 ff.
103 *Oebbecke*, Die Aufgaben der Zweckverbände, NVwZ 2010, 665 ff.
104 BVerfGE 52, 95, 110.
105 OVG Weimar, LKV 2007, 140.
106 BVerfGE 83, 60.

Da es sich bei den Stadtstaaten jeweils um Großstädte mit vielen Einwohnern handelt, entspricht die sondergesetzlich normierte **Binnengliederung** grundsätzlich dem allgemeinen Gemeinderecht.

Beispiel: Einteilung der Stadtstaaten in Verwaltungsbezirke (Art. 66 Abs. 2 BlnVerf, § 2 Hmb Bezirksverwaltungsgesetz).

Wegen ihres besonderen Doppelstatus handelt es sich bei den Stadtstaaten nicht um typische Gemeinden im kommunalverfassungsrechtlichen Sinne, weshalb die Selbstverwaltung innerhalb der Stadtstaaten nachfolgend ausgeklammert wird.

VIII. Kommunalverfassungen und Kommunalverwaltung

1. Bundesstaatlich motivierte Abweichungen

Die Herausarbeitung des die Kommunalverwaltung prägenden Dezentralitätsgrundsatzes sowie die darauf aufbauende Erläuterung einzelner kommunaler Erscheinungsformen sagt nichts über die jeweils zuständigen Organe und ihre Rechtsstellung aus. Der kommunalverfassungsrechtliche Status ist aufgrund der beschriebenen bundesstaatlich gestatteten unterschiedlichen Ausformung des Gemeinderechts nicht einheitlich normiert. Deshalb sind an dieser Stelle übereinstimmende Merkmale und Abweichungen der einzelnen Organe zu vertiefen. Immerhin besteht ein kommunaler Gleichklang darin, dass jenseits unterschiedlicher Bezeichnungen die Gemeindevertretung (Gemeinderat) und der Gemeindevorsteher (Bürgermeister) die Hauptorgane sind.

2. Der Rat

a. Aufgaben und Rechtsstellung. – aa. Der Rat als Teil der Exekutive und Organ.

Der **Gemeinderat** ist zwar die gewählte Vertretung der Bürger. Er ist jedoch mangels Staatsqualität im Unterschied zu der Rechtslage auf Bundes- und Landesebene kein Parlament im herkömmlichen Sinne. Vielmehr ist der Gemeinderat **Teil der Exekutive**, auch wenn das Kommunalverfassungsrecht strukturell in bestimmten Punkten dem staatlichen Parlamentsrecht ähnlich ist[107].

Beispiele: Wahlgrundsätze (s. u. § 5 III), Freies politisches Mandat.

Der Gemeinderat besitzt als Organ der Gemeinde keine (Außen-) Rechtsfähigkeit, obwohl er als „**Vertretungskörperschaft**" bezeichnet wird. Diese Charakterisierung bezieht sich jedoch nur auf die demokratische Vertretung gegenüber den Bürgern. Hingegen ist der Gemeinderat gegenüber anderen gemeindlichen Organen Träger organschaftlicher Rechte (sog. **Innenrechte**), die gerichtlich geltend gemacht werden können (s. u. § 3 VIII).

Die Zahl der Gemeinderäte richtet sich nach der Einwohnerzahl der Gemeinde (Art. 31 Abs. 2 Satz 2 Bay GO, § 29 Abs. 2 Sächs. GO) und im Übrigen nach den **Kommunalwahlgesetzen** (§ 3 Abs. 2 NW KWahlG).

> Hauptaufgabe des Gemeindesrates ist es, in freier Diskussion und Argumentation die unterschiedlichen kommunalpolitischen Vorstellungen auszutauschen, abzuwägen und in Beschlüsse zu fassen. Mit diesem Verfahren werden über Abstimmungen oder Wahlen bestimmte Ergebnisse erzielt, die dann die Grundlage für die Ausführung kommunaler Aufgaben sind[108].

Zwischenfrage: Beschreiben Sie die Hauptaufgaben des Gemeinderates!

---

107 BVerfGE 21, 54, 62; HeVGH, DVBl. 1978, 821.
108 BVerwG, NVwZ 1988, 837.

bb. Freies kommunalpolitische Mandat und Ehrenamt. Die Rechtsstellung der Ratsmitglieder beruht auf einem **freien Mandat** kommunalpolitischer Prägung. Sie entscheiden im Rahmen der Gesetze (Art. 28 Abs. 2 GG) nach ihrer freien, nur durch das **öffentliche Wohl** bestimmten Überzeugung und sind nicht an Verpflichtungen oder Aufträge gebunden (§ 54 Abs. 1 NKomVG, § 43 Abs. 1 NWGO). Die Mitglieder des Gemeinderates genießen jedoch nicht den im Parlamentsrecht üblichen Schutz der **Immunität** und der **Indemnität**. Ferner ist der Begriff „freies" Mandat sprachlich irreführend, weil er im demokratischen Kontext mit dem Staatsrecht und dem kommunalen Selbstverwaltungsrecht (Art. 28 Abs. 2 GG) zu interpretieren ist. Danach besitzen die Kommunen lediglich ein **lokal- oder kommunalpolitisches Mandat**. Diese Beschränkung hat zur Folge, dass der Gemeinderat entsprechend den verfassungsrechtlichen Vorgaben nur berechtigt ist, über alle **Angelegenheiten der örtlichen Gemeinschaft** zu entscheiden, während allgemeinpolitische Beschlüsse nicht statthaft und gegebenenfalls von der Aufsichtsbehörde zu beanstanden sind (s. u. § 7 III 4 f).

Die Gemeinderatsmitglieder üben ein **Ehrenamt** aus (Art. 31 Abs. 2 Satz 1 BayGO, § 35 Abs. 1 S. 1 Sächs.GO). Dieser Status entspricht der Tradition und dem Selbstverständnis bürgerschaftlicher Selbstverwaltung durch Aktivierung der Betroffenen, die weiterhin einem **Hauptberuf** oder einer anderen Tätigkeit nachgehen[109].

Angesichts der kommunalpolitischen Bedeutung der Ratstätigkeit ist es konsequent, dass die Gemeinderatsmitglieder nicht an der Übernahme und Ausübung des Mandats gehindert werden dürfen und zur Erledigung der Ratsarbeit freizustellen sind (§ 54 Abs. 2 NKomVG, § 35 Abs. 2 Sächs. GO). Eine **berufliche Freistellung** ist dann erforderlich, wenn die Tätigkeit mit dem Mandat in einem unmittelbaren Zusammenhang steht oder auf Veranlassung des Rates erfolgt und nicht während der arbeitsfreien Zeit ausgeübt werden kann (§ 44 Abs. 2 NWGO). Es widerspricht jedoch der Zielsetzung der politischen Selbstverwaltung, wenn Mandatsträger weitgehend von der hauptberuflichen Tätigkeit beurlaubt werden, damit sie sich in demselben zeitlichen Umfang dem Mandat widmen können[110].

In der Kommunalpraxis kommt es teilweise zu Problemen, wenn **Arbeits-** und **Mandatsausübungsort** auseinanderfallen oder wenn die Tätigkeit als Ratsmitglied wegen vieler zeitintensiver Sitzungen ausufert. Bei derartigen Kollisionslagen zwingt die Gesetzeslage dazu, dass sich der Rat auf grundlegenden Verwaltungs- und Entscheidungsfunktionen konzentriert und sich von Detailangelegenheiten entlastet, weil andernfalls die ehrenamtliche Mandatsausübung gefährdet ist.

Eine Konfliktsituation zwischen freiem Mandat und Hauptberuf kann auch dann entstehen, wenn ein Ratsmitglied in eine andere Gemeinde versetzt wird, aber am ursprünglichen Ort weiterhin kommunalpolitisch tätig bleiben möchte.

> **Beispiel**: Zwingende Gründe für die Versetzung eines Soldaten liegen insbesondere vor, wenn sein Dienstposten als Folge organisatorischer Maßnahmen entfällt und am bisherigen Standort seiner Qualität entsprechende weitere Verwendungsmöglichkeit besteht[111].

Die Bürger einer Gemeinde sind zwar nach der Ausgestaltung der Gemeindeordnungen grundsätzlich zur Übernahme von Ehrenämtern verpflichtet (s. u. § 5 I 3 c). Diese Vorschriften gelten jedoch nur teilweise für Ratsmitglieder. Fehlt es an einer entsprechenden Pflicht, dann kann die Übernahme des Amtes abgelehnt und jederzeit auf die Fortführung des Mandats verzichtet werden (§ 43 Abs. 2 i. V. m. § 28 NWGO). Im Übrigen sehen die Kommunalgesetze die **Verzichtsmöglichkeit** ausdrücklich vor (§ 52 Abs. 1 Nr. 1 NKomVG, § 35 Abs. 1 S. 1 SächsGO). Solange kein Mandatsverzicht vorliegt, ist

---

109 BVerfGE 12, 73, 80; 48, 64, 89.
110 BVerwGE 72, 289; He StGH, DVBl 1991, 104; *Ehlers*, NWVBl. 1990, 44, 48.
111 BVerwG, NVwZ-RR 2018, 152 ff.

die Teilnahme an Sitzungen der Gemeindevertretung eine **Amtspflicht des Ratsmitgliedes**, die nur aus wichtigem Grunde entfällt[112].
Gemeinderatsmitglieder können sich zur wirksamen Ausübung ihres Amtes auf zahlreiche Rechte berufen, die sich letztlich auf das Hauptrecht der freien Mandatsausübung zurückführen lassen[113].

>**Beispiele**: Teilnahme-, Informations-, Akteneinsichts-, Rede-, Antrags- und Abstimmungsrechte.

Dabei ist zu beachten, dass dem Ratsmitglied als Teil eines Gemeindeorgans lediglich **organschaftliche Berechtigungen** zustehen. Die Rechte der Ratsmitglieder sind im Interesse einer wirksamen Zielverfolgung des zentralen kommunalen **Führungs- und Kontrollorgans** weit auszulegen.

>**Beispiel**: Das Informationsrecht bezieht sich auf alle Tagesordnungspunkte einer Gemeinderats- oder Ausschusssitzung, unabhängig davon, ob über die jeweilige Angelegenheit beraten, entschieden oder lediglich informiert wird[114].

cc. Aufwandsentschädigung und Verdienstausfall. Es entspricht dem Charakter des kommunalen Ehrenamtes, dass die Mitglieder des Rates einen **Anspruch auf Ersatz des Verdienstausfalls** haben und eine angemessene **Aufwandsentschädigung** als Sitzungsgeld erhalten (Art. 31 Abs. 2 S. 1 i. V. m. Art 20 Bay GO, § 55 NKomVG, § 45 NW GO, § 35 Abs. 1 i. V. m. § 21 Sächs. GO). Diese Regelungen bezwecken, dass das Ratsmitglied durch die Ausübung des Ehrenamtes nicht schlechter gestellt werden und keinen finanziellen Nachteil erleiden darf. Die Ratsvertreter sollen aber auch nicht bessergestellt werden. Vielmehr geht es darum, den entstandenen Aufwand angemessen auszugleichen. Das bedeutet, dass die Entschädigung nicht in eine entgeltliche Bezahlung oder in eine Vergütung mit Gewinnerzielungstendenz umfunktioniert werden darf.
Im Gegensatz dazu sieht Art. 7 Abs. 2 der **Europäischen Charta der kommunalen Selbstverwaltung** als Option

„ein Entgelt für geleistete Arbeit und eine entsprechende soziale Absicherung"

vor. Diese sozial- sowie arbeitsrechtlich begründete und die Unabhängigkeit der Amtsausübung gefährdende Entgeltvariante widerspricht jedenfalls dem traditionellen bürgerschaftlichen Verständnis des deutschen Ratsmandates, weil sie sich nicht am **Kostenprinzip,** sondern am **Unterhaltsprinzip** orientiert.
Angemessen sind **Entschädigungen**, die Ersatz für Verdienstausfall gewähren oder entstandene Kosten für die Vertretung im Haushalt oder bei der Kinderbetreuung ausgleichen (Art. 20a Abs. 2 Nr. 3 Bay GO, § 45 Abs. 2 und 3 NW GO). Unabhängig davon besteht ein **Anspruch auf Auslagenersatz** (§ 45 Abs. 5 S. 1 NWGO, § 21 Abs. 1 S. 1 SächsGO). Dazu gehören insbesondere Fahrtkostenerstattungen und Reisekostenvergütungen. Die Entschädigungs- und Auslagentatbestände sind in den Gemeindeordnungen abschließend normiert, weshalb andere Formen eines finanziellen Ausgleichs unzulässig sind.
Nachdenkaufgabe: Empfiehlt es sich, die Ehrenamtlichkeit der kommunalen Aufgabenerfüllung beizubehalten oder ist eine Entlohnung der Ratsmitglieder sachgerecht? Wägen Sie das Für und Wider ab!

dd. Mitwirkungsverbot wegen Befangenheit. Den dargelegten Rechten der Ratsmitglieder stehen zahlreiche **kommunalverfassungsspezifische Pflichten** gegenüber. Sie sind darauf gerichtet, denkbaren Kollisionslagen aufgrund der Mandatsausübung vorzu-

---

112 BWVGH, BWVBl. 1996, 99 ff.
113 Zu den Grenzen BWVGH, NVwZ 2002, 229;
114 HeVGH, NVwZ 1995, 773.

beugen, ein Thema, das in jüngerer Zeit auch unter dem Stichwort **Compliance** in der öffentlichen Verwaltung diskutiert wird[115].
In diesem Zusammenhang geht es häufig darum, dass die zur Teilnahme an Sitzungen und zur Mitarbeit durch das **Mitwirkungsverbot wegen Befangenheit** relativiert wird (Art. 49 Bay GO, § 41 NKomVG, § 31 NW GO, § 20 Sächs. GO). Danach dürfen Ratsmitglieder weder beratend noch entscheidend bei Angelegenheiten mitwirken, die ihnen selbst, einem ihrer Angehörigen, oder einer von ihnen kraft Gesetzes oder Vollmacht vertretenen natürlichen oder juristischen Person einen **unmittelbaren Vorteil oder Nachteil** bringen können. **Angehörige** in diesem Sinne sind (Art. 49 Abs. 1 Bay GO, § 41 NKomVG, § 31 Abs. 5 NW GO, § 20 Abs. 1 Sächs. GO):
- Ehegatte und Lebenspartner,
- Verwandte und Verschwägerte gerader Linie,
- Geschwister sowie Kinder der Geschwister.

Das Mitwirkungsverbot soll bei der Mandatsausübung entstehende **Interessenkonflikte** im Einzelfall ausschließen, die auf einer persönlichen oder sachlichen Beziehung zum Beratungsgegenstand und zur Beschlussfassung beruhen[116]. Dieses präventiv wirkende Instrument soll das Vertrauen der Bürger in eine *„saubere"* und regelkonform arbeitende Kommunalverwaltung stärken und den *„bösen Anschein"* der Subjektivität vermeiden[117].

> **Beispiele**: Die Entscheidung über die Abberufung eines Schuldezernenten kann Schulhausmeistern, die ein Ratsmandat innehaben, einen Sondervorteil oder Sondernachteil bringen[118]. Die Entscheidung über einer Schulverlegung kann für ein Ratsmitglied, das Mutter eines diese Schule besuchenden Kindes ist, wegen der unterschiedlichen Lage der Schulwege zu einem Vor- oder Nachteil führen[119]. Ist ein Ratsmitglied Eigentümer eines Grundstücks in einem Baugebiet, über das ein Bebauungsplan verabschiedet werden soll, dann ist das Mitglied befangen[120].

Das kommunale Mitwirkungsverbot ist verwaltungsrechtlich gerechtfertigt und notwendig, weil bei Gemeinderatsmitgliedern die Möglichkeit der persönlichen Betroffenheit näher liegt als bei Abgeordneten auf der Bundes- oder Landesebene. Denn die Objektivität der Entscheidungsfindung ist wegen des unmittelbaren lokalen Bezugs und der Nähe zum Entscheidungsgegenstand in höherem Maße gefährdet.

Es ist allerdings gelegentlich zweifelhaft, ob und wann ein **unmittelbarer Vor- oder Nachteil** vorliegt. Denn dieses relativ unbestimmte Abgrenzungskriterium ermöglicht ebenso wenig eine exakte Zuordnung wie der Rückgriff auf die Voraussetzung, ob eine Entscheidung eine natürliche oder juristische Person „direkt" berührt (§ 31 Abs. 1 S. 2 NW GO). Allerdings entsprechen diese Differenzierungen der formalen Betrachtungsweise, wonach es darauf ankommt, ob eine direkte Kausalität zwischen Mitwirkung und dem daraus folgenden Vor- oder Nachteil besteht oder ob es noch eines weiteren konkretisierenden Einzelaktes in Gestalt eines hinzutretenden Vollzugsaktes bedarf (s. auch § 41 Abs. 2 NKomVG)[121]. Dieser methodische Ansatz wird jedoch dem Zweck der Befangenheitsregelungen nicht gerecht. Vielmehr bedarf es einer Einzelfallbetrachtung dahin, ob und inwieweit die vorangehende Entscheidung den nachfolgenden Akt steuert und festlegt[122], wobei die Unmittelbarkeit unter Berücksichtigung des Empfängerhorizontes festzustellen ist.

---

115 Stober/Ohrtmann, Hg.), Compliance für die öffentliche Verwaltung, 2. Aufl. 2022.
116 RPOVG, NVwZ-RR 2000, 103; *Röhl*, Jura 2006, 725 ff.
117 SHOVG, NordÖR 2007, 83.
118 NWOVG, Eildienst LKT NW 1987, 108.
119 NWOVG, Kommunalpolitische Blätter 1996, 302.
120 BWVGH, VBlBW 2006, 390.
121 HeVGH, NVwZ 1982, 44.
122 RP OVG, NVwZ-RR 1996, 218 f.

VIII. Kommunalverfassungen und Kommunalverwaltung

Das Mitwirkungsverbot erfasst nicht nur die eigentliche Abstimmung im Gemeinderat, sondern erstreckt sich über die gesamte Entscheidungsvorbereitung, die Beratung und die Entscheidungsfindung. Es werden also sämtliche Verfahrensstufen und Verfahrensschritte einbezogen, um dem Verbotszweck wirksam umzusetzen[123]. Diese streng auszulegende Regelung hat zur Folge, dass das betroffene Ratsmitglied den Sitzungsraum verlassen muss, soweit die Beratung nicht öffentlich stattfindet (§ 41 Abs. 5 NKomVG, § 31 Abs. 4 S. 1 NW GO). Das befangene Ratsmitglied darf sich aber im Zuhörerraum aufhalten (§ 26 Abs. 5 S. 2 Nds. GO, § 31 Abs. 4 S. 1 NW GO).
Die Mitwirkung eines ausgeschlossenen Gemeinderatsmitglieds macht den Beschluss grundsätzlich **rechtswidrig** (§ 20 Abs. 5 Sächs. GO) oder **unwirksam** (Art. 49 Abs. 4 Bay. GO). Das jeweils einschlägige Kommunalverfassungsrecht normiert nicht einheitlich, ob die Stimme des befangenen Ratsmitgliedes für das Entscheidungsergebnis kausal sein muss (**abstrakte Kausalität** – § 25 Abs. 6 He GO, § 18 BW GO, § 20 Abs. 5 Sächs. GO)[124]. Einige Bundesländer verlangen **konkrete Kausalität** (Art. 49 Abs. 4 Bay GO, § 41 Abs. 2 NKomVG, § 31 Abs. 6 BW GO). Danach ist die Mitwirkung eines befangenen Ratsmitglieds unschädlich, wenn sie für das Abstimmungsverhalten nicht entscheidend war[125].
Da gegen das Mitwirkungsverbot häufig in der Kommunalpraxis verstoßen wird und die Rechtssicherheit der kommunalen Rechtsetzung gefährdet ist, wurden Regelungen erlassen, die lediglich eine **befristete Rechtsrelevanz des Verstoßes** anordnen (§ 7 Abs. 6 NW GO, § 26 Abs. 6 S. 2 i. V. m. § 41 Abs. 6 NKomVG, § 20 Abs. 5 Sächs. GO). Danach ist eine Geltendmachung binnen eines Jahres erforderlich, weshalb nach Fristablauf der Verstoß geheilt wird.
Zwischenfrage: Was bezweckt das Mitwirkungsverbot?

ee. Vertretungsverbot und Treuepflicht. Das Mitwirkungsverbot ist von dem **Vertretungsverbot** zu trennen. Es bestimmt, dass Ratsmitglieder Ansprüche und Interessen eines anderen gegen die Gemeinde nicht geltend machen dürfen, es sei denn, sie handeln als gesetzliche Vertreter (Art. 50 Bay GO, § 32 NW GO, § 19 Abs. 3 Sächs GO). Dieses Verbot bezweckt eine objektive, unparteiliche und einwandfreie Führung der Verwaltungsgeschäfte. Es dient der Sauberkeit im öffentlichen Leben und soll – ebenso wie das Mitwirkungsverbot – den Anschein vermeiden, privates und öffentliches Interesse werde verquickt. Dem Vertretungsverbot liegt die Praxiserfahrung zugrunde, dass angesichts der herausgehobenen Stellung der Gemeindevertretung Beeinflussungen der Gemeindeverwaltung auf der Hand liegen[126]. Es beruht auf einer **Treuepflicht** der Ratsmitglieder gegenüber der Gemeinde. Damit soll verhindert werden, dass Gemeindeangehörige den Einfluss von Ratsmitgliedern für ihre persönlichen Interessen ausnutzen und rechtsgeschäftlich bestellte Vertreter wegen ihrer Doppelfunktion in Interessenkonflikte geraten[127].
Hinsichtlich des **personellen Geltungsbereichs des Vertretungsverbotes** ist unklar, ob und inwieweit es auf Sozietätsverhältnisse, Bürogemeinschaften, Angestelltenverhältnisses usw. erstreckt werden kann. Für die Problemlösung ist auf den Zweck des Vertretungsverbotes abzustellen. Danach ist die personelle Ausdehnung einerseits sachgerecht, um eine Umgehung des Verbotes zu verhindern. Andererseits hat die Rechtsprechung mehrfach rechtsstaatlich dahin argumentiert, es fehle an einer ausreichenden Rechtsgrundlage für ein Verbot und die Gefahr einer indirekten Einflussnahme reiche für eine analoge Anwendung bei einer Rechtslücke nicht aus[128].

---

123 RPOVG, NVwZ 1984, 817 und NVwZ-RR 2000, 103; NWOVG, NVwZ-RR 1996, 220.
124 BWVGH, NVwZ 1990, 588.
125 *Wilrich*, JuS 2003, 587, 590.
126 BVerwG, NJW 1988, 1994.
127 BVerfGE 52, 42; BVerwG, NJW 1988, 1994.
128 BVerfG, NJW 1981, 418; NWOVG, NJW 1981, 2212.

Zwischenfrage: Begründen Sie, weshalb das Vertretungsverbot nach ihrer Ansicht bei Sozietätsverhältnissen greifen oder nicht anwendbar sein soll!

52 **ff. Verschwiegenheitspflicht.** Die Ratsmitglieder sind über Angelegenheiten, die ihnen im Rahmen ihrer Tätigkeit zur Kenntnis kommen, zur **Verschwiegenheit** verpflichtet, soweit deren Geheimhaltung vorgeschrieben, besonders angeordnet oder ihrer Natur nach erforderlich ist (Art. 20 Abs. 2 und 3 Bay GO, § 40 NKomVG, § 30 NW GO, § 19 Abs. 2 Sächs. GO). Das **Geheimhaltungsverbot** betrifft vor allem die für die Verwendung zur Sitzungsvorbereitung überlassener interner Dokumente[129] sowie die Inhalte nichtöffentlicher Sitzungen[130]. Es gilt solange, bis die Verschwiegenheitspflicht durch Bekanntgabe aufgehoben wird oder die Geheimhaltungsbedürftigkeit auf andere Weise entfällt.

Beispiel: Interne Unterlagen gelangen über die Medien an die Öffentlichkeit.

Die Verschwiegenheitspflicht kollidiert nicht mit der Meinungsäußerungs- und Verbreitungsfreiheit des Art. 5 Abs. 1 GG, da Gemeindevertreter in ihrer amtlichen Funktion verpflichtet werden[131]. Die Rechtsfolgen bei einer Verletzung der Schweigepflicht sind nur teilweise geregelt. Grundsätzlich kann derjenige, der diese Pflicht verletzt zur Verantwortung gezogen werden (Art. 20 Abs. 4 Bay GO, § 40 Abs. 2 NKomVG, § 30 Abs. 6 NW GO, § 19 Abs. 4 Sächs. GO.

53 **b. Zuständigkeiten der Gemeindevertretung. – aa. Der Rat als Führungs- und Kontrollorgan.** Entsprechend seiner Stellung als zentrales politisches Verwaltungsorgan nimmt der Gemeinderat **Führungs- und Kontrollaufgaben** wahr. Er
- legt die **Grundsätze für die Verwaltung** der Gemeinde fest,
- regelt alle **wichtigen Angelegenheiten** (Art. 30 i. V. m. Art. 32 Bay GO, § 58 NKomVG, § 41 NW GO)
- überwacht die **Durchführung seiner Beschlüsse** und
- kontrolliert den **Ablauf der Verwaltungsangelegenheiten** (Art. 30 Abs. 3 Bay GO, § 55 Abs. 3 NW GO).

Zur wirksamen Erfüllung seiner Führungs- und Entscheidungsaufgaben stehen ihm zahlreiche **Informations-, Akteneinsichts- und Auskunftsrechte** gegenüber der Gemeindeverwaltung zur Verfügung (s. u. § 3 VII 3 b), soweit sie den kommunalen Aufgabenbereich des Rates betreffen.

Beispiel: Informationen, die ein Hauptverwaltungsbeamter in seiner Eigenschaft als Mitglied der örtlichen Sparkasse erlangt, fallen nicht unter diese Rechte[132].

Zwischenfrage: Was ist damit gemeint, wenn die Gemeindevertretung als Führungs- und Kontrollorgan gekennzeichnet wird?

54 **bb. Vorbehalts- und Fakultativaufgaben.** Die Zuständigkeiten der Gemeindevertretung bestehen aus **Vorbehaltsaufgaben** und **Fakultativaufgaben**.
Die nicht delegierbaren Vorbehaltsaufgaben (Art. 32 Abs. 2 S. 2 Bay GO, § 58 NKomVG, § 41 Abs. 1 NW GO, § 41 Abs. 2 Sächs. GO) umfassen folgende Aufgabenbereiche:
- Erlass, Änderung und Aufhebung von **Satzungen** und anderem Ortsrecht (s. u. § 4 XII),
- Wahl der **Hauptverwaltungsbeamten**,
- Besetzung der **Ausschüsse**,
- Regelung der allgemeinen **Rechtsverhältnisse der Gemeindebediensteten**,
- Beschlussfassung über den **Gemeindehaushalt**,

---

129 Sächs. OVG, NVwZ-RR 2016, 834 ff.; BlnOVG, NVwZ-RR NJW 2019, 701 ff.
130 BayVGH, DVBl 2024, 314.
131 BVerwG, NVwZ 1989, 975.
132 NWOVG, NVwZ-RR 2021, 223.

- Festsetzung von **Abgaben und Entgelten** (s. u. § 11),
- Änderungen des **Gemeindegebietes**,
- Übernahme neuer **freiwilliger Aufgaben** (s. o. § 3 IV 2),
- Verleihung der **Ehrenbürgerrechte** und
- Beschlussfassung die Errichtung und Umwandlung **öffentlicher Einrichtungen und wirtschaftlicher Unternehmen** (s. u. § 12).

Zwischenfrage: Nennen Sie drei Aufgabenbereiche, für die nur die Gemeindevertretung zuständig ist!

Im Unterschied zu den Vorbehaltsaufgaben muss der Gemeinderat nicht selbst über **Fakultativaufgaben** befinden, die er allgemein oder im Einzelfall auf andere Organe übertragen kann (§ 41 Abs. 2 NW GO). Diese Option ermöglicht dem Rat gleichzeitig, die Sache im Einzelfall wieder an sich zu ziehen (§ 41 Abs. 3 S. 5 Sächs. GO).

c. Ratsorganisation und Geschäftsordnung. Die Gemeindevertretung erledigt ihre Aufgaben nach bestimmten, in der **Geschäftsordnung** niedergelegten Verfahrensregeln, die sich mit allgemeinen Fragen der Ratsorganisation und des Verwaltungsganges befassen (Art. 45 Bay GO, § 36 Abs. 2 BW GO, §§ 47 f. NW GO). Die Geschäftsordnung erlässt der Gemeinderat im Rahmen seiner Selbstverwaltungsautonomie und seines **Selbstorganisationsrechts** (Geschäftsordnungsgewalt – s. u. § 3 VII 2 c). Teilweise schreiben die Gemeindeordnungen einen bestimmten Mindestinhalt der Geschäftsordnung vor.

Beispiel: Nach Art. 45 Abs. 2 Bay GO muss die Geschäftsordnung Bestimmungen über die Frist und die Form der Einladung zu den Sitzungen sowie über den Geschäftsgang des Rates und der Ausschüsse enthalten.

Die einschlägigen Rechtsvorschriften geben jedoch keine Auskunft über die Rechtsnatur dieser Rechtsquelle, deren Konkretisierung wegen der Rechtsfolgen bei Geschäftsordnungsverstößen und hinsichtlich des Rechtsschutzes erforderlich ist. Rechtsprechung und Literatur qualifizieren die Geschäftsordnung überwiegend als **Verwaltungsvorschrift ohne Rechtsnormcharakter**, weil sie sich primär mit internem Verfahrensrecht und Regelungen der Organisationsgewalt befasse[133]. Allerdings schließt diese Charakterisierung eine Außenwirkung nicht aus, weshalb man den materiellen Rechtscharakter von Geschäftsordnungen nicht pauschal verneinen kann[134].

Es ist unklar, ob und inwieweit **Verstöße gegen Geschäftsordnungen** Rechtsfolgen auslösen. Es besteht weitgehend Einigkeit darüber, dass Verfahrensfehler nur dann zur Rechtswidrigkeit von Gemeinderatsbeschlüssen führen, wenn sie wesentlich und kausal für den Beschluss sind. Diese Differenzierung ist fragwürdig, weil das Abgrenzungsmerkmal „wesentlich" unbestimmt ist und es weder im Kommunalrecht einen Niederschlag gefunden hat noch sonst als allgemeiner Differenzierungsgrundsatz anerkannt ist. Stattdessen ist es angebracht, auf das **Merkmal der Außenwirkung** und damit auf die potenzielle Verletzung subjektiver Rechte abzustellen, weil die Geschäftsordnung im Einzelfall auf Rechtspositionen einwirken kann und damit als Rechtsquelle fungiert. Diese Voraussetzung ist nicht erfüllt, wenn Vorschriften über die Geschäftsordnung sie als „**innere Angelegenheiten**" qualifizieren (§ 36 Abs. 2 BWGO).

d. Gemeinderatssitzung und Sitzungsöffentlichkeit. Die Geschäftsordnung spielt vornehmlich für die Vorbereitung und Durchführung der Gemeinderatssitzungen eine Rolle. Da die Zusammenkünfte das maßgebliche Forum für die Meinungsbildung und Entscheidungsfindung der Gemeindevertretungen sind, bedarf es präziser Regelungen hinsichtlich des Sitzungsablaufs.

---

133 BWVGH, BWVBl 1972, 40; NWOVG, NWVBl 1997, 69; *Röhl*, in: Schoch (Hg.), Besonderes Verwaltungsrecht 2018, 357.
134 BVerwG, NVwZ 1988, 1119; NWOVG, NVwZ-RR 1995, 591 f.

Zentrales Element der Geschäftsordnung ist die Handhabung des Grundsatzes der **Öffentlichkeit** (§ 48 Abs. 2 S. 2 NWGO). Ratssitzungen sind auf Information, Transparenz und Kontrolle gegenüber der Bevölkerung angelegt. Sie sollen den Bürgern und Einwohnern und anderen Interessenten einen auch demokratisch geforderten (s. u. § 5 I 3 b) Einblick in die Verwaltung der Kommune verschaffen, um ihnen eine eigene Beurteilung der Ratsarbeit zu ermöglichen[135] und die Gesetzmäßigkeit des Verfahrens sicherstellen. Deshalb ist diese Option als **subjektives öffentliches Recht** durchsetzbar.

> Öffentlichkeit liegt vor, wenn der Sitzungsraum ungehindert von jedermann betreten werden kann. Bei Kapazitätsproblemen hat eine sachgerechte Auswahl der zuzulassenden Personen zu erfolgen.

Beispiele: Prioritätsprinzip, Losprinzip, Bevorzugung der Medien.

Eine Ausnahme gilt lediglich dann, wenn das öffentliche Wohl oder berechtigte Interessen Einzelner den Ausschluss der Öffentlichkeit verlangen.

Beispiele: Personalentscheidungen, Vergabe von Bauaufträgen, Grundstücksangelegenheiten[136], persönliche Angelegenheiten[137].

Die Gemeindeordnungen schweigen zur Frage der Rechtsfolgen bei Verletzung des Öffentlichkeitsprinzips[138]. Lösungen ergeben sich aus verwaltungsrechtlichen Grundsätzen. Beschließt der Gemeinderat einen Verwaltungsakt, dann folgt die Antwort aus der **Nichtigkeitsvorschrift** des § 44 VwVfG und der Erfüllung der dort aufgeführten Nichtigkeitskriterien[139].

Beispiel: Der Verwaltungsakt wurde schriftlich erlassen, lässt aber die erlassende Behörde, den Gemeinderat, nicht erkennen (§ 44 Abs. 2 Nr. 1 VwVfG).

Im Übrigen wird teilweise auf § 43 VwVfG verwiesen, dessen Rechtsfolgen nicht in die Gemeindeordnungen aufgenommen wurden[140]. Unabhängig von diesem rechtssystematischen Argument ist wegen der fundamentalen Bedeutung dieses auf dem Demokratieprinzip und der Kontrollfunktion der Öffentlichkeit beruhenden Grundsatzes davon auszugehen, dass eine Einhaltung nur sichergestellt werden kann, wenn die Missachtung die Nichtigkeit zur Folge hat[141]. Demgegenüber stellt die Gegenmeinung darauf ab, man könne aus fehlenden Regelungen im Kommunalrecht die Nichtigkeit nicht zwingend ableiten[142]. Das BVerwG hat vermittelnd entschieden, der Grundsatz der Rechtssicherheit sowie das Demokratiegebot verlangten Nichtigkeit bei **schweren Verstößen**[143]. Diese Spruchpraxis ist abzulehnen, weil das Adjektiv „schwer" unbestimmt ist, der Rechtsklarheit entgegensteht und nicht ohne weiteres erkennbar ist, welches Gewicht einzelnen Fehlern beizumessen ist[144]. Deshalb bedarf es einer am Zweck des Öffentlichkeitsprinzips orientierten Einzelfallbetrachtung.

Mehrere Gründe sprechen dafür, das klassische Prinzip der Sitzungsöffentlichkeit in einem neuen Licht zu sehen und die über persönliche Präsenz erzeugte Öffentlichkeit durch digitale und hybride Formate zu ergänzen (§ 37a BWGO, Art. 47a BayGO, § 35a

---

135 BVerwG, NVwZ 2022,1067 Rn. 17; BWVGH, NVwZ 2001, 462 und NVwZ-RR 2021, 275; NdsOVG, NVwZ 1983, 484; NWOVG, NWVBl 1989, 436.
136 *Katz*, NVwZ 2020, 1075 ff.
137 RPOVG, NVwZ 1988, 80.
138 *Spitzlei*, DÖV 2022, 659.
139 BWVGH, BWVBl 1992, 140, 143.
140 *Schoch*, JuS 1987, 783.
141 BWVGH, NVwZ 1992, 176.
142 S. zum Streitstand *Spitzlei*, DÖV 2022, 659.
143 BVerwG, NVwZ 2022, 1067.
144 *Spitzlei*, DÖV 2022, 659.

SHGO). Zum einen haben sich Informations- und Teilnahmegewohnheiten aufgrund neuer technischer Entwicklungen geändert und in besonderen Situationen – wie etwa Epidemien – kann der herkömmliche Öffentlichkeitsgrundsatz nicht ausreichend sichergesellt werden. Zum andern kann aus der Perspektive der Ratsmitglieder ein berechtigtes Bedürfnis bestehen, die parallele Wahrnehmung von Hauptberuf und kommunalem Ehrenamt möglichst konfliktfrei in Einklang zu bringen[145]. Im Ergebnis können hybride und digitale Sitzungen wegen ihrer breiten Wirkung in die Öffentlichkeit hinein dazu beitragen, die lokale Demokratie zu stärken[146].

Zwischenfrage: *Welche Gründe sprechen für die Nichtigkeit von Ratsentscheidungen im Falle einer Verletzung des Öffentlichkeitsprinzips?*

e. Gemeinderatsitzung und Beschlussfähigkeit. Eine rechtmäßige Beschlussfassung ist nur in einer frist- und formgerecht einberufenen und geleiteten Sitzung möglich[147]. Hierzu muss der Ratsvorsitzende die **Verhandlungsgegenstände der Tagesordnung** schriftlich oder elektronisch (§ 41b BWGO, § 59 Abs. 1 NKomVG)[148] vollständig und zutreffend bezeichnen[149] sowie die erforderlichen Unterlagen beifügen. (§ 48 Abs. 1 NW GO, § 36 Abs. 3 Sächs. GO), damit die Ratsmitglieder umfassend informiert sind. Ort, Zeit und Tagesordnung sind **öffentlich bekannt zu machen**, damit auch die Ortsbevölkerung von ihrem demokratischen Informations- und Teilhaberecht Gebrauch machen kann (Art. 52 Abs. 1 S. 1. Bay GO, § 48 Abs. 1 S. 4 NW GO). Einwohner haben zwar keinen Anspruch auf Einberufung der Gemeindevertretung[150]. Sie können aber verlangen, dass die Pflichten hinsichtlich der Sitzungseinberufung eingehalten werden[151].

f. Formelles Prüfungsrecht. Der Vorsitzende des Gemeinderates hat dafür zu sorgen, dass die formellen Voraussetzungen für einen Ratsbeschluss vorliegen. Insoweit steht ihm ein **formelles Prüfungsrecht** zu, das ihn zur Kontrolle ermächtigt, ob die einzelnen Verfahrensschritte eingehalten werden.

> **Beispiel**: Der Vorsitzende muss Verhandlungsgegenstände nicht auf die Tagesordnung setzen bei Angelegenheiten, für die allein der Vorsitzende etwa in der Eigenschaft als Bürgermeister zuständig ist[152].

Gelegentlich werden Anträge gestellt, bei denen nicht eindeutig ist, ob sie den kommunalen Aufgabenbereich betreffen. Dann stellt sich die Frage nach dem **materiellen Prüfungsrecht des Vorsitzenden** und seiner Befugnis, einen Verhandlungsgegenstand nicht auf die Tagesordnung zu setzen. Diese Problematik wird nur teilweise in den Gemeindeordnungen ausdrücklich angesprochen (§ 34 Abs. 1 S. 5 BWGO – s. u. § 3 VIII 3 b).

> **Beispiele**: Die A-Fraktion beantragt einen Ratsbeschluss, der sich auf einen sofortigen Austritt aus der EU richtet. Insoweit fehlt es der Gemeinde an der Verbandskompetenz, weil diese Entscheidung in die Zuständigkeit der Bundesrepublik fällt.

Die Gemeinderatssitzung darf nur stattfinden, wenn die für die **Beschlussfähigkeit erforderliche Mitgliederzahl** anwesend ist (Art. 47 Abs. 2 und 3 Bay GO, § 46 Nds GO, § 49 NW GO). Der Vorsitzende des Gemeinderates eröffnet, leitet und beendet die

---

145 *Grzeszick*, DVBl 2022, 336.
146 *Junk/Szczesniak*, DVBl 2022, 702.
147 S. *Ehlers*, in: HKWP I, § 21 G II und VI.
148 BayVGH, NVwZ-RR 2019, 384.
149 BayVGH, BayVBl 1988, 83; SächsOVG, LKV 2009, 466 ff.
150 NdsOVG, DÖV 2018, 631.
151 BVerwG, U. v. 27.9.2021, 8 C 31/20.
152 SächsOVG, NVwZ-RR 2023, 731.

Sitzung. Er hat als **Sitzungsleiter** im Rahmen seiner Ordnungsgewalt für einen ordnungsgemäßen Ablauf zu sorgen[153].

59 **g. Gemeinderatssitzung und Ordnungsgewalt.** Die Ordnungsgewalt des Sitzungsleiters erfasst nicht nur die Mitglieder des Gemeinderates. Vielmehr übt der Sitzungsleiter während der Sitzungen gegenüber Dritten – wie etwa Zuhörern – das in den Gemeindeordnungen geregelte **Hausrecht** aus (Art. 53 Abs. 1 S. 1 Bay GO, § 63 NKomVG, § 51 Abs. 1 NW GO, § 38 Abs. 1 S. 2 Sächs. GO)[154]. Ordnungsgewalt und Hausrecht sollen die Funktionsfähigkeit des Gemeinderates und den ungestörten Sitzungsablauf sicherstellen[155]. Deshalb kann der Ratsvorsitzende in seiner Eigenschaft als Sitzungsleiter **Ordnungsmaßnahmen** verhängen (Art. 53 Abs. 1 S. 1 Bay GO, § 63 Abs. 2 NKomVG, § 51 Abs. 2 und 3 NW GO, § 38 Abs. 3 Sächs. GO). Das ist vornehmlich dann der Fall, wenn eine Störung in hohem Maße den Verhandlungsablauf beeinträchtigt[156].

> **Beispiel:** Bei einem Redebeitrag steht die bloße Provokation im Vordergrund, mit der andere Personen herabgewürdigt oder Rechtsgüter Dritter verletzt werden[157].

Teilweise sind schwere und längerfristig wirkende Ordnungsmaßnahmen nur aufgrund eines Gemeinderatsbeschlusses zulässig (Art. 53 Abs. 2 Bay GO, § 63 Abs. 3 NKomVG, § 51 Abs. 2 NW GO).

> **Beispiel:** Die Anordnung einer Maskenpflicht zur Abwehr der Verbreitung des Corona-Virus für Kreistagsgremien ist nicht Gegenstand der Sitzungsgewalt des Sitzungsleiters, sondern ist vom Kreistag zu beschließen[158].

Es ist nicht immer einfach festzustellen, ob der Sitzungsleiter in seiner Leitungsfunktion agiert oder ob er lediglich seine Rolle als Ratsmitglied wahrnimmt und in dieser Eigenschaft von seinem Rederecht Gebrauch macht.

> **Beispiel:** Ein Bürgermeister wirft einem Ratsmitglied während der Ratsdebatte ein „eingeschränktes Demokratieverständnis" vor[159].

Hausrechtsmaßnahmen im Rahmen der Sitzungsleitung sind **öffentlich-rechtlich** zu qualifizieren und besitzen die Rechtsqualität eines **Verwaltungsaktes**, gegen den Widerspruch erhoben und Klage vor dem Verwaltungsgericht eingereicht werden kann. Anders verhält es sich bei der Handhabung der Ordnungsgewalt gegenüber Ratsmitgliedern. Hier handelt es sich um innerorganisatorische Anordnungen, deren Zulässigkeit im **Kommunalverfassungsstreitverfahren** überprüfbar ist (s. u. § 3 IX)[160].

60 **h. Gemeinderatsbeschlüsse.** Der Gemeinderat ist **beschlussfähig**, wenn mindestens die Hälfte aller Mitglieder anwesend und stimmberechtigt ist. Fehlt es an diesen Voraussetzungen, dann ist eine zweite Sitzung einzuberufen, für die teilweise erleichterte Bedingungen gelten (Art. 47 Abs. 3 Bay GO, § 46 Abs. 2 Nds. GO, § 49 Abs. 2 NW GO). Die Gemeindeordnungen sehen grundsätzlich vor, dass über die im Rat gefassten Beschlüsse bzw. über den wesentlichen Inhalt der Verhandlungen eine **Niederschrift** anzufertigen ist (Art. 54 Bay GO, § 49 Nds. GO, § 49 Abs. 2 NW GO). Dieses Protokoll ist gleichzeitig die Grundlage für die Bekanntmachung der gefassten Beschlüsse.

Der Gemeinderat entscheidet durch **Abstimmungen** über Sachfragen und durch **Wahlen** bei Personalauswahlverfahren. In der Regel stimmt die Gemeindevertretung offen

---

153 S. auch *Foerstemann*, in: HWKP II, § 28 B II 2.
154 BayVGH, BayVBl 2021, 553.
155 SaOVG, NVwZ-RR 2021, 118 f.
156 HeVGH, DÖV 1990, 662; BWVGH, BWVBl 1993, 259; NWOVG, DVBl 1983, 53 und 1991, 498; RPOVG, DÖV 1985, 632; BVerwG, NVwZ 1988, 837.
157 NWOVG, NVwZ-RR 2018, 318 ff.
158 SaOVG, NVwZ-RR 2021, 118 ff.; kritisch *Wilrich*, NVwZ 2021, 131 ff.
159 BWVGH, NVwZ-RR 2023, 201.
160 VG Arnsberg, NWVBl 2008, 113.

ab. Sie kann aber auch eine geheime Abstimmung beschließen. Die Beschlüsse werden mit Stimmenmehrheit gefasst. Bei Stimmengleichheit ist der Antrag abgelehnt (Art. 51 Abs. 1 S. 2 Bay GO, § 47 Abs. 1. 2 Nds GO, § 50 Abs. 1 S. 2 NW GO). Stimmenthaltungen und ungültige Stimmen werden bei der Ermittlung der Stimmenmehrheit grundsätzlich nicht berücksichtigt (§ 47 Abs. 1 S. 1 Nds GO, § 50 Abs. 5 NW GO, § 39 Ab. 6 S. 4 Sächs. GO).

3. Der Ratsvorsitzende

a. Einberufung der Ratssitzungen. An der Spitze des Gemeinderates steht der **Gemeinderatsvorsitzende**, der in den meisten Ländern unmittelbar von den Bürgern der Gemeinde gewählt wird (s. u. § 5 II 2) und gleichzeitig **Hauptverwaltungsbeamter** ist. Als Mitglied des Gemeinderates besitzt er teilweise Stimmrecht (§ 39 Abs. 5 S. 2 Sächs. GO), das seine politische Mitverantwortung dokumentiert[161]. Hauptaufgabe des Gemeinderatsvorsitzenden ist die **Vorbereitung, Einberufung und Durchführung der Gemeinderatssitzungen** (Art. 46 Abs. 2 Bay GO, § 47 Abs. 1 S. 1 NW GO, § 36 Abs. 3 S. 1 Sächs. GO). Die Verhandlungsgegenstände müssen in der Tagesordnung so bestimmt sein, dass jedes Ratsmitglied ohne weiteres feststellen kann, über welchen Sachverhalt beraten und beschlossen werden soll. Aus diesem Grund müssen auch die die notwenigen Sitzungsunterlagen beigefügt werden.

61

> **Beispiel**: Voraussetzung für eine Beschlussfassung über einen Vorhaben- und Erschließungsplan ist, dass alle Ratsmitglieder Kenntnis von dem vollständigen Plan haben. Das setzt voraus, dass er allen Ratsmitgliedern zugänglich gemacht wird[162].

Die Gemeindevertretung ist einzuberufen, wenn es die Geschäftslage erfordert oder wenn eine näher festgelegte Anzahl von Ratsvertretern oder eine Fraktion dies verlangt (Art. 46 Abs. 2 Bay GO, § 59 NkomVG, § 47 Abs. 1 S. 4 NW GO). Ebenso ist auf **Antrag** ein Verhandlungsgegenstand in die Tagesordnung aufzunehmen (§ 48 Abs. 1 S. 2 NW GO, § 36 Abs. 5 S. 1 Sächs. GO). Der Antrag kann zurückgewiesen werden, wenn er nicht den formalen Voraussetzungen entspricht.

> **Beispiel**: Fehlender Kostendeckungsvorschlag[163].

Regelungen, nach denen der Ratsvorsitzende einen Gegenstand nur dann auf die Tagesordnung setzen muss, wenn er von einem **Mindestquorum** gestellt wird (§ 48 Abs. 1 S. 2 NW GO), sollen die **Handlungsfähigkeit des Rates** sichern. Gleichzeitig sind sie unter Berücksichtigung des Mitwirkungsrechts der betreffenden Ratsmitglieder und der Rechtsstellung der Fraktionen zulässig[164].

b. Auskunfts- und Informationsrechte. Gemeindevertreter können ihre Aufgaben nur sachgerecht wahrnehmen, wenn sie über die erforderlichen Informationen verfügen, die üblicherweise bei dem Vorsitzenden gebündelt werden. Informationsrechte anlässlich der Beratung von Tagesordnungspunkten sind teilweise ausdrücklich normiert (§ 43 und § 55 NWGO). Die Informationspflicht des Vorsitzenden ist auf den Aufgabenbereich der Vertretung begrenzt[165].

62

c. Prüfungs- und Verwerfungskompetenz. Es ist umstritten, ob der Ratsvorsitzende die Aufnahme eines Antrags in die Tagesordnung verweigern kann, wenn die Entscheidung über den Antragsgegenstand mangels **Verbands- oder Befassungskompetenz** nicht in die Zuständigkeit der Kommune fällt (§ 36 Abs. 3 S. 5 Sächs. GO). Insoweit kommt es darauf an, ob dem Ratsvorsitzenden ein beschränktes **materielles Vorprü-**

63

---

161 RPOVG, AS 14, 389.
162 NdsOVG, NVwZ-RR 2024, 803.
163 BayVGH, NVwZ 1985, 287.
164 NWOVG, NWVBl 2012, 152.
165 NWOVG, NVwZ-RR 2021, 223.

fungsrecht und eine **Ablehnungs- oder Verwerfungskompetenz** zusteht. Fehlt es an einer ausdrücklichen Regelung[166], dann stellt sich die Frage, ob dem Ratsvorsitzenden aus anderen Gründen ein derartiges Prüfungs- und Entscheidungsrecht zustehen kann. Insoweit ist zunächst zu bedenken, dass jegliches materielle Vorprüfungsrecht zugleich als vorgelagerter Eingriff in die Befassungs- und Entscheidungskompetenz der Gemeindevertretung wirkt[167].

Die Rechtsprechung lehnt ein materielles Prüfungsrecht gelegentlich mit dem Hinweis auf den Minderheitsschutz ab[168]. Dieses Argument übersieht, dass Minderheitsschutz nur bezweckt, schwächeren politischen Kräften organisatorische Rechte und Handlungsmöglichkeiten zu sichern, ohne die eine wirkungsvolle Arbeit und politische Artikulierung nicht möglich wäre. Diese verfahrensrechtliche Position dient aber lediglich der ausgleichenden Gleichbehandlung. Sie soll die materiellen Kompetenzen der Minderheit nicht erweitern[169]. Darüber hinaus lässt Art. 28 Abs. 2 GG keinen Zweifel daran, dass Gemeinden nur **Angelegenheiten der örtlichen Gemeinschaft** erledigen dürfen. Diese von der Verfassung vorgegebene Beschränkung bedeutet, dass jegliche Befassung mit **allgemeinpolitischen Angelegenheiten** unzulässig ist.

Teilweise wird das materielle Prüfungsrecht davon abhängig gemacht, ob ein Antrag ernsthaft gestellt wurde oder schikanös und strafbar ist[170]. Hier greift die Überlegung ein, dass die Gemeindevertretung handlungsfähig sein muss. Deshalb wäre dem Ratsvorsitzenden insoweit ein Prüfungsrecht zuzubilligen. Eine andere Argumentation stellt auf das Verhältnis zwischen dem materiellen Prüfungsrecht und dem Widerspruchsrecht des Bürgermeisters ab (s. u § 3 VIII 5 a). Dieser systematische Ansatz weist auf die Option des Widerspruchs hin, die leerliefe, wenn ein materielles Prüfungsrecht bejaht würde.

Der Ratsvorsitzende hat ferner die Aufgabe, die Gemeindevertretung nach außen zu **repräsentieren und zu vertreten** (§ 40 Abs. 2 NWGO). Darüber hinaus ist er Vertreter des Rates bei organschaftlichen **Rechtshandlungen**.

Beispiel: Innerorganstreitigkeiten[171].

In einigen Bundesländern besitzt der Ratsvorsitzende teilweise mit einem Ratsmitglied, die **Eilentscheidungskompetenz** für den Gemeinderat (Art. 37 Abs. 3 Bay GO, § 60 Abs. 1 S. 2 NW GO)[172]. Ferner steht ihm teilweise ein besonderes **Widerspruchsrecht** gegen **gemeinwohlgefährdende Ratsbeschlüsse** zu (§ 54 Abs. 1 NW GO).

Zwischenfrage: Was verstehen Sie unter der Prüfungs- und Verwerfungskompetenz des Ratsvorsitzenden?

d. Sitzungsablauf

Sitzungsablauf einer Gemeinderatssitzung
1. Eröffnung der Sitzung
   Die Sitzung wird offiziell durch den Vorsitzenden eröffnet.
2. Aufruf der Tagesordnungspunkte
   Die zuvor festgelegten Themen der Tagesordnung werden bekannt gegeben.
3. Gegebenenfalls Antrag zur Geschäftsordnung
   Ratsmitglieder können Anträge zur Änderung oder Ergänzung der Sitzungsordnung stellen.

---

166 BWVGH, NVwZ 1984, 660; *Theis*, JuS 1984, 429.
167 SächsOVG, NVwZ-RR 2023, 731.
168 NWOVG, DÖV 1984, 300 und DVBl 1989, 944; RPOVG, DVBl 1985, 906.
169 BWVGH, NVwZ 1984, 660.
170 HeVGH, NVwZ 2019, 581 ff.; SächsOVG, NVwZ-RR 2023, 731.
171 A. M. NWOVG, OVGE 28, 185, 189; 30, 196, 198 ff.
172 RPOVG, DÖV 1987, 452; NWOVG, DÖV 1989, 29.

4. Gegebenenfalls Ausschluss der Öffentlichkeit
Falls notwendig, kann die Öffentlichkeit von der Beratung ausgeschlossen werden.
5. Gegebenenfalls Ausschluss eines Ratsmitglieds wegen Befangenheit
Falls ein Ratsmitglied in einem Punkt befangen ist, kann es von der Beratung ausgeschlossen werden.
6. Berichterstattung zum Tagesordnungspunkt
Die zuständigen Personen oder Fachausschüsse erläutern den jeweiligen Tagesordnungspunkt.
7. Beratung und Diskussion
Die Ratsmitglieder tauschen ihre Meinungen aus, stellen Fragen in der Reihenfolge der Rednerliste.
8. Einbringung eines Beschlussantrags
Nach der Diskussion wird ein konkreter Antrag zur Abstimmung gestellt.
9. Schluss der Beratung
Die Diskussion wird offiziell beendet.
10. Gegebenenfalls Feststellung der Beschlussfähigkeit
Es wird geprüft, ob genügend Ratsmitglieder anwesend sind, um eine rechtskräftige Entscheidung zu treffen.
11. Abstimmung (öffentlich oder geheim)
Die Ratsmitglieder stimmen über den Beschlussantrag ab, entweder offen oder geheim.
12. Bekanntgabe des Abstimmungsergebnisses
Das Ergebnis der Abstimmung wird offiziell festgestellt und verkündet.
13. Gegebenenfalls Wiederherstellung der Öffentlichkeit
Falls die Öffentlichkeit ausgeschlossen war, wird sie nun wieder zugelassen.
14. Gegebenenfalls Aufhebung der Befangenheit
Falls ein Ratsmitglied zuvor für befangen erklärt wurde, kann diese Entscheidung rückgängig gemacht werden, sofern die Voraussetzungen vorliegen.
15. Gegebenenfalls Anfragen
Ratsmitglieder haben die Möglichkeit, offene Fragen zu stellen oder neue Themen anzusprechen.
16. Schließung der Sitzung
Der Vorsitzende erklärt die Sitzung offiziell für beendet.

4. Ausschüsse

a. Rechtsstellung und Beteiligung von Bürgern und Einwohnern. Die Gemeindevertretung kann zur Erfüllung ihrer Aufgaben im Rahmen der **Organisationshoheit** (s. u. § 4 VIII) ständige oder zeitweilige **Ausschüsse** bilden (Art. 32 f. Bay GO, §§ 71 ff. NKomVG, §§ 57 ff. NW GO, §§ 41 ff. Sächs. GO) und über ihre Zusammensetzung und ihre Aufgaben entscheiden. Auch die Festlegung der Mitgliederzahl steht im Organisationsermessen des Rates, das durch den Grundsatz der Spiegelbildlichkeit und das Willkürverbot begrenzt ist[173]. Deshalb müssen bei der Ausschussbildung die in der Gemeindevertretung befindlichen Parteien und politischen Vereinigungen entsprechend ihren Stärkeverhältnissen berücksichtigt werden (Art. 33 Abs. 1 S. 2 Bay GO, § 71 Abs. 2 NKomVG, § 42 Abs. 2 Sächs. GO)[174]. Die Forderung nach einer **spiegelbildlichen Repräsentanz** folgt unmittelbar aus Art. 28 Abs. 2 GG der diesen Gedanken auch auf die Untergliederungen der Gemeindevertretung erstreckt. Das gilt insbesondere für beschließende Ausschüsse, die als verkleinertes Gremium der Gemeindevertretung wirken. Der einzelne Mandatsträger hat – anders als etwa Abgeordnete des Bundestages – kein

---
173 BVerwG, NVwZ 2010, 834; NWOVG, NVwZ-RR 2018, 819 ff.; BayVGH, NVwZ-RR 2021, 272.
174 BVerwG, DÖV 1978, 415 und NVwZ-RR 1982, 41 f.

Recht auf Mitgliedschaft in mindestens einem Gemeindeausschuss, da die Mitwirkungsmöglichkeiten der Mandatsträger im Plenum der Kommunalvertretung größer sind als bei einem staatlichen Parlament[175].

Im Interesse einer politisch gewollten breiten Beteiligungsmöglichkeit der Bürger und Einwohner an der örtlichen Aufgabenerfüllung und zur Mehrung des Sachverstandes in den Ausschüssen ist grundsätzlich die **Berufung von sachkundigen Bürgern** (§ 58 Abs. 3 NW GO), **Einwohnern** sowie die Hinzuziehung von **Sachverständigen** gestattet und erwünscht. Diese politische Mitwirkungsmöglichkeit steht auch **Ausländern** offen, die nicht der Gemeindevertretung angehören dürfen (s. u. § 5 I 5). In Anlehnung an parallele Bestimmungen für die Gemeindevertretung ist teilweise die **Öffentlichkeit der Ausschusssitzungen** vorgesehen (§ 72 Abs. NKomVG), um das kommunalpolitische Interesse der Bürger und Einwohner zu steigern (s. u. § 5 I 3 c). Diese Regelung hat sich jedoch in der Praxis nicht bewährt, weil die Öffnung dazu missbraucht wird, publikumswirksame Schaufensterreden zu halten, die eine sachbezogene und zügige Aufgabenerledigung erschweren[176].

66 b. **Ausschusstypen.** Das Kommunalverfassungsrecht differenziert zwischen beratenden und beschließenden Ausschüssen.

> **Beratende Ausschüsse** haben die Aufgabe, diejenigen Angelegenheiten aufzuklären und vorzubereiten, über die die Gemeindevertretung entscheiden soll (§ 41 Abs. 1 BWGO). Sie dienen der sachkundigen Vorbereitung von Detail- und Fachfragen, um die Entscheidungsgrundlagen der Gemeindevertretung zu optimieren.

Die **beschließenden** Ausschüsse entscheiden eine Angelegenheit mit ratsvertretender Beschlusskompetenz.

Allerdings sehen die Gemeindeordnungen hinsichtlich der dem Rat verbleibenden Einflussmöglichkeiten auf derartige Beschlüsse unterschiedliche Regelungen vor. Sie bezwecken einerseits, die Kernaufgaben bei der Gemeindevertretung zu konzentrieren und andererseits den Rat im Interesse weniger wichtiger Kommunalentscheidungen zu entlasten[177]. Grundlegende Entscheidungen müssen im Verantwortungsbereich des Rates verbleiben und dürfen nicht auf Ausschüsse übertragen werden.

    Beispiele: Übernahme freiwilliger Aufgaben, Erlass von Satzungen, Änderung des Gemeindegebietes (§ 39 Abs. 6 BWGO).

Die Organisationshoheit der Gemeindevertretung ist begrenzt, soweit bestimmte Ausschüsse gesetzlich vorgeschrieben sind. Zu diesen **Pflichtausschüssen** gehören
- Der Hauptausschuss,
- der Finanzausschuss,
- der Rechnungsprüfungsausschuss (§ 57 Abs. 2 S. 1 NW GO) sowie
- spezialgesetzlich normierte Gremien.

    Beispiele: Gutachterausschuss (§ 192 BauGB), Jugendhilfeausschuss (§ 71 SGSB VIII)[178].

Im Interesse einer ordnungsgemäßen Aufgabenerledigung haben Ausschussvorsitzende, Gruppen und Ausschussmitglieder unterschiedliche Rechte. So können Ausschussvorsitzende von der Gemeindeverwaltung jederzeit **Auskunft** über die Angelegenheiten verlangen, die zum Aufgabenbereich ihres Ausschusses gehören. Ferner haben sie nach

---

175 RPOVG, DÖV 1996, 612; A. A. BremOVG, DÖV 1990, 751.
176 NWOVG, NWVBl 2007, 117.
177 BVerwG, NVwZ-RR 1988, 42.
178 BVerwG, NWVBl 1995, 378.

Maßgabe der Hauptsatzung ein Recht auf **Akteneinsicht**. Im Übrigen kann der Rat für die Arbeit der Ausschüsse Richtlinien aufstellen (§ 57 Abs. 4 S. 1 NW GO).

Zwischenfrage: Bei welchen Ausschüssen der Gemeindevertretung handelt es sich um Pflichtausschüsse? Nennen Sie drei Beispiele!

Die Zuständigkeiten der Ausschüsse richten sich nach den gesetzlichen und der kommunalen Ausgestaltung.

Der **Hauptausschuss** koordiniert die Arbeit der Ausschüsse der Gemeindevertretung. Teilweise ist für die Planung von Verwaltungsaufgaben von besonderer Bedeutung zuständig (§ 61 NW GO). Teilweise entscheidet er über die Angelegenheiten, die der Beschlussfassung der Gemeindevertretung unterliegen, falls die Angelegenheit keinen Aufschub duldet (§ 60 NW GO).

> **Beispiel**: Ersetzung der Gemeindevertretung in einer Pandemielage.

Der Finanzausschuss bereitet die jährliche zu erlassende Haushaltssatzung der Gemeinde vor (s. u. § 12 IV) und trifft die für die Ausführung des Haushaltsplanes erforderlichen Entscheidungen (§ 59 Abs. 2 NW GO).

Der Rechnungsprüfungsausschuss kontrolliert den Jahresabschluss und den Lagebericht der Gemeinde (§ 59 Abs. 3 NW GO).

5. Der Gemeindevorsteher/Bürgermeister

a. Stellung des Gemeindevorstehers im Gemeinderat, Beanstandungs- und Widerspruchsrecht. Neben der Gemeindevertretung ist der Gemeindevorsteher das zweite Hauptorgan der Kommune. Er führt traditionell die Amtsbezeichnung **Bürgermeister**, in kreisfreien Städten **Oberbürgermeister** und in Bayern **Erster Bürgermeister**. Der Gemeindevorsteher ist grundsätzlich hauptamtlich tätiger kommunaler **Wahlbeamter** mit einer besonderen Rechtsstellung (s. u. § 5 II 3). Einige Gemeindeordnungen sehen vor, dass in kleineren Gemeinden eine ehrenamtliche Erledigung zulässig ist. In diesen Fällen ist der Bürgermeister zugleich Vorsitzender des Gemeinderates und ehrenamtlicher Bürgermeister (§§ 33 und 48 SHGO). Da er zur **parteipolitischen Neutralität** verpflichtet ist, darf er keine **Wahlempfehlungen** ausgeben[179].

> **Beispiel:** Der Bürgermeister darf bei der Entgegennahme einer Petition, die gegen die Anmeldung eines Bürgerbegehrens einer Partei gerichtet ist, nicht das Anliegen der Petition und deren Unterstützer ausdrücklich loben[180].

Kernaufgabe des Gemeindevorstehers ist es, die Beschlüsse des Gemeinderates und der Ausschüsse verwaltungsmäßig vorzubereiten und unter der Kontrolle des Rates auszuführen (Art. 36 Abs. 1 Bay GO, § 62 NW GO, § 52 Abs. 1 Sächs. GO). Zur sachgemäßen Durchführung dieser Aufgabe ist er befugt und zum Teil auch verpflichtet, mit beratender Stimme an den Sitzungen des Rates und der Ausschüsse teilzunehmen, selbst wenn er nicht gleichzeitig Vorsitzender der Gemeindevertretung ist. Teilweise steht ihm ein **Eilentscheidungsrecht** zu, wobei die verfahrensmäßige Vorgehensweise bei Vorliegen eines Eilfalles abweichend normiert ist (Art. 37 Abs. 3 Bay GO, § 60 Abs. 1 S. 2 NW GO). In engem Zusammenhang mit der Kompetenzausübung des Gemeinderates stehen ferner – je nach Landesrecht – terminologisch unterschiedlich bezeichnete **Rügerechte oder Rügepflichten des Gemeindevorstehers** bei rechtswidrigem oder für die Gemeinde nachteiligen Beschlüssen der Gemeindevertretung und der Ausschüsse.

Das Rechtsinstitut der **Beanstandung** kommt zum Zuge, wenn ein Beschluss des Gemeinderates das geltende Recht verletzt (§ 54 Abs. 2 NW GO). Diese Rügeoption konkretisiert die Rolle des Gemeindevorstehers als gemeindeinternes **Rechtmäßigkeitskontrollorgan** verbunden mit der Befugnis, in eigener Verantwortung Selbstverwaltungsentscheidungen ohne Einschaltung der Rechtsaufsichtsbehörde rückgängig zu machen. Das Beanstan-

---

179 BayVGH, NVwZ-RR 2004, 440 ff.
180 NWOVG, NVwZ-RR 2023, 197.

dungsrecht ist objektivrechtlich ausgestaltet und entfaltet deshalb keine drittschützende Wirkung. Folglich können sich weder Gemeinderatsmitglieder noch Gemeindeangehörige auf diese Rechtsposition berufen[181]. Die Beanstandung hat regelmäßig aufschiebende Wirkung und verlangt, dass der Gemeinderat erneut über die Angelegenheit befindet. Hält er die ursprüngliche Entscheidung aufrecht, dann muss der Gemeindevorsteher die Angelegenheit der **Rechtsaufsichtsbehörde** zur Entscheidung vorlegen.

Außer dem Beanstandungsrecht steht dem Gemeindevorsteher das **kommunale Widerspruchsrecht** zur Verfügung. Es gestattet, ein Veto gegen Beschlüsse des Gemeinderates einzulegen, die nach seiner Auffassung das **Wohl der Gemeinde gefährden** oder für die Gemeinde **Nachteile** mit sich bringen (§ 54 Abs. 1 NW GO). Im Unterschied zum Beanstandungsrecht steht die Ausübung des Widerspruchsrechts im pflichtgemäßen **Ermessen** des Gemeindevorstehers. Diese abweichende Regelung ist hinnehmbar, weil hier nicht die Rechtmäßigkeit, sondern die **Zweckmäßigkeit** oder Wirtschaftlichkeit des Gemeindehandelns im Mittelpunkt steht. Der Widerspruch hat aufschiebende Wirkung, über den in einer Gemeindesratssitzung zu entscheiden ist. Hält die Gemeindevertretung an dem Beschluss fest, bedarf es keiner Vorlage an die Rechtsaufsichtsbehörde, weil es an einem Anlass für ein Einschreiten nach den Maßstäben der Rechtsaufsicht fehlt (s. u. § 7 IV 4).

68 **b. Der Gemeindevorsteher als Verwaltungsleiter und Organ der unteren Verwaltungsbehörde. – aa. Erledigung der Geschäfte der laufenden Verwaltung.** Von den Aufgaben als Vorsitzender sind die eigenständigen organschaftlichen Zuständigkeiten zu trennen. Hierzu gehören insbesondere die „**Geschäfte der laufenden Verwaltung**" (Art. 27 Abs. 1 S. Nr. 1 BayGO, § 41 Abs. 3 NWGO, § 53 Abs. 2 S. 1 Sächs.GO). Rechtsprechung und Gesetzgebung verstehen unter diesem Begriff

„Angelegenheiten, die in mehr oder weniger regelmäßiger Wiederkehr vorkommen und zugleich nach Größe, Umfang der Verwaltungstätigkeit und Finanzkraft der jeweiligen Gemeinde sachlich von geringer Bedeutung sind" (Art. 37 Abs. 1 BayGO).

Dabei werden die maßgeblichen Gesichtspunkte wie Häufigkeit und Bedeutung der Angelegenheit an der Größe der Gemeinde, der Üblichkeit und der Leistungsfähigkeit festgemacht[182]. In der Kommunalpraxis erfolgt die gegenständliche und wertmäßige Abgrenzung in Satzungen und Zuständigkeitsordnungen.

Beispiele: Die Zusage der Einstellung eines leitenden Kommunalbeamten ist ebenso wenig ein Geschäft der laufenden Verwaltung[183] wie der Erlass allgemeiner Richtlinien für die Vergabe von Sondernutzungen[184] oder die Festlegung von Auswahlkriterien für die Zulassung kommunaler Märkte[185].

69 **bb. Erledigung weiterer gesetzlich übertragener Aufgaben.** Unabhängig von den erwähnten Zuständigkeiten obliegt dem Gemeindevorsteher die Erledigung aller Aufgaben, die ihm aufgrund gesetzlicher Vorschriften übertragen sind (§ 62 Abs. 2 NW GO, 53 Abs. 2 S. 1 Sächs. GO). Dazu gehören sowohl Angelegenheiten des übertragenen Wirkungskreises (sog. **Fremdverwaltung** (s. o. § 3 IV 3) als auch Aufgaben im Rahmen einer **Organleihe** (s. o. § 3 IV 4).

Beispiel: Der Gemeindevorsteher/Bürgermeister kann in seiner Eigenschaft als untere Verwaltungsbehörde Polizeiverfügungen nach Maßgabe der Landespolizeigesetze erlassen, um bei der Bekämpfung einer Epidemie mitzuwirken[186].

---

181 NWOVG, VerwRspr. 27, 438.
182 BGH, NJW 1980, 117.
183 BVerwGE 48, 65, 82.
184 BWVGH, BWVBl 1987, 344.
185 S. zum Streitstand *Schulze-Werner/Cordes*, GewARch 2017, 61 ff.
186 *Pöltl*, NJW 2022, 919.

Innerorganisatorisch ist der Gemeindevorsteher **„Leiter der Verwaltung"** (§ 62 Abs. 1 S. 2 NWGO, § 53 Abs. 1 Sächs.GO). Er ist damit verantwortlich für die organisatorische Aufteilung der gemeindlichen Aufgabenbereiche auf die einzelnen Fachbereiche. Lediglich für die Tätigkeitsfelder der Beigeordneten besitzt der Gemeinderat länderweise unterschiedlich normierte Mitwirkungsbefugnisse (§ 73 Abs. 1 NWGO, § 53 Abs. 1 Sächs.GO). Da der Gemeindevorsteher als zentrale Verwaltungsbehörde der Gemeinde fungiert, sind die einzelnen Dezernate mit den verschiedenen Ämtern lediglich unselbstständige Untergliederungen der gemeindeichen Zentralbehörde (**Prinzip der Einheit der Gemeindebehörde**).

Beispiele: Ordnungsamt, Umweltamt, Abteilung Wirtschaftsförderung.

Zwischenfrage: Definieren Sie den Begriff „Geschäfte der laufenden Verwaltung"!

Dieser herausgehobenen Stellung entspricht es, dass der Gemeindevorsteher der **gesetzliche Vertreter der Gemeinde in Rechts- und Verwaltungsgeschäften** (Art. 38 Abs. 1 Bay GO, § 86 Abs. 2 NKomVG, § 63 Abs. 1 NW GO), Dienstvorgesetzter der Beamten und Angestellten ist (Art. 37 Abs. 4 Bay GO, § 73 Abs. 2 NW GO) und Mitarbeiterinnen und Mitarbeiter mit der Erledigung bestimmter Aufgaben betrauen kann (Art. 39 Abs. 2 Bay GO, § 62 Abs. 2 S. 1 Nds. GO, § 68 Abs. 3 NW GO, § 59 Sächs. GO), soweit nicht die Zuständigkeit der Beigeordneten tangiert ist (s. u. § 3 VII 6).

Bei **amtlichen Äußerungen** eines Gemeindevorstehers/Bürgermeisters gelten die für das staatliche Informationsverhalten entwickelten Grundsätze auch für die Gemeindeebene. Danach besteht wegen Art. 21 Abs. 1 GG ein striktes **Neutralitätsgebot**. Es wird durch ein allgemeines **Sachlichkeitsgebot** ergänzt[187], das jedoch wertende Stellungnahmen gestattet.

Beispiel: Äußerungen zur wissenschaftlichen Konzeption einer Bildungseinrichtung[188].

6. Die Beigeordneten

Zur Unterstützung, Entlastung und Vertretung des Gemeindevorstehers werden in größeren Gemeinden **Beigeordnete** als leitende Verwaltungsbeamte bestellt. Sie müssen die Voraussetzungen des Art. 33 Abs. 2 GG erfüllen[189], werden von der Gemeindevertretung gewählt, zu Beamten auf Zeit ernannt und können abgewählt werden. Die Stellen sind grundsätzlich öffentlich auszuschreiben (Art. 5 Abs. 1 Bay KWG, § 71 Abs. 2 S. 2 NW GO, § 56 Abs. 3 S. 2 Sächs. GO). Aus dem Kreis der Beigeordneten wird in der Regel der allgemeine Vertreter des Gemeindevorstehers bestellt (§ 68 Abs. 1 S. 1 NW GO, § 55 Abs. 1 S. 1 Sächs. GO). Die Zahl der Beigeordneten richtet sich nach den Erfordernissen der Gemeindeverwaltung und wird entweder in den Gemeindeordnungen (§ 56 Abs. 2 Nds. GO, § 55 Abs. 1 S. 2 Sächs. GO) oder in der Hauptsatzung festgelegt (§ 71 Abs. 1 NW GO).

Der Gemeindevorsteher ist teilweise verpflichtet, regelmäßig gemeinsame Beratungen mit den Beigeordneten abzuhalten (§ 70 Abs. 3 NW GO), um die einheitliche Verwaltungsführung zu gewährleisten. In einigen Bundesländern bilden Beigeordnete, Bürgermeister und Kämmerer den **Verwaltungsvorstand** (§ 70 NW GO). Die Gemeindeordnungen setzen nicht immer fachliche Befähigungserfordernisse voraus (§ 71 Abs. 3 NW GO). Der **Kämmerer** ist ebenfalls Beigeordneter. Er nimmt innerhalb der Verwaltungsführung eine besondere Stellung ein, da er für den Haushalt der Gemeinde verantwortlich ist (§ 70 Abs. 1 und § 71 Abs. 4 NW GO).

Die Beigeordneten leiten den ihnen zugewiesenen Geschäftsbereich zwar grundsätzlich selbstständig. Sie haben aber nicht den Status eines eigenständigen Gemeindeorgans,

---

187 BVerwG, NVwZ 2018, 433 ff.
188 BayVGH, DVBl 2020, 1361 ff.
189 NWOVG, DVBl 2022, 856.

sondern sind lediglich fachspezifische Vertreter des Gemeindevorstehers in ihrem Ressort (§ 68 Abs. 2 NW GO). Deshalb sind sie weisungsabhängig (§ 55 Abs. 3 S. 3 Sächs. GO).

7. Die Fraktionen

71 Fraktionen spielen in der Kommunalpraxis für die politische Meinungsbildung und wegen ihrer Kontrollfunktion eine Schlüsselrolle. Sie gehören zu den Strukturelementen moderner Gemeindeverfassungen[190]. Deshalb ist ihr Status in Gemeindeordnungen und Geschäftsordnungen näher geregelt (§ 32a BWGO, § 56 Abs. 4 NKomVG). Nach § 56 Abs. 4 S. 1 NWGO sind **Fraktionen**

> *„freiwillige Vereinigungen von Ratsmitgliedern oder Mitgliedern einer Bezirksvertretung, die sich auf der Grundlage grundsätzlicher politischer Übereinstimmung zu möglichst gleichgerichtetem Wirken zusammengeschlossen haben"*[191].

Fraktionen besitzen keine Organqualität, da sie nicht für die ganze Gemeinde agieren. Vielmehr können sie sich nur über Beschlüsse Geltung verschaffen. Ihr Rechtsstatus ist nicht immer eindeutig normiert, weshalb sie partiell dem **Privatrecht**[192] und teilweise dem **Öffentlichen Recht**[193] zugeordnet werden. Die zutreffende rechtliche Qualifizierung hängt davon ab, ob sich das Recht zum Zusammenschluss und zum Tätigwerden aus dem öffentlich-rechtlich geregelten Kommunalverfassungsrecht ergibt[194]. Das ist zu bejahen, soweit die Gemeindeordnungen und das daraus abgeleitete Recht den Status der Fraktionen festlegen und ihr oder Teilen davon bestimmte Rechtspositionen einräumen.

> **Beispiele:** Fraktionen verfügen über eigene Antrags-, Informations-, Akteneinsichts- und Rederechte (§ 47 Abs. S. 4, § 48 Abs. 1 S. 2 NW GO)[195], die sie mit dem Kommunalverfassungsstreitverfahren durchsetzen können (s. u. § 3 IX).

Soweit die Mindeststärker der Fraktion nicht gesetzlich festgelegt ist (§ 57 Abs. 1 NKomVG, § 56 Abs. 2 S. 2 NWGO) ist umstritten, ob ein Mitglied der Gemeindevertretung als Fraktion auftreten kann. Insoweit sind der Grundsatz der Chancengleichheit der Parteien, der Minderheitenschutz, die Funktionsfähigkeit und die Effektivität der Gemeindevertretung miteinander abzuwägen[196].

Fraktionen haben einen Anspruch darauf, entsprechend ihrer Stärke im Gemeinderat auch in **Ausschüssen** vertreten zu sein. Das ist die Folge davon, dass die Spiegelbildlichkeit der Gemeindevertretung auch für die Repräsentanz von Fraktionen in anderen Gremien gilt[197].

Die **innere Ordnung der Fraktionen** muss demokratischen und rechtsstaatlichen Grundsätzen entsprechen (§ 32a Abs. 2 S. 2 BW GO, § 57 Abs. 2 NKomVG; § 56 Abs. 2 S. 2 NW GO). Die Grundregeln sind in der Geschäftsordnung normiert (§ 57 Abs. 5 NKomVG), die unter Anderem Auskunft über das Abstimmungsverfahren, die Aufnahme und den Ausschluss aus der Fraktion gibt. Da das **freie kommunalpolitische Mandat** bei den einzelnen Ratsmitgliedern verbleibt, werden sie durch Fraktionsbeschlüsse nicht gebunden. Deshalb ist unklar, unter welchen Voraussetzungen ein **Ausschluss aus der Fraktion** erfolgen kann. Im Hinblick auf die demokratische und rechtsstaatliche Stellung der Ratsmitglieder ist ein Ausschluss nur aus wichtigem Grund unter

---

190 BVerwGE 90, 104, *H. Meyer*, Recht der Ratsfraktionen, 11. Aufl. 2021.
191 *Schmidt-Jortzig*, Kommunale Organisationshoheit, 1979, 242.
192 BayVGH, NJW 1988, 2754.
193 NWOVG, NJW 1989, 1105; HeVGH, DVBl 1990, 830.
194 *H. Meyer*, NVwZ 2024, 534.
195 NWOVG, NWVBl 1998, 110 ff.
196 BVerwG, DÖV 1979, 790.
197 BayVGH, BeckRS 2022, 34091.

Beachtung des Verhältnismäßigkeitsgrundsatzes und einer Abwägung zwischen dem Status des Ratsmitglieds und der Arbeitsfähigkeit der Fraktion zulässig[198].

Beispiel: Ein Fraktionsmitglied stört das Vertrauensverhältnis nachhaltig und entzieht damit einer weiteren Zusammenarbeit den Boden, wenn es in zentralen Fragen von dem politischen Konsens der Fraktion abweicht[199].

Vor einem Fraktionsausschluss sind bestimmte Verfahrensrechte zu beachten.

Beispiele: Mitteilungspflicht, Hinweis auf die Sanktion, Anhörung, Ladung der Fraktion[200].

Die Zwischenschaltung von Fraktionen in den kommunalpolitischen Willensbildungsprozess kostet Geld. Deshalb sehen die Gemeindeordnungen häufig vor, dass die Fraktionen unter Berücksichtigung des Grundsatzes der Chancengleichheit finanzielle Zuwendungen aus dem Gemeindehaushalt für sachliche und personelle Aufwendungen erhalten (§ 32 Abs. 3 BW GO, § 57 Abs. 3 NKomVG, § 56 Abs. 3 NW GO, § 35a Abs. 3 Sächs. GO)[201]. Soweit ausdrückliche Regelungen fehlen besteht zwar kein originärer Leistungsanspruch auf Zuwendungen, aber im Falle einer praktizierten Gewährung ein derivativer Leistungsanspruch auf gleiche Teilhabe[202].

Im Übrigen hat sich die Zuwendungshöhe an dem dargelegten Grundsatz der **Ehrenamtlichkeit der Ratsarbeit** zu orientieren, das als finanziellen Ausgleich lediglich eine Aufwandsentschädigung gestattet, die auch die Teilnahme an Fraktionssitzungen erfassen kann. Deshalb bestehen gegen die **Beschäftigung hauptberuflich tätiger Fraktionsmitarbeiter**, die nicht lediglich Schreib- und Organisationsarbeiten erledigen, kommunalsystemische Bedenken (s. aber § 56 Abs. 4 S. 1 NW GO)[203]. Vor allem birgt die entgeltliche Entlohnung die Gefahr, dass die politischen Zuarbeiter aufgrund ihres professionellen Handelns den ehrenamtlichen Ratsmitgliedern fachlich überlegen sind, eine neue Binnen-Bürokratie entsteht und eine eigene Gegenverwaltung geschaffen wird[204].

Hauptaufgabe der Fraktionen ist es, parteipolitische Vorstellungen in die Ratsarbeit einzubringen und umzusetzen. Sie üben insoweit eine Vorschaltfunktion zwischen Gemeindevertretung, Ausschüssen und Verwaltung aus. Gleichzeitig bündeln, steuern und erleichtern sie den Ablauf der kommunalen Vertretungstätigkeit[205]. Aufgrund ihrer Strukturierungs- und Kanalisierungsfunktion sind sie arbeitsökonomisch für die Gemeindevertretung zu unverzichtbaren Machtzentren der Kommunalpolitik geworden. Unabhängig davon ermöglichen die Fraktionen den Bürgern eine Orientierung für ihre Wahlentscheidung und sie fungieren als Repräsentanten der sie vertretenden Partei[206].

Zwischenfrage: Beschreiben Sie die Hauptaufgabe der Fraktionen im Gemeinderat!

8. Bezirksvertretung und Bezirksvorsteher

Neben der Gemeindevertretung mit ihren Ausschüssen gibt es in einigen **Bundesländern Bezirks- oder Ortsvertretungen/Ortschaftsräte** als Folge einer als sinnvoll erachteten verwaltungsmäßigen Binnengliederung von Kommunen. Die Rechtsstellung weicht in den Ländern stark voneinander ab. Deshalb beschränken sich die weiteren

---

198 SaOVG, NVwZ-RR 1996, 462; NWOVG, BeckRS 2024, 6063.
199 HeVGH, DVBl 1990, 830; NWOVG, NJW 1989, 1105; Nds OVG, NVwZ 2025, 526; SaOVG, NVwZ-RR 1996, 462.
200 BayVGH, NVwZ 1989, 494 und NVwZ-RR 2019, 67 ff.; NWOVG, BeckRS 2024, 6063.
201 NWOVG, NVwZ-RR 2003, 376 ff.
202 HeVGH, DÖV 2017, 644, s. auch BVerwG, DVBl 2018, 1440 ff. zu Fraktionen, die aus Vertretern verfassungsfeindlicher Parteien bestehen.
203 *Oehbecke,* NVwZ 2022, 1093 zur Beschäftigung kommunaler Beamter.
204 Ebenso *H. Meyer,* DÖV 1991, 56 ff.
205 BVerfGE 140, 1; NWOVG, DVBl 1991, 495, 497; NdsOVG, DÖV 1993, 1101.
206 *H. Meyer,* NVwZ 2024, 534.

Ausführungen auf die demokratisch legitimierten Bezirksorgane, die an Stelle der Gemeindevertretung handeln und nicht nur beratend tätig werden (Art. 60 Abs. 3 BayGO, § 93 NKomVG, §§ 36 f. NWGO, § 67 Sächs.GO).

Die Bezirksvertretungen haben gegenüber der Gemeindevertretungen **Filter- und Entlastungsfunktion**, weil diese Organisationsform geeignet ist, aufgrund der besonderen Ortskenntnisse eine bürgernahe Verwaltung zu gewährleisten[207]. Vor diesem Hintergrund ist es kommunalpolitisch sinnvoll, die Rechte der Bezirksvertretungen zu stärken und sie mehr als bisher mit eigenen Aufgaben, Zuständigkeiten und Haushaltsmitteln auszustatten. Das kann zwar zu Spannungen zwischen Gemeinderat und Bezirksvertretung führen. Die damit verbundenen Konflikte sind jedoch bei einer Abwägung wegen des hohen Gutes des **bezirklichen Gemeinwohls** hinnehmbar.

Ganz allgemein gilt, dass auf die Mitglieder der Bezirksvertretungen und das dort praktizierte Verwaltungsverfahren die für den Gemeinderat oder die Ausschüsse geltenden Vorschriften anwendbar sind (§ 91 Abs. 4 und Abs. 5 NKomVG, § 36 Abs. 5 S. 2 NW GO; § 69 Sächs. GO).

> **Beispiel**: Für Bezirksvertreter gilt das Vertretungs- und Mitwirkungsverbot[208] (s. o. § 3 VIII 2a dd), zumal sich wegen der Ortsnähe personell bedingte Kollisionslagen eher ergeben können als auf der Ebene der Gemeindevertretung der jeweiligen Kommune.

Zur effektiven Wahrnehmung ihrer Aufgaben besitzen die Bezirksvertretungen bestimmte Rechte, die teilweise mit denen der Gemeindevertretung übereinstimmen.

> **Beispiele**: Anhörrechte, Unterrichtungsrechte, Anregungsrechte (Art. 60 Abs. 4 und 60a Abs. 2 Bay GO, § 94 Abs. 1 NKomVG, § 37 Abs. 4 und 5 NW GO).

Die Bezirksvertretungen entscheiden unter Beachtung der städtischen Gesamtbelange im Rahmen der Gesetze und der von der Gemeindevertretung erlassenen Richtlinien in allen Angelegenheiten, deren Bedeutung nicht wesentlich über den Bezirk hinausgeht.

> **Beispiele**: Unterhaltung und Ausstattung der im Bezirk befindlichen Schulen und sonstigen öffentlichen Einrichtungen, Pflege des Ortsbildes und Ausgestaltung der Grün- und Parkanlagen, Festlegung der Reihenfolge von Bauarbeiten, Förderung örtlicher Vereine und Wahrnehmung der Belange bei Bürgerbeteiligungen (§ 4 BauGB, § 93 Abs. 1 NKomVG).

Die Bezirksvertretung wird von einem **Bezirksvorsteher** geleitet, der nach der kommunalverfassungsrechtlichen Ausgestaltung weder Vorsitzender der Bezirksvertretung sein noch von ihr gewählt werden muss (so aber § 36 Abs. 2 NW GO). Er ist als **Bezirks- oder Ortsvorsteher** (§ 36 Abs. 2 S. 3 und § 39 Abs. 2 S. 3 NW GO, § 96 NKomVG) Leiter einer Bezirksverwaltungsstelle oder einer Ortsteilverwaltung und damit für die Erledigung ortsnaher und weiterer ihm übertragener Aufgaben verantwortlich.

9. Beiräte, Interessenvertretungen und Beauftragte

Zur Unterstützung und Beratung der Gemeindevertretung, zur effizienten Erledigung spezieller Aufgaben sowie zur Förderung bestimmter gesellschaftlicher Gruppen der Ortsbevölkerung sehen die Gemeindeordnungen die Bildung weiterer Gremien und insbesondere die Einrichtung von **Beauftragten, Interessenvertretungen oder Beiräten** vor. Sie kommen in unterschiedlichen Erscheinungsformen vor:
– **Ältestenrat** (§ 45 Sächs. GO). Er berät den Bürgermeister in Fragen der Tagesordnung und des Verhandlungsganges.
– **Beirat für geheime Angelegenheiten** (§ 46 Sächs. GO).

---

207 NdsOVG, DVBl 1989, 937 f.
208 NWOVG, DÖV 1989, 27.

- **Integrationsrat** (§ 27 NW GO) oder **Ausländerbeirat**. Sie befassen sich mit sämtlichen ausländerspezifischen Angelegenheiten und stimmen sie mit der Gemeindevertretung ab.
- **Beauftragte für Migration und Integration** (§ 64 Abs. 3 Sächs. GO).
- **Gleichstellungsbeauftragte** (§ 5 NW GO, § 64 Abs. 2 Sächs. GO).
- **Interessenvertretungen für Jugendliche** (§ 27a NW GO, § 41a BW GO) und **Senioren** (§ 27a NW GO).

IX. Kommunalverfassungsstreitverfahren

1. Begriff und Abgrenzung des Kommunalverfassungsstreitverfahrens

Kommunalverfassungsrechtliche Pflichten, Rechte und Zuständigkeiten können zu Meinungsverschiedenheiten zwischen den Beteiligten über das Vorliegen und den Umfang eines organschaftlichen Rechts führen. Scheitert eine politische Beilegung des Streits, ist es in erster Linie Aufgabe der **Rechtsaufsichtsbehörde** bestehende rechtliche Unklarheiten zu beheben. Sie hat die Gemeinde zu beraten und muss eingreifen, wenn die der Gemeinde obliegenden Aufgaben nicht mehr erfüllt werden oder der geordnete Ablauf des Gemeindelebens gefährdet ist. In vielen Fällen wird die Rechtsaufsichtsbehörde jedoch nicht einschreiten, weil sie entweder keinen Rechtsverstoß erblickt oder wegen der prinzipiellen Geltung des **Opportunitätsprinzips** von ihren Befugnissen keinen Gebrauch machen will (s. u. § 7 III 4 g).

Bei dieser Ausgangslage kommt die Durchführung eines **Kommunalverfassungsstreitverfahrens** in Betracht.

> Kommunalverfassungsstreitverfahren ist ein vor einem Gericht ausgetragener Streit zwischen zwei kommunalen Organen oder Organteilen oder innerhalb eines solchen Organs über die Rechtmäßigkeit von Beschlüssen dieser Organe aus dem Bereich des kommunalen Verfassungslebens.

Insoweit sind zahlreiche Konstellationen denkbar, die auf eigenständigen Kompetenzen beruhen und **subjektive Rechte** im Sinne wehrfähiger Innenrechte begründen[209].

Beispiele: Ein Mitglied der Gemeindevertretung wendet sich gegen die Besetzung der vom Gemeinderat gebildeten beschließenden Ausschüsse[210], gegen die Geschäftsführung[211], gegen die Festsetzung der Mindeststärke für die Bildung einer Ratsfraktion[212], gegen den Ausschluss der Öffentlichkeit von einer Stadtverordnetenversammlung[213], verlangt die Festlegung eines Rauchverbotes[214] oder macht geltend, es sei von der Beratung und Entscheidung des Gemeinderates zu Unrecht wegen Befangenheit ausgeschlossen worden[215]. Ein Fraktionsmitglied wendet sich gegen einen Fraktionsausschluss[216] oder ein Ratsmitglied wehrt sich gegen einen Ordnungsruf[217].

Kommunalverfassungsstreitverfahren sind als Schöpfung von Rechtsprechung und Lehre von anderen gemeindetypischen Streitverfahren zu unterscheiden:

---

209 *Suslin*, NVwZ 2020, 200 ff.
210 BWVGH, BWVPr 1977, 204.
211 NWOVG, NVwZ 1982, 328.
212 BVerwGE 58, 20.
213 HeVGH, NVwZ-RR 2019, 875 ff.
214 NWOVG, DVBl 1983, 53 ff.
215 HeVGH, NVwZ 1982, 44.
216 OVG Lüneburg, DÖV 1993, 1101; *Martensen*, JuS 1995, 989 ff. und 1077 ff.
217 RPOVG, NVwZ-RR 1996, 52.

- So ist bei **kommunalen Aufsichtsklagen** Streitgegenstand nicht eine körperschaftsinterne Rechtsposition, sondern das Rechtsverhältnis zwischen Staat und Gemeinde (s. u. § 7 III 4).
- Bei **gemeindeinternen Beanstandungsverfahren** ist der Bürgermeister verpflichtet, Ratsbeschlüsse zu beanstanden und ihren Vollzug auszusetzen, wenn er sie für rechtswidrig hält (s. o. § 3 VIII 5 a). Andere Gemeindeorgane oder Organteile können die Erfüllung dieser Pflicht nicht erzwingen, da sie ausschließlich der Realisierung des **Gesetzmäßigkeitsprinzips** und nicht dem subjektiven Rechtsschutz dient[218]. Außerdem gewährt die Beanstandungsbefugnis nur eine vorläufige Prüfung und keine endgültige Entscheidungskompetenz.
- Bei **kommunalen Wahlprüfungen** können Wahlberechtigte und Gewählte eine Wahl bei der Aufsichtsbehörde anfechten (s. u. § 5 V).

2. Prozessvoraussetzungen und Prüfungsumfang

75
76 a. **Verwaltungsrechtsweg.** Kommunalverfassungsstreitverfahren sind **öffentlich-rechtliche Streitigkeiten** im Sinne von § 40 Abs. 1 Satz 1 VwGO, weil Kläger und Beklagte Organe oder Organteile einer juristischen Person in ihrer organschaftlichen Rechtsstellung sind, die über den Umfang oder die Grenzen der sich aus der Gemeindeordnung ergebenden Kompetenzen streiten. Es handelt sich ferner um eine nichtverfassungsrechtliche Streitigkeit, weil sich die Organrechte aus Normen des Kommunalverfassungsrechts und nicht aus dem **Staatsverfassungsrecht** ergeben[219].

77 b. **Klageart.** Es ist umstritten, wie das Kommunalverfassungsstreitverfahren in das Klagesystem der VwGO eingeordnet werden kann. Die Rechtsprechung hat zunächst angenommen, diese Verfahrensart sei nicht auf die herkömmlichen Klageformen zugeschnitten und deshalb als Klage eigener Art (sui generis) zu qualifizieren[220]. Gegenwärtig wird die Ansicht vertreten, dass lediglich die auf einen **Verwaltungsakt** gerichteten Klageformen ausscheiden, weil die streitenden Organe weder in einem für den Verwaltungsakt typischen Über-Unterordnungsverhältnis zueinander stehen noch Behördenqualität besitzen[221]. Deshalb werden die allgemeine **Leistungsklage** und die **Feststellungsklage** als geeignete Klagearten angesehen[222].

> **Beispiel:** Feststellung, dass der Ausschluss eines Ratsmitgliedes von der Ratssitzung durch den Bürgermeister rechtswidrig war.

Das besondere Feststellungsinteresse entfällt, wenn die klagende Person nicht mehr Ratsmitglied ist. Denn in diesem Fall besteht weder Wiederholungsgefahr noch sind fortwirkende Benachteiligungen zu befürchten[223].

78 c. **Beteiligungsfähigkeit.** Kläger oder Beklagter nach § 61 VwGO kann nur sein, wer beteiligungsfähig ist. Die Parteien (Beteiligten) begehren Rechtsschutz in ihrer Eigenschaft als Organe oder Organteile einer Körperschaft, die aufgrund innerorganisatorischer Rechtsbeziehungen klagen. Deshalb greift die überwiegende Meinung auf § 61 Nr. 2 VwGO zurück, indem sie Ratsmitglieder, Fraktionen, Minderheiten oder Organe als „**Vereinigung**" klassifiziert, soweit ihnen ein Recht zustehen kann. Das trifft zu, weil die genannten Organe bewusst als sog. **Kontrastorgane** ausgestaltet sind, die der inneradministrativen Gewaltbalance dienen[224].

---

218 S. zur Abgrenzung ferner *Kingreen*, DVBl. 1995, 1337 ff.
219 *Suerbaum/Brüning*, JuS 2001, 992 f.
220 NWOVG, OVGE 27, 258 ff.
221 BayVGH, BayVBl 1984, 401; HeVGH, DVBl 1989, 934.
222 SaOVG, NVwZ-RR 1993, 210; *Meister*, JA 2004, 414 ff.; *Stumpf*, BayVBl 2000, 97 ff.
223 NWOVG, BeckRS 2023, 23295.
224 *Röhl*, in Schoch (Hg.), Besonderes Verwaltungsrecht, 2018, 364.; NWOVG, NVwZ 1983, 485.

IX. Kommunalverfassungsstreitverfahren

d. Klagebefugnis. Auch der Kommunalverfassungsstreit verlangt analog § 42 Abs. 2 VwGO als Sachurteilsvoraussetzung, dass der Kläger die **Verletzung eigener organschaftlich zugewiesener Kompetenzen** geltend machen kann, die subjektiven Rechten gleichgestellt werden[225]. Deshalb reicht weder die Berufung auf Grundrechte[226] noch auf eine Verletzung des objektiven Rechts aus[227]. Insbesondere ist der Kommunalverfassungsstreit kein Instrument einer allgemeinen Rechtmäßigkeitskontrolle über die von der Gemeindevertretung gefassten Beschlüsse[228]. Die Kritiker der hier vertretenen Auffassung übersehen, dass die VwGO generell Popularklagen ausschließen will und deshalb wehrfähige Innenrechtspositionen voraussetzt[229]. Ergänzend hat das BVerfG klargestellt, dass Art. 19 Abs. 4 GG nur die Gewährung von Rechtsschutz für anderweitig begründete subjektive Rechte, nicht jedoch die Begründung solcher Rechte selbst gebiete.

> **Beispiele:** So kann ein zu einer Ratssitzung nicht geladenes Ratsmitglied den in der betreffenden Sitzung gefassten Beschluss über eine Steuersatzung im Kommunalverfassungsstreit angreifen, weil die Beschlussfassung sein Mitwirkungsrecht verletzt, nicht aber, weil er sich durch einen Steuertatbestand in seiner Eigenschaft als Steuerzahler in seinen Rechten verletzt glaubt[230]. Deshalb ist die Klage eines Ratsmitglieds gegen einen Beschluss unzulässig, bei dem ein befangenes Ratsmitglied mitgewirkt hat[231]. Ein einzelnes Ratsmitglied oder eine Ratsfraktion kann keine Mitgliedschaftsrechte geltend machen, da sie nur der Gemeindevertretung als solcher zur gesamten Hand zustehen[232]. Ein Ratsmitglied hat einen Anspruch auf Protokollierung seines Abstimmungsverhaltens, aber wegen der allgemeinen Dokumentationsfunktion nicht auf eine Protokollierung der ganzen Sitzung[233].

Zwischenfrage: Welche Rechte kann ein Ratsmitglied im Kommunalverfassungsstreit geltend machen?

e. Prüfungsmaßstab. Das Gericht darf den angegriffenen Beschluss oder die Entscheidung eines Gemeindeorganes nur daraufhin überprüfen, ob **Mitgliedschaftsrechte** eines oder mehrerer Ratsmitglieder oder die **Organwalter-Rechte eines Gemeindeorgans** verletzt sind. Die Sachprüfung erfolgt deshalb nur in dem Umfang, in dem die Klagebefugnis gegeben ist.
Prüfungsmaßstab ist das in den Gemeindeordnungen niedergelegte Gemeindeorganisationsrecht unter Berücksichtigung des verfassungsrechtlichen Selbstverwaltungsrechts (s. u. § 4 IV) sowie das selbst gesetzte Kommunalrecht in Form von Satzungen und Geschäftsordnungen[234].

> **Lösung des Praxisfalls:**
> Die Übertragung der neuen Aufgabe „Verantwortung für die Cybersicherheit" auf die Gemeinden wäre nur verfassungsgemäß, wenn sie nicht gegen das Grundgesetz verstoßen würde. Insoweit kommt es darauf an, die Bestimmungen zur Ausführung von Bundesgesetzen (Art. 84 und Art. 85 GG) eine Übertragung gestatten. Dort ist

---

225 BVerwG, NVwZ 1989, 470; BWVGH, NVwZ-RR 1990, 369; SaOVG, NVwZ-RR 1993, 210; RPOVG, NVwZ-RR 1996, 52; s. ferner *Schlette*, Jura 2004, 90, 97.
226 BWVGH, NVwZ 1984, 665.
227 BWVGH, NVwZ 1989, 153.
228 Sächs. OVG NVwZ-RR 1997, 665 ff.
229 NWOVG, NVwZ 1983, 485; s. aber auch BWVGH, NVwZ 1993, 396.
230 NWOVG, DVBl 1983, 53.
231 BayVGH, BayVBl 1977, 182; NWOVG, NVwZ-RR 1998, 325.
232 BWVGH, NVwZ-RR 1989, 155 und DÖV 2020, 640.
233 NdsOVG, DVBl. 2018, 115 ff.
234 *Bethge*, in: HKWP II, § 28 A II 3 c.

jedoch in Art. 84 Abs. 1 Satz 7 und in Art. 85 Abs. 1Satz 2 GG ausdrücklich geregelt, dass „durch Bundesgesetz ...Gemeinden und Gemeindeverbänden Aufgaben nicht übertragen werden" dürfen. Folglich ist die geplante Übertagung verfassungswidrig.

§ 4 Kommunalrecht und Selbstverwaltungsprinzip

Praxisfall:
Die Gemeinde G wendet sich gegen eine Planfeststellung für eine Höchstspannungsfreileitung, die teilweise auf dem Gemeindegebiet verläuft und bis zu 160 Meter an ein durch Bebauungsplan ausgewiesenes Wohngebiet heranreicht. G macht geltend, in ihrer kommunalen Planungshoheit verletzt zu sein, weil die Ausweisung neuer Baugebiete unmöglich gemacht werde.
Wie ist die materielle Rechtslage?
(BVerwG, NVwZ-RR 2022, 317; s. auch BVerwG, NVwZ 2025, 506.)
Bearbeitungshinweis: Nach § 43 Abs. 3 EnWG sind bei Planfeststellungen die von dem Vorhaben berührten öffentlichen Belange im Rahmen der Abwägung zu berücksichtigen.

I. Verfassungsrechtliche und rechtstatsächliche Ausgangslage

1. Rechtstatsächliche Bedeutung der Gemeinden und Gemeindeverbände

Die Ausführungen zum Bundesstaatsprinzip haben gezeigt, dass das Kommunalverfassungsrecht in den einzelnen Bundesländern unterschiedlich ausgestaltet ist. Verbindende Klammer und Kernsubstanz sämtlicher Kommunalordnungen ist die in Art. 28 Abs. 2 GG festgelegte **Gewährleistung der kommunalen Selbstverwaltung.** Dieses Verfassungsprinzip ist die Basis und der Ausgangspunkt jeder näheren Befassung und Bestimmung von Inhalt, Reichweite und Grenzen der kommunalen Selbstverwaltung.

81

Zwischenfrage: Können Sie sich unter diesem Recht etwas Konkretes vorstellen? Lesen Sie zunächst Art. 28 Abs. 2 GG!

Bevor die juristische Seite der Selbstverwaltungsgarantie untersucht wird, ist zunächst nach der rechtstatsächlichen Relevanz der Institution Gemeinde zu fragen[235]. Nur wenn man sich vor Augen führt, was alles vor Ort passiert und was Kommunen alles leisten (s. o. § 1 IV) lässt sich die rechtliche Wichtigkeit dieser Verwaltungsform ermessen. Insofern muss man sich vergegenwärtigen, dass Gemeinden und Kreise im Fokus des gesellschaftlichen Alltags und im Mittepunkt sämtlicher menschlicher Aktivitäten stehen. Auf dem Gemeinde- und dem Kreisgebiet wird gewohnt, gelebt, gearbeitet und gewirtschaftet. Hier finden Bildung, Kultur, Sport und Freizeit statt. Hier wird integriert und inkludiert. Diese breit angelegte Angebots- und Nachfragepalette belegt, dass die Bedeutung der Kommunen im Gesamtgefüge der Verwaltungsträger gar nicht genug gewürdigt und herausgestellt werden kann.

> **Beispiel:** Kommunen sind der Ort, an dem man konkret feststellen kann ob und wie Klimaschutz umgesetzt wird und wirkt.

2. Verfassungsrechtliche Verankerung der Gemeinden und Gemeindeverbände

Welche verfassungsrechtliche Bedeutung hat diese Gewährleistung? Art. 28 Abs. 2 GG räumt den Gemeinden und Gemeindeverbänden das Recht ein,

82

„*alle Angelegenheiten der örtlichen Gemeinschaft im Rahmen der Gesetze in eigener Verantwortung zu regeln*".

---

235 Ebenso *Brüning*, in: Kahl/Ludwigs (Hg.), Handbuch des Verwaltungsrechts III, 2022, § 64 Rn. 1

Auch die Landesverfassungen und im Anschluss daran die Gemeinde- und Kreisordnungen verleihen Gemeinden und Gemeindeverbänden das Recht, das

„Wohl der Einwohner in freier Selbstverwaltung durch ihre von der Bürgerschaft gewählten Organe zu fördern" (s. etwa Art. 78 NW Verf. i. V. m. § 1 NW GO).

Der knappe Wortlaut verdeutlicht, dass diese oder ähnliche Bestimmungen den Begriff der kommunalen Selbstverwaltung nicht umfassend definieren. Es werden lediglich einzelne Merkmale hervorgehoben, die aber nicht näher umschrieben werden. Gleichwohl ist die Formulierung des Art. 28 Abs. 2 GG ein Fortschritt gegenüber der Vorgängerbestimmung des Art. 127 WRV. Sie lautete:

„Gemeinden und Gemeindeverbände haben das Recht der Selbstverwaltung innerhalb der Schranken der Gesetze."

Art. 28 Abs. 2 GG ist insofern präziser gefasst, weil er entsprechend den parlamentarischen Vorstellungen der Väter und Mütter des Grundgesetzes den **Selbstverwaltungsbegriff** näher skizziert[236]. Gleichzeitig ist dieser zurückhaltend formuliert. Denn hinsichtlich des damals als provisorisch bewerteten Charakters des Grundgesetzes wollten die parlamentarischen Gremien die Fortentwicklung von Verfassung und Kommunalleben nicht behindern. Die geltende Fassung gestattet eine dynamische Interpretation des Selbstverwaltungsrechts und unter Berücksichtigung von Wissenschaft, Verwaltungspraxis und Rechtsprechung eine behutsame aufgabenbasierte und anforderungsorientierte Fortschreibung dieses Verfassungsprinzips.

II. Das Kommunalrecht im Wandel der Verfassungs- und Verwaltungsgeschichte

1. „Stadtluft macht frei" und Selbstverwaltung als Grundrecht

83 Die skizzierte verfassungsrechtliche Entwicklung der kommunalen Selbstverwaltung ist Ausdruck bestimmter Staatsverfassungen sowie entsprechender Wertschätzungen von Selbstverwaltungskonzepten. Verfassungstheoretisch können Kommunen deshalb entweder staatsnahe oder staatsdistanzierte Ausformungen sein.

Die **Kommunalrechtsgeschichte** belegt, dass in der Vergangenheit beide Modelle praktiziert wurden. Während das **mittelalterliche Stadtrecht** unter dem Motto *„Stadtluft macht frei"* die kommunale Eigenständigkeit erstmals betonte[237], standen die Gemeinden im Zeitalter der absolutistischen Staatsherrschaft unter der Kuratel der Landesfürsten, die sie zu **Staatsanstalten** herunterstuften[238]. Erst im bürgerlichen Rechtsstaat wurde die politische Idee der kommunalen Selbstverwaltung unter anderen geistesgeschichtlichen Vorzeichen erneut aufgegriffen. Ihre Renaissance beruhte weitgehend auf der **Kommunalreform** des *Reichsfreiherrn Karl vom und zum Stein*, der zunächst für die preußischen Städte[239] das Selbstverwaltungsrecht einführte[240]. Nach der im Jahre 1808 erlassenen Städteordnung erlangten die Stadtgemeinden umfangreiche Verantwortung für ihre Verwaltung. Vermögende Bürger konnten die Erledigung der örtlichen Angelegenheiten über die Wahl der Stadtverordnetenversammlung beeinflussen, aus der der Magistrat als abhängiges für die Verwaltung zuständiges Vollzugsorgan hervorging.

---

236 Vgl. Jahrbuch des Öffentlichen Rechts NF Bd. 1 S. 253 ff.
237 *Droege*, in: Deutsche Verwaltungsgeschichte I, 1983, 177 ff.; *Pohl*, in: FG von Unruh, 1983, 3; *Zippelius*, Kleine deutsche Verfassungsgeschichte, 1994, § 12.
238 *Schrapper*, Kommunale Selbstverwaltungsgarantie und staatliches Genehmigungsrecht, 1992, 12 ff.; *Geis*, Kommunalrecht, 6. Aufl. 2023, § 2 II und III.
239 Preußische Stadtordnung vom 19.11.1808.
240 *Von Unruh*, in: Deutsche Verwaltungsgeschichte III, 1984, 560 ff.; *Hendler*, Selbstverwaltung als Ordnungsprinzip, 1984, 8 ff.

Teilweise wurde die kommunale Selbstverwaltung qualifiziert als:
- **dezentrales Organisationsprinzip** des Staats- und Verwaltungsaufbaues,
- „**Freiheit im Staat**" im Sinne von „Selfgovernment"und
- naturrechtliche Gemeindefreiheit („**Freiheit vom Staat**")[241].

Folgerichtig sprachen sowohl § 184 des Entwurfs der Verfassung des Deutschen Reiches vom 28.3.1849 (*Paulskirchenverfassung*) als auch Art. 127 Weimarer Reichsverfassung den Gemeinden **Grundrechtsqualität** verstanden als verfassungsrechtlich verbrieftes Recht auf Selbstverwaltung zu[242]. Diese juristische Klassifizierung wurde allerdings unter der Herrschaft des Nationalsozialismus pervertiert und wegen des geltenden Vorrangs des sog. „*Führerprinzips*" weitgehend beseitigt[243]. Insbesondere der Erlass über die Vereinfachung der Verwaltung vom 28.10.1939 degradierte die Gemeinden und Gemeindeverbände zu nachgeordneten Dienststellen der Reichsverwaltung.

2. Kommunalrecht in der Nachkriegszeit

Die Entwicklung des Kommunalrechts in der Zeit nach dem Zweiten Weltkrieg war gegenläufig. In der **sowjetisch besetzten Zone**, der späteren Deutschen Demokratischen Republik (DDR), galt das Prinzip des „*demokratischen Zentralismus*" (Art. 47 Abs. 1 DDR-Verfassung). Diese auf eine ungegliedert konzentrierte Ausübung der Staatsgewalt gerichtete Staatsform bedeutete eine Herabstufung der Kommunen zu örtliche Verwaltungen der DDR-Staatsmacht[244]. Diese Rolle beendete dann von der Volkskammer am 17.5.1990 verabschiedete Gesetz über die Selbstverwaltung in den Gemeinden und Kreisen der DDR[245] sowie die Gründung der ostdeutschen Bundesländer nach der Wiedervereinigung (Präambel des GG)[246].

In den **westlichen Bundesländern** bestand innerhalb der Besatzungsmächte Einigkeit darüber, dass die Verwaltung unter Betonung der kommunalen Selbstverwaltung weitgehend dezentral nach der Devise des **Potsdamer Abkommens**[247] aufgebaut werden sollte:

> „local government be restored throughout Germany on democratic principles and in particular through elective counsils as rapidly as it was consistent with military security and the purposes of the occupation."

Grundgesetz und Landesverfassungen haben diese Leitidee umgesetzt und – wie man aus der systematischen Stellung innerhalb der Verfassung ersehen kann – die kommunale Selbstverwaltung als **organisationsrechtliches Verfassungsprinzip ohne Grundrechtsqualität**[248] verankert (Art. 18 Abs. 2 GG, Art. 78 Abs. 1NW Verf., Art. 11 Abs. 2 Bay Verf., Art. 57 Abs. 1 Nds. Verf.)

---

241 S. näher *Hofmann*, in: HKWP I, § 5; *Schwarz*, in: von Mangoldt/Klein/Starck, GG-Kommentar, 7. Aufl, Art. 28 Rn. 126.
242 Gönnenwein, Gemeinderecht, 1963, 10 ff.; *Jeserich*, in: Deutsche Verwaltungsgeschichte IV 1985, 487.
243 *Hendler*, Selbstverwaltung als Ordnungsprinzip, 1984, 183 ff.; *v. Mutius*, in: Deutsche Verwaltungsgeschichte IV, 1985, 1055 ff.; Wolff/Bachof/Stober/Kluth, Verwaltungsrecht I, 14. Aufl. 2025, § 10; *Geis*, Kommunalrecht, 6. Aufl. 2023, § 2 IV.
244 *Von Mutius*, in: Deutsche Verwaltungsgeschichte V, 1987, 321 ff.; Wolff/Bachof/Stober/Kluth, Verwaltungsrecht I. 14. Aufl. 2025, § 11; *Bretzinger*, Die Kommunalverfassung der DDR, 1994, 17 ff.
245 S. Knemeyer (Hg.) Aufbau kommunaler Selbstverwaltung in der DDR, 19902; *Bretzinger*, Die Kommunalverfassung der DDR, 1994, 48 ff.
246 S. §§ 100 f. Kommunalverfassungsgesetz und näher *Knemeyer*, DÖV 2000, 496; *Lörler*, NVwZ 1991, 133.f.
247 Potsdamer Abkommen vom 2.8.1945 Abschnitt A Ziffer 9 Abs. 1; s. auch *Waldhoff*, in FS Henneke, 2022, 87
248 *Stern*, in: Siekmann (g.), Der Staat des Grundgesetzes, 1992, 862, 865.

III. Politische und juristische Selbstverwaltung

85 Seit der Kommunalreform durch die erwähnte *Steinsche* Städteordnung aus dem Jahre 1808 (s. o. § 3 IV 2) sowie den Selbstverwaltungsvorstellungen des *Rudolf von Gneist* wird zwischen politischer und juristischer Selbstverwaltung differenziert.

Zwischenfrage: Können Sie sich vorstellen, worin der Unterschied zwischen politischer und juristischer Selbstverwaltung besteht?

Politische Selbstverwaltung meint eine bürgerschaftlich organisierte Selbstverwaltung, deren Hauptmerkmal die **ehrenamtliche Mitwirkung der Bürger** an der Verwaltung ist[249]. Sie verfolgt folgende Ziele:
- Ausgleich gegenüber der Übermacht der Verwaltungsbürokratie,
- Verringerung der Distanz zwischen Staat und Gesellschaft,
- Förderung der Identifikation zwischen Staatsgewalt und Staatsvolk,
- Stärkung des Verantwortungsbewusstseins der Bürger,
- Beteiligung der Bürger an den Verwaltungsangelegenheiten[250].

Der Idee der politischen Selbstverwaltung als Teilhabe und Teilnahme an der Verwaltung steht die Pflicht gegenüber, kommunale Ehrenämter zu übernehmen und auszuüben (§ 28 NW GO). Sie dient der Funktionsfähigkeit der Kommunalverwaltung und kann deshalb nur aus wichtigen Gründen abgelehnt werden.

Beispiele: Altersgründe, besondere Berufs- und Familienverhältnisse, Krankheit oder sonstige in der Person liegenden Umstände, die eine Wahrnehmung oder Fortsetzung des Ehrenamtes verhindern.

Im Gegensatz zum Ideal der politischen Selbstverwaltung ist die **juristische Selbstverwaltung** formalrechtlich zu begreifen.

> Juristische Selbstverwaltung ist die eigenverantwortliche Erledigung öffentlicher Aufgaben durch verselbstständigte juristische Personen des Öffentlichen Rechts im eigenen Namen und mit eigenen Organen im Rahmen der Gesetze.

Diese Umschreibung liegt auch dem Grundgesetz und den meisten landesverfassungsrechtlichen Gewährleistungen der kommunalen Selbstverwaltung zugrunde, die allerdings die ehrenamtliche Verwaltung und die unmittelbare bürgerschaftliche Selbstverwaltung nur gelegentlich ansprechen (Art. 72 Abs. 2 MVVerf, Art. 86 Abs. 2 SächsVerf.). Das BVerfG scheint einem Kompromiss zwischen politischer und juristischer Selbstverwaltung zuzuneigen, wenn es ausführt[251]:

„Kommunale Selbstverwaltung – wie sie heute verstanden wird – das bedeutet ihrem Wesen und ihrer Intention nach Aktivierung der Beteiligten für ihre eigenen Angelegenheiten, die die in der örtlichen Gemeinschaft lebenden Kräfte des Volkes zur eigenverantwortlichen Erfüllung öffentlicher Aufgaben der engeren Heimat zusammenschließt mit dem Ziel, das Wohl der Einwohner zu fördern und die geschichtliche und heimatliche Eigenart zu wahren. Die örtliche Gemeinschaft soll nach dem Leitbild des Art. 28 GG ihr Schicksal selbst in die Hand nehmen und in eigener Verantwortung solidarisch gestalten."

Das geltende Kommunalrecht ist deshalb eine Mischung aus politischer und juristischer Selbstverwaltung, weil das kommunale Hauptorgan, die Gemeindevertretung, aus ehrenamtlich tätigen Vertretern der Bürgerschaft besteht[252]. Insoweit greift das Kommunalrecht das Selbstverwaltungskonzept des *Freiherrn vom Stein* auf. Eine durchgehende Verwirklichung der politischen Selbstverwaltungsidee widerspräche allerdings dem in

---
249 BVerfGE 11, 363.
250 BVerfGE 71, 116; 79, 127, 149; BWStGH, NJW 1975, 1205, 1208.
251 BVerfGE 11, 266, 275; BVerfGE 79, 127, 148.
252 S. auch *Brüning*, in: Kahl/Ludwigs (Hg.), Handbuch des Verwaltungsrechts III., 2022, § 64 Rn. 13.

Art. 33 Abs. 5 GG niedergelegten Grundsatz des Berufsbeamtentums und wäre ferner wegen der Komplexität und Kompliziertheit kommunaler Aufgabenerfüllung kaum zielführend, die eine professionelle Erledigung durch ausgebildete Verwaltungsfachleute voraussetzt.

Eine Chance zur Intensivierung und Revitalisierung der Zusammenarbeit zwischen Haupt- und Ehrenamt auf der Kommunalebene böte sich wegen des tatsächlich zu beobachtenden Wandels der Arbeitswelt.

Beispiele: Zunahme von Homeoffice-Tätigkeiten, Verkürzung der Wochenarbeitszeit. Gleichzeitig ist zu bedenken, dass eine Ausdehnung der Sozialzeit zum Wohle der Kommune an den Mobilitätszwängen von Berufstätigen als Pendler sowie an dem geringer werdenden Interesse an der Übernahme langfristiger kommunaler Ehrenämter scheitern kann. Umgekehrt kann Interesse an Kommunalpolitik unter den veränderten Bedingungen einer digital gestützten Gemeindevertretung an Attraktivität gewinnen.

IV. Verfassungsrechtliche Dimension der kommunalen Selbstverwaltung

Aus rechtlicher Sicht bedeutet Selbstverwaltung in einem demokratisch organisierten Staatswesen
- demokratische Legitimation der Selbstverwaltungsträger und
- demokratische Aktivierung der Betroffenen

mit dem Ziel, eine integrierende politische Funktion als Verstärkung der allgemeinen demokratischen Ordnung zu erreichen[253] (s. u. § 5). Mit anderen Worten:

> Die kommunale Selbstverwaltung dient dem Aufbau der Demokratie von unten nach oben[254], weshalb sie auch als Schule der Demokratie bezeichnet wird.

Die kommunale Selbstverwaltung hat neben der demokratischen eine, im Rechtsstaatsprinzip wurzelnde **gewaltenteilende Funktion** (s. u. § 7 I). Die horizontale Aufteilung der Staatsmacht auf Legislative, Exekutive und Judikative wird im föderativen System des Grundgesetzes für den Bereich der Verwaltung durch die **vertikale Verteilung der Aufgabenerledigung** auf Bund, Länder, Gemeinden und Gemeindeverbände ergänzt, die eine funktionale Arbeitsteilung zwischen staatlicher Verwaltung und kommunaler Selbstverwaltung realisiert. Insofern sichert Selbstverwaltung staatsbürgerliche Freiheit auf Ortsebene, ermöglicht eine dezentrale Verwaltungsautonomie und verwirklicht das **Subsidiaritätsprinzip** zwischen Staat und Gemeinde[255], soweit eine zuverlässige und zweckmäßige Erfüllung sichergestellt ist (Art. 85 Abs. 1 S. 2 SächsVerf).

Zwischenfrage: Können Sie die gewaltenteilende Funktion der kommunalen Selbstverwaltung beschreiben?

Hinzu treten weitere verfassungsrechtliche Ausprägungen, die auf das kommunale Selbstverwaltungsrecht einwirken (s. u. §§ 7 ff.).

---

253 BVerfGE 33, 125, 159; *Grzeszick*, in: Maunz/Dürig, Art. 20 Rn. 171 f.
254 BVerfGE 79, 127 ff.; BVerfG, DVBl. 2003, 923, 925; *Stern*, Staatsrecht der Bundesrepublik Deutschland, Band 1. 2. Aufl. 1984, § 12, S. 405 f.
255 BVerfGE 79, 127, 147 ff.; 83, 363, 382.

V. Eigenverantwortliche Erledigung aller Angelegenheiten der örtlichen Gemeinschaft

87 Mit der begrifflichen Klärung und Abgrenzung steht noch nicht fest, wie die das Selbstverwaltungsrecht prägenden Merkmal **„Angelegenheiten der örtlichen Gemeinschaft"** und **„eigene Verantwortung"** zu konkretisieren sind[256]. Die zutreffende Interpretation dieser unbestimmten Rechtsbegriffe ist für die Gemeinden von großer Bedeutung, weil sich ihre Rechtsstellung gegenüber Bund und Ländern nach der Auslegung dieser Kriterien richtet. Das BVerfG hat dazu allgemein festgestellt, wesentliche Gewährleistungsinhalte von Art. 28 Abs. 2 GG seien solche, die nicht hinweggedacht werden könnten, ohne dass sich die institutionelle Garantie der kommunalen Selbstverwaltung in ihrer Substanz verändern würde[257].

1. Institutionelle Garantie als Bestandsgarantie

88 Aus dieser Rechtsprechung folgt, dass Art. 28 Abs. 2 GG zunächst eine **institutionelle Garantie** der kommunalen Selbstverwaltung enthält[258]. Denn die eigenverantwortliche Erledigung aller Angelegenheiten der örtlichen Gemeinschaft setzt das Bestehen einer entsprechenden Organisation voraus. Institutionelle Garantien sind verfassungsrechtliche gegen Beseitigung und substanzielle Aushöhlung geschützt. Die Zulässigkeit von Eingriffen hat sich daran zu orientieren, ob und inwieweit sie den **Wesensgehalt** und den **Kernbereich** der kommunalen Selbstverwaltung tangieren[259].
Der institutionelle Schutz der Organisationseinheit Gemeinde bedeutet nicht, dass die einzelne Gemeinde individuell gegen Auflösung geschützt ist. Die Garantie bezieht sich auf einen bestimmten Typus, nicht aber auf eine bestimmte Größe oder eine bestimmte Fläche. Auch die kommunalen Binnengliederungen (Bezirke, Ortsteile s. o. § 3 VII 3 a) unterfallen nicht der Bestandsgarantie. Es gibt folglich keine allgemeine kommunale **Status-quo-Garantie**[260]. Eine Grenze ist dahin zu ziehen, dass Gebietskörperschaften mit dem Recht auf Selbstverwaltung nicht durch unselbständige Verwaltungseinheiten ersetzt werden dürfen.
Angesichts der fundamentalen Bedeutung der Existenz jeder einzelnen Gemeinde für den Bestand der kommunalen Selbstverwaltung haben die Landesverfassungen teilweise geregelt, unter welchen Voraussetzungen Gemeinden aufgelöst oder fusioniert werden dürfen (s. etwa Art. 59 NdsVerf.). Unabhängig davon haben die Landesverfassungsgerichte formelle und materielle Kriterien entwickelt, die sie bei der Prüfung der **Verfassungsmäßigkeit kommunaler Gebietsreformen** zugrunde legen.
Verfahrensrechtlich bedürfen Bestandsänderungen einer **Anhörung** der betroffenen Gebietskörperschaft oder der Bevölkerung[261]. Die Anhörung hat Schutz- und Informationsfunktion. Sie dient der Unterrichtung des Gesetzgebers und soll dessen Sachentscheidung vorbereiten[262]. Materiellrechtlich unterfallen Gebietsänderungen gegen den Willen der betroffenen Gemeinden dem **Parlamentsvorbehalt** (§ 8 Abs. 2 BWGO).
Maßgebliches materielles Rechtmäßigkeitskriterium ist, ob die Auflösung der Gemeinde aus Gründen des **öffentlichen Wohls** erfolgt (§ 8 Abs. 1 BWGO).[263] Dieses Merkmal verlangt eine nachvollziehbare Abwägung staatlicher und kommunaler Interessen. Dabei muss es Kernanliegen des Neugliederungsgesetzgebers sein, die Bedingungen für

---

256 *Jarass*, in: Jarass/Pieroth, GG-Kommentar, 18. Aufl. 2024, Art. 28 Rn. 26 ff.
257 BVerfG, DVBl 2018, 35, 37.
258 BVerfG, DVBl 2018, 35, 37; *Jarass*, in: Jarass/Pieroth, GG-Kommentar, 18. Aufl. 2024, Art. 28 Rn. 22.
259 BVerfGE 1, 167, 175; 79, 127, 143.
260 BVerfG, NVwZ 1989, 45 und DVBl 2018, 35, 38.
261 BVerfGE 86, 90,107 ff.; BWStGH, NJW 1975, 1205, 1214; ThürVerfGH, NVwZ-RR 1997, 639; Wendel, LKV 2011, 488.
262 Sächs. VerfGH, LKV 1995, 75 f.
263 BVerfGE 86, 90, 107 ff.; SaVerfGH, LKV 1995, 75, 78.

funktionstüchtige und leistungsfähige Einheiten der kommunalen Selbstverwaltung zu verbessern[264]. Schließlich hat jede Parlaments- und Gerichtsentscheidung den Grundsatz der **Verhältnismäßigkeit** zu beachten[265].

2. Subjektive Rechtsstellung

Die institutionelle Garantie verleiht den aus der objektiven Einrichtungsgarantie Begünstigten **subjektive Rechtspositionen**, die gerichtlich über die **kommunale Verfassungsbeschwerde** (Art. 93 Abs. 1 Nr. 4b i. V. m. §§ 91 ff. BVerfGG) durchgesetzt werden können (s. u. § 4 XXI 2). Entsprechende Verfahren auf der Landesebene ergänzen die bundesrechtliche Regelung. Damit stellt sich die Frage, ob die **Selbstverwaltungsgarantie als Grundrecht** qualifiziert werden kann (s. o. § 4 I 2).

Es wurde bereits herausgearbeitet, dass es sich verfassungssystematisch bei den Gemeinden nicht um staatsfreie oder vom Staat unabhängige, sondern allenfalls um **staatsdistanzierte Einrichtungen** handelt (s. o. § 3 VI)[266]. Die Garantienormen kommunaler Selbstverwaltung sind im organisatorischen Teil des Grundgesetzes niedergelegt, der gleichzeitig zum finanzverfassungsrechtlichen Status Stellung nimmt (s. auch Art. 106f, Art. 115c Abs. 3 GG). Kommunale Selbstverwaltung ist folglich eine Erscheinungsform der öffentlichen Verwaltung, weshalb – wie auch die besondere Erwähnung der Gemeinden in Art. 93 Abs. 1 Nr. 4b GG bekräftigt – eine Klassifizierung als gegen den Staat gerichtetes Grundrecht ausscheidet[267]. Die **Grundrechtsfähigkeit von Kommunen** kann sich allenfalls aus anderen, nicht selbstverwaltungsrechtlich motivierten Gewährleistungen ergeben (s. u. § 4 XX).

Die Charakterisierung der gemeindlichen Selbstverwaltung als institutionell garantiert schließt nicht aus, dass Gemeinden unabhängig von Abwehrrechten bestimmte **Ansprüche gegen den Staat** zustehen können.

> **Beispiele**: Unterlassungsansprüche. Beseitigungsansprüche. Mitwirkungsrechte bei staatlichen Planungen, soweit sie die örtliche Ebene tangieren. Anhörungsrechte bei der Aufstellung von Landesentwicklungsplänen (Art. 84 Abs. 2 SächsVerf.). Leistungsrechte hinsichtlich des Ausgleichs finanzieller Belastungen[268]. Beteiligungsrechte aus dem Blickwinkel einer Kompensation bei der Verlagerung von Aufgaben auf einen anderen Aufgabenträger. Beachtung des Namensrechts.

Insbesondere kann es unter bestimmten Voraussetzungen zur Erhaltung und Sicherung der Funktionsfähigkeit kommunaler Selbstverwaltung verfassungsrechtlich geboten sein, dass sich der Staat schützend vor die Gemeinden stellt[269]. Hier kommt auch das gegenüber dem Staat existierende **Recht auf kommunalfreundliches Verhalten** zum Tragen.

3. Objektive Aufgabengarantie

a. Grundsatz der Allzuständigkeit der Gemeinden. Außer der Institution Gemeinde garantiert Art. 28 Abs. 2 S. 1 GG abstrakt und objektiv die eigenverantwortliche Erledigung der Angelegenheiten der örtlichen Gemeinschaft. Allerdings darf der staatliche Gesetzgeber den Aufgabenbereich der Kommunen regeln, weil dem Wesen der institutionellen Garantie und dem Wortlaut des Verfassungstextes „**im Rahmen der Gesetze**" lediglich der „**Kernbereich**" oder der „**Wesensgehalt**" der Selbstverwaltung gegen staatliche Eingriffe geschützt ist.

---

264 NWVerfGH, DÖV 1980, 691 f.; ThürVerfGH, NVwZ-RR 1997, 639; Sächs VerfGH, LKV 1997, 253.
265 BrbVerfG, LKV 1995, 40; SaVerfGH, LKV 1995, 75, 78 f.
266 BVerfGE 67, 321, 324; BayVerfGH, BayVBl. 1984, 655.
267 BVerfG, DVBl 2017, 35, 38; ThürVerfGH, NVwZ-RR 1997, 639; *Stern*, in: Siekmann (Hg.)., Der Staat des Grundgesetzes, 1992, 862, 865.
268 BVerwG, NVwZ 1987, 789.
269 BVerfG, NVwZ 1988, 731.

Die in Art. 28 Abs. 2 S. 1 GG gewählte Formulierung „**alle Angelegenheiten der örtlichen Gemeinschaft**" legt den Grundsatz der **Universalität** oder **Allzuständigkeit** des gemeindlichen Wirkungskreises fest. Damit wird ein breitgefächerter Aufgabenbereich gewährleistet, der nicht im Einzelnen festgeschrieben ist und von den Gemeinden unterschiedlich ausgefüllt werden darf. Das BVerfG hat diesen Universalitätsgrundsatz so umschrieben:

> *Zum Wesensgehalt der kommunalen Selbstverwaltung gehört kein gegenständlich bestimmter, oder nach feststehenden Merkmalen bestimmbarer Aufgabenkatalog. Vielmehr ist anerkannt, dass sich Gemeinden aller Angelegenheiten der örtlichen Gemeinschaft ohne besondere Kompetenz annehmen dürfen, die nicht durch Gesetz bereits anderen Trägern öffentlicher Verwaltung übertragen sind. Insofern garantiert Art. 28 Abs. 2 GG jedenfalls einen Mindestbestand kommunaler Aufgaben, weil andernfalls die Bestandsgarantie nur noch aus einer Aufgabenhülse bestehen würde*[270].

 Zwischenfrage: Können Sie den Grundsatz der Allzuständigkeit des gemeindlichen Wirkungskreises näher beschreiben?

Diese Interpretation bedeutet zugleich, dass sich aus Art. 28 Abs. 2 GG **keine Verpflichtung der Kommunen** ergibt, bestimmte Aufgaben wahrzunehmen oder fortzuführen. Dagegen spricht der Wortlaut, der den Gemeinden ein Recht gewährt, aber keine Pflichten auferlegt. Nichts Anderes folgt aus der Entstehungsgeschichte der Vorschrift. Der Parlamentarische Rat war bei der Abfassung dieses Artikels vornehmlich darauf bedacht, die Gemeinden vor staatlichen Übergriffen zu schützen[271].

Landesverfassungsrechtliche Ausprägungen der Selbstverwaltungsgarantie gehen teilweise über Art. 28 Abs. 2 GG hinaus, sofern sie zusätzlich eine Verpflichtung zur Aufgabenerledigung im Rahmen ihrer kommunalen Leistungsfähigkeit vorschreiben (Art. 54 Abs. 1 SHVerf).

Nicht geschützt sind die den Gemeinden übertragenen **staatlichen Auftragsangelegenheiten** (s. o. § 3 IV 4), soweit der erwähnte Mindestbestand nicht tangiert ist. Denn es steht im Ermessen des Landesgesetzgebers, ob er eine bestimmte Aufgabe als Staatsaufgabe festschreibt oder den Gemeinden überlässt. Bei den Auftragsangelegenheiten handelt es sich traditionell um **Fremdverwaltung**[272]. In diesen Fällen fehlt es sowohl an einer kommunalen Verbandskompetenz als auch an einer lokalen Befassungskompetenz[273].

Zwar qualifiziert die monistische Ausgestaltung der Kommunalordnungen auch **Weisungsaufgaben als Selbstverwaltungsaufgaben** (s. o. § 3 IV 2). In diesen Fällen haben die Landesgesetzgeber jedoch grundsätzlich angeordnet, dass ihre Ausführung im **gesamtstaatlichen Interesse** liegt, weshalb sie nicht in die Zuständigkeit der Kommunen fallen. Vielmehr werden diese Aufgaben von den als untere staatliche Verwaltungsbehörde agierenden **Hauptverwaltungsbeamten** wahrgenommen. Aus dieser organisatorischen Festlegung folgt, dass die Legislative die demokratisch legitimierte Selbstverwaltung bewusst nicht in die Entscheidungshoheit einbinden wollte. Deshalb verstoßen Weisungsaufgaben nicht gegen die Selbstverwaltungsidee des Art. 28 Abs. 2 GG.

91 b. Örtliche Gemeinschaft und historische Interpretation. Hauptmerkmale der kommunalen Selbstverwaltung nach Art. 28 Abs. 2 GG sind die Begriffe „örtliche Gemeinschaft" und „eigene Verantwortung". Der Ausdruck „**örtliche Gemeinschaft**" bezieht sich auf die räumliche Komponente einer öffentlichen Aufgabe. Dabei muss es sich um Aufgaben handeln,
- die in der örtlichen Gemeinschaft wurzeln oder
- einen spezifischen Bezug zu ihr haben und

---

270 BVerfGE 79, 127, 148.
271 BVerwG, GewArch 2024, 491.
272 BVerfGE 1, 167; 8, 122, 134.
273 BVerwGE 81, 80.

V. Eigenverantwortliche Erledigung aller Angelegenheiten der örtlichen Gemeinschaft

– von der örtlichen Gemeinschaft eigenverantwortlich und selbstständig erledigt werden können.

Das sind nach Ansicht des BVerfG Bedürfnisse und Interessen, die den Gemeindeangehörigen als solchen gemeinsam sind, weil sie das Zusammenleben und Zusammenwohnen der Menschen in der Gemeinde prägen. In diesem Zusammenhang komme es entscheidend auf die **geschichtliche Entwicklung** (s. o. § 4 II) und darauf an, ob die konkrete Aufgabe für das Bild der Gemeinde charakteristisch sei[274].

Allerdings ist es wegen des gesellschaftlichen Wandels, veränderter Rahmenbedingungen und neuer Anforderungen an zukunftsfähige Gemeinden (s. o. § 1 VI) zweifelhaft, ob die Heranziehung der historischen Betrachtungsweise zu angemessenen Lösungen führt.

> **Beispiel**: So lässt sich angesichts des Übergangs von einer merkantilistisch geprägten Wirtschaftsführung zu einer freiheitlich fundierten Wirtschaftsordnung kaum argumentieren, die kommunale Wirtschaftsförderung (s. u. § 13) habe sich kontinuierlich als örtliche Angelegenheit entwickelt[275].

Unbrauchbar ist die historische Argumentation für moderne Aufgaben wie etwa die **Bauleitplanung** oder den **Klimaschutz** (s. u. § 8), die sich erst in jüngerer Zeit systematisch herausgebildet haben.

Auch die gelegentlich angeführten Kriterien Größe, **Verwaltungskraft**, Lage und Charakter gestatten keine zuverlässige und überzeugende Abgrenzung. Folglich lehnt das BVerfG das Argument Verwaltungskraft als Differenzierungsmerkmal zutreffend ab[276]. Ferner ist es wegen der innerhalb sämtlicher Gebietskörperschaften auf allen Ebenen bestehenden **Aufgabenverflechtungen** unmöglich, örtliche und überörtliche Aufgaben klar abzuschichten. Hinzu kommt, dass sich die tradierte örtliche Gemeinschaft im Sinne des Art. 28 Abs. 2 GG wegen der wachsenden Mobilität, der modernen Kommunikationsformen, der kommunalen Gebietsreformen und weiterer Trends schleichend verändert, wobei sich örtliche Gemeinschaften sowohl in kleineren Einheiten wie Ortsteilen als auch in größeren Verwaltungsräumen wie etwa Kreisen entfalten kann[277].

Wegen der aufgezeigten Unsicherheit bei der Bestimmung der örtlichen Aufgaben versucht das Schrifttum teilweise, das Verhältnis zwischen Staats- und Kommunalverwaltung als **Verbundverwaltung, Sonderverwaltung** oder **Kompensationsverwaltung** zu interpretieren. Dabei handelt es sich aber um verfassungspolitische Modelle[278], bei denen die Kommunen zu unteren staatlichen Verwaltungsinstanzen mutieren.

Stattdessen ist teleologisch anzusetzen und zu fragen, ob und inwieweit eine staatliche Beschränkung der kommunalen Selbstverwaltung im Einzelfall mit dem **Zweck der Selbstverwaltung auf Ortsebene** vereinbar ist[279]. Diese Sichtweise erfasst neben rechtlichen Eingriffen auch faktische Einschränkungen, die wie rechtliche Eingriffe wirken. Folgerichtig stellt auch die Europäische Charta der kommunalen Selbstverwaltung auf die „**tatsächlichen Fähigkeiten**" der Gemeinden ab (s. o. § 2 II).

> **Beispiele**: Steuerung gemeindlicher Aufgabenerfüllung über Zuschüsse und Bedarfszuweisungen (sog. **goldener Zügel**) oder über das sog. **Planungslasso**.

Selbstverwaltung in diesem teleologischen Kontext meint neben selbstverwaltungsrechtlich begründeter **Unabhängigkeit vom Staat** gleichzeitig **Garantie der Lebens- und Funktionsfähigkeit**. Sie bedeutet ferner **Wettbewerbsfähigkeit** zwischen und damit auch gegenüber anderen Gemeinden.

---

274 BVerfGE 7, 358, 364; 83,363,381; BVerfG, NJW 2020, 3232, 3235.
275 S. *Stober*, JZ 1984, 105 ff.
276 BVerfGE 79, 127; NWVerfGH, DVBl. 1991, 488.
277 BVerwGE 67, 321, 323; BVerfGE 79,127,148; *v. Unruh*, DVBl 1980, 903 ff.
278 *Grawert*, NJW 1979, 258.
279 *Von Arnim*, AöR 113, 1988, 1; *Krüger*, NWVBl 1989, 97.

Beispiele: Standortkonkurrenz um ansiedlungswillige Unternehmen, Stärkung des lokalen Tourismus[280].

Schließlich liegt der kommunalen Selbstverwaltung die **Idee der Selbstversorgung** zugrunde. Sie kommt in der Formulierung zum Ausdruck, dass die Kommunen innerhalb der Grenzen ihrer Leistungsfähigkeit die zur **Daseins- und Zukunftsvorsorge** ihrer Einwohner erforderlichen öffentlichen Einrichtungen schaffen und unterhalten (s. u. § 10). Diese Aussage bekräftigt die parallel zum Staat bestehende Verantwortung der Kommunen für eine ausreichende und angemessen **kommunale Infrastruktur** für die Ortsbevölkerung. Sie beruht auf dem Umstand, dass aufgrund der räumlichen Gliederung der Bundesrepublik in Gemeinden und Kreise das soziale, kulturelle und wirtschaftliche Leben zunächst in den Kommunen stattfindet (s. u. §§ 6 ff.). Gleichzeitig trägt diese Festlegung dem Gedanken Rechnung, dass die Gemeinden die örtlichen Bedürfnisse besser einschätzen und befriedigen sowie auf einen örtlichen Strukturwandel flexibler reagieren können als der Staat.

Zwischenfrage: Was verbirgt sich hinter dem Stichwort der kommunalen Selbstversorgung?

92 **c. Eigenverantwortliche Aufgabenerledigung und Verbandskompetenz.** Die gewährleistete Aufgabengarantie sagt nichts über den Umfang des gemeindlichen Handlungs- und Gestaltungsspielraumes bei der Umsetzung einzelner Verwaltungsaufgaben aus. Unbestritten ist nur, dass die Entscheidungsautonomie notwendige Folge der institutionellen Garantie nach der Formel ist:

> Wer den Bestand einer Einrichtung garantiert, muss ihr auch ein Minimum an Handlungs- und Gestaltungsoptionen zubilligen.

Insoweit kommt es darauf an, wie das in Art. 28 Abs. 2 S. 1 GG erwähnte Kriterium der **Eigenverantwortlichkeit** auszulegen ist[281]. Nach der Spruchpraxis des BVerfG gewährleistet es den Selbstverwaltungsträgern einen Mindestbestand an Sachentscheidungs- und Selbstgestaltungbefugnissen über das Ob, Wann und Wie der Aufgabenerfüllung einschließlich der in Art. 28 Abs. 2 S. 3 und Art. 84 Abs. 1 S. 7 GG angesprochenen finanziellen Eigenverantwortung[282]. Kommunale Gestaltungsspielräume sind auch aus demokratischen Erwägungen geboten, weil andernfalls eine demokratische Legitimation der Gemeindevertretung (s. u. § 5) entbehrlich wäre. Zur näheren Bestimmung stellt die Rechtsprechung auch auf die historische Dimension ab.

Beispiel: Die Einbindung der Kommunen in das staatliche Auftragsvergaberecht wurzelt in der Konstituierung der politischen Selbstverwaltungsidee und widerspricht deshalb nicht dem kommunalen Selbstverwaltungsrecht[283].

Aus dieser Skizzierung ist ohne weiteres abzuleiten, dass die Gemeinden – im Gegensatz zu dem Bund und den Bundesländern – kein allgemeinpolitisches, sondern lediglich ein **kommunalpolitisches oder lokalpolitisches Mandat** besitzen[284]. Folglich erstreckt sich ihre **Verbands-, Befassungs- und Erledigungskompetenz** weder auf Fragen der wirtschaftlichen Globalisierung noch auf außen- oder verteidigungspolitische Themen (s. u. § 3 VIII 3 c)[285]. Etwas Anderes gilt, wenn die Kommune gleichzeitig konkret betroffen ist, wenn also ein spezifischer Bezug zu einer bestimmten Gemeinde besteht[286].

---

280 BVerfGE 79, 127, 149 ff.; HeVGH, DÖV 1989, 34.
281 BVerfGE 17, 172, 181 f.; BVerfG, NVwZ 1989, 348.
282 BVerfG, NJW 2020, 3232, 3235.
283 BayVGH, DÖV 1988, 649.
284 BVerwGE 87, 228.
285 BayVGH, NVwZ 1989, 207.
286 BVerfGE 8, 122, 134.

Beispiele: Eine konkrete Befassungskompetenz kann bestehen bei Vorhaben der Landesverteidigung oder des zivilen Bevölkerungsschutzes, § 37 Abs. 2 BauGB[287], § 30 LuftVG, bei überörtlichen Planungen, bei luftverkehrsrechtlichen Verfahren[288] und bei Städtepartnerschaften[289]. Eine Gemeinde überschreitet ihre Verbandskompetenz, wenn sie anlässlich der Geburt eines Kindes eine Aufwendungsbeihilfe zur Ergänzung des allgemeinen Familienausgleichs zahlt[290].

Die Kompetenzfrage wird auch dahin entschieden, dass eine künftig denkbare Betroffenheit einer Gemeinde ausreichen soll[291]. Diese weite Interpretation trägt zwar elementaren kommunalen Interessen im Rahmen ihrer Zukunftsvorsorge Rechnung. Sie erschwert jedoch eine für die Kommunalpraxis erforderliche sachliche Abgrenzung.

VI. Objektiver Schutz der kommunalen Selbstverwaltung und kommunale Hoheitsrechte

Der Status der Gemeinden und Kreise erschöpft sich nicht in der Trias
- Bestandsgarantie,
- Aufgabengarantie und
- subjektive Rechtsgarantien.

Unabhängig von diesen Gewährleistungen muss sich der Staat schützend und fördernd vor die kommunale Selbstverwaltung stellen, damit die Gemeinden und Kreise ihre Aufgaben wirksam erfüllen können. Insofern ergibt sich aus einer Gesamtschau des kommunalrelevanten Verfassungsrechts, dass der Staat gegenüber den Gemeinden bestimmte **Schutzpflichten** besitzt, die stets den Grundsatz der Verhältnismäßigkeit und insbesondere das **Untermaßverbot** beachten müssen. Diese Leitlinie gilt vornehmlich für die Kommunalgesetzgeber, die für eine funktions- und leistungsfähige Selbstverwaltungskörperschaften zu sorgen und dabei bestimmte Mindestanforderungen zu berücksichtigen haben[292]. Die Schutzpflicht ist im Rahmen einer **kommunalfreundlichen Rechtsetzung** darauf gerichtet, dass die Kapazitäten zur Wahrnehmung von Selbstverwaltungsaufgaben nicht essenziell geschmälert werden[293].

Die dargelegte Verantwortung der Gemeinden für eine eigenständige örtliche Aufgabenerledigung korrespondiert mit einer Reihe von **Hoheitsrechten**, die Gesetzgebung, Rechtsprechung Schrifttum den kommunalen Selbstverwaltungsträgern im Interesse einer funktionsfähigen Aufgabenwahrnehmung einräumen (s. u. § 4 VII)[294]. Sie sind unbeschadet ihrer materiellen Bedeutung nur gelegentlich verfassungsrechtlich verankert und unterfallen im gesamtstaatlichen Interesse zahlreichen Beschränkungen.

Zwischenfrage: Welche Bedeutung liegt den staatlichen Schutzpflichten zugunsten der Kommunen zugrunde?

VII. Gebietshoheit

Die Gemeinde ist eine **Gebietskörperschaft**. Da das soziale, ökomische, kulturelle und das ökologische Leben auf dem Gemeindegebiet stattfindet, ist die Einräumung der Gebietshoheit ein essenzielles Strukturelement kommunaler Selbstverwaltung.

---

287 NdsOVG, NVwZ 1988, 465; BayVGH, NVwZ-RR 1990,281 und 497.
288 BVerwG, UPR 1988, 175.
289 *Heberlein*, NVwZ 1992, 543 ff.; *v. Schwanenflügel*, DVBl 1996, 491 ff.
290 NWOVG, NVwZ 1995, 718 und dazu kritisch *Jakobs/Machens*, NWVBl 1996, 1 ff.
291 BVerwGE 87, 237.
292 BVerfGE 88, 203,254; BayVGH, BayVBl 1977, 433; BayVerfGH, BayVBl 1989, 237 ff.
293 NWVerfGH, DVBl 1993, 197 ff.
294 BVerfG, NJW 2020, 3232, 3235.

> **Gebietshoheit** bezeichnet den räumlichen Geltungsbereich, auf den sich die Zuständigkeit der konkreten Gemeinde erstreckt. Sie erfasst alle Personen, die sich innerhalb des Gemeindeterritoriums befinden, durch Grund und Boden oder durch einen Betrieb zu ihm in einer Rechtsbeziehung stehen (**Territorialprinzip**).

Die Gebietshoheit einer Gemeinde ist zugleich die räumliche Grenze zur Nachbargemeinde (s. u. § 4 XVIII 3) und anderen Territorien, die mit Verwaltungsaufgaben betraut sind – wie etwa Stadt-Umlandverbände – (s. o. § 3 VII 3 c) und deren Interessen mit divergierenden gebietshoheitlichen Fragestellungen zum Ausgleich zu bringen sind.
Im Übrigen ist die Gebietshoheit nicht als Sicherung des gemeindlichen Gebietsbestandes oder als Gewährleistung eines bestimmten Gebietskerns, sondern als **dynamisches Hoheitsrecht** zu verstehen. Deshalb sind Veränderungen auch gegen den Willen der betroffenen Gemeinden zulässig, wenn es dafür plausible Sachgründe gibt (s. o. § 4 V 1).

> **Beispiele**: Gemeindeauflösungen, Eingemeindungen, Gebietsreformen, um geänderten Anforderungen an die Leistungsfähigkeit von Gemeinden angemessen Rechnung zu tragen.

In diesem Zusammenhang spielt es eine Rolle, dass die überkommene Gebietsgliederung teilweise auf noch mittelalterlich geprägten Raumstrukturen beruhte mit der Folge, dass vornehmlich gewachsene kleine Gemeinden nicht mehr in der Lage waren, komplexe und komplizierte Verwaltungsaufgaben sachgerecht zu erledigen. Diese Ausgangssituation hat dazu geführt, dass in den westlichen Bundesländern zwischen 1968 und 1978 **Gebietsreformen** mit dem Ziel durchgeführt wurden, die Körperschaften größenmäßig an ihre künftige Aufgabenerfüllung anzupassen. Auch in den neuen Bundesländern erfolgte nach der Wiedervereinigung Gebietsreformen, die sich zunächst auf die Kreisebene fokussierten.
Unbeschadet der Vorteile hat die Auflösung zahlreicher kleiner und mittelgroßer Gemeinden jedoch zu einer Einbuße an Bürgernähe, Ortsnähe und Überschaubarkeit geführt. Diese Nachteile erschweren nicht nur die Identifikation mit der Gemeinde und die Integration der Bürger, sondern auch das Engagement der Einwohner für die ehrenamtliche Aufgabenerledigung, die in Städten über Instrumente der Binnengliederung (s. o. § 3 VII 3) nur partiell kompensiert werden können.

VIII. Organisationshoheit

95 Die eigenverantwortliche Aufgabenerfüllung setzt eine entsprechende selbstständige und funktionsfähige Organisation voraus. Deshalb besitzen die Gemeinden die **Organisationshoheit**.

> Organisationshoheit ist das Recht, die innere und äußere Organisation selbst zu ordnen, nach eigenem Ermessen Organe, Behörden, Einrichtungen sowie Dienststellen zu errichten, zu betreiben, zu ändern und aufzuheben, für deren sachliche und personelle Ausstattung zu sorgen, deren Kompetenzen und innere Ordnung zu bestimmen, Verwaltungsabläufe festzulegen, den gesamten Verwaltungsapparat zu steuern sowie zu kontrollieren[295] und damit über Gewichtung, Qualität und Inhalt ihrer Entscheidungen zu bestimmen[296].

---

295 NWVerfGH, NJW 1979, 1201; BBrVerfG, DVBl 2017, 500 ff.
296 BVerfGE 91, 228, 236 und 119, 331, 362; BSG, DVBl 2021, 725.

VIII. Organisationshoheit

Beispiele: Entscheidung über die Ausgliederung bestimmter kommunaler Einrichtungen – wie etwa Stadtwerke – im Rahmen einer organisatorischen Privatisierung[297]. Errichtung und Betrieb von Sparkassen, für die es keiner speziellen Sparkassenhoheit bedarf, da sie immanenter Bestandteil der allgemeinen Organisationshoheit ist[298].

Die Umschreibung der Organisationshoheit verdeutlicht, dass sie nicht nur Hilfsfunktion zur Erledigung von Sachaufgaben im Sinne einer Annexkompetenz, sondern wesentliches Element kommunaler Selbstverwaltung ist[299]. Denn sie manifestiert die organisatorische Trennung gegenüber dem Staat zur effizienten Erledigung kommunaler Aufgaben und sie unterstreicht den prinzipiellen Vorrang einer dezentralen Aufgabenwahrnehmung[300]. Wenn der Staat den Kommunen Aufgaben zur selbstständigen Erledigung überlässt, dann muss er ihnen auch an ein Mindestmaß an organisatorischen Gestaltungsoptionen gewährleisten[301]. Die elementare Bedeutung dieses Hoheitsrechts zeigt sich insbesondere bei der Bewältigung neuer Aufgaben und Herausforderungen, die mit Hilfe organisatorischer Freiräume flexibel, zeit- und ortsnah angegangen werden können.

Beispiel: Ausgestaltung der Bürgerberatung und der Abfallberatung, Einrichtung von Beauftragten für Gleichstellung[302] und Inklusion.

Dezernat OB Dezernat des Oberbürgermeisters	Dezernat I Dezernat für Personal, Organisation, Ordnung, Feuerwehr und IT	Dezernat II Dezernat für Finanzen, Beteiligungen, Integration und Stiftungen	Dezernat III Dezernat für Planung, Bau und Wirtschaft	Dezernat IV Dezernat für Bildung, Jugend, Familie und Sport	Dezernat V Dezernat für Soziales und Kultur	Dezernat VI Dezernat für Wohnungsversorgung, Immobilien und Nachhaltigkeit
Oberbürgermeister Vertreter: Stadtdirektor zugeordnet: OB/1 Dezernentin OB Stabsstelle Klima	Stadtrat Vertreter: Stadtkämmerin	Stadtkämmerin Vertreter: Stadtrat zugeordnet: II/1 Bauinvestitionscontrolling	Stadtbaurat Vertreter: Stadtrat zugeordnet: III/1 Dezernent für Planungs- und Baukoordination III/2 Konversionsmanagement/ III/3 Smart City Münster	Stadtdirektor Vertreterin: Stadträtin	Stadträtin Vertreter: Stadtdirektor	Stadtrat Vertreter: Stadtbaurat
Amt für Kommunikation Amt für Wirtschaftlichkeitsprüfung und Revision[1] Justiziariat Verwaltungsführung[5] Amt für Gleichstel-	Personal- und Organisationsamt Ordnungsamt Feuerwehr citeq	Zentrale Rechtsdienstleistungen und Vergabemanagement Amt für Finanzen und Beteiligungen Amt für Migration und Integration	Stadtplanungsamt Vermessungs- und Katasteramt Bauordnungsamt Amt für Mobilität und Tiefbau MM Münster Marketing[3]	Amt für Schule und Weiterbildung Amt für Kinder, Jugendliche und Familien Sportamt	Kulturamt Stadtbücherei Westf. Schule für Musik Stadtmuseum Stadtarchiv Sozialamt Gesundheits- und Veterinär-	Amt für Immobilienmanagement Amt für Wohnungswesen und Quartiersentwicklung Amt für Grünflächen, Umwelt und Nachhaltigkeit

---

297 BVerfG, DVBl 2018, 35 und NJW 2020, 3232, 3235.
298 Ebenso *Brüning*, DVBl 2023, 57.
299 *Schaffarzik*, DÖV 1996, 152 ff.
300 BVerfGE 119, 331, 363.
301 BVerfGE 91, 228, 238 und NJW 2020, 3232, 3235; NdsStGH, NVwZ 1997, 58 f.
302 NWVerfGH, NWVBl 2002, 101.

lung² Amt für Bürger- und Ratsservice²		II/Stift. Geschäftsstelle der Kommunalen Stiftungen⁴			amt² Jobcenter Münster Theater Münster³ VH Villa ten	AWM Abfallwirtschaftsbetriebe Münster³

Abbildung 4 Dezernatsverteilungsplan – Stadtverwaltung Münster (Stand: 1.3.2025)

Die kommunale Organisationshoheit kann sich dem permanenten Ineinandergreifen staatlicher Vorgaben und kommunaler Ausfüllung nicht entziehen, weshalb sie nur relativ gewährleistet ist[303]. Sie kann folglich durch gemeinwohlorientierte bundes- und landesrechtliche Vorgaben eingeschränkt werden. Die Motive hierfür sind vielfältig.

> **Beispiele:** Einheitlichkeit des Verwaltungsaufbaus, Ordnungsgemäße Aufgabenerledigung, Transparenz, Verwaltungsvereinfachung, Standardisierung von Verwaltungsabläufen, Wirtschaftlichkeits- und Sparsamkeitsüberlegungen, Verpflichtung zur Bestellung hauptamtlicher Gleichstellungsbeauftragter[304].

Vor Allem fällt die Normierung der **äußeren Kommunalverfassung** in die Organisationsgewalt des Staates, der Vorschriften über die Bildung der Gemeindeorgane, ihre Kompetenzabgrenzung, Willensbildung, Außenvertretung regeln sowie Verfahrensbestimmungen erlassen kann (s. o. § 3 VIII). Folglich bleibt den Gemeinden die umschriebene **innere Organisationshoheit**. Allerdings hat das BVerfG klargestellt[305], dass dem Kommunalgesetzgeber in zweierlei Richtung Grenzen gezogen sind. Zum einen müssen den Gemeinden überhaupt nennenswerte Organisationsrechte verbleiben (**Erstickungs- und Aushöhlungsverbot**). Zum anderen ist die Organisationsmitverantwortung der Kommunen dahin geschützt, dass sie bei der konkreten Aufgabenerfüllung über eigenverantwortliche Gestaltungsspielräume verfügen müssen (**Gestaltungsfreiheitsgebot**).

> **Beispiel:** Ein Landkreis hat bestimmte Befugnisse zur Wahrnehmung von Aufgaben der Grundsicherung nach dem SGB II auf eine kommunale Anstalt des öffentlichen Rechts übertragen. Diese Aufteilung auf zwei Stellen verstößt gegen den Grundsatz der Leistungsgewährung aus einer Hand. Diese Maxime lässt sich zwar nicht unmittelbar aus dem Wortlaut des SGB II entnehmen. Sie war aber eines der zentralen Motive für die Einführung des SGB II, weil das bisherige Nebeneinander zweier staatlicher Fürsorgesysteme – Arbeitslosenhilfe und Sozialhilfe auch für Erwerbstätige – als ineffizient, intransparent und bürgerunfreundlich angesehen wurde[306]. Folglich darf die kommunale Organisationshoheit insoweit eingeschränkt werden, ohne dass gleichzeitig die gemeindliche Organisationsverantwortung ausgehöhlt wird.

 Zwischenfrage: Worin besteht der Unterschied zwischen der inneren und der äußeren Kommunalverfassung und welche Grenzen setzt Art. 28 Abs. 2 GG hinsichtlich der Einschränkung der kommunalen Organisationshoheit?

IX. Personalhoheit

1. Kommunale Dienstherrnfähigkeit

Bereits die Ausführungen zur Organisationshoheit haben gezeigt, dass dem kommunalen Selbstverwaltungsrecht auch eine eigenständige personalrechtliche Komponente innewohnt. Sie schlägt sich in der **kommunalen Personalhoheit** nieder.

---

303 BVerfG, NJW 2020, 3232.
304 BVerwGE 91, 228 ff.; NdsStGH, NVwZ 1997, 58 ff.
305 BVerfGE 91, 228, 238 ff.
306 BT-Ds 15/1516, 1; BVerfGE 119, 331, 362.

> Personalhoheit ist das Recht der Gemeinden, die zur ordnungsgemäßen Erfüllung ihrer Aufgaben benötigten Beamte, Angestellten und Arbeiter auszuwählen, anzustellen, zu befördern und zu entlassen und die dazu erforderlichen personalrechtlichen Entscheidungen nach eigenem Ermessen zu treffen[307].

Beispiele: Festlegung der Anzahl der Bediensteten, Ausübung der Dienstaufsicht (s. etwa §§ 61 ff. SächsGO).

Die Personalhoheit erfasst nicht nur das Personal, das im eigenen Wirkungskreis eingesetzt ist, sondern erstreckt sich auch auf die Bediensteten, die im **übertragenen Wirkungskreis** tätig sind (s. o. § 3 V 4). Diese Besonderheit beruht auf dem Grundsatz, dass die Personalhoheit der Kommunen weiter reicht als ihre inhaltliche Aufgabenhoheit[308]. Im Übrigen belegt die Personalhoheit die personale Unabhängigkeit der kommunalen Selbstverwaltung von der staatlichen Personalwirtschaft, die den Bedürfnissen der kommunalen Selbstverwaltung Rechnung trägt und in der Verleihung der **Dienstherrnfähigkeit** zum Ausdruck kommt.

Hinsichtlich des Schutzbereichs und des Umfangs der kommunalen Personalhoheit ist zwischen Beamten und anderen Personalkategorien zu differenzieren, weil im Angestellten- und Arbeiterbereich neben Art. 28 Abs. 2 GG auch Art. 9 Abs. 3 GG einschlägig ist. Dementsprechend bestehen wegen der tarifvertraglichen Ausgestaltung für die kommunalen Arbeitgeber mehr Einwirkungsmöglichkeiten als bei den Beamten, deren Status gesetzlich vorgeregelt ist.

Die Personalhoheit ist zahlreichen Einschränkungen unterworfen, die vornehmlich unter Berücksichtigung der historischen Entwicklung der kommunalen Selbstverwaltung für zulässig erachtet werden (s. etwa die im zweiten Teil, Sechster Titel §§ 159 ff. Pr. ALR normierten Personalvorschriften).

2. Gleichbehandlungsgebot und Diskriminierungsverbot

Die personale Gestaltungsfreiheit der Gemeinden und Gemeindeverbände wird intensiv durch Verfassungsrecht überlagert. Hier ist zunächst Art. 33 GG zu nennen, der Kriterien für den **Zugang zu öffentlichen Ämtern** festlegt und für die **Ausübung hoheitsrechtlicher Befugnisse** bestimmte Vorgaben macht. Ferner werden die Statusrechte und Pflichten der Gemeindebeamten sowie ihre Besoldung und das Laufbahnrecht durch Bundes- und Landesgesetze vorgegeben (Art. 74 Abs. 1 Nr. 22 GG).

Daneben sind die Gemeinden nach Art. 3 Abs. 2 Satz 2 GG verpflichtet, die **tatsächliche Durchsetzung der Gleichbehandlung von Mann und Frau** bei der Stellenbesetzung und Beförderung zu beachten (§ 5 NW GO). Dieser Intention dient auch die Bestellung von **Gleichstellungsbeauftragten** (§ 6 NKomVG). Es ist allerdings umstritten, ob Art. 3 Abs. 2 GG die verbindliche Einführung einer Frauenquote gestattet. Während die Rechtsprechung das teilweise ablehnt[309], billigt der EuGH die Bevorzugung von Frauen bei Erfüllung der Voraussetzungen des Art. 33 Abs. 2 GG als unionskonform, sofern zusätzlich zur Quote eine individuelle Öffnungsklausel besteht[310].

Darüber hinaus wirkt das **Unionsrecht** (s. o. § 2 II) auf unterschiedliche Weise auf die kommunale Personalhoheit ein.

Beispiel: Zwar findet der Grundsatz der Freizügigkeit für Arbeitskräfte innerhalb der Union nach Art. 45 Abs. 4 AEUV auf die Beschäftigten der öffentlichen Verwaltung keine Anwendung. Der EuGH beschränkt allerdings den Nationalvorbehalt auf eine

---

307 BVerfGE 17, 172, 182; 91, 228, 245 und BVerfG, NJW 2020, 3232, 3236; *Böhle*, Kommunales Personal- und Organisationsmanagement; 2017.
308 BVerfGE 83, 363, 382.
309 *Stober*, ZBR 1989, 289; NW OVG, NVwZ 1991, 501; Nds. OVG, DÖV 1995, 962.
310 EGH, NJW 1997, 3429.

Beschäftigung unter Ausübung hoheitlicher Befugnisse und damit auf die **Eingriffsverwaltung** (Steuerverwaltung, Ordnungsverwaltung), während in den Sektoren der **kommunalen Leistungsverwaltung** (öffentliches Verkehrswesen, Strom- und Fernwärmeversorgung) auch Angehörige anderer Mitgliedsstaaten zugelassen werden müssen[311].

Zur Verhinderung und Beseitigung von Benachteiligungen aus Gründen der Rasse oder wegen der ethnischen Herkunft, des Geschlechts, der Religion oder Weltanschauung, einer Behinderung, des Alters oder der sexuellen Ausrichtung hat die EU mehrere Richtlinien erlassen, die mit dem Allgemeinen **Gleichbehandlungsgesetz** (AGG) in nationales Recht umgesetzt wurden und auf das sich Bewerberinnen und Bewerber sowie Gemeindebedienstete berufen können.

Außerdem wird die kommunale Personalhoheit durch unterschiedliche bundes- und landesrechtliche Vorschriften des Beamtenrechts sowie über staatlich vorbehaltene Mitwirkungs- und Entscheidungsrechte eingeengt.

Beispiele: Mitwirkung des Landespersonalausschusses, staatliches Schulaufsichtsrecht[312].

X. Finanz-, Haushalts- und Abgabenhoheit

98 Im Gegensatz zu den bisher aus dem Gesamtzusammenhang des Grundgesetzes entwickelten kommunalen Hoheitsrechten ist die finanzielle Selbstständigkeit ausdrücklich in Art. 28 Abs. 2 S. 3 GG festgeschrieben. Danach schließt die Gewährleistung der Selbstverwaltung auch die Grundlagen der **finanziellen Eigenverantwortung** ein.

> **Finanzhoheit** ist die Befugnis, der Gemeinden und Gemeindeverbände, eine eigenverantwortliche Einnahmen- und Ausgabenwirtschaft im Rahmen eines gesetzlich geordneten Haushaltswesens zu führen sowie das Recht auf eine angemessene Finanzausstattung[313].

Die Finanzhoheit ist eine Konsequenz der Entscheidung für den **Abgabenstaat** (s. u. § 11). Er setzt voraus, dass Gebietskörperschaften eigenverantwortliche Sachentscheidungen nur dann treffen können, wenn sie über angemessene freie Finanzmittel zur Aufgabenerfüllung verfügen. Die positivrechtliche Aufnahme des Rechts auf aufgabenadäquate Finanzausstattung in Art. 28 Abs. 2 S. 3 GG[314] hat allerdings nur deklaratorische Bedeutung, weil dieses Hoheitsrecht auch ohne besondere Erwähnung elementarer Bestandteil der kommunalen Selbstverwaltungsgarantie ist, wie sich auch aus Art. 106 ff. GG ergibt.

Eigenverantwortliche Einnahmenwirtschaft heißt, dass die Gemeinden das Aufkommen der ihnen vom Staat zur Verfügung gestellten Einnahmequellen frei ausschöpfen und über sie disponieren können (**Ertragshoheit und Dispositionsfreiheit**)[315]. Dabei handelt es sich in erster Linie um **kommunale Abgaben** (s. u. § 11).

Beispiele: Grundsteuer, Gewerbesteuer, örtliche Verbrauch- und Aufwandsteuern (Vergnügungssteuer, Hundesteuer, Getränkesteuer), Gebühren und Beiträge für kommunale Leistungen.

---

311 EuGH, NJW 1981, 2633.
312 BVerfGE 31, 345, 350; NW OVG, OVGE 23, 95, 105.
313 BVerfGE 23, 153, 169; 71, 25, 36; BVerfG, NVwZ 1987, 123; BayVerfGH, DÖV 1989, 306; NWVerfGH, DVBl 2016, 1323 ff.
314 BVerfGE 150, 1 Rn. 168; BVerwGE 145, 378, Rn. 11.
315 NWVerfGH, DVBl 2016, 1323.

X. Finanz-, Haushalts- und Abgabenhoheit

Fasst man die kommunalen Abgaben zusammen, dann sind sie Gegenstand der kommunalen **Abgabenhoheit**.

> Abgabenhoheit ist das Recht, eigene Abgaben zu erheben, zu verwalten und eigenverantwortlich über die Einnahmepolitik zu befinden.

Die Abgabenhoheit verwirklicht den Grundsatz der kommunalen Selbstfinanzierung durch Heranziehung der Bürger und Einwohner zu Tragung örtlicher Lasten.
Zwischenfrage: Können Sie sich noch an einige örtliche Steuern erinnern?

Eigenverantwortliche Abgabenwirtschaft bedeutet ferner, dass es im Ermessen der Gemeinden steht, wie sie ihre Finanzmittel im Einzelnen verwenden (**Ausgabenhoheit**). Sie wird über die kommunale Haushaltsplanung umgesetzt. Die Finanzhoheit verdichtet sich zur **Finanzautonomie**, soweit die Gemeinden und Gemeindeverbände berechtigt sind, ihre Finanzwirtschaft durch Haushalts- Steuer und Gebührensatzungen zu regeln[316].
In diesem Zusammenhang ist fraglich, ob die Gemeinden ein eigenes **Steuererfindungsrecht**, d. h. die Befugnis zur Erhebung selbstentwickelter Steuern besitzen[317]. Das ist zu verneinen, weil die Gewährung und Regelung von Steuern traditionell, funktionell und rechtsstaatlich ausschließlich dem Staat zusteht, der die Kommunen zur Abgabenerhebung gesetzlich ermächtigen muss. Wie weit die jeweilige Ermächtigung der Kommunalgesetzgeber praktisch reichen, wurde insbesondere hinsichtlich der Erhebung der sog. Zweitwohnungssteuer entschieden (s. u. § 11)[318].
Die Finanzhoheit der Kommunen läuft leer, wenn sie nicht mit einer angemessenen **Finanzausstattung** gekoppelt ist[319], die das Recht auf die eigenverantwortliche Erledigung örtlicher Aufgaben komplettiert[320]. Denn die finanzielle Leistungsfähigkeit zur Aufgabenerfüllung ist nur gewährleistet, wenn die Gemeinden in der Lage sind, die damit verbundenen Ausgaben tatsächlich zu tätigen. Diese Interpretation folgt unmittelbar aus dem Wortlaut des Art. 28 Abs. 2 S. 3 GG, der Regelung in Art. 115c Abs. 3 GG sowie der parallelen Verankerung in den Landesverfassungen, wonach die **Lebensfähigkeit der Gemeinden** auch in finanzieller Hinsicht zu wahren ist.
Maßgeblich für die Qualität und den Umfang der kommunalen Finanzausstattung ist die Geltung des **Konnexitätsprinzips** (s. u. § 11 II). Es besagt, dass Aufgabenverantwortung und Aufgabenlast zusammengehören[321]. Dieser Grundsatz ist für das Verhältnis Bund-Länder in Art. 104a Abs. 1 GG normiert. Die Bundesländer haben diese Regel als Strukturelement[322] in die Landesverfassungen übernommen.

Beispiele: Art. 71 Abs. 3 BWVerf, Art. 78 Abs. 3 NWVerf.

Die Föderalismusreform hat das Konnexitätsprinzip gestärkt, weil Art. 84 Abs. 1 S. 7 sowie Art. 85 Abs. 1 S. 2 GG eine kommunale Kostenbeteiligung wegen des Verbotes der Aufgabenübertragung konkludent ausschließen.
Die kommunale Finanzhoheit wird durch zahlreiche staatliche **Genehmigungsvorbehalte** (s. u. § 7 III 4 e) eingeschränkt. Ferner ist die Höhe der Einnahmen bei der Gewerbe- und Grundsteuer (mit Ausnahme der Hebesätze) gesetzlich vorgeprägt. So sind die Kommunen teilweise zur Steuererhebung verpflichtet. Darüber hinaus sind sie in die gesamtwirtschaftlich orientierte Konjunkturpolitik eingebunden, wonach Kreditauf-

---

316 BayVGH, BayVBl. 1982, 752; BayVerfGH, DÖV 1989, 306.
317 *Bayer*, in: HKWP VI, § 116 D III 1 b; *Becker*, BB 2011, 1175 ff.
318 BVerfGE 58, 230; BVerfG, NVwZ 1997, 86 und NVwZ 1998, 178; BayVerfGH, DÖV 1989, 306.
319 RPVerfGH, DVBl 1978, 802 und NVwZ 1982, 615; NdsStGH, DÖV 1995, 994 ff.
320 *Stern*, Das Staatsrecht der Bundesrepublik Deutschland, Bd. 1, 2. Aufl. 1984, § 12 II 4 Fn. 88.
321 BVerwGE 81, 312.
322 *Korioth*, NVwZ 2005, 503; *Leisner-Egensperger*, NVwZ 2021, 1487; *H. Meyer*, NVwZ 2021, 1754.

nahmen nachträglich durch Rechtsverordnungen eingeschränkt werden können (§§ 19 f. StabG). Aus diesen Vorgaben folgt, dass der Staat bei der Konkretisierung der Garantie auf eine angemessene Finanzausstattung einen beachtlichen Gestaltungsspielraum besitzt[323]. Folglich ist es im Einzelfall schwierig, bezifferbare Ansprüche auf eine angemessene Finanzausstattung durchzusetzen.

XI. Planungshoheit

99 Zum Kernbestand kommunaler Hoheitsrechte zählt ferner die als immanenter Bestandteil der Gebietshoheit und der Aufgabenhoheit eingeräumte **Planungshoheit**. Sie ist unverzichtbare Voraussetzung für eine dynamische und zukunftsorientierte Erledigung kommunaler Sachaufgaben.

> Planungshoheit ist das Recht, alle im Gemeindebereich anfallenden örtlichen planungsfähigen Aufgaben eigenverantwortlich im Rahmen der Zuständigkeit wahrzunehmen und an höherstufigen Planungsvorgängen angemessen beteiligt zu werden, sofern die konkrete Gemeinde dadurch tangiert wird.

In diesem Zusammenhang bedeutet eigenverantwortlich die Möglichkeit, ohne strikte und durchgängige Bindung an staatliche Vorgaben aufgrund eigenen politisch-administrativen Entscheidungsspielraumes im eigenen Hoheitsgebiet planerisch disponieren zu können. Der Planungshoheit wird identitätsstiftende und motivierende Wirkung beigemessen, weil sie der Gemeindevertretung die Befugnis vermittelt, die örtliche Entwicklung, die bauliche Nutzung sowie die Planung des Orts- und Landschaftsbildes nach eigenen Vorstellungen zu bestimmen, zu steuern und zu gestalten.

[?] *Zwischenfrage: Was versteht man unter kommunaler Planungshoheit?*

Die örtliche räumliche Gesamtplanung erfolgt in zwei Phasen. Erste Stufe ist die Erarbeitung eines **Flächennutzungsplanes**, der für das gesamte Gemeindegebiet die beabsichtige städtebauliche Entwicklung einschließlich der vorgesehenen Bodennutzung enthält (§ 5 Abs. 1 S. 1 BauGB). Er erzeugt weder unmittelbare Rechtsverbindlichkeit noch Außenwirkung und besitzt keine Rechtsnormqualität[324]. Der Flächennutzungsplan ist Grundlage für Bebauungspläne, die rechtsverbindliche Festlegungen für die städtebauliche Ordnung enthalten (§ 8 Abs. 1 S. 1 BauGB) und als kommunale Satzung verabschiedet werden (s. u. § 4 XII).

Regelungsgegenstand der kommunalen Planungshoheit sind ferner der Abschluss städtebaulicher Verträge, die Verabschiedung von Vorhaben- und Erschließungsplänen (12 BauGB) sowie die Festlegung von Veränderungssperren (§ 14 BauGB).

Die Planungshoheit weist neben der dargestellten positiven Seite für die Kommunen eine negative Komponente auf. Das ist das vorbehaltlich entgegenstehender staatlicher Bestimmungen das Recht der Kommunen, bestimmte Bereiche der Gemeinde nicht zu beplanen. Im Übrigen entzieht sich die Planungshoheit angesichts der sie prägenden Zukunftsoffenheit und inhaltlicher Ungewissheit einer abschließenden Beschreibung.

Beispiele: Mittelfristige Finanzplanung, langfristige Aufgaben- und Projektplanung, Wirtschaftsplanung, Infrastrukturplanung.

Jenseits der aufgezeigten Bedeutung ist umstritten, in welchem Umfang die Planungshoheit der Gemeinden zum unantastbaren Kernbereich der kommunalen Selbstverwaltung gehört[325]. Einerseits wird darauf verwiesen, dass etwa die Bauleitplanung nicht

---

323 BVerfGE 41, 291,313; BayVerfGH, DVBl 1996, 1385.
324 BVerwG, NVwZ 1991, 262.
325 Kritisch BVerfG, DVBl. 1999, 697 f.

zum historischen Bild der Selbstverwaltung zähle, weil sie ursprünglich als polizeirechtliche Staatsaufgabe qualifiziert worden und in ihrer heutigen Gestalt erst im vergangenen Jahrhundert entstanden sei[326]. Außerdem wird auf die gebietsbezogenen Grenzen der örtlichen Planung hingewiesen. Andererseits spielt die Bauleitplanung für die gemeindliche Entfaltung und Entwicklung eine zentrale Rolle.
Jenseits dieser allgemeinen Feststellungen unterfällt die gemeindliche Planungshoheit zahlreichen Beschränkungen. Das gilt insbesondere für die Anpassung kommunaler Bauleitpläne an die Ziele der Raumordnung und Landesplanung (§ 4 ROG)[327]. Ferner wird die kommunale Planungshoheit seit jeher durch **Genehmigungs-** (§ 6 Abs. 1 BauGB) **und Anzeigevorbehalte** (s. u. § 7 III 4 e) sowie durch zahlreiche **überörtliche Fachplanungen** (§ 47 BImSchG für Luftreinhaltepläne) oder den Vorrang überörtlicher Interessen eingeengt.

Beispiel: § 246 Abs. 14 BauGB gestattet Abweichungen von kommunalen Planungen, um die Errichtung von Einrichtungen für Flüchtlinge und Asylbewerber zu erleichtern.

Als Kompensation existieren bei Planungsbeschränkungen **Mitwirkungsrechte** der betroffenen Gemeinden.

Beispiele: Berücksichtigung kommunaler Belange bei Interessenabwägungen[328], Informations- und Anhörrechte bei überörtlichen Planungen[329].

Diese Aufzählung beschreibt das **Gegenstromprinzip**. Es besagt, dass zwischen Bund, Ländern und Gemeinden stets gemeinwohlorientierte Kompromisse bei gegenseitiger Rücksichtnahme ausgehandelt werden sollen. Die Gesetzgebungspraxis ignoriert oder überspielt diesen Grundsatz jedoch, indem sie Vorhaben immer öfter mit dem Vorliegen eines „überwiegenden öffentlichen Interesses" (§ 2 EEG) rechtfertigt und damit die kommunale Planungshoheit konterkariert. Derartige Auswirkungen sind Mandatsträgern, Verwaltungspersonal und der Ortsbevölkerung kaum zu vermitteln.

Beispiel: Nach § 35 Abs. 1 S. 1 Nr. 8 BauGB sind Solarparks entlang eines Korridors von 200 Metern von Autobahnen und mehrgleisigen Schienenwegen im Außenbereich privilegiert mit der Folge, dass sie ohne Rücksicht auf die kommunale Bauleitplanung errichtet werden dürfen.

XII. Satzungshoheit

1. Satzungshoheit und Satzungsrecht

Die bislang erörterten Hoheitsrechte der Gemeinden erfordern häufig eine Umsetzung durch örtlich geltende Rechtsvorschriften. Dafür steht den Kommunen die **Satzungshoheit** zu.

> Satzungshoheit ist das Recht der Gemeinden, ihre Angelegenheiten durch eigene kommunalspezifische Rechtsetzung zu regeln.

Sie gehört zum Kernbereich der Selbstverwaltungsgarantie und ist unabdingbare Voraussetzung zur rechtlichen Konkretisierung kommunaler Aufgabenerfüllung im Rahmen

---

326 *Krautzberger*, in: Ernst/Zinkahn, BauGB, § 171e Rn. 13 f.
327 BVerwG, DÖV 1969, 428; NWVerfGH, NVwZ 1990, 456; NdsOVG, NVwZ-RR 1997, 690.
328 BWVGH, NVwZ 1996, 281; BVerwG, NVwZ-RR 2022, 317.
329 BVerwG, NVwZ 1988, 731.

einer **dezentralisierten Verwaltung**[330], deren Reichweite aber noch nicht verfassungsrechtlich abschließend geklärt ist[331].
Die Satzungshoheit wird über den Erlass **kommunaler Satzungen** umgesetzt. Sie sind das klassische Instrument lokaler Rechtsetzung und damit wichtigste Rechtsquelle der kommunalen Selbstverwaltung. Die allgemeinen Satzungsvorschriften der Gemeindeordnungen sind deshalb nur eine deklaratorische Bestätigung der verfassungsrechtlichen Rechtsetzungsbefugnis (§ 4 BWGO, Art. 23 BayGO, § 7 Abs. 1 NWGO, § 10 NKomVG). Hauptanwendungsgebete sind die Steuerung von Massenvorgängen, Planungen sowie die Regelung der örtlichen Organisation.

> **Beispiele**: Hauptsatzung, Haushaltsatzung, Abgabensatzungen, Anstaltssatzungen baurechtliche Satzungen, straßenrechtliche Satzungen.

Zwischenfrage: Welche Satzungstypen fallen Ihnen ein, die von den Kommunen erlassen werden dürfen?
Bei **Auftrags- und Weisungsaufgaben** (s. o. § 3 IV 4) hat es der staatliche Gesetzgeber in der Hand, ob und inwieweit er den Gemeinden diese Rechtsetzungsbefugnis vorenthält oder an die Erfüllung spezieller Voraussetzungen knüpft.

2. Zweck und Grenzen des Satzungsrechts

101 Satzungen sind Rechtsquellen, die typischerweise aus generell-abstrakten Regelungen bestehen. Man denke nur an Steuer-, Beitrags- und Gebührensatzungen. Ein notwendiges Merkmal der Satzung ist die Allgemeinheit ihres Regelungsinhaltes jedoch nicht.

> **Beispiel**: Ein Bebauungsplan nach § 10 BauGB ergeht zwar als Satzung, er enthält jedoch gleichzeitig individuell-konkrete und generell-abstrakte Elemente.

Auch die Außenwirkung ist kein wesensbestimmendes Merkmal der kommunalen Satzung, wie die Existenz von Hauptsatzungen und Eigenbetriebssatzungen belegt. In diesen Fällen handelt es sich lediglich um **formelle Satzungen**, die weder Ansprüche noch Verbindlichkeiten begründen.
Das Satzungsrecht soll vor allem den individuellen Verhältnissen in den einzelnen Gemeinden und Gemeindeverbänden Rechnung tragen und die gesellschaftlichen Kräfte mit dem Ziel der eigenverantwortlichen Regelung der sie selbst betreffenden Angelegenheiten aktivieren[332]. Die Satzungsoption gestattet eine schnelle Anpassung an veränderte Verhältnisse und befreit den staatlichen Gesetzgeber von lokalen Detailregelungen, deren tatsächliche Hintergründe ihm weitgehend verborgen sind[333]. Insofern leisten Satzungen ein Beitrag, um den Abstand zwischen Normgeber und Normadressat zu verringern[334]. Satzungen unterscheiden sich vom staatlichen Recht vor allem durch ihren beschränkten räumlichen Geltungsbereich.
Kommunale Satzungen stehen im Range unterhalb der staatlichen Gesetze, da sich das Gemeinderecht nach dem Wortlaut des Art. 28 Abs. 2 GG „**im Rahmen der Gesetze**" in die staatliche Ordnung einfügen muss. Aus dieser Perspektive stellt sich die Frage, ob allgemeingehaltene **satzungsrechtliche Generalklauseln** in den Gemeindeordnungen ausreichen. Das ist dann zu verneinen, falls Satzungen in den Rechtsstatus der Bürger und Einwohner eingreifen, indem sie Freiheits- oder Eigentumsrechte tangieren[335] oder ihrerseits zu Eingriffen berechtigen. In diesen Fällen bedarf es einer spezialgesetzlichen Ermächtigungsgrundlage.

---

330 *Stern*, Das Staatsrecht der Bundesrepublik Deutschland, Band 1, 1977, 302, 646; BVerwGE 6, 247, 250; BVerfGE 32, 346,361; BVerwG, DÖV 2023, 960.
331 BVerfG, NVwZ 1982, 306 f.
332 BVerfG, NVwZ 2002, 851.
333 BVerwGE 6, 247, 251; BVerfGE33, 125, 156.
334 BVerfG, NVwZ 2002, 851.
335 BayVGH, DVBl 2017, 459 f.; *Lange*, DVBl 2017, 928 ff.

XII. Satzungshoheit

Beispiele: Anordnung des Anschluss- und Benutzungszwangs an eine öffentliche Einrichtung (s. u. § 10 IV 3 d), Abgabensatzungen. Die Satzungsbefugnis zur Regelung der Benutzung öffentlicher Einrichtungen ist keine ausreichende Ermächtigungsgrundlage, um Eingriffe in die Berufsfreiheit von Steinmetzen zur Eindämmung von Kinderarbeit zu rechtfertigen[336].

Ermächtigungsgrundlagen finden sich in Spezialbestimmungen der Gemeindeordnungen, während baurelevante Satzungen im Baugesetzbuch sowie in den Landesbauordnungen (als örtliche Bauvorschriften) besonders normiert sind.

Jenseits der Berechtigung des staatlichen Gesetzgebers, Gemeinden und Gemeindeverbänden die Befugnis zum Satzungserlass einzuräumen, darf er sich seiner Rechtsetzungsbefugnis nicht völlig entäußern. Denn es ist seine zentrale Aufgabe, die wesentlichen Entscheidungen für die Kommunalverwaltung auch dort selbst zu treffen, wo es nicht um Grundrechtseingriffe, aber um die Entscheidung essenzieller grundrechtsrelevanter Fragen geht (**Wesentlichkeitstheorie**)[337]. Allerdings erweist sich das maßgebliche Abgrenzungskriterium „wesentlich" als wenig praktikabel und unbestimmt, weshalb es darauf ankommt, dass jeweils ein sorgfältiger Interessenabwägungsprozess stattfindet.

Das **Satzungsverfahren** (s. u. § 4 XII 4) sowie die Überprüfung der Rechtmäßigkeit von Satzungen folgt im Allgemeinen den Regeln des Allgemeinen Verwaltungs- und Verwaltungsprozessrechts[338] (s. u. § 4 XII 5).

Die Satzungshoheit und das Satzungsrecht auf der Kommunalebene werden gestärkt, wenn Gemeindeordnungen **Experimentierklauseln** enthalten, die der Weiterentwicklung und Förderung der kommunalen Selbstverwaltung dienen.

Beispiele: Art. 117a BayGO, § 129 NWGO: Erprobung neuer Steuerungsmodelle und neuer Formen grenzüberschreitender Zusammenarbeit.

Zwar sind die Gemeinden und Gemeindeverbände teilweise befugt, für ihren Bereich **Rechtsverordnungen** zu erlassen.

Beispiele: Entgeltfestsetzung für Taxen (§ 51 Abs. 1 S. 3 i. V. m. Abs. 3 PBefG; Verordnung über ein Taubenfütterungsverbot[339]. Ermächtigung zum Erlass lokaler Maßnahmen zur Bekämpfung einer Epidemie (§ 32 IfSG)[340]. Gebührenordnungen nach § 6a Abs. 5a S. 2 StVG[341].

Dabei handelt es sich jedoch nur insoweit um lokales Recht als der **räumliche Geltungsbereich** von dem staatlichen Rechtsetzungsakt der Verordnung betroffen ist[342].

Im Übrigen fällt der Erlass von Rechtsverordnungen nicht in den Selbstverwaltungsbereich. Er gehört zum **übertragenen Wirkungskreis** der Gemeindeverwaltung, weshalb der **Hauptverwaltungsbeamte** für den Erlass zuständig ist[343].

3. Satzungsermessen und Rechtsansprüche

Gemeinden müssen nur dann Satzungen erlassen, wenn Gesetze dazu verpflichten (**Pflichtsatzungen**).

Beispiele: Hauptsatzung, Haushaltssatzung (§ 4 Abs. 2 und § 79 Abs. 1 BWGO, § 12 NKomVG).

Darüber hinaus steht die Verabschiedung von Satzungsrecht im **pflichtgemäßen Ermessen** der jeweiligen Gemeinde.

---

336   BVerwG, GewArch 2014, 355 ff.
337   BVerfGE 32, 346, 360 ff.
338   *Röhl*, in Schoch (Hg.), Besonderes Verwaltungsrecht, 2018, 378 ff.
339   BVerfGE 54, 143.
340   SAOVG, NVwZ-RR 2021, 373.
341   BVerwG, DÖV 2023, 960.
342   BVerwG, DÖV 2023, 960.
343   SAOVG, NVwZ-RR 2021, 373.

Ein **Rechtsanspruch der Bürger und Einwohner** auf den Erlass, die Änderung oder Aufhebung einer Satzung besteht grundsätzlich nicht. Denn das Satzungsrecht ist zugunsten der Gemeinde in ihrer Eigenschaft als Gebietskörperschaft eingeräumt und dient nicht in erster Linie den Interessen einzelner Personen. Teilweise werden Rechtsansprüche ausdrücklich ausgeschlossen (§ 1 Abs. 3 S. 2 BauGB)[344].

4. Satzungsverfahren und Rechtmäßigkeit von Satzungen

103 Satzungen entstehen ebenso wie staatliche Gesetze in einem geordneten formalisierten Verfahren, dessen Details in den jeweiligen Kommunalgesetzen sowie in Fachgesetzen normiert ist. Satzungen müssen **formell und materiell rechtmäßig** sein, um Rechtswirksamkeit zu erlangen[345]. Die Rechtmäßigkeitsvoraussetzungen ergeben sich teilweise auch aus katalogartig formulierten Klauseln, die bei Nichtbeachtung bestimmte Fehlerfolgen anordnen oder die Fehlerhaftigkeit für unbeachtlich erklären (§ 4 BW GO, § 5 Abs. 4 He GO).

104 a. Formelle Rechtmäßigkeit. – aa. Zuständigkeit. Formalrechtlich[346] ist zunächst zu prüfen, ob die Satzung eine Angelegenheit innerhalb des Gemeindegebietes betrifft. Diese geographische Zuständigkeitsbestimmung dient der Abgrenzung gegenüber anderen Hoheitsträgern wie etwa Nachbargemeinden und sichert die **Gebietshoheit** der einzelnen Gemeinde (s. o. § 4 VII). Ferner muss es sich um eine Angelegenheit der Gemeinde handeln (**Verbandskompetenz**). Dieses Erfordernis soll verhindern, dass eine Gemeinde eine Aufgabe eines anderen Aufgabenträgers wahrnimmt, um die Verwaltungshoheit der Gemeinden zu schützen.

> **Beispiele**: Kreisfreie Städte und Kreise sind entsorgungspflichtige Körperschaften im Sinne des Kreislaufwirtschaftsrechts. Der Ausgleich wirtschaftlicher Mehrbelastungen für Familien mit Kindern ist eine gesamtgesellschaftliche Aufgabe ohne spezifischen Ortsbezug[347].

Es ist ferner erforderlich, dass innerhalb der Gemeinde das vorgesehene Gemeindeorgan mit der Angelegenheit befasst ist (**Organkompetenz**). Das ist grundsätzlich die Gemeindevertretung als Hauptorgan. Diese Zuständigkeitsregel sichert die **kommunale Organhoheit**.

105 bb. Beachtung der Verfahrens- und Formvorschriften. Eine Satzung kann nur wirksam werden, wenn **Ladungsfristen** und bestimmte **Formen der Einberufung der Sitzung** eingehalten werden (Art. 46 Bay GO, § 34 BW GO, § 47 NW GO). Das zuständige Organ muss **beschlussfähig** sein und der Tagesordnungspunkt muss in einer **ordnungsgemäßen Abstimmung und Beschlussfassung** entschieden werden (s. o. § 3 VIII 2 b). Es darf kein Ausschluss wegen Befangenheit vorliegen und es sind besondere Beteiligungs- und Einwendungsrechte zu berücksichtigen[348].
Sitzungen müssen grundsätzlich **öffentlich** stattfinden (§ 48 Abs. 2 NW GO), damit sich die Bürger und Einwohner eine eigene kommunalpolitische Meinung als Voraussetzung für eine Teilhabe an örtlichen Angelegenheiten bilden können (s. u. § 5 I 3 c). Im Falle von Naturkatastrophen, Pandemien oder ähnlichen Notsituationen können Gremiensitzungen auch per **Videoschaltung** durchgeführt werden (§ 37a BW GO).
Als geschriebene Rechtsquelle bedarf die Satzung der **Schriftform** sowie der **Unterschrift des Bürgermeisters oder Gemeindevorstehers**. Parallel hierzu kann die Satzung auch in digitalisierter Form erstellt werden.

---

344 BVerwG, NVwZ 1983, 92.
345 *Geis*, in Kluth/Krings (Hg.), Gesetzgebung, 2014, § 25.
346 S. näher *Lange*, DVBl 2017, 928 ff.; *Bätge*, DVBl 2020,1510 ff.
347 NWOVG, NVwZ 1995, 718.
348 BVerwG, NJW 1985, 1569; BayVerfGH, BayVBl 1996, 48.

Satzungen bedürfen grundsätzlich keiner Genehmigung einer anderen Behörde, soweit die jeweilige Kommune lediglich von ihrer Selbstverwaltungsautonomie Gebrauch macht. Im Übrigen wurden viele überkommene **Genehmigungserfordernisse** in der jüngeren Vergangenheit aus Gründen der Verwaltungsvereinfachung, der Entbürokratisierung und der Stärkung der Selbstverwaltung aufgehoben. Außerdem spielte die Überlegung eine Rolle, dass Kommunen und Kreise über Fachjuristen verfügen, die für einen rechtmäßigen Satzungserlass Sorge tragen. Folglich sind Genehmigungsvorbehalte die Ausnahme. Sie haben juristisch betrachtet eine Doppelcharakter. Sie sind einerseits **Verwaltungsakte** gegenüber den betroffenen Gemeinden[349] und andererseits **Bestandteil des Rechtsetzungsverfahrens** gegenüber den Satzungsunterworfenen.

Von dem Genehmigungserfordernis ist die **Anzeige- und Vorlagepflicht** von Satzungen zu unterscheiden. Sie existiert, damit die Aufsichtsbehörden von den Satzungsaktivitäten Kenntnis erlangt und in die Lage versetzt wird, eine Rechtskontrolle durchzuführen (s. u. § 7 III 4 e).

Als Rechtsnorm bedarf die Satzung – wie jede andere Rechtsquelle – der **Ausfertigung.** Sie dokumentiert, dass der Urkundeninhalt mit dem Willen der Rechtsetzungsberechtigten übereinstimmt und die Voraussetzungen der Rechtswirksamkeit eingehalten wurden[350].

cc. Publikation. Satzungen bedürfen der **Publikation**, die Bestandteil des Rechtsetzungsaktes ist. Sie bezweckt, jedem Bürger und Einwohner zu ermöglichen, sich über neues oder geändertes Selbstverwaltungsrecht zu informieren und von dessen Inhalt Kenntnis zu nehmen[351]. Deshalb sind Satzungen mit dem von der Gemeindevertretung beschlossenen vollen Wortlaut zu publizieren[352]. Während die Selbstverwaltungsträger früher weitgehend selbst über die Publikationsweise befinden konnten, schreiben nunmehr Fachgesetze und Rechtsverordnungen auf der Grundlage der Gemeindeordnungen aus Gründen der Rechtssicherheit vor, in welchen Formen die Bekanntmachung zu erfolgen hat

> **Beispiel**: Bebauungsplan-Satzungen sind nicht nur im Amtsblatt zu veröffentlichen, sondern sollen ergänzend im Internet bereitgestellt werden (§ 10 Abs. 2 BauGB).

Die Bekanntmachungsverordnungen sind abschließend. Sie gestatten nur zwischen den darin aufgeführten Publikationsoptionen zu wählen. Allerdings neigt die Rechtsprechung wegen der fortschreitenden Verwaltungsdigitalisierung und der Verbreitung des Internets dazu, auch solche Veröffentlichungen neben den herkömmlichen Medien zu akzeptieren[353]. Die gewählte Bekanntmachungsform ist in der Bekanntmachungs- oder Hauptsatzung der Gemeinde zu verankern.

> **Beispiel**: Die Veröffentlichung einer Rechtsnorm in einem als Anlage zum Amtsblatt für Brandenburg erscheinenden Amtlichen Anzeiger genügt nicht den Anforderungen, wenn das Gesetz eine Publikation „im Amtsblatt des Landes Brandenburg" vorschreibt[354].

Teilweise sehen Hauptsatzungen vor, dass auf veröffentlichte Satzungen in den örtlichen Tageszeitungen hingewiesen wird. In diesen Fällen handelt es sich lediglich um eine Information über die beschlossene Satzung, die bereits mit der Veröffentlichung im Amtsblatt in Kraft tritt[355].

Sofern Satzungen oder Satzungsbestandteile aus technischen Gründen oder wegen ihres Umfangs nicht in Tageszeitungen oder Amtsblättern bekannt gegeben werden können

---

349 BVerwGE 27, 350; BWVGH, ESVGH 19, 220 und BWVBl 1973, 185.
350 RPOVG, NVwZ-RR 1990, 61 und NVwZ-RR 1998, 95; BayVGH, BayVBl 1991, 24.
351 BVerwG, NJW 1983, 1570; BayVerfGH, BayVBl 1990, 78 ff.
352 BVerwG, NVwZ 2004, 620 f.
353 NdsOVG, DVBl 2019, 119 ff.; *Bätge*, DVBl 2020, 1510, 1515.
354 BbgOVG, DÖV 2003, 426.
355 SAnhOVG, NVwZ-RR 1999, 668.

(z. B. Haushaltspläne), sind sie auszulegen und die Auslegung ist öffentlich bekannt zu machen. Bei Bebauungsplänen gilt § 6 Abs. 5 BauGB, wonach eine **ortsübliche Bekanntmachung** ausreicht[356].
Satzungen treten am Tag nach der Bekanntmachung in Kraft, sofern kein anderer Zeitpunkt bestimmt ist (§ 10 Abs. 3 NKomVG). Sie können auch eine **Rückwirkung** anordnen.

> **Beispiele**: Planungsrecht (§ 214 Abs. 4 BauGB) und Abgabenrecht

Eine Rückwirkung ist nur zulässig, wenn dem rechtsstaatlichen Gesichtspunkt des **Vertrauensschutzes** der Betroffenen ausreichend Rechnung getragen wird[357]. Nach Art. 103 Abs. 2 GG darf mit Bußgeld bewehrten Satzungen keine rückwirkende Geltungskraft beigelegt werden.

Zwischenfrage: Können Sie einige formelle Wirksamkeitsvoraussetzungen für den Satzungserlass nennen?

107 **b. Materielle Rechtmäßigkeit.** Hinsichtlich der materiellen Rechtmäßigkeit ist zunächst festzuhalten, dass die Gemeinden und Kreise aufgrund ihrer **Satzungshoheit** grundsätzlich zur Verabschiedung von Satzungen befugt sind (s. o. § 4 XII 2). Liegt eine allgemeine oder eine spezialgesetzliche Ermächtigungsgrundlage vor, dann ist festzustellen, ob sich die Satzung an die vorgesehenen Tatbestandsmerkmale und an die Rechtsfolgen der einschlägigen Rechtsgrundlage hält.

> **Beispiel**: Die satzungsmäßige Anordnung eines Anschluss- und Benutzungszwangs für eine öffentliche Einrichtung ist nur zulässig, wenn ein „öffentliches Bedürfnis" vorliegt oder wenn Gründe des Gemeinwohls angeführt werden können[358].

Teilweise verfügen die Satzungsgeber bei der Ausfüllung einzelner Tatbestandsmerkmale über einen **Prognose- und Beurteilungsspielraum** oder sie sind auf der Rechtsfolgeseite berechtigt, nach **pflichtgemäßem Ermessen** handeln.

> **Beispiele**: Interpretation des unbestimmten „öffentlicher Zweck" anlässlich der Gründung öffentlicher Unternehmen zur Fernwärmeversorgung; Kalkulation kommunaler Abgaben.

Das Ermessen kann ein Entscheidungsermessen über das „Ob" bei freiwilligen Satzungen oder ein **Auswahlermessen** über das „Wie" und damit über die Option von Satzungsalternativen sein.
Diese Freiräume gestatten den Satzungsgebern, dass sie die Angelegenheiten der örtlichen Gemeinschaft nach ihren jeweils eigenständig festgesetzten Zielen, Zwecken und Prioritäten normieren können[359].

> **Beispiel**: Bestimmung der Größe und der Standplätze von Entsorgungsbehältern.

Die erwähnten legislatorischen Gestaltungsspielräume unterscheiden sich von dem letztlich auf die kommunale Planungshoheit zurückgehenden **Planungsermessen,** das als Abwägungsvorgang einer Vielzahl von Belangen, Zielen und Interessen umschrieben werden kann.
Materiell-rechtlich müssen Satzungen hinsichtlich ihrer räumlichen Geltung das **Territorialprinzip**, ihrer sachlichen Anwendung das **Verbandsprinzip** und ihrer personalen Erstreckung das **Personalitätsprinzip** beachten, wonach Satzungen grundsätzlich nur die der kommunalen Gewalt unterworfenen Menschen verpflichten dürfen.
Da das Satzungsrecht nach Art. 28 Abs. 2 GG nur „**im Rahmen der Gesetze**" gewährleistet ist, dürfen diese Rechtsvorschriften nicht gegen höherrangiges Recht verstoßen.

---

356 BVerwGE 104, 337, 340 f.
357 BVerfGE 39, 157 ff.
358 BVerwG, DVBl 2006, 779.
359 BayVGH, NVwZ 1987, 154.

> **Beispiele:** Das in einer Baumschutzsatzung enthaltene Verbot, Bäume zu entfernen, ist eine zulässige Inhalts- und Schrankenbestimmung des Art. 14 GG[360]. Bei Abgabensatzungen und Gebührenstaffelungen für die Benutzung öffentlicher Einrichtungen ist insbesondere der Gleichheitssatz zu beachten[361].

Der Satzungsinhalt muss **ausreichend bestimmt** und aus sich heraus verständlich sein. Diese Voraussetzung ist erfüllt, wenn der von der Satzung Betroffene ohne weitere Hilfsmittel den Norminhalt erkennen und sein Verhalten danach einrichten kann[362]. Besonders strenge Bestimmtheitsanforderungen richtet Art. 103 Abs. 2 GG auf, der auch auf **Bußgeldtatbestände** in Gemeindesatzungen gilt[363].

c. Rechtsfolgen bei Satzungsfehlern. Gemeindeordnungen und Fachgesetze sehen unterschiedliche Rechtsfolgen vor, wenn während des Satzungsverfahrens formelle oder materielle Fehler passieren. Die Notwendigkeit einer differenzierten Betrachtung beruht auf dem Hintergrund, dass der Gesetzgeber in jüngerer Zeit verstärkt **Geltungsfiktionen, Unbeachtlichkeitsregeln** und **Heilungstatbestände** einführte.

> **Beispiel:** Eine Verletzung von Verfahrens- oder Formvorschriften kann nach Ablauf eines Jahres seit Verkündung der Satzung grundsätzlich nicht mehr geltend gemacht werden, wenn dies gesetzlich vorgesehen ist und bei der Publikation der Satzung auf diese Rechtsfolge hingewiesen wird[364] (215 Abs. 1 BauGB, § 7 Abs. 6 NW GO, § 10 Abs. 2 NKomVG).

Diese befristete Einwendungsmöglichkeit dient in erster Linie der Rechtssicherheit und dem Rechtsfrieden. Denn sie soll bewirken, dass sich die Öffentlichkeit auf die Gültigkeit von Satzungen verlassen kann. Betroffene können die Unbeachtlichkeit des Fehlers verhindern, wenn sie die Verletzung des Verfahrensfehler gegenüber der Gemeinde geltend machen (§ 4 Abs. 4 S. 1 BWGO, § 5 Abs. 4 HeGO, § 7 Abs. 6 S. 1 NWGO). Die fiktiven Heilungsvorschriften sind allerdings nur anwendbar, wenn die Veröffentlichung der Satzung ordnungsgemäß erfolgt und ihre Ausfertigung korrekt ist[365].

Unabhängig davon ist die Gemeinde befugt, einen Fehler zu beheben, der aus der Verletzung von Verfahrens- oder Formvorschriften resultiert. In diesem Fall muss die Gemeindevertretung das Satzungsverfahren in dem Umfang wiederholen, in dem es fehlerhaft ist[366].

Ein Satzungsfehler kann ferner wegen **Unwesentlichkeit** unbeachtlich sein. Diese Variante ist bei Ordnungsvorschriften anwendbar, die auf den Satzungsinhalt keinen Einfluss haben oder bei Verfahrensregeln ohne eigenen Rechtsschutzgehalt für objektive oder subjektive Rechte und Interessen. Die Abgrenzung ist jedoch wegen des kaum fassbaren Kriteriums der Wesentlichkeit unklar. Dabei kann es hilfreich sein, im Zweifel auf den Zweck und die Wirkung der Vorschrift abzustellen.

> **Beispiele:** Die Nichtbeachtung von Vorschriften über die Beteiligung der Öffentlichkeit ist ein wesentlicher Verfahrensfehler (§ 4 Abs. 4 S. 2 BW GO). Mängel bei der Auslegung des Haushaltsplanes nach öffentlicher Bekanntmachung beeinflussen die Wirksamkeit nicht. Verstöße gegen die **Geschäftsordnung** sind grundsätzlich wesentliche Verfahrensfehler, wenn sie Außenwirkung entfalten. Die Einberufungsvorschriften für Gremien sind zwingende Verfahrensbestimmungen[367]. Bei

---

360 NdsOVG, AgrarR 1990, 210.
361 BVerwG, NVwZ 1998, 178; BWVGH DÖV 1977, 676.
362 BVerwG, GewArch 2014, 355 ff.
363 BVerfG, NVwZ 1990, 751.
364 BWVGH, NVwZ-RR 2000, 277 f.
365 BWVGH, NVwZ-RR 1989, 267.
366 BVerwG, DÖV 1989, 1092; BVerwGE 110, 118 ff.; NVwZ-RR 2018, 21 ff.
367 BWVGH, NVwZ-RR 1989, 154.

einer Verletzung von Anzeige- und Vorlagepflichten wird die Unwirksamkeit teilweise ausdrücklich angeordnet (§ 7 Abs. 6a NW GO).

Verstöße gegen materielles Recht führen zur **Nichtigkeit** der Satzung. Allerdings sind nur die Gerichte befugt, Satzungen für nichtig zu erklären (§ 47 Abs. 5 VwGO)[368]. Nach der Feststellung der Nichtigkeit kann die Gemeinde unter bestimmten Voraussetzungen Satzungen auch rückwirkend erlassen (§ 214 Abs. 4 BauGB)[369].

Die Nichtigkeit einzelner Satzungsbestimmungen hat grundsätzlich nicht die Nichtigkeit der gesamten Satzung zur Folge, weil der Wille des Selbstverwaltungsträgers darauf gerichtet ist, gültiges Satzungsrecht zu erlassen und es nicht zu verhindern[370].

Zwischenfrage: Welche Rechtsfolgen können Satzungsfehler auslösen?

d. Rechtmäßigkeit kommunaler Satzung

109 Kommunale Satzungen müssen formelle und materielle Rechtmäßigkeitskriterien erfüllen

> **Rechtmäßigkeit kommunaler Satzungen**
> I. Formelle Rechtmäßigkeit
> 1. Zuständigkeit
>   a. Örtliche Zuständigkeit
>   b. Sachliche Zuständigkeit (Verbands- und Organkompetenz)
>   c. Funktionelle Zuständigkeit
> 2. Beachtung von Verfahrens- und Formvorschriften
>   a. Ordnungsgemäßer Satzungsbeschluss
>   aa. Ordnungsgemäße Einberufung der Gemeindevertretung
>   bb. Beschlussfähigkeit der Gemeindevertretung
>   cc. Abstimmung und Beschlussfassung
>   dd. Kein Ausschluss wegen Befangenheit
>   ee. Beachtung von Beteiligungs- und Einwendungsrechten (§§ 3 f. BauGB)
>   ff. Beachtung besonderer Begründungspflichten (§ 9 BauGB)
>   gg. Öffentlichkeit der Sitzung
> 3. Form (Schriftform, elektronische Fassung, § 11 NKomVG)
> 4. Genehmigungs-, Anzeige- und Vorlagepflichten (§ 6 BauGB)
> 5. Ausfertigung und öffentliche Bekanntmachung
> 6. Inkrafttreten (§ 10 Abs 3 BauGB, § 10 Abs. 3 NKomVG)
> II. Materielle Rechtmäßigkeit
> 1. Ermächtigungsgrundlage
>   a. Allgemeine Satzungsautonomie (Art. 28 Abs. 2 GG)
>   b. Besondere Ermächtigungsgrundlage (§ 10 BauGB)
>   c. Vereinbarkeit der Ermächtigungsgrundlage mit höherrangigem Recht
>   d. Erfüllung der Ermächtigungsvoraussetzungen
>   aa. Tatbestandsmerkmale (Ausschöpfung von Verwaltungsspielräumen)
>   bb. Rechtsfolgen (Ausschöpfung von Ermessenstatbeständen)
> 2. Kein Verstoß gegen die Satzungsautonomie
>   a. Räumlicher Bereich
>   b. Sachlicher Bereich
>   c. Personeller Bereich
> 3. Kein Verstoß gegen höherrangiges Recht (Grundgesetz)

---

368 BVerfGE 75, 142 ff.; BVerwG, NVwZ 2006, 329 ff.
369 BVerwG, NJW 1987, 1346; SAnhOVG, NVwZ-RR 2018, 21 ff.
370 BVerwG, DVBl 1973, 502; NWOVG, NJW 1973, 1060; HeVGH, NVwZ-RR 1995, 687; SHOVG, NVwZ 2001, 1300; *Gern*, NVwZ 1987, 851.

> III. Rechtsfolgen bei Satzungsfehlern
> 1. Unbeachtlichkeit wegen Fristablaufs (§ 215 Abs. 1 BauGB)
> 2. Unbeachtlichkeit wegen Fehlerbehebung
> 3. Unbeachtlichkeit wegen Unwesentlichkeit (§ 9 Abs. 8 BauGB i. V. m. § 214 Abs. 1 Nr. 2 BauGB)
> 4. Nichtigkeit (§ 47 Abs. 5 VwGO)

5. Rechtsschutz gegen Satzungen

a. Beanstandungs- und Aufsichtsverfahren. Sieht man von der Satzungsprüfung im Rahmen eines **gemeindeinternen Beanstandungsverfahrens** (s. o. § 3 VIII 5 a) oder einen **gemeindeexternen Aufsichtsverfahrens** (s. o. § 7 III 4 e) ab, kann die Rechtmäßigkeit im Wege der sog. inzidenten Normenkontrolle, der abstrakten Normenkontrolle und der Verfassungsbeschwerde kontrolliert werden. Eine Inzident-Verwerfungskompetenz kommunaler Organe besteht hingegen nicht[371]. 110

b. Inzidente und abstrakte Normenkontrolle. Bei der **inzidenten Normenkontrolle** geht der Kläger nicht unmittelbar gegen die Satzung vor, sondern er wendet sich gegen eine aufgrund der Satzung erlassenen Maßnahme. 111

> **Beispiele**: Abgabenbescheid, Baugenehmigung, Bescheid über den Anschluss- und Benutzungszwang.

Liegt eine Rechtsverletzung vor, dann ist der darauf gestützte Verwaltungsakt aufzuheben und die Satzung in diesem konkreten Fall wegen Nichtigkeit nicht anzuwenden. Wenngleich die inzidente Feststellung nur zwischen den klagenden Parteien wirkt, kann sie jedoch Rechtsbehelfe anderer Betroffener auslösen[372].

c. Abstrakte Normenkontrolle. Unabhängig von dieser Form der Überprüfung kann nach § 47 Abs. 1 VwGO das Oberverwaltungsgericht angerufen werden, das über die Gültigkeit von nach dem BauGB erlassenen Satzungen und – sofern das Landesrecht das vorsieht – über andere Satzungen durch eine **abstrakte Normenkontrolle** entscheiden kann. 112

Die **Antragsbefugnis** liegt nach § 47 Abs. 2 VwGO vor, wenn die Satzung Außenwirkung besitzt und der Antragsteller geltend machen kann, in seinen Rechten verletzt zu sein oder in absehbarer Zeit verletzt zu werden.

> **Beispiel**: Die Festsetzungen von Bebauungsplänen zielen auf eine bestimmte städtebauliche Entwicklung und Ordnung (§ 1 Abs. 1 und Abs. 3 BauGB). Eine Rechtsverletzung durch einen Bebauungsplan kann nur erleiden, wer eine entsprechende materielle Rechtsposition besitzt. Davon sind organschaftliche Rechte zu trennen, die einen Bebauungsplan nicht tangieren, sondern nur organisationsinterne Kompetenzen betreffen[373].

Gelangt das Gericht zu der Überzeugung, dass die angegriffene Rechtsvorschrift ungültig ist, so erklärt es sie nach § 47 Abs. 5 S. 2 VwGO für nichtig.

d. Verfassungsbeschwerde. Schließlich kann nach Art. 93 Abs. 1 Nr. 4a GG **Verfassungsbeschwerde** bei dem BVerfG mit der Behauptung erhoben werden, die Satzung verletze ein Grundrecht. Dieser Rechtsbehelf kann allerdings nach § 90 Abs. 2 BVerfGG erst nach Erschöpfung des Verwaltungsrechtsweges eingelegt werden, weshalb zunächst 113

---

371 BVerwGE 112, 373, 381; SaOVG, NVwZ 1990, 172.
372 BVerwG, DÖV 1995, 469.
373 BVerwG, NVwZ 2023, 926.

die erwähnte Normenkontrolle durchzuführen ist[374]. Teilweise besteht die Möglichkeit, Rechtsschutz vor den **Landesverfassungsgerichten** zu erlangen.

XIII. Verwaltungshoheit

114 Die Satzungshoheit wird durch die **Verwaltungshoheit** ergänzt. Sie berechtigt zum Erlass lokaler Verwaltungsvorschriften zur Steuerung des Verwaltungshandelns, um eine einheitliche Durchführung von Rechtsvorschriften, einen ordnungsgemäß funktionierenden Dienstbetrieb sowie eine sachgerechte Organisation der Verwaltungsaufgaben zu gewährleisten. Verwaltungsvorschriften haben regelmäßig nur verwaltungsinterne Wirkung.

Beispiele: Dienstordnungen, Geschäftsordnungen, Geschäftsverteilungspläne.

Die Verwaltungshoheit erstreckt sich nicht nur auf das Recht, die zur Durchführung von Rechts- und Verwaltungsvorschriften notwendigen Einzelentscheidungen im Rahmen gesetzlicher Vorgaben zu treffen und zu vollziehen. Sie ist zugleich als **Verwaltungsverantwortung** zu verstehen, die sich mit der erörterten Organisationshoheit überschneidet, da die Gemeinden u. A. zwischen öffentlich-rechtlichen und privatrechtlichen Handlungs- und Verwaltungsformen wählen können, soweit nicht gesetzliche Vorgaben dies verbieten.

XIV. Kooperationshoheit

115 Das Recht auf kommunale Selbstverwaltung erstreckt sich ferner auf die **Kooperationshoheit**[375]. Sie ist die Folge davon, dass die Aufgabenerledigung in einem nach unterschiedlichen Verwaltungsräumen gegliederten Staatswesen nicht isoliert in einzelnen Gemeinden stattfinden kann, sondern auf Zusammenarbeit mit unterschiedlichen Verwaltungseinrichtungen und Gremien angewiesen ist, um den kommunalen Verwaltungsauftrag optimal zu erfüllen.

> Die Kooperationshoheit gestattet den Kommunen mit anderen Stellen zusammenzuarbeiten, ortsübergreifende Handlungsinstrumente zu schaffen, sich mit anderen Organisationen zusammenschließen, gemeinsame öffentliche Einrichtungen zu betreiben und an der Willensbildung mitzuwirken. (s. u. § 4 XVIII 3)

Beispiele: Zweckverbände, Kommunale Arbeitsgemeinschaften und Spitzenverbände.

Teilweise wird die Kooperationshoheit als Ausprägung der Organisationshoheit qualifiziert[376]. Diese Zuordnung übersieht, dass sich die Kooperationshoheit nicht nur in einer organisatorischen Komponente erschöpft.

XV. Informations- und Statistikhoheit

116 Eine sinnvolle, verantwortungsvolle sowie zukunftsorientierte Planung, Gestaltung und Wahrnehmung vielfältiger Selbstverwaltungsaufgaben (s. o. § 1 VI) setzt voraus, dass die Gemeinde über die erforderlichen Informationen verfügt. Sie muss also in der Lage

---

374 BVerfGE 76, 107, 114.
375 *Dietlein*, LKV 1999, 41; BBrVerfG, DVBl 2017, 500 ff.; *Schwarz*, in: von Mangoldt/Klein/Starck, GG-Kommentar, 7. Aufl. Art. 28 Rn. 179.
376 BVerfG, DVBl 2018, 38.

sein, die für die örtliche Aufgabenerfüllung erforderlichen Daten von anderen Verwaltungsstellen und von der Ortsbevölkerung selbst zu beschaffen und auszuwerten. Diese **Informationshoheit** unterfällt jedoch wegen des verfassungsrechtlichen Schutzes der **informationellen Selbstbestimmung** und des Schutzes von **Geschäftsgeheimnissen** zahlreichen Beschränkungen. Die Informationshoheit steht unter dem Vorbehalt der informationellen Funktionenteilung, wonach Statistikaufgaben organisatorisch und technisch von anderen Kommunalaufgaben getrennt sein müssen, um eine missbräuchliche Verwendung personenbezogener Daten auszuschließen.

XVI. Selbstverwaltung und Teilnahme am Rechtsverkehr

1. Name, Bezeichnung, Siegel und Wappen

Zur Realisierung des Selbstverwaltungsprinzips und zur eigenverantwortlichen Aufgabenerfüllung auf örtlicher Ebene ist es notwendig, dass die Gemeinden und Kreise am **allgemeinen Rechtsverkehr teilnehmen** und ihre Rechtspositionen durchzusetzen können.

Zu diesem Zweck steht jeder kommunalen Gebietskörperschaft ein individuelles **Namensrecht** zu (§ 5 Abs. 1 S. 1 BW GO, § 1 KomVG, § 13 Abs. 1 S. 1 NW GO, § 5 Abs. 1 S. 1 Sächs. GO), das sie zum **Handeln im eigenen Namen** berechtigt. Dabei handelt es sich um ein öffentlich-rechtlich ausgestaltetes, juristisches Persönlichkeitsrecht, das gegenüber Privatpersonen und anderen Trägern öffentlicher Verwaltung geltend gemacht werden kann[377]. In der Verwaltungspraxis spielt das **Namensrecht** eine große Rolle. Denn der Name ist nicht nur das Identitäts- und Abgrenzungsmerkmal der jeweiligen Gemeinde gegenüber anderen Gemeinden, sondern er hat zugleich einen materiellen und ideellen Wert[378]. Namenszusätze wie „Stadt, Markt oder Bad", die auf Einwohnerzahl, Geschichte, Bedeutung oder Eigenart hinweisen, sind kein unmittelbarer Bestandteil des Gemeindenamens (§ 13 Abs. 2 Nds. GO). Ihre Verleihung steht im Ermessen des Bundeslandes[379].

> **Beispiel**: Das NW-Gesetz über das Führen von Gemeinde- und Kreisbezeichnungen gestattet die Verwendung der Formulierung „Hagen – Stadt der FernUniversität"[380].

Diese Kennzeichnungen genießen denselben Schutz wie der Name selbst, sofern sie rechtmäßig geführt werden[381]. Ähnlich verhält es sich mit der Bezeichnung von Ortsteilen[382].
Die Kommunalgesetze enthalten keine Bestimmungen darüber, wie das gemeindliche Namensrecht geschützt und durchgesetzt werden kann. Deshalb greift die Rechtsprechung zutreffend auf § 12 BGB zurück, dessen rechtliche Aussage analog angewendet wird[383].
Der Gemeindename entfaltet seine inhaltliche Bedeutung insbesondere im Rahmen der **kommunalen Außendarstellung.** Sie ist vornehmlich auf die kommunale Imagepflege, Öffentlichkeitsarbeit, Werbung und das Marketing mit dem Ziel gerichtet, die Vorzüge der konkreten Gemeinde im interkommunalen, regionalen, nationalen und internationalen **Standortwettbewerb** hervorzuheben und sich damit von anderen Gemeinden zu unterscheiden.

---

377 *Tettinger*, in: HKWP I, § 11.
378 BVerfGE 59, 216, 226; BGH, NJW 1975, 2015; HeVGH, DVBl 1977, 49; *Holznagel/Hartmann*, NVwZ 2012, 665 ff.
379 BVerwG, NVwZ-RR 1990, 207.
380 G. vom 25.10.2011, NWGVBl 2011, 539.
381 BVerwG, DÖV 1980, 97; BGH, NJW 1975, 2015; HeVGH, DVBl 1977, 49.
382 BVerwG, MDR 1975, 603; NWOVG, DVBl 1973, 318; SAnhOVG, LKV 2012, 181 ff.
383 BVerwGE 44, 351, 354.

Beispiele: Marketingkonzepte verpassen den Gemeinden eine Corporate Identity oder ein Corporate Design, um ihre Alleinstellungsmerkmale und Besonderheiten herauszustellen.

Positivrechtlichtich ist die Außendarstellung der Gemeinde hinsichtlich der mit dem Namensrecht verbundenen Führung von
- Dienstsiegeln,
- Wappen und
- Flaggen

verbunden (Art. 4 BayGO, § 14 NWGO). Gemeinden ohne eigenes Wappen führen das kleine Landeswappen mit dem Namen der Gemeinde als Umschrift in ihrem Gemeindesiegel. Änderungen und Neueinführungen von Wappen, Flaggen und Siegeln bedürfen der Genehmigung der Rechtsaufsichtsbehörde (Art. 4 Abs. 1 S. 2 BayGO, § 14 Abs. 3 NWGO).

2. Rechtsfähigkeit, Geschäftsfähigkeit und Dienstherrnfähigkeit

118 Die Gemeinden und Kreise sind als Körperschaften und juristische Personen des öffentlichen Rechts Träger öffentlich-rechtlicher Pflichten und Rechte (**Rechtsfähigkeit**) und zugleich Zuordnungssubjekt zivilrechtlicher Rechtssätze.

Bei Teilnahme am Privatrechtsverkehr sind die Gemeinden und Kreise grundsätzlich **geschäftsfähig**, wobei sie unmittelbar durch ihre Organe handeln. Einschränkungen bestehen jedoch insoweit, als die Organe Rechtsgeschäfte nur im Rahmen ihres durch Gesetz oder Satzung bestimmten Wirkungskreises vornehmen dürfen. Andere Rechtsgeschäfte sind mangels Verbandskompetenz unwirksam. Da die Gemeinde rechtsfähig ist, besitzt sie bei gerichtlichen Verfahren nach § 50 Abs. 1 ZPO, § 61 Nr. 1 VwGO die **Parteifähigkeit** und im Verwaltungsverfahren nach § 11 VwVfG die Beteiligtenfähigkeit. Ihre **Prozessfähigkeit** für gerichtliche Verfahren ergibt sich aus § 52 Abs. 1 ZPO und § 62 Abs. 3 VwGO.

Als Ausprägung der erwähnten Personalhoheit (s. o. § 4 IX) steht Gemeinden und Kreise die **Dienstherrnfähigkeit** als das Recht zu, Beamte zu haben und entsprechende beamtenrechtliche Verhältnisse zu begründen, zu ändern und aufzuheben (Art. 43 BayGO; § 74 NWGO; § 61 ff. SächsGO).

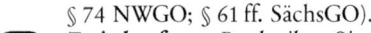 *Zwischenfrage:* Beschreiben Sie den Unterschied zwischen kommunaler Rechtsfähigkeit, Geschäftsfähigkeit und Dienstherrnfähigkeit!

3. Privatrechtsgeltung der Grundrechte

119 Bei privatrechtlichem Handeln ist unklar, ob und inwieweit Gemeinden und Kreise einer Grundrechtsbindung unterfallen (**Privatrechtsgeltung der Grundrechte**). Juristischer Ausgangspukt einer Lösung ist Art. 1 Abs. 3 GG, dessen Wortlaut scheinbar umfassend zu verstehen ist. Die Vorschrift bezweckt, dass sich die öffentliche Hand nicht von der Grundrechtsbindung befreien kann, wenn sie ihre Aufgaben in privatrechtlichen Formen erlegt (**Keine Flucht ins Privatrecht**). Das bedeutet, dass sich die Kommunen den grundrechtlichen Bindungen nicht entziehen können, wenn sie sich bei der Erfüllung von Verwaltungsaufgaben an Stelle öffentlich-rechtlicher privatrechtliche Formen und Mittel bedienen (**Verwaltungsprivatrecht**). In diesem Bereich gelten die Grundreche in vollem Umfang und sie entfalten Schutzwirkung gegenüber Bürgern und Einwohnern[384].

Zweifelhaft ist hingegen die grundrechtliche Bindungswirkung im Sektor des Beschaffungs-, Vergabe und Investitionswesens (**fiskalische Hilfsgeschäfte**). Einerseits bestehen Bedenken gegen die Anwendung der Grundrechte, weil sich die Gemeinde wie eine Verbraucherin verhält, die Sachgüter und Dienstleistungen beschafft (s. u. § 12 VII 1). Andererseits ist nicht zu verkennen, dass die Gemeinden in diesem Bereich ein wirt-

---

384   BGHZ 52, 325, 327 f.; BayVerfGH, BayVBl 2002, 83 f.

XVI. Selbstverwaltung

schaftliche Steuerungsfunktion besitzen und daher über eine erhebliche finanzielle Marktmacht verfügen. Insoweit besteht insbesondere die Gefahr, dass etwa bei Vertragsabschlüssen ohne vorausgegangenes förmliches Ausschreibungsverfahren der **Gleichheitsgrundsatz** aus parteipolitischen oder anderen Gründen missachtet wird. Aus diesem Grunde ist es angebracht, wenigstens Art. 3 GG auf die fiskalischen Geschäfte anzuwenden[385], soweit nicht unionsrechtlich geprägtes Vergaberecht nach §§ 97 GWB, haushaltsrechtliche Vorgaben oder § 25 GemHVO greifen[386].

Die Bindung der **erwerbswirtschaftlichen Betätigung** der Gemeinden an die Grundrechte hängt zunächst davon ab, ob die Gemeinden überhaupt erwerbswirtschaftlich tätig werden dürfen oder ob sie auf andere Einnahmequellen angewiesen sind (s. u. § 11 und § 12 VIII). Das ist umstritten. Insbesondere enthält Art. 28 Abs. 2 GG keinen Kompetenztitel zum Rückgriff auf Aufgaben, die von Privatrechtssubjekten wahrgenommen werden. Unterstellt man die Zulässigkeit dann ist darauf hinzuweisen, dass insbesondere die Gemeindeordnungen zahlreiche Einschränkungen vorsehen (Art. 87 Bay GO, § 108 NW GO, § 97 Sächs. GO), die den Rückgriff auf grundrechtliche Argumente teilweise entbehrlich machen.

4. Gesetzliche Vertretung

Nimmt die Gemeinde am privatrechtlichen oder öffentlich-rechtlichen Rechtsverkehr teil, dann bedarf es einer **gesetzlichen Vertretung** der Selbstverwaltungskörperschaft. Sie obliegt entsprechend der unterschiedlichen Ausgestaltung der Gemeindeordnungen dem **Gemeindevorsteher** oder **Bürgermeister** (s. o. § 3 VIII 5 und Art. 38 Abs. 1 BayGO, § 63 Abs. 1 S. 1 NWGO). Kommunalrechtlich ist bei der gesetzlichen Vertretung zwischen dem **internen Willensbildungsprozess** und der **externen Vertretungsbefugnis** zu unterscheiden, sofern die Entscheidungen der Gemeindevertretung in Rechtshandlungen mit Außenwirkung umzusetzen sind. Gibt der Gemeindevorsteher oder Bürgermeister im Rahmen seiner Vertretungsbefugnis eine Erklärung ab, die nicht mit der innergemeindlichen Willensbildung übereinstimmt, so ist sie im Außenverhältnis für die Gemeinde gleichwohl verbindlich. Der Gemeindevorsteher/Bürgermeister ist jedoch unter Umständen im Innenverhältnis schadensersatzpflichtig[387].

Die erwähnten allgemeinen Erklärungen der Verwaltungsspitze sind nicht mit **Verpflichtungserklärungen** identisch, welche die Gemeinde zu einem bestimmten Tun, Unterlassen oder Dulden verpflichten[388]. Soweit Verpflichtungserklärungen nicht zu den **Geschäften der laufenden Verwaltung** gehören (s. o. § 3 VIII 5 b) sehen die Gemeindeordnungen bestimmte Formerfordernisse vor, die als Beschränkung der Vertretungsmacht zu interpretieren sind[389].

> **Beispiele:** Schriftform, Verwendung des Dienstsiegels, Genehmigung der Rechtsaufsichtsbehörde (§ 117 BWGO, § 130 NWGO).

Die Nichtbeachtung der Verfahrensvorschriften führt grundsätzlich zur Unwirksamkeit der Erklärung (§ 64 Abs. 4 NW GO).

Neben der gesetzlichen Vertretung durch den Gemeindevorsteher oder den Bürgermeister kommt eine Vertretung durch Personen in Betracht, die Mitgliedschaftsrechte der **Gemeinde in Organen, Beiräten oder Ausschüssen** von juristischen Personen oder Personenvereinigungen wahrnehmen. Diese Vertreter sind an die Beschlüsse der Gemeindevertretung und ihrer Ausschüsse gebunden und haben die Interessen der Gemeinde zu verfolgen (Art. 93 Abs. 1 Bay GO; § 113 Abs. 1 NW GO, § 98 Abs. 1 Sächs.

---

385 BVerfG, NJW 2006, 3701.
386 S. näher *Stober/Korte*, Öffentliches Wirtschaftsrecht Allgemeiner Teil, 20. Aufl. 2023, § 24 II.
387 BGH, DVBl 1979, 514.
388 S. zum Begriff BGHZ 97, 224.
389 BGH, NJW 2001, 2626.

GO). Bei Verstößen können diese Vertreter abberufen werden, um zu vermeiden, dass sie ihre eigene Meinung an Stelle derjenigen der Gemeindeorgane setzen.

5. Rechtsschutz

121 Soweit das Namensrecht der Gemeinde beeinträchtigt wird, richten sich die prozessualen Voraussetzungen des Rechtsschutzes nach der konkreten Fallgestaltung[390]. Greift der Gesetzgeber in das kommunale Namensrecht ein, kann die Gemeinde dagegen **Verfassungsbeschwerde** bei dem Verfassungs- oder Staatsgerichtshof des Landes mit der Begründung einlegen, das Gesetz verletze das Selbstverwaltungsrecht.

Beispiel: Festlegung eines Namens im Rahmen eines Neugliederungsgesetzes.

Derartige Klagen sind allerdings nur selten erfolgreich, da das Namensrecht der Gemeinde wegen seiner überörtlichen Bedeutung nicht zum Kernbereich der kommunalen Selbstverwaltung gerechnet wird[391]. Erfolgt die Namensänderung durch die Landesregierung oder den Innenminister, steht der **Verwaltungsrechtsweg** nach § 40 VwGO offen, wobei als Klageart eine Anfechtungs- oder Verpflichtungsklage der Gemeinde in Betracht kommt. Wenn andere Hoheitsträger das gemeindliche Namensrecht beeinträchtigen, kann die Rechtsverletzung ebenfalls im Verwaltungsrechtsweg nach § 40 VwGO geltend gemacht werden. In diesen Fällen ist die Leistungsklage in Gestalt der Unterlassungsklage die richtige Klageart.

Wird der Name im Privatrechtsverkehr unbefugt benutzt, kann die Gemeinde Rechtsschutz auf dem **Zivilrechtsweg** nach § 13 GVG erlangen, da ihr Namensschutz grundsätzlich mit dem Schutz natürlicher oder juristischer Personen des Privatrechts identisch ist[392]. Insoweit leitet die Rechtsprechung Unterlassungs- und Schadensersatzansprüche aus einer analogen Anwendung des § 12 BGB ab[393]. Diese Maxime gilt ferner für Rechtsstreitigkeiten aus privatrechtlichen Rechtsverhältnissen.

Beispiele: Kauf-, Dienst- oder Werkverträge im Bereich des kommunalen Beschaffungs- und Vergabewesens.

Eine abweichende Beurteilung ist nur erforderlich, wenn die Auftragsvergabe ausdrücklich öffentlich-rechtlich ausgestaltet ist.

Beispiel: Gesetzliche Bevorzugungstatbestände, für die die Zweistufentheorie zur Anwendung kommt[394].

XVII. Kommunale Haftung

1. Haftungsrechtliche Ausganglage

122 Kommunale Selbstverwaltung verbunden mit dem Recht auf eigenverantwortliche Aufgabenerledigung bedeutet, dass die Gemeinde für die Folgen des ihr zurechenbaren Tuns, Duldens oder Unterlassens einzustehen hat. Diese Verantwortlichkeit spiegelt sich in der **Haftungsfähigkeit** und **Deliktsfähigkeit** wider, wobei für die deliktsunfähige Gemeinde ein gesetzlicher Vertreter oder eine beauftragte Person handeln kann (§ 14 StGB). Das **Ordnungswidrigkeitenrecht** gestattet nach § 30 OWiG die Festsetzung einer **Geldbuße** gegenüber der Gemeinde, falls sie für eine Pflichtverletzung verantwortlich ist.

---

390 *Tettinger*, in: HKWP I, § 11.
391 BVerfGE 59, 216.
392 BVerwGE 44, 351, 353.
393 BVerwGE 44, 351.
394 Wolff/Bachof/Stober/Kluth, Verwaltungsrecht I, 14. Aufl. 2025, § 22 III 4 d; *Stober/Korte*, Allgemeines Wirtschaftsverwaltungsrecht, 20. Aufl. 2023, § 33 II.

Da kein eingeständiges kommunales Haftungsrecht existiert, richtet sich die haftungsrechtliche Verantwortung der Kommunen nach dem allgemeinen System des **Staatshaftungsrechts**. Es besteht allerdings aus einer lückenhaften, unübersichtlichen und rechtspolitisch unbefriedigenden Gemengelage von Gesetzes- und Richterrecht[395]. Auch deshalb beschränken sich die weiteren Ausführungen auf kommunaltypische und praxisrelevante Ausschnitte, wobei es wegen der unterschiedlichen Haftungsgrundlagen zunächst auf folgende Weichenstellungen ankommt:
– Handelt die Gemeinde privatrechtlich oder öffentlich-rechtlich?
– Ist die Haftung Folge eines Vertragsschlusses oder beruht sie auf einem Gesetz?
– Setzt die Haftung Verschulden voraussetzt oder reicht die Verursachung eines Schadens aus?

Zwischenfrage: *Welche Fragen sind zunächst zu kläre, bevor einzelne Haftungsgrundlagen näher geprüft werden?*

2. Gefährdungshaftung

Ein für die Kommunen relevante Haftungsgrundlage ist die **Gefährdungshaftung**. Sie ist einschlägig, wenn eine Gemeinde Inhaberin einer als besonders gefährlichen eingestuften Sache oder Betreiberin einer besonders gefährlichen Anlage oder Einrichtung ist. Im Unterschied zur Verschuldenshaftung steht hier die Gefahrschaffung im Vordergrund. Deshalb reicht die **Verursachung eines Schadens** aus, so dass ein Verschulden der Gemeinde nicht erforderlich ist.

Beispiele: §§ 1 f. HaftpflichtG für Straßenbahnen und Energienetze; § 1 ProdHG für die mangelhafte Lieferung von Wasser und Energie; Schadensverursachung durch ein kommunales Streufahrzeug[396].

3. Haftung für unerlaubte Handlungen

Als weitere Haftungsvariante kommt eine Haftung nach §§ 823 ff. BGB für **unerlaubte Handlungen** in Betracht. Hauptanwendungsfall dieser Haftungsform ist in der Praxis die Verletzung der **kommunalen Verkehrssicherungspflicht**[397].

Beispiele: Verkehrssicherheit auf öffentlichen Straßen, Wegen, Plätze und kommunalen Einrichtungen wie Schulen, Spielplätzen, Grünanlagen oder Kindertageseinrichtungen.

Diese Haftungszuordnung zu Lasten der Gemeinde wird damit begründet, es handle sich hier lediglich um eine Variante der allgemeinen Verkehrssicherungspflicht, die gegenüber Jedermann besteht.

> Die Verkehrssicherungspflicht ist darauf gerichtet ist, öffentlich zugängliche Verkehrsflächen möglichst gefahrlos zu gestalten und zu erhalten sowie im Rahmen des Zumutbaren alles Erdenkliche zu tun, um Gefahren zu vermeiden, die sich aus einer ordnungsgemäßen Nutzung von Verkehrsflächen ergeben können.[398] Erforderlich sind die Maßnahmen, die ein umsichtiger und verständiger, in vernünftigen Grenzen vorsichtiger Mensch für notwendig und ausreichend hält, um Gefahren für Dritte abzuwenden oder zu beseitigen[399].

Beispiele: Pflichten der Schwimmbadaufsicht während der Öffnungszeiten[400]. Der Verkehrssicherungspflichtige genügt seiner Überwachungs- und Sicherungspflicht

---

395 *Geis*, Kommunalrecht, 6. Aufl. 2023, § 13.
396 OLG Nürnberg, NJW-RR 1987, 803.
397 BGHZ 60, 54; 68, 217; BVerwGE 14, 334, 337; *Landsberg/Elxnat*, in FS Hennecke, 2022, 321.
398 BGH, NJW 1977, 1965 und NJW 1978, 1626 sowie NVwZ-RR 1989, 38.
399 OLG Naumburg, NVwZ-RR 2024, 926.
400 BGH, NJW 2018, 301 ff.

hinsichtlich vorhandener Bäume, wenn er diese aufgrund laufender Beobachtung in angemessenen Zeitabständen auf Krankheitsanzeichen untersucht und Pflegemaßnahmen vornimmt[401].

Diese Haftungsgrundlage entfällt, wenn der Landesgesetzgeber die Verkehrssicherungspflicht **hoheitlich** ausgestaltet, weil dann Art. 34 GG i. V. m. § 839 BGB greift (s. u. § 4 XVII 5).

Beispiele: § 9a NW StrG; § 3 Abs. 1 SH StrWG.

Zwischenfrage: Was bezweckt die den Gemeinden auferlegte Verkehrssicherungspflicht?

4. Haftung aus kommunalen Benutzungsverhältnissen

125 Bürger und Einwohner nutzen regelmäßig zahlreiche von der Kommune zur Verfügung gestellte **öffentliche Einrichtungen** (s. u. § 10 IV). Soweit die Gemeinde sich in diesem Zusammenhang öffentlich-rechtlicher Handlungsformen bedient, kommt eine Haftung aus einem **kommunalen Benutzungsverhältnis** in Betracht. Mangels eigenständiger Regelung werden hier die BGB-Vorschriften über Schuldverhältnisse entsprechend angewendet.

Die Einstandspflicht der Kommune für schuldhaftes Verhalten wird mit dem besonders engen Verhältnis der Menschen zur Gemeindeverwaltung, aus dem sich ein Bedürfnis für eine angemessene Verteilung der Verantwortung ergebe, begründet. Im Rahmen dieser Rechtsverhältnisse ist anerkannt, dass sich die Haftung der Gemeinde grundsätzlich auf Vorsatz und grobe Fahrlässigkeit beschränkt. Diese Haftungsgrenze ist einerseits sachlich berechtigt, weil andernfalls Gemeinden wegen des drohenden und unübersehbaren Haftungsrisikos keine öffentlichen Einrichtungen betreiben könnten oder die Benutzungsgebühren drastisch erhöht werden müssten. Andererseits darf die Kommune nicht die Verantwortung für Schäden ausschließen, die auf offensichtliche personale oder sachliche Missstände zurückzuführen sind.

5. Amtshaftung

126 Jenseits der genannten Haftungstatbestände kommt im kommunalen Sektor auch eine **Amtshaftung** in Betracht. Sie resultiert aus der Rechtssituation, dass Gemeinden Beamten beschäftigen, die einen Schaden verursachen können. Diese Haftungsfolge ergibt sich aus Art. 34 GG, die auch auf Kommunen anwendbar ist. Dort heißt es:

„Verletzt jemand in Ausübung eines ihm anvertrauten öffentlichen Amtes die ihm einem Dritten gegenüber obliegender Amtspflicht, so trifft die Verantwortlichkeit grundsätzlich den Staat oder die Körperschaft, in deren Dienst er steht."

Folglich muss die Gemeinde für ihre Bediensteten sowie für die Mitglieder der Gemeindevertretung[402] einstehen, soweit sie öffentlich-rechtlich handeln und im Rahmen ihrer Aufgabenerfüllung rechtswidrig und schuldhaft eine **Amtspflicht** verletzen[403].

Beispiele: Bei dem Betrieb kommunaler Kläranlagen besteht die Pflicht, nicht durch Immissionen, die über den Duldungsrahmen des § 906 BGB hinausgehen, auf nachbarliches Eigentum einzuwirken[404]. Gemeinden haben Anträge und Verfahren der Bürger und Einwohner zügig zu bearbeiten (§ 10 Abs. 2 VwVfG)[405]. Kommunale Bedienstete haben Betriebs- und Geschäftsgeheimnisse zu wahren (§ 30 VwVfG). Kommunale Träger der öffentlichen Jugendhilfe haben sicherzustellen, dass für jedes

---

401 OLG Hamm, NVwZ-RR 2023, 336.
402 BGHZ 84, 292 und 106, 323,330.
403 S. näher *Schwager*, DVBl 1989, 1069 ff.; *Rinne/Schlick*, NJW 2005, 3541 ff.
404 BGHZ 97, 97.
405 OLG Düsseldorf, NWVBl 1989, 175.

anspruchsberechtigte Kind nach § 24 Abs. 2 SGB VIII tatsächlich ein Platz in einer Einrichtung zur Verfügung steht[406].

Die konkrete Amtspflicht darf nicht nur im objektiven Interesse bestehen, sondern muss auch im Interesse Dritter existieren (**Drittwirkung der Amtspflicht**)[407]. Das ist eine Frage der Normauslegung, wobei insbesondere auf den Schutzzwecke der im Streit befindlichen Vorschrift abzustellen ist.

> **Beispiele**: Haftung für Überplanung kontaminierter Grundstücke (Altlasten)[408]. Rechtswidrige Versagung des Einvernehmens nach § 36 BauGB[409]. Haftung für die Verkehrssicherheit kommunaler Einrichtungen[410]. Der Gemeindevorsteher/Bürgermeister ist auch im Interesse des Vertragspartners zur Erkundigung verpflichtet, ob ein angestrebter Vertrag der Genehmigung der Aufsichtsbehörde bedarf[411].

Soweit die Amtshaftung besteht, ist ein Durchgriff auf den Schädiger im Außenverhältnis in Form der Eigenhaftung unzulässig, weil die Gemeinde die Haftung übernehmen muss (Art. 20 Abs. 4 Bay GO). Diese Haftungsverlagerung stellt einerseits sicher, dass der Geschädigte auf einen zahlungskräftigen Schuldner zurückgreifen kann. Andererseits gewährleistet sie für die Zukunft, dass die Entscheidungsfreudigkeit des Bediensteten oder der Gemeinderäte nicht nachhaltig beeinträchtigt wird.

Darf die Gemeinde die Amtshaftung durch kommunale Satzung (s. o. § 4 XII) beschränken? Der BGH verlangt eine besondere gesetzliche Ermächtigung, da **Haftungsausschlüsse** zur Eigenhaftung des Beamten führe und einen Eingriff in Freiheit und Eigentum darstelle[412]. Deshalb reiche die in den Gemeindeordnungen vorhandene allgemeine Ermächtigung zur Erledigung eigener Angelegenheiten oder die Befugnis zur Einführung eines Anschluss- und Benutzungszwangs nicht aus. Im Gegensatz dazu vertritt der BayVGH die Ansicht, aus dem Wortlaut des Art. 34 GG lasse sich nicht entnehmen, dass für derartige Haftungsbeschränkungen nur der Landesgesetzgeber und nicht der örtliche Satzungsgeber zuständig sei[413]. Diese Meinung entspricht zwar am Ehesten dem Selbstverwaltungsgedanken. Wenn die Gemeinde generell berechtigt ist, Nutzungsverhältnisse zu begründen und auszugestalten (s. u. § 10 IV), dann muss das auch für die Option einer Haftungsbegrenzung gelten, die wesentlicher Teil der Benutzungsordnung ist. Allerdings bleibt zu bedenken, dass die Befugnis zur Rechtsetzung auf staatlicher Verleihung beruht und nur im Rahmen der Gesetze eingeräumt ist. Aus dieser Perspektive ist festzuhalten, dass die Regelung des Beamten- und Staatshaftungsrechts außerhalb der Reichweite des den Gemeinden zugestandenen Satzungsrechts liegt und es deshalb einer besonderen Rechtsgrundlage bedarf.

Teilweise sehen Gemeindeordnungen einen **Haftungsrückgriff** auf Ratsmitglieder für den Fall vor, dass die Gemeinde infolge eines Beschlusses der Gemeindevertretung einen Schaden erleidet, der auf einer grob fahrlässigen Pflichtverletzung oder einer Mitwirkung trotz Befangenheit beruht (Art. 51 Abs. 2 S. 2 Bay GO; § 43 Abs. 4 NW GO). Diese Haftungsüberwälzung ist mit dem Gedanken des freien Mandats vereinbar und trotz der Ehrenamtlichkeit der Ratstätigkeit gerechtfertigt[414], weil das rechtmäßige und das übrige rechtswidrige Abstimmungsverhalten nicht in diese Regelung einbezogen wird. Unklar bleibt, ob kommunale Mandatsträger auch dann haften, wenn ausdrückliche Regresstatbestände fehlen. Teilweise wird eine analoge Anwendung beamtenrechtlicher

---

406 OLG Bbg, NVwZ-RR 2024, 835.
407 BGH, NJW 2005, 742; *Rinne/Schlick*, NJW 2005, 3541, 3544.
408 BGH, NJW 1989,976 und NJW 1990,381; *Rehbinder*, JuS 1989, 885; *Schink*, NJW 1990, 351.
409 BGHZ 65, 182 ff. und 119, 365 ff.
410 BGHZ 61,7; SHOLG, NVwZ-RR 2018, 255 ff.
411 BGH, NVwZ 2005,484.
412 BGHZ 61, 7.
413 BayVGH, BayVBl 1985,407.
414 *Henneke*, Jura 1992, 125 ff.

Rückgriffsregelungen befürwortet. Gelegentlich wird auf das Verwaltungsrechtsverhältnis zur Gemeinde abgestellt[415]. Beide Lösungsvorschläge sind wegen ihres Eingriffscharakters abzulehnen, der eine spezialgesetzliche Rechtsgrundlage erfordert.

6. Enteignungs- und Entschädigungsregelungen

127 Während die kommunale Amtshaftung ein Verschulden des Amtswalters voraussetzt und auf Schadensersatz gerichtet ist, schaffen Enteignungs- und Entschädigungsregelungen einen gerechten Ausgleich dafür, dass die Gemeinde in Vermögenspositionen einer Person eingegriffen hat und von ihr aus Gemeinwohlgründen ein **Sonderopfer** abverlangt, das über eine alle Menschen treffende Sozialbindung hinausgeht. Vor diesem Sachhintergrund bestehen zahlreiche besondere Enteignungs- und Entschädigungstatbestände.

> **Beispiele:** Werden für Straßenanlieger auf Dauer Zufahrten oder Zugänge durch die Änderung oder Einziehung von Straßen unterbrochen, dann hat die Gemeinde als Träger der Straßenbaulast eine angemessene Entschädigung in Geld zu leisten (§ 17 Abs. 3 BayStrWG). Das BauGB gestattet unter bestimmten Voraussetzungen Enteignungen zugunsten von Gemeinden, die dann Entschädigungsforderungen auslösen (§§ 85 ff. und §§ 93 ff. BauGB). Ersatz für Aufwendungen bei Vertrauensschaden (§ 39 BauGB).

Fehlen spezielle Enteignungs- und Entschädigungsregelungen greift Art. 14 Abs. 3 GG ein.

> **Beispiele:** Eine kommunale Mülldeponie lockt nahrungssuchende Vögel an, die benachbarte Ackerflächen verwüsten[416]. Haftung für rechtswidrige Bebauungspläne[417]. Haftung für die rechtswidrige Versagung einer Teilungsgenehmigung[418]. Haftung für Ampelunfälle, die ausschließlich auf technischem Versagen beruhen[419].

 Zwischenfrage: Erläutern Sie, wann eine kommunale Amtshaftung in Betracht kommt!

XVIII. Selbstverwaltung und andere Verwaltungsträger

1. Staat und EU

128 Einerseits bewirkt die Aufteilung der Verwaltungsaufgaben auf kommunale und staatliche Verwaltungsträger organisatorisch eine Trennung der einheitlichen öffentlichen Verwaltung. Andererseits kann kommunale Selbstverwaltung nicht unabhängig von der EU (s. o. § 2), vom Staat (s. o. § 3) und anderen Verwaltungsträgern stattfinden. Erinnert sei nur an die zahlreichen wechselseitigen realen Aufgabenverflechtungen der modernen Industrie-, Dienstleistungs- und Digitalgesellschaft[420].

2. Kreise

129 Neben der Selbstverwaltung durch die Gemeinden findet Verwaltung durch die **Kreise/Landkreise** statt, die nach der erörterten verfassungsrechtlichen Ausgangslage ebenfalls Träger kommunaler Selbstverwaltung sind und deshalb über einen eigenen Aufgabenbereich verfügen (s. o. § 3 VI 3 b).

130 **a. Zur Abgrenzung von Gemeinde- und Kreisaufgaben. – aa. Überörtliche Aufga-
131 ben und Subsidiaritätsprinzip.** Grundgesetz und Landesverfassungen treffen keine kla-

---

415 *Henneke*, Jura 1992, 125 ff.
416 BGH, NJW 1980, 770.
417 BGHZ 92, 34.
418 BGH, NJW 1997, 1229.
419 BGHZ 99, 249; *Theis*, KommJur 2006, 365 ff.
420 BVerfGE 26, 2258, 239.

ren Aussagen darüber, ob und wenn ja welche konkreten Aufgaben von Gemeinden, Kreisen oder beiden Verwaltungsträgern wahrzunehmen sind. Vielmehr regelt Art. 28 Abs. 2 Satz 2 GG hinsichtlich der **Gemeindeverbände** lediglich, dass sie das Selbstverwaltungsrecht im Rahmen ihres gesetzlichen Aufgabenbereiches besitzen. Folglich ist es jenseits des **kommunalen Aufgabenerfindungsrechts** prinzipiell Aufgabe des Gesetzgebers, den Zuständigkeitsbereich im Einzelnen zu bestimmen. Das geschieht in der Gesetzespraxis grundsätzlich generalklauselartig mit der Wendung, dass die Kreise für die „**überörtlichen**" oder „**gemeindeübergreifenden**" Angelegenheiten verantwortlich sind.

> Im Allgemeinen wird die Überörtlichkeit einer Aufgabe nach der Raumbezogenheit, der Finanz- und Leistungsfähigkeit sowie der Notwendigkeit finanzieller und verwaltungstechnischer Hilfe definiert.

Angesichts dieser relativen Unbestimmtheit sind Konflikte zwischen Zuständigkeiten von Gemeinde- und Kreisverwaltung vorprogrammiert. Deshalb sind ergänzend weitere Abgrenzungsregeln heranzuziehen.

Teilweise wird auf das **Subsidiaritätsprinzip** verwiesen (s. o. § 1 IV), wonach der höhere Verband nur dann zuständig ist, wenn die niedere Einheit nicht in der Lage ist, eine Selbstverwaltungsaufgabe sachgemäß zu erfüllen[421]. Diese Regel ist aber nur dann anwendbar, wenn sie sich eindeutig aus dem Verfassungsrecht ergibt, was etwa für Art. 28 Abs. 2 GG oder Art. 78 NW Verf zu verneinen ist[422]. Die Heranziehung des Subsidiaritätsprinzips ist darüber hinaus auch deshalb zweifelhaft, weil sich aus ihm allein keine Schlussfolgerung für die allein zu entscheidende Frage ziehen lässt, wann die Zuständigkeit einer bestimmten Ebene gegeben ist. Insbesondere liefert dieses Prinzip keine Maßstäbe dafür, was als sachgemäß zu beurteilen ist[423].

Im Gegensatz dazu betont das BVerfG neuerdings den grundsätzlichen **Nachrang der Kreise** gegenüber der Gemeindeebene zugunsten der kreisangehörigen Gemeinden[424]. Das Gericht stützt seine Meinung auf die Gesetzessystematik des Art. 28 Abs. 2 GG, wonach die Kreise **keine Aufgabengarantie** besäßen, weil der Gesetzgeber ihnen nur Aufgaben zuweise, soweit deren ordnungsgemäße Erfüllung nicht durch die Gemeinden sichergestellt sei[425]. Demnach gehöre die Eigenständigkeit der Gemeinden auch und gerade gegenüber den Kreisen sowie das in Art. 28 Abs. 2 GG statuierte Aufgabenverteilungsprinzip hinsichtlich aller Angelegenheiten der örtlichen Gemeinschaft zugunsten der Gemeinden zu den grundlegenden Strukturelementen der Selbstverwaltungsgarantie[426].

Zwischenfrage: Welche Argumente stützen die Ansicht, dass die Aufgabenerfüllung auf der Gemeindeebene Vorrang vor der Wahrnehmung auf Kreisebene hat?

bb. Weitere Abgrenzungskriterien. Unabhängig von diesen Überlegungen werden zur **Abschichtung von Gemeinde- und Kreisaufgaben** weitere Kriterien herangezogen, die jedoch im Einzelfall keine exakte Abgrenzung ermöglichen.

Beispiele: Regionalprinzip, Prioritätsprinzip, Schwerpunktprinzip, Vermutungsprinzip[427], Richtigkeitsprinzip[428] und Verhältnismäßigkeitsprinzip.

---

421 NdsOVG, DÖV 1980, 417; NWVerfGH, DÖV 1980, 691.
422 BVerwG, DVBl 1972, 780; irrig NW VerfGH, DVBl 1983, 714 mit abl. Anm. von *Püttner*.
423 *Stober*, JZ 1984, 105; *Oebbecke*, Gemeindeverbandsrecht Nordrhein-Westfalen, 1984, 43; BVerwGE 67, 321, 324; BVerwG, NVwZ-RR 1989, 11.
424 BVerfGE 79, 127, 150 ff.; 83, 363, 382 ff.
425 BVerfGE 83, 363, 383; BbgVerfG, LKV, 1995, 40.
426 BVerfG, DVBl 2017, 35, 37.
427 BVerfGE 77, 288, 300.
428 BVerfGE 68, 1, 86.

Misst man die Zuordnung an der klassischen Auslegungsmethode, dann spricht die Entstehungsgeschichte der Vorschrift auf den ersten Blick für eine Aufgabenverteilungskompetenz zugunsten der Gemeinden. Während Art. 127 WRV sowie der ursprüngliche Entwurf des Art. 28 Abs. 2 GG Gemeinden und Kreise hinsichtlich der Gewährleistung des kommunalen Selbstverwaltungsrechts gleichstellten, folgt aus den Beratungen zu Art. 28 Abs. 2 GG eindeutig, dass die Gemeindeverbände nicht das Recht haben sollten, alle Angelegenheiten der örtlichen Gemeinschaft zu erledigen, sondern nur diejenigen, welche ihnen ausdrücklich zugewiesen sind[429].

Dieser Ansicht ist allerdings der demokratisch motivierte Zusammenhang mit Art. 28 Abs. 1 Satz 2 GG entgegenzuhalten, der sowohl für Gemeinden als auch für Kreise gilt. Er legt nahe, dass die angeführte Interpretation insbesondere dann herangezogen werden kann, wenn es sich um die Übertragung von Aufgaben auf nicht unmittelbar demokratisch legitimierte Verwaltungseinheiten auf der Kommunalebene – wie etwa Zweckverbände – geht. Dieser Befund deckt sich mit der Gerichtspraxis, die darauf abstellt, ob die Aufgabe in der örtlichen Gemeinschaft wurzelt (s. o. § 4 V 3)[430].

133 **cc. Funktionsfähigkeit und demokratische Legitimation.** Die dargelegte interpretative Unsicherheit gilt auch für die **Bestimmung der Kreisaufgaben**. Nach überwiegender Ansicht im Schrifttum kommt es darauf an, ob die Voraussetzungen für folgende Aufgabentypen erfüllt sind[431]:
– übergemeindliche Aufgaben
– ergänzende Aufgaben und
– ausgleichende Aufgaben.

Soweit teilweise lediglich zwischen übergemeindlichen und ergänzenden Aufgaben differenziert wird[432], kommt das Charakteristikum der Ausgleichsaufgaben zu wenig zur Geltung. Dieser Aufgabentyp soll nämlich die Gemeinden grundsätzlich befähigen, die eigentliche Grundaufgabe weiterhin im Rahmen der örtlichen Selbstverwaltung zu erfüllen[433]. Folglich ist die Ausgleichsaufgabe nicht nur eine Kreisangelegenheit, sondern sie berücksichtigt auch, dass Gemeinden und Kreise in dem Sinn gleichwertig nebeneinanderstehen, dass erst beide zusammen innerhalb des Kreisgebietes die verwaltungsmäßigen Leistungen erbringen. Ihr Verhältnis ist deshalb auf Ausgleich und Ergänzung angelegt.

Zusammenfassend ergibt sich bei Zweifelsfragen aus der im jeweiligen Selbstverwaltungsrecht enthaltenen komplementären Aufgabenzuständigkeit und dem vom BVerfG argumentieren Vorrang der Gemeindeebene für die Erledigung örtlicher Aufgaben folgende Leitlinie:

> Der Gesetzgeber ist in seiner Zuordnung frei, wenn die Aufgaben keinen oder keinen relevanten örtlichen Charakter aufweist. Andernfalls müssen bei Aufgabenänderungen nachvollziehbare Gründe des Gemeininteresses vorliegen. Das ist insbesondere dann zu bejahen, wenn die ordnungsmäße Aufgabenerfüllung nicht sichergestellt werden kann[434].

Diese Abgrenzung trägt dem Gedanken Rechnung, dass das Grundgesetz und die Landesverfassungen funktionsfähige Verwaltungseinheiten voraussetzen. Sie hat jedoch

---

429 JöR NF Band 1, 253 ff.; *Stern*, in: Bonner Kommentar, Art. 28 Rn. 168.
430 BVerfGE 79, 127, 151.
431 *Köstering*, in: HKWP III, § 49 A III; *Beckmann*, DVBl 1990, 1193 ff.
432 *Oebbecke*, Gemeindeverbandsrecht Nordrhein-Westfalen, 1984, 41 ff.
433 BVerfGE 79, 127, 152; BbgVerfG, LKV 1995, 40; BVerwGE 67, 321, 324.
434 BVerfGE 79, 127, 152.

auch den politisch-demokratischen Gesichtspunkt der Teilnahme der örtlichen Gemeinschaft an der Erledigung ihrer öffentlichen Aufgaben zu beachten (s. u. § 5).

Beispiel: Das bloße Ziel einer Verwaltungsvereinfachung oder der Zuständigkeitskonzentration im Interesse der Übersichtlichkeit der Verwaltung rechtfertigt einen Aufgabenentzug ebenso wenig wie Gründe der Wirtschaftlichkeit und Sparsamkeit[435].

Aus dieser Leitlinie folgt einerseits, dass eine Hochzonung von Gemeindeaufgaben auf die Kreisebene einen erheblichen Begründungsbedarf verlangt. Andererseits schließt diese Betrachtung weder eine Typisierung, eine Differenzierung nach Gemeindegrößen noch eine Aufgabenteilung aus.

Beispiele: Hinsichtlich der öffentlich-rechtlichen Entsorgungsaufgaben (§ 17 und § 20 KrWG) sieht das BVerfG die Abfallbeseitigung im engeren Sinne (Behandeln, Lagern und Ablagern der Abfälle) für die kreisfreien Städte als örtlich und für die kreisangehörigen Gemeinden als überörtlich an. Hingegen sind die Phasen des Einsammelns und Beförderns grundsätzlich örtliche Aufgaben (s. auch § 5 Abs. 6 NW AbfallG)[436]. Die Übertragung der Aufgaben der Abwasserbeseitigung von kreisangehörigen Städten auf Abwasserverbände ist hinsichtlich der gestiegenen Anforderungen an eine ordnungsgemäße Wasserbewirtschaftung vertretbar[437].

Aus diesen Darlegungen folgt zugleich, dass der Gesetzgeber die Kreise nicht aufgabenlos stellen darf. In diesem Falle würde er die Einrichtungsgarantie verletzen, die ein Mindestmaß an Aufgabenübertragung im Interesse einer funktionsfähigen Kreisverwaltung verlangt (sog. **kreiskommunale Aufgaben**)[438].

b. Allgemeine Grundsätze des Kreisrechts. Die Komplementarität von Kreisen und Gemeinden hat außer der aufgabenbezogenen eine verfahrensrechtliche Seite. Sie verlangt gegenseitige Rücksichtnahme, eine Festlegung der zeitlichen und sachlichen Prioritäten bei der Aufgabenerfüllung, eine Koordinierung von Aktivitäten und eine permanente Abstimmung der finanziellen, ökonomischen, sozialen, kulturellen und ökologischen Ressourcen.

Aus der Institutions- und Aufgabengarantie der Kreise folgt, dass ihnen zur Ermöglichung einer funktionierenden Selbstverwaltung im Kreisgebiet prinzipiell dieselben Hoheitsrechte wie den Gemeinden zustehen, soweit sie ihrem Wesen nach auf diese Gemeindeverbände anwendbar sind (s. o. § 4 VII–XV).

Beispiele: Personalhoheit, Organisationshoheit.

Kreise besitzen traditionell und nach geltendem Recht einen Doppelstatus. Sie sind sowohl Selbstverwaltungsträger als auch **untere staatliche Verwaltungsbehörde**. Bei der Erfüllung der Aufgaben in der Eigenschaft als untere Verwaltungsbehörde ist der **Landrat** gegenüber den fachlich zuständigen Landesbehörden verantwortlich (s. o. § 3 IV 2).

3. Nachbargemeinden und kommunale Zusammenarbeit

a. Zur Notwendigkeit kommunaler Zusammenarbeit. Die Selbstverwaltung der Gemeinde erfolgt nicht isoliert in einem fest abgegrenzten Territorium. Denn die Entwicklung des Verkehrs, die Zunahme heranrückender Bau- und Siedlungstätigkeit, die Mobilität der Bürger und ihre nicht an Gemeindegrenzen endenden Anforderungen an die moderne Kommunalverwaltung in der Industrie-, Dienstleistungs- und Digitalgesellschaft bewirken einen Aufgabenwandel, der vielfach die Leistungsfähigkeit der einzelnen Ge-

---

435 BVerfGE 79, 127, 153; NWVerfGH, DVBl 1991, 488 f.
436 BVerfGE 79, 127, 152 ff.
437 NWVerfGH, DVBl. 1991, 488.
438 BVerfGE 83, 363, 383.

meinde überfordert und nur durch kommunale Zusammenarbeit bewältigt werden kann. Sie ist einerseits Ausdruck der **Kooperationshoheit** sowie der **Organisationshoheit** (s. o. § 4 VIII und XIII) und liegt andererseits wegen ihrer selbstverwaltungsschonenden Wirkung im Interesse der Kommunen[439]. In diesem Kontext spielen insbesondere die Interessen der **Nachbargemeinden** eine Rolle, deren Belange sich in zahlreichen gesetzlichen Bindungen sowie Aufgabenverflechtungen niederschlagen. Es versteht sich von selbst, dass infolge zwischengemeindlicher Interessengegensätze Konflikte vorprogrammiert sind.

[?] *Zwischenfrage: können Sie sich vorstellen, welche Interessen Nachbargemeinden haben?*
Die Gründe für eine kommunale Zusammenarbeit sind vielfältig.

> **Beispiele:** Eine Aufgabe übersteigt die Finanz- oder Verwaltungskraft einer Gemeinde. Rationalisierungs-, Effizienzsteigerungs- oder Wirtschaftlichkeitsgründe legen eine Kooperation mit Nachbargemeinden nahe (§ 3 Abs. 5 NWGO). Bauleitpläne benachbarter Gemeinden sind aufeinander abzustimmen (§ 2 Abs. 2 BauGB – sog. interkommunale Abwägung)[440].

Der Grundsatz der **interkommunalen rücksichtsvollen Abstimmung** verlangt, dass sich Nachbargemeinden bei der Aufgabenwahrnehmung nicht gegenseitig beeinträchtigen[441]. Insbesondere dürfen sie keine Maßnahmen treffen, die sich auf die Nachbargemeinde negativ auswirken.

> **Beispiele:** Eine Gemeinde kann zum Schutz ihrer Wassergewinnungsanlage die Genehmigung für ein Kraftwerk anfechten, das in der Nähe des Gemeindegebietes errichtet werden soll[442]. Ziele der Landesplanung können ausnahmsweise dem Schutz benachbarter Gemeinden dienen[443]. § 11 Abs. 3 BauNVO bezweckt, die dort aufgeführten Nutzungsarten (Einkaufszentren, großflächige Einzelhandelsbetriebe) im Sinne einer guten Stadt- und Raumplanung zu lenken. Die Regelung soll den Einzelhandel an den Standorten sichern, die in das städtebauliche Ordnungssystem funktionsgerecht eingebunden sind, weshalb § 11 Abs. 3 BauNVO durch eine übergemeindliche Sicht geprägt ist. Folglich sind auch Auswirkungen auf andere Gemeinden rechtlich relevant, die bei Vorhaben reflexartig begünstigt werden, ohne drittschützende Abwehrrechte zu begründen[444].

Konflikte mit Nachbargemeinden sind auch denkbar, weil Kommunalordnungen in jüngerer Zeit gestatten, dass Gemeinden auch **außerhalb ihres Gemeindegebietes** tätig werden dürfen (§ 107 Abs. 3 NWGO – s. u. § 4 XVIII 5).

136 b. Organisationsformen kommunaler Zusammenarbeit. Zur Bewältigung nachbarschaftlicher und interkommunaler Probleme und Konflikte stehen den Gemeinden mehrere Organisationsformen zur Verfügung, deren Details in speziellen **Gesetzen über kommunale Gemeinschaftsarbeit** geregelt sind:
- die kommunale Arbeitsgemeinschaft,
- die öffentlich-rechtliche Vereinbarung,
- Zweckverbände und
- privatrechtliche Zusammenschlüsse.

---

439 *Schmidt*, Kommunale Kooperation, 2005.
440 BVerwG, NWVBl 1995,426; BVerwGE 84, 209; BVerwG, NVwZ 1990, 657.
441 RPOVG, DÖV 1988, 843.
442 RPOVG, UPR 1986, 396.
443 RPOVG, NVwZ 1989,983.
444 BVerwG, NVwZ 2024, 1667.

aa. Kommunale Arbeitsgemeinschaft

> Die **kommunale Arbeitsgemeinschaft** beruht auf einem öffentlich-rechtlichen Verwaltungsvertrag zur gemeinsamen Koordinierung, Vorbereitung und Sicherstellung bestimmter Aufgaben aus dem Gesamtspektrum kommunaler Angelegenheiten. Sie zielt auf Gemeinschaftslösungen zur möglichst wirtschaftlichen und zweckmäßigen Aufgabenerledigung in einem größeren nachbarschaftlichen Gebiet (§ 2 Abs. 2 NWGkG).

137

Die kommunale Arbeitsgemeinschaft besitzt weder eigene Rechtspersönlichkeit noch wirkt sie rechtsverbindlichen nach außen. Sie konzentriert sich auf unverbindliche Anregungen und Empfehlungen, die von den Beteiligten in eigener Zuständigkeit rechtswirksam umgesetzt werden.

Beispiele: Abstimmung über die Errichtung und den Betrieb öffentlicher Einrichtungen, überörtliche Planungen, Terminabsprachen über Veranstaltungen, Fahrplangestaltung benachbarter Verkehrsbetriebe, Beratung interessierender Angelegenheiten.

Organe sind die **Mitgliederversammlung**, der Vorstand, der Arbeitsausschuss sowie die Geschäftsführung. Die Arbeitsgemeinschaft unterfällt der staatlichen Aufsicht, wobei sich die aufsichtsrechtlichen Beziehungen vornehmlich auf eine Anzeige- und Unterrichtungspflicht der Arbeitsgemeinschaft gegenüber der Aufsichtsbehörde konzentrieren.

bb. Öffentlich-rechtliche Vereinbarung.

Im Gegensatz zur kommunalen Arbeitsgemeinschaft gestattet die **öffentlich-rechtliche Vereinbarung** ein verbindliches Außenhandeln. Dieser Zusammenschluss lässt sich wie folgt charakterisieren:

138

> Bei der öffentlich-rechtlichen Vereinbarung übernimmt einer der Beteiligten einzelne Aufgaben der übrigen Beteiligten in seine Zuständigkeit und verpflichtet sich, diese Aufgaben für die übrigen Beteiligten durchzuführen (§ 23 Abs. 1 NWGkG).

In der Vereinbarung kann den übrigen Beteiligten ein **Mitwirkungsrecht** bei der Erfüllung oder der Durchführung der Aufgaben eingeräumt werden. Ferner soll eine angemessene Entschädigung vorgesehen werden, die so bemessen ist, dass die Kosten gedeckt werden. Die öffentlich-rechtliche Vereinbarung beruht auf dem Prinzip der Freiwilligkeit, soweit aus zwingenden Gründen des öffentlichen Wohls keine Pflichtvereinbarung vorgeschrieben ist. Typisches juristisches Kennzeichen der öffentlich-rechtlichen Vereinbarung ist das **Satzungsrecht** (§ 26 BWGKZ, § 25 NWGkG) oder das in einigen Bundesländern übertragene **Verordnungsrecht**. Dementsprechend können Benutzungssatzungen und Anstaltsordnungen sowie Satzungen zur Begründung eines **Anschluss- und Benutzungszwangs** erlassen werden.
Die öffentlich-rechtliche Vereinbarung lässt sich als Rechtsform zwischen der kommunalen Arbeitsgemeinschaft und dem Zweckverband einordnen. Sie unterscheidet sich vom Zweckverband dadurch, dass kein neuer Rechtsträger gebildet wird, sondern einem Beteiligten Aufgaben der übrigen Beteiligten übertragen werden.

cc. Zweckverbände

> Der **Zweckverband** ist ein öffentlich-rechtlicher Zusammenschluss von Gemeinden und Gemeindeverbänden zur dauernden gemeinsamen Erfüllung einzelner oder mehrerer zusammenhängender öffentlichen Aufgaben[445].

139

---

445   *Oebbecke*, in: HKWP I, § 29 B.

Seiner Rechtsnatur nach ist der Zweckverband eine öffentlich-rechtliche Körperschaft ohne Gebietshoheit (§ 3 BWGKZ, § 5 NWGkG). Grundsätzlich beruhen die Zweckverbände auf einem freiwilligen Zusammenschluss der Beteiligten. Anders verhält es sich bei der gemeinschaftlichen Durchführung von Auftragsangelegenheiten, Pflichtaufgaben oder Pflichtaufgaben zur Erfüllung nach Weisung (s. o. § 3 IV 2). In diesen Fällen können die beteiligten Gemeinden auch zu **Pflichtverbänden** zusammengeschlossen werden (§ 11 BWGKZ, § 13 NW GkG).

Neben Gemeinden und Gemeindeverbänden können Zweckverbänden auch staatliche und private Mitglieder angehören. Diese Ausweitung des Personenkreises soll die Wahrnehmung der Verbandsaufgaben fördern (§ 4 Abs. 2 NWGkG).

> **Beispiel:** Zweckverbände von Kreisen und kreisfreien Städten zur gemeinsamen Aufgabenwahrnehmung des ÖPNV in bestimmten Kooperationsräumen, die auch über Ländergrenzen hinausreichen können(§ 5 NWÖPNVG).

Freiverbände bedürfen der **staatlichen Genehmigung** (§ 7 BW GKZ, § 4 Abs. 3 NWGkG) und ihre Gründung ist **öffentlich bekannt zu machen** (§ 11 NWGkG)[446]. Damit wird bezweckt, dass die davon betroffenen Personenkreise über die infolge der Verbandsbildung erfolgten Zuständigkeitsveränderungen angemessen informiert werden.

Der Zweckverband kann nur solche Aufgaben wahrnehmen, zu denen die beteiligten Körperschaften selbst berechtigt und verpflichtet sind. Dabei spielt es keine Rolle, ob es sich um Aufgaben des eigenen oder des übertragenen Wirkungskreises handelt. Die mit der Bildung eines Zweckverbandes angestrebte Effektivität der Aufgabenwahrnehmung wird unter anderem dadurch gewährleistet, dass er über Hoheitsbefugnisse, ein **Satzungs**- (§ 9 NWGkG) oder **Verordnungsrecht** sowie rechtliche Handlungsfähigkeit verfügt

> **Beispiel:** Die wirksame Gründung eines mit der Bauleitplanung beauftragten Zweckverbandes setzt voraus, dass die Regelungen einen wirksamen Vollzug des Städtebaurechts gewährleisten[447].

Organe des Zweckverbandes sind die **Zweckverbandsversammlung** als Repräsentativorgan der Verbandsmitglieder sowie der **Verbandsvorsteher**, der die laufenden Geschäfte des Zweckverbandes führt und diesen nach außen vertritt. Daneben tritt ein Zweckverbandsausschuss (Verwaltungsrat, Vorstand), wenn das Repräsentativorgan als Lenkungsorgan zu groß ist. Die Mitglieder der Verbandsversammlung und die Verbandsvorsteher sind **ehrenamtlich** tätig (§ 17 NWGkG). Wenn es nach Art und Umfang der wahrzunehmenden Aufgaben zweckmäßig ist, kann die Verbandsversammlung einen hauptamtlichen Verbandsvorsteher bestellen (§ 17 Abs. 2 NWGkG).

Der Zweckverband beschafft sich die notwendigen Mittel durch die Erhebung von **Gebühren** und **Beiträgen** (s. u. § 11 V) sowie durch jährlich festzusetzende **Umlagen** auf die Verbandsmitglieder (§ 19 NWGkG). Der dabei zugrunde zu legende Umlageschlüssel legt die Verbandssitzung unter Berücksichtigung der unterschiedlichen Vorteile für die einzelnen Mitglieder fest.

140 dd. Privatrechtliche Zusammenschüsse. Die Gesetze über die kommunale Zusammenarbeit schließen eine Kooperation von Gemeinden und Gemeindeverbänden auf privatrechtlicher Grundlage nicht aus, wie etwa § 1 Abs. 3 NWGkG belegt. Allerdings ist die Beteiligung im Interesse der Aufrechterhaltung der finanziellen Leistungsbereitschaft nur an solchen Unternehmen gestattet, welche die **Haftung** auf einen Höchstbetrag begrenzen. Folglich scheiden Gesellschaftsformen wie die OHG und die KG aus. Der Vorteil der Nutzung privatrechtliche Rechtsformen liegt zum einen in der größeren Flexibilität und der schnelleren Anpassungsfähigkeit an neue kommunale Herausforde-

---

446 BVerwG, NVwZ 2019, 415.
447 BVerwG, NVwZ 2019, 415.

rungen. Und zum anderen unterliegen privatrechtliche Organisationen nicht der staatlichen Aufsicht, sondern nur den für das jeweilige Gesellschaftsrecht gültigen Vorschriften. Neben der AG und der GmbH kommen als weitere Rechtsformen der Verein und die eingetragene Genossenschaft mbH in Betracht.

> **Beispiel**: Volkshochschule oder Musikschule mehrerer Gemeinden als e. V.

Zwischenfrage: In welchen Organisationsformen können Gemeinden mit Nachbargemeinden kooperieren?

4. Kommunale Spitzenverbände und Fachverbände

Sämtliche Gemeinden und Kreise haben sich im Rahmen ihrer Kooperationsfreiheit (s. o. § 4 XIV) zur Beratung, Koordination, Information sowie zur optimalen Vertretung ihrer Interessen bei den EU-Organen, der Bundesregierung, den Landesregierungen und den gesetzgebenden Körperschaften zu **kommunalen Spitzenverbänden** zusammengeschlossen.

> **Beispiele**: Gemeinsames Vorgehen im Interesse einer besseren Finanzausstattung der Kommunen. Information hinsichtlich einer Überlastung von Gemeinden anlässlich der Aufnahme von Asylsuchenden.

Auf EU-Ebene agiert der **Rat der Gemeinden und Regionen Europas**. Er repräsentiert die jeweiligen nationalen Verbände und fungiert als europäische Sektion der Weltorganisation der Städte und Gemeinden. Sein Status beruht auf dem nach Art. 305 AEUV gebildeten **Ausschuss der Regionen**, der sich auch aus Vertretern der lokalen Gebietskörperschaften zusammensetzt und gegenüber EU-Organen **Anhörungsrechte** besitzt.
Auf Bundesebene sind folgende Verbände tätig:
– **Deutscher Städtetag** (Kreisfreie Städte),
– **Deutscher Städte- und Gemeindebund** (Kreisangehörige Städte und Gemeinden)
– **Deutscher Landkreistag** (Landkreise/Kreise).

Diese Verbände haben sich in der **Bundesvereinigung der kommunalen Spitzenverbände** zusammengeschlossen, um eine konzentrierte und effiziente einheitliche Interessenvertretung aller Gemeinden und Gemeindeverbände gegenüber den zuständigen Stellen zu gewährleisten. Auf Landeseben existieren entsprechende Organisationen.

> **Beispiele**: Bayerischer Städtetag, Bayerischer Gemeindetag, Landkreistag Bayern.

Zwischenfrage: Welche Rolle spielen kommunale Spitzenverbände?

Die Spitzenverbände sind **freiwillige Vereinigungen**, die im Allgemeinen als nichtrechtsfähige Vereine oder als Körperschaften des öffentlichen Rechts organisiert sind. Organe sind die Mitgliederversammlung (Hauptversammlung), der Hauptausschuss und das Präsidium. Die Fachaufgaben werden von Fachausschüsse wahrgenommen. Die Finanzierung erfolgt durch Umlagen der Mitgliedergemeinden. Diese Organe haben zahlreiche Mitwirkungsrechte.

> **Beispiel**: Anhörungsrechte bei der Vorbereitung von Rechtsvorschriften (§ 44 Abs. 3 und § 47 Abs. 1 GGO, Art. 84 Abs. 2 SächsVerf). Entsendung von Vertretern in bestimmte Gremien (Rundfunkrat, Sparkassenverbände).

Diese Beteiligung ist gerechtfertigt, weil den Gemeinden als vierte Verwaltungsebene im EU- und Staatsgefüge (s. o. § 2 und § 3) ein hohes Maß an Verwaltungs- und Bürgerverantwortung zukommt, die auf ihrer unentbehrlichen Bindegliedfunktion zwischen kommunalen und zentralen Entscheidungsinstanzen beruht.
Neben dieser **äußeren Verbandstätigkeit** steht die **innere Verbandstätigkeit** als Spiegelbild kommunaler Aufgaben und Aktivitäten mit hohem Informations-, Beratungs- und Begutachtungsbedarf.

> **Beispiele**: Anpassung von Geschäftsordnungen und Satzungen an die aktuelle Rechtslage. Unterrichtung der Verbandsmitglieder über Gesetzesvorhaben und neue kommunalrelevante gesellschaftspolitische Entwicklungen.

Im Gegensatz zu den genannten Vereinigungen befassen sich spezielle **kommunale Fachverbände** mit einzelnen kommunalen Fachaufgaben.

Beispiele: Verband kommunaler Unternehmen, Deutscher Sparkassen- und Giroverband, Vereinigung der kommunalen Arbeitgeberverbände.

5. Überregionale Zusammenarbeit

142 Ein weiteres Kooperationsfeld ist die **übernationale und überregionale kommunale Zusammenarbeit.** Bei dieser Betätigung steht die gemeinsame Aufgabenerledigung beim Überschreiten von Bundesländer- und Staatsgrenzen im Vordergrund. In der Kommunalpraxis nimmt das Bedürfnis an derartigen Kooperationen zu, weil kommunale Sachprobleme nicht an Gebietsgrenzen Halt machen und insbesondere im grenznahen Verwaltungsraum vielfältige kommunale Aktivitäten im Interesse der Bürger und Einwohner erforderlich sind[448]. Deshalb wird es Gemeinden auch gestattet, sich im Ausland wirtschaftlich zu betätigen (§ 107 Abs. 3 NW GO).

Die juristische Bewertung daraus entstehender gemeindlicher Kooperationen ist kompliziert, weil das Kommunalrecht zu Details schweigt und die Zusammenarbeit nur selten in Fachgesetzen angesprochen wird. Jedenfalls ist zu berücksichtigen, dass es sich hier um eine Gemengelage von Völkerrecht, zwischenstaatlichem Recht, Staatsrecht (Art. 24 Abs. 1a GG, Art. 12 Sächs. Verf), Verwaltungsorganisationsrecht und Kommunalrecht handelt, die zum Ausgleich zu bringen ist. Sofern die geplante Zusammenarbeit über eine unverbindliche Kooperation hinausgeht, bedarf es grundsätzlich des Abschlusses eines Staatsvertrages[449].

Beispiel: Abkommen des Landes Niedersachsen, der Bundesrepublik Deutschland und des Königreichs der Niederlande über grenzüberschreitende kommunale Zusammenarbeit.

XIX. Selbstverwaltung im Rahmen der Gesetze

1. Die Schranke des Art. 28 Abs. 2 GG

143 Nach Art. 28 Abs. 2 GG ist den Gemeinden und Gemeindeverbänden das Selbstverwaltungsrecht nur „**im Rahmen der Gesetze**" gewährleistet. Diese bereits bei der Darstellung einzelner Hoheitsrechte erwähnte Grenze des Tätigwerdens (s. o. § 4 VII und u. § 7 III 4) schützt einerseits die Gemeinden vor staatlichen Übergriffen und erinnert sie andererseits an ihre Stellung im Staatsgefüge. Deshalb ist zunächst zu klären, welche **Rechtsquellen** unter den hier angeführten Gesetzesbegriff fallen.

2. Gesetze im Sinne des Art. 28 Abs. 2 GG

144 **a. Unionsrecht.** Zu den Gesetzen im Sinne des Art. 28 Abs. 2 GG gehören aufgrund der in Art. 23 GG erfolgten Übertragung von Hoheitsrechten an die EU (s. o. § 2 I) der AEUV, der EUV sowie die auf diesen Rechtsgrundlagen erlassenen **EU-Rechtsverordnungen** sowie **EU-Richtlinien**, soweit sie die Kommunalverwaltung tangieren.

145 **b. Bundesgesetze und Bundesrechtsverordnungen.** Der Bund beeinflusst durch eine Vielzahl von Bundesgesetzen und Rechtsverordnungen die Verwaltungstätigkeit der Gemeinden und Kreise, weil sie in großem Umfang auf der Kommunalebene Bundesrecht anwenden.

Beispiele: Baugesetzbuch, Baunutzungsverordnung, Kreislaufwirtschaftsgesetz, Sozialgesetzbuch (s. u. § 6), Personenbeförderungsgesetz, BImSchG.

---

448 *Wohlfahrt*, NVwZ 1994, 1072 ff.
449 *Damkowski*, NVwZ 1988, 297; *Heberlein*, DÖV 1996, 100, 103 f.

c. Landesverfassungsrecht. Im Gegensatz zu der bundesverfassungsrechtlichen Mindestgarantie der kommunalen Selbstverwaltung finden sich in den Landesverfassungen teilweise über Art. 28 Abs. 2 GG hinausgehende Rechte und Pflichten. Sie nehmen Stellung zum Gemeindegebiet und zu den Gemeindefinanzen, zur Aufsicht über die Gemeinden sowie zum Rechtsschutz. Dementsprechend ist Kommunalrecht – wie dargelegt – **konkretisiertes Landesverfassungsrecht** (s. o. § 3 I), das von der Kommunalverwaltung zu beachten ist.

146

> **Beispiele:** Art. 10–12, Art. 83 BayVerf; Art. 57–59 NdsVerf; Art. 1, 3 und 78 f. NWVerf.

d. Landesgesetze und Landesrechtsverordnungen. Seine eigentliche Ausprägung erfährt das Kommunalrecht in den Gemeinde- und Kreisordnungen, den Gemeindeverbandsgesetzen sowie in den speziellen Gesetzen über die kommunale Zusammenarbeit. Diese Regeln werden ergänzt durch Kommunalwahlgesetze, Sparkassengesetze, Kommunalabgabengesetze sowie die Finanzausgleichsgesetze der Bundesländer.
Ferner werden die Kommunen durch zahlreiche allgemeine Landesvorschriften berechtigt und verpflichtet, die zugleich für die Arbeit der Kommunen von Relevanz sind.

147

> **Beispiele:** Verwaltungsverfahrensgesetze, Organisationsgesetze, Landesbeamtengesetze, Polizei- und Ordnungsgesetze, Schulgesetze, Straßengesetze, Bekanntmachungsverordnungen (§ 144 BWGO) und Gemeindehaushaltsverordnungen (§ 133 BWGO).

e. Verwaltungsvorschriften. Die Steuerung des kommunalen Verwaltungshandelns erfolgt ferner durch **Verwaltungsvorschriften**. Sie sollen entweder die einheitliche Durchführung von Rechtsvorschriften, die Behördenorganisation oder den internen Dienstbetrieb regeln und sind in der Kommunalpraxis bei der Umsetzung des Rechts von großer Bedeutung. Die Zuständigkeit zum Erlass von Verwaltungsvorschriften kann bei dem Bund, den Ländern oder den Kreisen liegen.

148

> **Beispiele:** Nach § 144 BWGO erlässt das Innenministerium Verwaltungsvorschriften zur Durchführung der Gemeindeordnung.

Zwar entfalten Verwaltungsvorschriften, wie schon ihre Bezeichnung nahelegt, generell nur verwaltungsinterne Wirkung. Gelegentlich haben sie aber Außenwirkung gegenüber Gemeindeangehörigen.

> **Beispiel:** Subventionsrichtlinien.

Zwischenfrage: Zählen Sie die Gesetze im Sinne des Art. 28 Abs. 2 GG auf!

3. Selbstverwaltungsrechtlich motivierter Gesetzesvorbehalt

Die Auflistung der für die Kommunen maßgeblichen Rechtsquellen war erforderlich, um die in Art. 28 Abs. 2 Satz 1 GG enthaltene Wendung „im Rahmen der Gesetze" inhaltlich zu füllen. Der mit dieser Formulierung gleichzeitig aufgerichtete **Gesetzesvorbehalt** (s. auch § 3 Abs. 3 NW GO, § 1 NKomVG) soll die Gemeinden vor willkürlichen Eingriffen der Exekutive bewahren. Er schützt ferner das kommunale Demokratieprinzip (s. u. § 5), wonach nur der Gesetzgeber die demokratisch legitimierte Verantwortlichkeit der Selbstverwaltung beschränken oder dazu ermächtigen darf[450].

149

Zwischenfrage: Was bezweckt der Gesetzesvorbehalt aus der Perspektive der Gemeinden?

Der Gesetzesbegriff in Art. 28 Abs. 2 GG ist nicht „rechtsförmlich" zu verstehen. Er betrifft nicht nur Parlamentsgesetze. Denn auch Rechtsverordnungen können das Selbstverwaltungsrecht wirksam begrenzen, soweit sie auf einer nach Inhalt, Zweck und Ausmaß spezifischen Ermächtigungsgrundlage beruhen[451]. Nichts Anderes gilt für Satzungen anderer Hoheitsträger, sofern sie von einer Gemeinde zu beachten sind.

---

450 BVerfGE 56, 298, 309.
451 BVerfG, NVwZ 1987, 42; NWVerfGH, NJW 1979, 1201; BayVerfGH, DVBl 1986, 39.

Beispiel: Kreisangehörige Gemeinden müssen vom Kreis gesetztes Satzungsrecht befolgen.

Dagegen besitzen staatliche Programme, Förderpläne, Richtlinien und Empfehlungen keine Gesetzesqualität. Das gilt abgesehen von der Erledigung von Pflicht- und Weisungsaufgaben (s. o. § 3 IV 4) auch für Verwaltungsvorschriften, die ein den Kommunen eingeräumtes Entscheidungs- oder Auswahlermessen nicht steuern dürfen.

Wie ist der Gesetzesvorbehalt in der kommunalen Praxis zu handhaben? Die Rechtsetzung hat sich maßgeblich an den Vorgaben des Art. 28 Abs. 2 GG zu orientieren, um zu verhindern, dass die kommunale Selbstverwaltungsgarantie geschwächt oder ausgehöhlt wird. Zu diesem Zweck hat die Rechtsprechung die sog. **Bereichstheorie** entwickelt, die hinsichtlich der Rechtfertigung für einen Eingriff danach differenziert, ob eine Gemeinde in den Kategorien Randbereich, Mittelbereich und Kernbereich betroffen ist. Danach ist der Gesetzgeber weitgehend frei, soweit Einschränkungen den **Randbereich** der kommunalen Selbstverwaltung betreffen. Im **Mittelbereich** darf der Gesetzgeber eingreifen, gestalten und formen, sofern übergeordnete öffentliche Interessen vorliegen und sich die Rechtsnorm unter Berücksichtigung der Zielsetzung der kommunalen Selbstverwaltung auf das zeitlich und sachlich notwendige Maß beschränkt[452]. Dabei richtet sich der Umfang des gesetzgeberischen Eingriffsrechts nach den jeweils definierten Verwaltungsbedürfnissen, die unterschiedlich sein können.

Beispiel: Was in ruhigen, verwaltungsmäßig unproblematischen Verhältnissen als unzulässiger Eingriff beanstandet werden müsste, kann bei der dringenden Behebung außerordentlicher Notstände geboten und gerechtfertigt sein[453].

Nach der Rechtsprechung unantastbar ist lediglich der **Kernbereich**, der **Wesensgehalt des Selbstverwaltungsrechts,** der als die überkommenen identitätsbestimmenden Merkmale der gemeindlichen Selbstverwaltung verstanden wird[454]. Dieser Kernbereich ist nur gesichert, wenn das typische Erscheinungsbild der kommunalen Selbstverwaltung nicht betroffen ist[455]. Was ist damit gemeint?

> Eine gesetzliche Einschränkung darf nicht zu einer derartigen Aushöhlung oder Erstickung der Selbstverwaltung führen, dass die Gemeinde die Gelegenheit zu kraftvoller Betätigung verliert und nur noch ein Schattendasein führen kann[456].

Um diesen Wesenskern zu ermitteln, wendet die Rechtsprechung zwei Methoden an:
– Die **Substraktionsmethode** fragt, was nach dem Eingriff noch übrig bleibt[457] und
– die **historische Methode** orientiert sich an der geschichtlichen Entwicklung und den überkommenen Erscheinungsformen der kommunalen Selbstverwaltung[458].

Die angeführten Betrachtungsweisen sind kritisch zu hinterfragen, weil sie entweder rein quantitativ oder ausschließlich statisch-historisch angelegt sind und unscharf bleiben. Erforderlich ist ein qualitatives Verständnis des Selbstverwaltungsrechts, das unter Einbeziehung funktionaler Überlegungen auch gegenwärtige und künftige Entwicklungsoptionen der Gemeinden erfasst[459].

---

452 BVerfGE 79, 127,143; BWStGH, BWVBl 1968, 9.
453 BVerfGE 38, 259, 279.
454 BVerfGE 83, 363, 381.
455 NdsOVG, DDÖV 1980, 417 f.; RPVerfGH, NVwZ 1982, 615.
456 BVerfGE 79, 127 und 91, 228; BVerwG, NVwZ 1984, 378.
457 BVerwGE 6, 342, 345; BVerfGE 79, 127,148.
458 BVerfGE 79, 127, 146 und 91, 228, 238; BVerwG, NVwZ-RR 1989, 377.
459 BVerfGE 38, 259, 279.

XX. Grundrechtsfähigkeit von Gemeinden und Gemeindeunternehmen

Das erörterte Selbstverwaltungsprinzip des Art 28 Abs. 2 GG hat die starke Rechtsstellung der Gemeinden im Verfassungsgefüge belegt. Bedeutet das zugleich, dass die Kommunen ebenso wie die Menschen **grundrechtsfähig** sind und sich wie „jedermann" (Art. 93 Abs. 1 Nr. 4a GG) gegenüber Bund und Ländern auf die Gewährleistung der Grundrechte berufen können? Auf den ersten Blick scheint das nicht der Fall zu sein. Denn die Gemeinden sind als Verwaltungsträger grundrechtsverpflichtet und über Art. 1 Abs. 3 GG selbst an die Grundrechte gebunden (sog. **Konfusions- oder Identitätsargument** – s. o. § 4 XVI 3)[460].

Die Diskussion muss jedoch breiter ansetzen. Ausgangspunkt einer rechtlichen Beurteilung ist die Verwendung des Wortes „Recht" in Art. 28 Abs. 2 Satz 1 GG i. V. m. Art. 19 Abs. 3 GG. Danach gelten die Grundrechte auch für inländische juristische Personen, soweit sie ihrem Wesen nach auf diese anwendbar sind. Aus dieser Formulierung ergibt sich jedoch nicht automatisch, dass sich auch **juristische Personen des öffentlichen Rechts** auf die Grundrechte berufen können, zu denen Gemeinden wegen ihres Charakters als Körperschaften des öffentlichen Rechts zählen. Vielmehr ist zwischen zwei Erscheinungsformen zu trennen. Entstehungsgeschichtlich und verfassungssystematisch gilt Art. 19 Abs. 3 GG nicht für juristische Personen des öffentlichen Rechts, weil deren Rechtsstatus nicht im Grundrechtsteil der Verfassung, sondern vornehmlich im **Organisations- und Zuständigkeitsrecht** normiert ist (Art. 28 Abs. 2, Art. 83 ff. und Art. 105 GG). Die Gemeinden agieren aufgrund von Kompetenzen und nicht in Wahrnehmung von Freiheit[461]. Aus dieser Perspektive ist die Grundrechtsfähigkeit der Gemeinden zu verneinen.

Diese systematisch gebotene Differenzierung schließt jedoch nicht aus, den Grundrechtsschutz nach den zu erledigenden Aufgaben und Zuständigkeiten sowie nach dem Grad der rechtlichen Distanziertheit der Gemeinden vom Staat zu bewerten.

> **Beispiele**: Gemeinden können sich in ihrer Eigenschaft als Arbeitgeberinnen auf die Koalitionsfreiheit berufen[462]. Gemeinden sind hinsichtlich der Verfahrensgrundrechte (Art. 101 Abs. 1 Satz 2 und Art. 103 Abs. 1 GG) grundrechtsfähig, weil diese Gewährleistungen für sämtliche Verfahren gelten und deshalb auch der Durchsetzung von Rechten juristischer Personen des öffentlichen Rechts dienen[463].

Wie sieht es mit dem Grundrechtsschutz für **kommunales Eigentum** aus? Insoweit ist zu beachten, dass Art. 14 GG nicht das Privateigentum als solches schützt, sondern nur das Eigentum von Privatpersonen. Die Grundrechtsgeltung ist folglich zu verneinen, weil aufgrund der personellen Beschränkung keine **grundrechtstypische Gefährdungslage** besteht[464]. Dasselbe gilt für die öffentlich-rechtlich organisierten **Sparkassen der Gemeinden**. Sie sind aufgrund ihrer geschichtlichen Entwicklung und entsprechend ihrer gegenwärtigen Ausgestaltung und Aufgabenstellung Bestandteil der **öffentlichen Daseinsvorsorge** und Infrastrukturverwaltung (s. u. § 10 und § 12 VII 3)[465].

Es ist unklar, ob und inwieweit **gemischtwirtschaftliche Unternehmen** der Kommunen, an denen auch Privatpersonen beteiligt sind, Grundrechtsträger sein können. Hier ist auf die vertragliche Ausgestaltung der Rechtsbeziehungen und den Grad des Einflusses der öffentlichen Hand abzustellen. Grundrechtsfähigkeit ist zu bejahen, wenn das Unternehmen nicht von der Gemeinde beherrscht wird.

---

460 BVerwGE 81, 1, 10.
461 BVerfGE 68, 196,206; *Jarass/Pieroth*, GG-Kommentar, 18. Aufl. Art. 19 Rn. 30.
462 BVerfGE 28, 38 und 82, 102.
463 BVerfGE 21,362,373; BVerfG, JZ 1990, 335; *Jarass/Pieroth*, GG-Kommentar, 18. Aufl. Art. 19 Rn. 33.
464 BVerfGE 61, 82, 108; BVerwG, NVwZ 1995, 905; BGH, NVwZ 1986, 689; BayVGH, NVwZ-RR 2001, 489; *Tonikidis*, Jura 2012, 517.
465 BVerfGE 75,192,195.

Beispiel: Die kommunalen Anteile sind gering und die kommunale Kontrolle ist durch eine entsprechende Vertragsgestaltung weitgehend ausgeschlossen[466].

Andernfalls wird die Grundrechtsfähigkeit zutreffend verneint, da die Erledigung öffentlicher Aufgaben als Hauptfunktion des gemischtwirtschaftlichen Unternehmens im Vordergrund steht[467].

Zwischenfrage: Sind Gemeinden grundrechtsfähig?

XXI. Rechtsschutz der kommunalen Selbstverwaltung

1. „Jedermann"-Verfassungsbeschwerde für Gemeinden?

151 Das Selbstverwaltungsprinzip kann nur dann wirksam entfaltet werden, wenn die Selbstverwaltungsträger in Streitfällen Rechtsschutz erlangen können. Hier ist in erster Linie an Art. 93 Abs. 1 Nr. 4a und 4b GG zu denken. Danach kann eine Gemeinde eine **„Jedermann"-Verfassungsbeschwerde** einlegen, wenn sie sich juristisch wie eine Privatperson gerieren darf. Das ist – wie dargelegt (s. o. § 4 XX) – prinzipiell nicht der Fall, weil das Selbstverwaltungsrecht keine Grundrechtsqualität verleiht. Soweit ausnahmsweise Grundrechtsträgerschaft zu bejahen wäre, hilft der prozessuale Hinweis auf die spezielle Norm des Art. 93 Abs. 1 Nr. 4b GG nicht weiter. Vielmehr steht die Rechtsschutzoption des Art. 93 Abs. 1 Nr. 4a GG zur Verfügung.

2. Kommunale Verfassungsbeschwerde

152 **a. Kennzeichnung und Zulässigkeitsvoraussetzungen.** Art. 93 Abs. Nr. 4b GG i. V. m. § 91 BVerfGG eröffnet für Gemeinden und Gemeindeverbände die Möglichkeit, zum Schutz der kommunalen Selbstverwaltungsgarantie des Art. 28 Abs. 2 GG eine **Kommunalverfassungsbeschwerde** einzulegen. Sie ist das prozessuale Äquivalent zur materiellrechtlichen Gewährleistung des Selbstverwaltungsrechts. Bei dieser besonderen Beschwerdeform handelt es sich um eine **abstrakte Normenkontrolle** mit eingeschränkter Antragsbefugnis, weshalb sie auch als Rechtssatzverfassungsbeschwerde bezeichnet wird[468].

Kommunale Verfassungsbeschwerden müssen folgende **Zulässigkeitsvoraussetzungen** erfüllen:

Beschwerdeberechtigt im Sinne einer Beschwerdefähigkeit sind nach Art. 93 Abs. 1 Nr. 4b GG i. V. m. § 91 BVerfGG nur Gemeinden und Gemeindeverbände als kommunale Körperschaften, nicht dagegen ein einzelnes Gemeindeorgan, ein Teil eines Organs oder Stadtstaaten.

Beispiele: Gemeinderatsfraktion, Berlin, Hamburg.

Die Erhebung der Verfassungsbeschwerde setzt nach Maßgabe des jeweiligen Kommunalverfassungsrechts einen Beschluss des zuständigen Organs voraus. Das ist in der Regel die Kommunalvertretung. Eine aufgelöste Gemeinde gilt hinsichtlich des Auflösungsaktes als rechtlich fortbestehend, wenn die Verfassungsbeschwerde innerhalb der Jahresfrist eingelegt wird[469]. Die Gemeinden werden während des Beschwerdeverfahrens durch ihre kommunalverfassungsrechtlich vorgesehenen Organe vertreten.

Beschwerdegegenstand kann nach Art. 93 Abs. 1 Nr. 4b GG i. V. m. § 91 Satz 1 BVerfGG nur ein formelles oder materielles Gesetz des Bundes oder eines Landes sein. Diese Eigenschaft besitzt im Interesse eines lückenlosen Rechtsschutzes jede staatliche Rechtsnorm, die Außenwirkung gegenüber einer Kommune entfaltet[470]. Teilweise wird

---

466 *Jarass/Pieroth*, GG-Kommentar, 18. Aufl. Art. 19 Rn. 27 m. w. N.
467 BVerfG, DVBl 2011, 416.
468 BVerfG, NVwZ 1987, 125; *Guckelberger*, Jura 2008, 819 ff.
469 BVerfGE 3, 267, 279; NWVerfGH, OVGE 31, 309 ff.
470 BVerfGE 76, 107, 114.

vertreten, ein Unterlassen der Rechtsetzungsorgane könnte wegen des unterschiedlichen Wortlauts von § 91 BVerfGG einerseits und § 90 BVerfGG andererseits, der von einer Verletzung durch die „öffentliche Gewalt" spricht, nicht angegriffen werden[471]. Diese Ansicht übersieht, dass das Selbstverwaltungsrecht auch dann tangiert sein kann, wenn ausnahmsweise eine Rechtspflicht zum Erlass eines Gesetzes im Interesse des Schutzes des Selbstverwaltungsrechts besteht[472].

Die **Einlegungsfrist** beträgt ein Jahr seit Inkrafttreten des Gesetzes (§ 93 Abs. 3 BVerfGG).

Die **Beschwerdebefugnis** ist zu bejahen, wenn die Gemeinde Tatsachen vorträgt, aus denen sich die Möglichkeit einer Verletzung des Selbstverwaltungsrechts im Sinne des Art. 28 Abs. 2 GG ergeben[473]. Zweifelhaft ist, ob die Beschwerdebefugnis auch aus anderen kommunalverfassungsrechtlichen Grundgesetzbestimmungen abgeleitet werden kann. Das bejaht das BVerfG, soweit eine Norm ihrem Inhalt nach dem verfassungsrechtlichen Bild der Selbstverwaltung mitzubestimmen geeignet ist[474].

> **Beispiele**: Die Finanzvorschrift des Art. 106 Abs. 5 GG wirkt in den Gewährleistungsumfang des Art. 28 Abs. 2 GG hinein[475]. Art. 3 Abs. 1 GG kann ebenfalls bei der Beurteilung von Eingriffen in das kommunale Selbstverwaltungsrecht relevant werden[476].

Nach § 92 BVerfGG muss die kommunale Verfassungsbeschwerde ausreichend substantiiert begründet sein. Dieses Erfordernis verlangt, dass sich der Beschwerdeführer mit dem als verfassungswidrig angegriffenen Rechtsakt intensiv auseinandersetzt und seine Beanstandungen innerhalb der Beschwerdefrist detailliert darlegt[477].

Zur Vermeidung von **Popularbeschwerden** muss die Gemeinde belegen, dass sie durch die angegriffene Regelung selbst, gegenwärtig und unmittelbar betroffen ist[478]. **Selbstbetroffenheit** liegt vor, wenn sich das Gesetz im Sinne des Art. 93 Abs. 1 Nr. 4b GG gegen die Beschwerde führende Gemeinde richtet. **Gegenwärtige Betroffenheit** ist anzunehmen, wenn das Gesetz die Kommune aktuell und nicht erst in der Zukunft verletzt. **Unmittelbare Betroffenheit** ist gegeben, wenn der Eingriff nicht erst durch einen weiteren Akt bewirkt wird oder vom Ergehen eines solchen Aktes abhängt. Setzt die Durchführung der angegriffenen Vorschrift einen besonderen Vollziehungsakt voraus, so muss grundsätzlich zunächst dieser angegriffen und gegen ihn der gegebene Rechtsweg erschöpft werden.

> **Beispiele**: Gemeinden ist es verwehrt, ein Gesetz anzugreifen, das noch einer Umsetzung durch eine Rechtsverordnung bedarf[479]. Landeshaushaltsrechtliche Regelungen, die den Rechtsrahmen für die Aufgabenerfüllung der Gemeinden setzen, bewirken wegen der gesetzlichen Ausgestaltung des Haushaltsrechts grundsätzlich keinen Eingriff in das kommunale Selbstverwaltungsrecht[480].

Der darin zum Ausdruck kommende Gedanke der Subsidiarität, der das BVerfG entlasten soll und der Abgrenzung der kommunalen Verfassungsbeschwerde gegenüber der abstrakten Normenkontrolle dient[481], ist aber bei kommunalen Verfassungsbeschwerden nicht stringent anzuwenden. Insbesondere ist zu bedenken, dass eine Gemeinde

---

471 *Stern*, Das Staatsrecht der Bundesrepublik Deutschland, Band 2, 1980, § 44 IV 9.
472 *Pestalozza*, in FG v. Unruh, 1983, 1057,1072 ff.
473 BVerfGE 71, 25, 34.
474 BVerfGE 56, 298, 310.
475 BVerfGE 119, 331, 357.
476 BVerfGE 26, 228, 244.
477 BVerfGE 76, 107.
478 BVerfG, NVwZ 1987, 123.
479 BVerfGE 71, 25, 36 und 76, 107.
480 NdsStGH, DVBl 2024, 792.
481 NdsStGH, DVBl 2024, 792.

gegen eine gerichtliche Entscheidung keine Verfassungsbeschwerde erheben kann, weil nur eine Rechtssatzverfassungsbeschwerde gestattet ist. In diesen Fällen ist eine Verfassungsbeschwerde unmittelbar zulässig, weil andernfalls die Gefahr besteht, dass der Rechtsschutz unverhältnismäßig verkürzt würde[482].

153 **b. Subsidiarität der Verfassungsbeschwerde.** Die Verfassungsbeschwerde zum Bundesverfassungsgericht ist versperrt, soweit eine Beschwerde wegen Verletzung des Selbstverwaltungsrechts nach Landesrecht bei einem **Landesverfassungsgericht** erhoben werden kann (Art. 93 Abs. 1 Nr. 4b GG i. V. m. § 91 Satz 2 BVerfGG)[483]. Dieser Vorrang ist in den meisten Bundesländern (s. etwa Art. 76 BWVerf., Art. 75 Nr. 5b NWVerf.) als Ausdruck der den Ländern zustehenden Verfassungsautonomie normiert. Der **Subsidiaritätsgrundsatz** findet jedoch keine Anwendung, soweit die landesverfassungsrechtliche Garantie der kommunalen Selbstverwaltung hinter dem Gewährleistungsniveau des Art. 28 Abs. 2 GG zurückbleibt[484].

Unabhängig von dieser Konstellation greift der Subsidiaritätsgedanke einer Verfassungsbeschwerde auf Landesebene, weil eine klagende Gemeinde zunächst alle verfügbaren prozessualen Mittel ausschöpfen muss, um die Korrektur einer geltend gemachten Verfassungsverletzung zu erreichen (sog. Rechtswegerschöpfung).

> **Beispiel:** Rügen Kommunen eine Verletzung des Selbstverwaltungsrechts wegen unzulänglicher Finanzausstattung, dann sind sie gehalten, vorrangig Zahlungen aus dem vorgesehenen Ausgleichsfond zu beantragen oder ein Normenkontrollverfahren nach § 47 Abs. 1 VwGO einzuleiten[485].

 Zwischenfrage: Unter welchen Voraussetzungen ist eine kommunale Verfassungsbeschwerde zulässig?

154 **c. Begründetheit der Verfassungsbeschwerde.** Die Kommunalverfassungsbeschwerde ist begründet, wenn das angegriffene Gesetz die Gemeinde unmittelbar in ihrem Selbstverwaltungsrecht verletzt[486]. Der dabei anzulegende **Prüfungsmaßstab** ist inhaltlich identisch mit dem der Beschwerdebefugnis. Hinsichtlich des inhaltlichen Prüfungsumfanges ist zu berücksichtigen, dass dem Gesetzgeber grundsätzlich ein Einschätzungsermessen zusteht. Das hat zur Folge, dass das Gericht lediglich eine **Vertretbarkeitskontrolle** vornehmen darf und einen Rechtsakt nur bei einem Nachweis sachfremder Erwägungen aufheben darf. Allerdings ist die Einschätzungsprärogative umso enger und die gerichtliche Überprüfung umso intensiver, je mehr die kommunale Selbstverwaltung als Folge der beanstandeten Regelung an Substanz verliert, weil der verfahrensrechtliche Schutz der Gemeinde nur auf diese Weise wirksam entfaltet werden kann[487].

155 **d. Kommunale Verfassungsbeschwerde.** Eine kommunale Verfassungsbeschwerde hat nur dann Erfolg, wenn sie zulässig und begründet ist.

Aufbauschema

A. Zulässigkeit
I. Beschwerdefähigkeit (Gemeinde, Kreis), Art. 93 Abs. 1 Nr. 4b GG, § 91 BVerfGG
II. Beschwerdegegenstand (Bundes- oder Landesgesetze), Art. 93 Abs. 1 Nr. 4b GG, § 91 S. 1 BVerfGG

---

482 BVerfG, NVwZ 1987, 123.
483 BVerfG, NVwZ 1994, 58.
484 BVerfG, DVBl 2018, 35 ff.
485 BBrVerfG, NVwZ 2019, 7 ff.
486 BVerfGE 25, 124, 128.
487 BVerfGE 79, 127, 154; NWVerfGH, DVBl 1991, 488.

III. Beschwerdebefugnis (Eigene, unmittelbar und gegenwärtige Verletzung des Art. 28 Abs. 2 GG muss möglich sein)
IV. Rechtswegerschöpfung/Subsidiarität, § 90 Abs. 2 BVerfGG
V. Form und Frist, §§ 92 f. BVerfGG
B. Begründetheit
I. Schutzumfang des Art. 28 Abs. 2 G
II. Eingriff in Art. 28 Abs. 2 GG
III. Verfassungsrechtliche Rechtfertigung des Eingriffs
   1. Formelle Verfassungsmäßigkeit
   2. Materielle Verfassungsmäßigkeit
      a. Verletzung des Kernbereiches
      b. Verletzung des Aufgabenverteilungsprinzips
      c. Verletzung weiterer Verfassungsprinzipien

3. Verwaltungsgerichtliche Klage

Jenseits von Art. 93 Abs. 1 Nr. 4b GG können Gemeinden mit der Behauptung **Klage bei den Verwaltungsgerichten** erheben, ein bestimmtes Verhalten verletzte die Selbstverwaltungsgarantie. Die herausragende Bedeutung dieser Rechtschutzform folgt aus dem Umstand, dass in erster Linie die **Fachgerichte** dazu berufen sind, dem Verfassungsrecht Geltung zu verschaffen.

> **Beispiel**: Klagen wegen Beeinträchtigung der kommunalen Planungshoheit etwa wegen fehlender Anhörung im Zusammenhang mit überörtlichen Planungen[488].

Diese Rechtsschutzgarantie der Gemeinden folgt unmittelbar aus Art. 28 Abs. 2 GG, der unbeschadet seines materiellen und institutionellen Charakters **subjektive Verfahrensrechte** gewährt, auf die sich Kommunen unter anderem in Verwaltungsstreitverfahren berufen können. Das bedeutet zugleich, dass sie insoweit **klagebefugt** im Sinne von § 42 Abs. 2 VwGO und antragsbefugt nach § 47 VwGO sind[489].

Eine Berufung auf Art. 28 Abs. 2 GG kann entfallen, wenn eine Gemeinde eine **Normenkontrolle** nach § 47 VwGO erhebt, um die Gültigkeit einer im Rang unter dem Landesrecht stehenden Rechtsnorm überprüfen zu lassen. Denn nach § 47 Abs. 2 VwGO reicht es aus, dass die Gemeinde Behördenqualität besitzt[490].

Eine weitere Ausprägung verwaltungsgerichtlichen Rechtsschutzes ist das **Kommunalverfassungsstreitverfahren**, das dem internen Schutz der Selbstverwaltung dient s. o. § 3 IX.

> **Lösung des Praxisfalls:**
>
> Es ist zu prüfen, ob die Führung der Höchstspannungsleitung die Planungshoheit von G verletzt. Die Planungshoheit ist ein öffentlicher Belang, der eine wehrfähige, in die Abwägung nach § 43 Abs. 3 EnWG einzubeziehende Rechtsposition gegen fremde Fachplanungen auf dem eigenen Gemeindegebiet vermittelt. Das kann der Fall sein, wenn das Vorhaben eine bestimmte Planung der Gemeinde nachhaltig stört, wesentliche Teile des Gemeindegebietes einer durchsetzbaren gemeindlichen Planung entzieht oder kommunale Einrichtungen in ihrer Funktionsfähigkeit erheblich beeinträchtigt werden. Es ist unklar, ob die Klage von G auf Art. 28 Abs. 2 GG gestützt werden kann. Das wäre nur zu bejahen, wenn die Planfeststellung das kommunale Selbstverwaltungsrecht verletzen würde.

---

488 BVerwG, NVwZ 1988, 731; BVerwGE 74, 124.
489 BVerwG, NJW 1976, 2175; HeVGH, NVwZ 1987, 987.
490 BVerwGE 81, 307.

Insoweit ist einerseits zu berücksichtigen, dass die kommunale Planungshoheit ein zentrales Instrument zur Gestaltung des Gemeindegebietes ist. Andererseits ist zu bedenken, dass aufgrund der übergeordneten Bedeutung der Planfeststellung von Höchstspannungsleitungen eine Vollüberprüfung nach § 43 Abs. 3 EnWG nicht in Betracht kommt, sondern lediglich Abwägungsfehler geltend gemacht werden können.

Das Abwägungsgebot verlangt, dass eine Abwägung überhaupt stattfindet, die maßgeblichen Belange eingestellt werden und die Bedeutung der öffentlichen Belange der Gemeinde nicht verkannt werden. Hier ist die Abwägungskontrolle auf die Prüfung beschränkt, ob die planfeindlichen Belange von G ausreichend ermittelt und bewertet wurden. Insoweit ist von Bedeutung, ob es G künftig möglich ist, neue Baugebiete in der Nähe der Höchstspannungsleitung auszuweisen.

Diese Frage kann unterschiedlich beantwortet werden, weshalb das Ergebnis offen bleibt und von der jeweiligen Einschätzung abhängt.

§ 5 Kommunalrecht und Demokratieprinzip

> **Praxisfall:**
> Die Kandidatin K für die Bürgermeisterwahl in der Gemeinde G erreichte als amtierende Bürgermeisterin im ersten Wahlgang nicht die erforderliche Mehrheit. Deshalb fand fünf Wochen später eine Stichwahl statt, die K mit 3044 zu 2771 Stimmen für L gewann. K nutzte die Zwischenzeit bis zur Stichwahl und führte in 15 Dörfern der Gemeinde „Gespräche über den Ortszaun" durch, für die es keine konkreten Anlässe gab. Vielmehr hat sich K in den medial begleiteten Terminen über die Anliegen der Bewohner informiert und sie über den Stand und die Umsetzung ihrer Anregungen unterrichtet. Der unterlegene Kandidat L bezweifelt, ob das Verhalten von K während des Zeitraumes zwischen dem ersten Wahlgang und der Stichwahl rechtmäßig war.
> Beurteilen Sie die materielle Rechtslage!
> (NdsOVG, Beschluss vom 6.9.2024 – 10 LA 84/24, DVBl 2024, Heft 21 V).

I. Der demokratische Status einzelner Personengattungen

1. Grundlagen des lokalen demokratischen Status

Bereits die Erörterungen zum Selbstverwaltungsprinzip haben die **demokratische Dimension der kommunalen Selbstverwaltung** verdeutlicht (s. o. § 4 IV). Sie kommt vornehmlich in Art. 28 Abs. 1 Satz 2 GG zum Ausdruck, wonach das Volk in den Kreisen und Gemeinden eine Vertretung haben muss, die aus Wahlen hervorgegangen ist. Deshalb kann man die Gemeinden als **Grundlage des demokratischen Staatsaufbaus** Art. 11 Abs. 4 BayVerf, § 1 S. 1 NWGO, § 2 Abs. 1 NKomVG) und als **„Keimzelle der Demokratie"** bezeichnen[491]. Ihre Aufgabe besteht darin, das Wohl der Einwohner durch ihre von der Bürgerschaft gewählten Organe zu fördern[492]. Anders gewendet:

157

> Die kommunale Selbstverwaltung ist die **dritte politische Ebene** deutscher Staatlichkeit im Sinne einer gegliederten Demokratie[493] und Basis einer demokratisch fundierten Staatsorganisation.

Verstärkt wird diese Ausrichtung durch die in Art. 28 Abs. 1 Satz 3 GG vorgesehene **kommunaldemokratische Unionsperspektive**, wonach auch Personen, welche die Staatsangehörigkeit eines EU-Mitgliedstaates besitzen, nach Maßgabe des EU-Rechts wahlberechtigt und wählbar sind. Folglich können **Kreise und Gemeinden als vierte politische Ebene** im Gefüge des EU-Verbundrechts klassifiziert werden (s. o. § 2 I), deren Aufgabe es ist, demokratische Elemente innerhalb der örtlichen Verwaltungsebene zu verwirklichen[494].

Die Gemeinde- und Kreisordnungen unterscheiden hinsichtlich der demokratischen Mitwirkung hauptsächlich zwischen **Bürgern** und **Einwohnern** (§§ 10 ff. BWGO, §§ 21 ff. NWGO), während der politische Wahlstatus etwa von „**Menschen mit Einwanderungsgeschichte**" (so § 27 NWGO) nur gelegentlich in den Kommunalgesetzen ange-

---

[491] BVerfGE 79, 127, 149.
[492] *v. Arnim*, AöR 113, 1988, 1,14; *Frotscher* in: FG v. Unruh, 1983, 143.
[493] BVerfGE 52, 112; *v. Unruh*, DÖV 1986, 217; *Jestaedt*, Demokratieprinzip und Kondominialverwaltung, 1993, 524 ff.
[494] Skeptisch *Schwarz*, in: von Mangoldt/Klein/Starck, GG-Kommentar, 7. Aufl. Art. 28 Rn. 149.

sprochen wird. In jüngerer Zeit werden teilweise auch **Jugendlichen** und **Kindern** besondere demokratisch gewünschte Mitwirkungsrechte zugestanden.

Beispiel: § 4c HeGO für Planungsverfahren[495].

Zwischenfrage: *Weshalb kann man die Gemeinden als dritte oder vierte politische Ebene bezeichnen?*

2. Der demokratische Status der Einwohner

158 **a. Unterrichtungsrecht. Einwohne**r ist, wer in der Gemeinde wohnt (§ 10 Abs. 1 BWGO, § 21 Abs. 1 NWGO). Es muss sich dabei nicht um den Hauptwohnsitz handeln (§ 21 BMG). Das Wohnsitzerfordernis ist erfüllt, wenn der Einwohner im Gemeindegebiet eine Wohnung hat, die er zumindest tatsächlich zeitweise nutzt. Auch Ausländer und Staatenlosen sind Einwohner der Gemeinde, in der sie leben, da die Einwohnereigenschaft nicht an den Besitz der deutschen Staatsangehörigkeit gebunden ist. Eine Person kann auch gleichzeitig Einwohner in mehreren Gemeinden sein, wenn sie in verschiedenen Gemeinden eine **Wohnung** unterhält.

> Wohnung im Sinne des Melde – und Kommunalrechts ist jeder umschlossene Raum, der zum Wohnen und Schlafen benutzt wird.

Wohnwagen und Wohnschiffe sind jedoch nur dann als Wohnung zu qualifizieren, wenn sie nicht oder nur gelegentlich fortbewegt werden (§ 20 BMG).

Die demokratische Rechtsstellung der Einwohner wird zunächst dadurch konkretisiert, dass sie ein **Unterrichtungsrecht** über allgemein bedeutsame und wichtige Gemeindeangelegenheiten besitzen. Dieses Recht beruht auf der Erkenntnis, dass eine gute Information über gemeindliche Vorgänge Voraussetzung für effiziente Mitwirkungsoptionen in der Kommunalpolitik ist. Von diesem Instrument verspricht man sich
- eine Belebung der kommunalpolitischen Diskussion mit der Gemeindebevölkerung,
- eine Stärkung des Problembewusstseins sowie
- eine Verbesserung der Entscheidungsfindung[496].

Insgesamt handelt es sich jedoch um ein schwaches Recht, das keine subjektiven Ansprüche begründet[497], weil Verstöße die Rechtmäßigkeit der Entscheidung nur ausnahmsweise tangieren.

Beispiel: § 214 BauGB im Gegensatz zu § 23 Abs. 3 NWGO.

Ein Bedürfnis für eine Unterrichtung der Bevölkerung besteht insbesondere für Planungen und Vorhaben, die von grundlegender Bedeutung für die wirtschaftliche, soziale, kulturelle und ökologische Entwicklung der Gemeinden sind und die Interessen der Einwohner nachhaltig berühren. In diesen Fällen sind die Einwohner möglichst frühzeitig über Grundlagen, Ziele, Zwecke und Auswirkungen zu informieren (§ 20 und § 41b BW GO, § 23 Abs. 1 NW GO). Die Unterrichtung kann auch über kommunal organisierte Medien erfolgen. Dabei muss sich die gemeindliche Publikationstätigkeit aber aus Wettbewerbsgründen auf den spezifischen Orts- und Aufgabenbezug beschränken[498].

159 **b. Einwohner- und Gemeindeversammlungen.** Die Unterrichtung hat in der Regel so zu erfolgen, dass Gelegenheit zur Äußerung und Erörterung besteht (§ 3 Abs. 1 BauGB, § 23 Abs. 2 NW GO). Insofern bietet sich die Abhaltung von **Einwohnerversammlungen** an, die auch nur für bestimmte Gemeindebezirke und Ortschaften einberufen werden können (§ 23 Abs. 2 NW GO). Diese Zusammenkünfte sind nicht identisch mit

---

495 HeVGH, DVBl 2022, 1433.
496 *Stern*, in: Siekmann Hg.), der Staat des Grundgesetzes, 1992, 881, 896.
497 BayVGH, BayVBl 1996, 28.
498 BGH, NJW 2019, 763 ff.

Rats-, Ausschuss- und Bezirksvertretungssitzungen, an denen Einwohner ebenfalls beteiligt werden können, um Informationen zu erhalten (§ 48 Abs. 1 S. 3 NW GO). In den Einwohnerversammlungen werden allgemein bedeutsame Gemeindeangelegenheiten erörtert, die dann vom zuständigen Organ behandelt werden (§ 22 Sächs. GO). Dieses Format ist keine **Gemeindeversammlung** im Sinne des Art. 28 Abs. 1 S. 4 GG (s. auch Art. 72 Abs. 1 S. 4 BWVerf und Art. 86 Abs. 1 S. 2 SächsVerf), die an die Stelle der in Art. 28 Abs. 1 S. 4 GG geforderten Volksvertretung treten kann. Dieses auf die Gemeindeebene beschränkte **plebiszitäre Element** kann jedoch wegen der Komplexität kommunaler Aufgaben nur in kleinen und überschaubaren Gemeinden realisiert werden[499].

Beispiel: § 53 BrGO für Gemeinden bis zu 100 Einwohnern.

Deshalb spielen Gemeindeversammlungen in der Kommunalpraxis keine nennenswerte Rolle. Stattdessen haben sich andere Mitwirkungsmöglichkeiten etabliert.

Beispiel: Fragestunde vor oder nach der Gemeinderatsitzung.

c. Petitionsrecht. Das Petitionsrecht für den Kommunalsektor ist nur teilweise ausdrücklich in Gemeindeordnungen normiert (§ 34 NKomVG, § 24 NWGO, § 16e SHGO). Im Übrigen ist zu prüfen, ob unabhängig von Spezialregelungen den Einwohnern ein Art. 17 GG nachgebildetes **Petitionsrecht** zusteht. Insoweit ist zunächst auf Art. 44 EU GR-Charta zu verweisen. Danach können sich die Einwohner in unionsrechtlich determinierten und sie betreffenden Gemeindeangelegenheiten mit Anregungen oder Beschwerden an das **Europäische Parlament** wenden. Dabei handelt es sich um ein klassisches **Einwohnergrundrecht**, das einen Anspruch auf Befassung und Bescheidung durch den zuständigen EU-Ausschuss begründet.
Unabhängig davon stellt sich die Frage, ob auch die **Gemeindevertretung als Volksvertretung im Sinne des Art. 17 GG** qualifiziert werden kann[500]. Dort heißt es:

„Jedermann hat das Recht, sich einzeln oder in Gemeinschaft mit anderen schriftlich mit Bitten oder Beschwerden an die zuständigen Stellen und an die Volksvertretung zu wenden."

Die Frage ist zu bejahen, weil Art. 17 GG bezweckt, jedermann einen freien und ungehinderten Zugang zum Staat und seinen Repräsentationsorganen zu gewährleisten. Deshalb kommt es nach zutreffender Ansicht des BVerwG nicht darauf an, ob die Gebietskörperschaft als Staat oder Gemeinde verfasst ist[501]. Ferner ist zu bedenken, dass die Zulassung kommunaler Petitionen andere Petitionsadressaten entlasten und zu einer Aufwertung der Volksvertretung auf der Gemeindeebene beitragen kann.
Das Petitionsrecht vermittelt dem Petenten einen Anspruch darauf, dass die angegangenen Stellen die Petition entgegennehmen, deren Inhalt zur Kenntnis nehmen, im Rahmen ihrer Zuständigkeit prüfen und sich inhaltlich mit dem Anliegen befassen[502].

Beispiel: Die Geschäftsstelle des Kreistages muss eingehende, an sämtliche Kreistagsmitglieder gerichtete Petitionen an alle Mitglieder des Kreistages weiterleiten[503].

Es ist umstritten, ob der Gemeinderat die Erledigung der Petitionen einem Ausschuss übertragen darf oder ob er sich selbst als Kollegialorgan damit befassen muss. Jedenfalls schließt die Nennung des Begriffs Volksvertretung im Verfassungstext nicht zwingend aus, dass sich ein von der Gemeindevertretung eingesetztes Gremium mit der Petition befasst.

---

499 *Schwarz*, in: von Mangoldt/Klein/Starck, GG-Kommentar, 7. Aufl. Art. 28 Rn. 117.
500 So NWOVG, DÖV 1979, 60; BVerwG, NJW 1981, 700.
501 BVerwG, DVBl 2020, 1537 ff.
502 BVerwG, DVBl 2020, 1537.
503 BVerwG, DVBl 2020, 1357.

Es besteht Einigkeit darüber, dass der Petent nach Abschluss der Prüfung über die Stellungnahme zu der Anregung oder Beschwerde zu informieren oder ihm ein **begründeter Bescheid** zu erteilen ist (§ 24 Abs. 1 NW GO).

161 d. **Einwohnerantrag und Informationsrechte.** Über das Petitionsrecht hinaus geht der **Einwohnerantrag.** Dieses Instrument bezweckt, dass die Gemeindevertretung eine Angelegenheit des eigenen Wirkungskreises (s. o. § 3 IV 3) behandelt und darüber entscheidet (§ 25 NWGO)[504]. Die Antragsvoraussetzungen sind unterschiedlich ausgestaltet. Antragsberechtigt sind regelmäßig Einwohner, die das 14. Lebensjahr vollendet haben (§ 31 NKomVG). Einwohneranträge können auch auf die Anberaumung von Einwohnerversammlungen gerichtet sein (§ 33 Abs. 3 BWGO), die nicht zwingend öffentlich stattfinden müssen (§ 22 Sächs. GO), sondern auf die Einwohneröffentlichkeit beschränkt werden können[505].
Eine intensive Form der Einbindung von Einwohnern in die kommunale Aufgabenerfüllung ist ihre Hinzuziehung als **sachkundige Einwohner**[506]. Diese Mitwirkungsmöglichkeit soll insbesondere die Ausschussarbeit verbessern und qualitativ stärken. Dieses Ziel verfolgt auch die **Einwohneranhörung** durch Ausschüsse sowie die Mitwirkung in **Beiräten.** Im Rahmen der Organisationshoheit (s. o. § 4 VIII) kann die Gemeinde Einwohnern und Einwohnergremien weitere Beteiligungsrechte einräumen[507].
Das Demokratieprinzip kommt ferner in Vorschriften zum Ausdruck, die einerseits das Kommunalrecht betreffen, aber andererseits inhaltlich darüber hinausgehen. Dabei handelt es sich insbesondere um **Informationsrechte**, die der Öffentlichkeit und damit auch den Einwohnern zustehen. Sie sind Folge der der Informationsgesellschaft[508] und erstrecken sich in jüngerer Zeit auf die gesamte kommunale Verwaltungstätigkeit, sofern nicht besondere öffentliche oder private Belange entgegenstehen. Sie bezwecken, die Transparenz der Exekutive als Grundvoraussetzung einer **wirksamen demokratischen Teilhabe** (Art. 53 SHVerf)[509] zu fördern und die Kommunikation zwischen Verwaltung und Gemeindeangehörigen zu verbessern. Sie bewirken insoweit einen Paradigmenwechsel, als sie das klassische Aktengeheimnis hinter sich lassen und **Ausdruck moderner Aktentransparenz** sind. Ihre Besonderheit besteht darin, dass spezielle Landesinformationsgesetze den Einwohnern voraussetzungslose Rechte einräumen, sofern normierte Tatbestände erfüllt sind.

3. Der demokratische Status der Bürger

162 a. **Zum Bürgerbegriff. Bürger** ist nur der Einwohner, der nach dem **Kommunalwahlgesetz** des jeweiligen Bundeslandes zu den Gemeindewahlen wahlberechtigt ist (§ 21 Abs. 2 NWGO). Diese Voraussetzung erfüllen grundsätzlich nur Einwohner,
- welche die deutsche Staatsangehörigkeit (Art. 116 GG) besitzen,
- am Wahltag das 18. Lebensjahr vollendet haben,
- seit einer Mindestzeit (3 bis 6 Monate je nach Landesregelung) in der Gemeinde wohnen und
- nicht vom Wahlrecht ausgeschlossen sind.

Beispiele: Ausschluss wegen Betreuung nach §§ 1896 ff. BGB, Verlust des Wahlrechts aufgrund eines Richterspruchs (§ 14 Abs. 2 BWGO).

In mehreren Bundesländern wurde das Wahlalter auf 16 Jahre abgesenkt, um die kommunalen Mitwirkungsmöglichkeiten für Jugendliche zu stärken und sie zur aktiven

---

[504] VG Minden, NVwZ-RR 2000, 104 f.
[505] SächsOVG, DÖV 2020, 156.
[506] *Pünder*, DVBl 2002, 381 ff.
[507] S. näher *Herbert*, NVwZ 1995, 1056.
[508] *Kugelmann*, Die informatorische Rechtsstellung des Bürgers, 2001.
[509] *Schmidt-Aßmann*, in: Hoffmann-Riem u. A. (Hg.), Grundlagen des Verwaltungsrechts, 2. Aufl., § 5 C V 1.

Mitarbeit zu ermuntern (§ 7 NWKWG). Teilweise wurde die Herabsetzung wieder rückgängig gemacht[510]. Einerseits liegt die Bestimmung des Alters im Rahmen der wahlrechtlichen Gestaltungsfreiheit der Gesetzgeber und sie ist insoweit kommunalrechtskonform, als Jugendliche seit Längerem Einwohneranträge stellen können. Durfte die Legislative aber auch davon ausgehen, dass 16-Jährige bei typisierender Betrachtung über ein Mindestmaß an politischen Kenntnissen und Verständnis für Kommunalwahlen verfügen[511] und daher die für den Kommunikationsprozess und die Stimmabgabe erforderliche intellektuelle Reife besitzen?[512]. Daran bestehen angesichts einer kaum faktenbasierten Absicherung Zweifel.

> **Beispiele:** Ausweislich des für die politische Bildung in Nordrhein-Westfalen verwendeten Lehrmaterials für die Fächer „Politik/Wirtschaft/Sozialwissenschaften/Geschichte" findet das Stichwort „Demokratie" kaum Berücksichtigung. Das Kinderhilfswerk hat in seinem Kinderreport 2024 festgestellt, dass nur neun Prozent der Befragten angaben, ausreichend über demokratische Abläufe Bescheid zu wissen[513].

Im Gegensatz zu den Einwohnerrechten kann das Bürgerrecht immer nur in einer Gemeinde erworben werden. Wer in mehreren Gemeinden wohnt ist nur in der Gemeinde Bürger, in der er seine **Hauptwohnung** hat (§ 13 Abs. 2 S. 2 RP GO).

> Hauptwohnung ist die vorwiegend benutzte Wohnung des Einwohners, insbesondere seine Familienwohnung oder die seines Lebenspartners[514].

In Zweifelsfällen befindet sich die vorwiegend genutzte Wohnung dort, wo der **Schwerpunkt der Lebensbeziehungen** des Einwohners liegt (s. auch § 22 Abs. 3 BMG). Dieses Erfordernis ist nicht immer leicht festzustellen.

> **Beispiel:** Studierende, die an einer auswärtigen Hochschule immatrikuliert sind[515].

Die Hauptwohn-Regelungen soll die sonst bestehende Möglichkeit unterbinden, dass bei den Kommunalwahlen in mehreren Orten oder Bundesländern gewählt wird. Diese Bestimmungen sind verfassungsgemäß, weil das Erfordernis der Sesshaftigkeit zu den traditionellen Begrenzungen der Allgemeinheit der Wahl gehört[516]. Der Einwohner hat der Meldebehörde ist wegen der aufgezeigten Rechtsfolge mitzuteilen, welche Wohnung seine Hauptwohnung ist.

b. Bürgerrechte als gesteigerte Einwohnerrechte. Zunächst ist festzuhalten, dass Bürger dieselben Rechte wie Einwohner besitzen, da ihr Status auf den Einwohnerrechten aufbaut (s. o. § 5 I 2) und daher über deren Rechtsstellung hinausgeht.

> **Beispiel:** Mitwirkung als **sachkundiger Bürger** zur Optimierung der Ausschussarbeit (§ 58 Abs. 3 NW GO).

c. Öffentlichkeit der Ratssitzungen als demokratische Komponente. Das Wahlrecht der Bürger ist nur die erste Stufe zur Umsetzung des Demokratieprinzips auf der kommunalen Ebene, weil auch die übrigen Rechte an der Einhaltung demokratischer Erfordernisse zu messen sind. Das betrifft zunächst den Grundsatz der **Öffentlichkeit von**

---

510 *Heger/Malkmus*, NVwZ 2022, 1764.
511 BVerwG, NJW 2018, 3328 ff.; ThürVerfGH, NVwZ-RR 2019, 129 ff.
512 BVerfG, NJW 2019, 1201.
513 Deutsches Kinderhilfswerk, Kinderreport Deutschland 2024, der sich inhaltlich mit der Demokratiekompetenz und der Demokratieförderung in Deutschland befasst.
514 BayVGH, BayVBl 1984, 597 und 1985, 274.
515 BVerwGE 89, 110 ff.
516 BayVerfGH, BayVBl 1967, 128; NWOVG, NJW 1985, 1237 und NVwZ 1987, 1005.

Sitzungen (s. o. § 3 VII 2 d) der gewählten Volksvertretung (Art. 52 Abs. 2 BayGO, § 35 Abs. 1 BWGO, § 52HeGO). Zu Recht hat das BVerwG festgestellt,

das Prinzip der Öffentlichkeit sei als Voraussetzung für das Verständnis und Vertrauen der Bürger konstitutiv, weil die öffentliche Debatte und Diskussion wesentliche Elemente des demokratischen Parlamentarismus und der Auseinandersetzung seien. Insbesondere diene die Öffentlichkeit der Kontrolle der Ratsmitglieder und spiegele ihre Verantwortung gegenüber den Wählern wider[517].

Angesichts dieser herausragenden demokratischen Bedeutung des Publizitätsgebotes liegt es nahe, dass ein **Ausschluss der Öffentlichkeit** im Einzelfall rechtfertigungsbedürftig ist (§ 48 Abs. 2 BW GO). Diese Bedingung ist nur erfüllt, wenn das **öffentliche Wohl** oder **berechtigte Interessen Einzelner** einen Ausschluss erfordern (§ 35 Abs. 1 BW GO) und der Grundsatz der Verhältnismäßigkeit beachtet wird. Erfolgt ein Ausschluss aus Kapazitätsgründen, dann ist der Grundsatz der **Chancengleichheit** zu wahren.

Beispiel: Vergabe nach dem Prioritätsprinzip, dem Losverfahren oder der individuellen Betroffenheit.

Zwischenfrage: Worin liegt die Bedeutung des Öffentlichkeitsgrundsatzes?

165 **d. Bürgeranhörungen und Bürgerversammlungen.** Eine Form demokratisch inspirierter Bürgerbeteiligung sind **öffentliche Fragestunden** im Zusammenhang mit den Sitzungen der Gemeindevertretung. Außerdem kann der Gemeinderat **Bürgeranhörungen** sowie Bürgerbefragungen veranstalten. Diese Formate dienen dazu, die politische Meinung der stimmberechtigten Bürger zu erfahren, ohne dass dadurch Entscheidungen des Gemeinderates präjudiziert werden.

Teilweise sehen die Gemeindeordnungen auch **Bürgerversammlungen** vor (Art. 18 Bay GO), die aber nicht mit Gemeindeversammlungen im Sinne des Art. 28 Abs. 1 S. 4 GG identisch sind, weil diesen Zusammenkünften lediglich ein Mitberatungsrecht zusteht. Bürgerversammlungen können **Bürgeranträge** anstoßen. Sie sind ebenso wie Einwohneranträge eine Option der „Gesetzgebungs- und Beratungsinitiative" mit dem Ziel, dass sich die Gemeindevertretung mit bestimmten Anliegen befasst (Art. 18 Abs. 4 Bay GO, § 20b BWGO).

166 **e. Bürgerbegehren und Bürgerentscheid.** Der Bürgerantrag ist vom **Bürgerentscheid** und vom **Bürgerbegehren** zu unterscheiden. Dabei handelt es sich um Partizipationsinstrumente, die sich in jüngerer Zeit großer Beliebtheit erfreuen und ein Zeichen wachsender demokratischer Teilhabe der Ortsbevölkerung sind. Daneben werden diese innovativen Erscheinungsformen als neuer institutioneller Rahmen kommunaler Aktivitäten, als Konkurrenz zu lokal agierenden Parteien und als alternativer Problemlöser identifiziert, die zugleich die Mitverantwortung der Bürger für ihre Gemeinde stärken[518] und der allgemeinen Politik- und Parteiverdrossenheit entgegenwirken sollen[519]. Der **Bürgerentscheid** zielt darauf ab, dass Bürger eine wichtige Gemeindeangelegenheit in geheimer Abstimmung an Stelle der gewählten Vertretung abschließend selbst entscheiden (Art. 12 Abs. 3 BayVerf, § 26 NW GO, § 21 BW GO, Art. 18a Bay GO)[520]. Wenn die Gemeindevertretung einen entsprechenden Beschluss fasst und die Entscheidung gefallen ist, hat der Bürgerentscheid die Wirkung eines Beschlusses der Gemeindevertretung (§ 26 Abs. 8 NWGO, § 21 Abs. 7 BWGO, Art. 18a Abs. 13 BayGO).

Beispiel: Stimmt bei einem Bürgerentscheid die Mehrheit der Bürger mit dem notwendigen Quorum für die Aufhebung des Beschlusses des Gemeinderates, einen

---

517 BVerwG, NVwZ 2022, 1067 Rn. 17.
518 *Merten*, VVDStRL 35, 1996, 7, 40; *Knemeyer*, DVBl1998, 113 ff.
519 *Burgi*, Kommunalrecht, 7. Aufl. § 11 Rn. 33; *Schoch*, DÖV 2018, 293 ff.
520 NWOVG, NVwZ-RR 1999,136 und NVwZ-RR 2017, 1027 ff.

I. Der demokratische Status einzelner Personengattungen

Bebauungsplan aufzustellen, hat dies einen Planungsverzicht der Gemeinde zu Folge, so dass ein noch nicht abgeschlossenes Bebauungsplanverfahren einzustellen ist[521].

Ein Bürgerentscheid setzt ein **Bürgerbegehren** voraus, das auf die Herbeiführung eines Bürgerentscheides durch eine allgemeine Abstimmung der Gemeindebürger gerichtet ist.

Beispiel: Verhinderung des Verkaufs der in privatrechtlicher Organisationsform geführten Stadtwerke sowie Fusion mit anderen Unternehmen[522].

Bürgerbegehren bedürfen der Zulassung durch die Gemeindevertretung (§ 18a Abs. 4 ff. Bay GO) und müssen bestimmter formelle und materielle Voraussetzungen erfüllen.

Beispiele: Schriftform, Quorum, Begründung[523] der Vorteilhaftigkeit einer von dem Bürgerbegehren bevorzugten Lösung[524], Deckungsvorschlag[525].

Hinsichtlich des Verhältnisses zwischen Bürgerbegehren, Bürgerentscheid einerseits und Beschlüssen der Gemeindevertretungen andererseits ist zu bedenken, dass unmittelbare demokratische Mitwirkungsoptionen die Stellung des Gemeinderates als demokratisch legitimiertes und politisches Führungs- und Hauptorgan weder aushebeln noch lähmen sollen[526]. Aus diesen Gründen darf über bestimmte, in den Gemeindeordnungen näher bezeichnete Angelegenheiten kein Bürgerentscheid stattfinden. Es fehlt dann an der **Bürgerentscheidfähigkeit**.

Beispiele: Aufstellung und Aufhebung von Bauleitplänen[527], Beschlüsse über Satzungen[528] und Gemeindeabgaben[529], Festlegung von Rechtsverhältnissen der Gemeindeorgane (§ 26 Abs. 5 NW GO)[530]. Zulässig sind Bürgerbegehren zur Errichtung eines Schulneubaues[531], zur Planung einer Restmüllbehandlungsanlage[532], zur Trassierung einer Kreisstraße[533] oder zur Aufhebung eines Projektbeschlusses[534].

Die Annahme eines Bürgerbegehrens durch den Gemeinderat ist im Gegensatz zur Feststellung des Ergebnisses eines Bürgerentscheides ein **Verwaltungsakt**[535]. Wenn der Bürgerentscheid erfolgreich ist, dann ersetzt er einen Beschluss der Gemeindevertretung und verwirklicht damit ein Stück unmittelbarer Kommunaldemokratie. Lehnt der Gemeinderat das Bürgerbegehren ab, können Betroffene Klage vor dem Verwaltungsgericht erheben[536].

f. Weitere Beteiligungsoptionen. Neben den dargestellten Beteiligungsformen können die Gemeinden im Rahmen ihrer Organisations-, Geschäftsordnungs- und Rechtsetzungshoheit (s. o. § 4 VI ff.) weitere Instrumente einer Bürgermitwirkung vorsehen, weil die kraft Gesetzes eröffneten Möglichkeiten nicht abschließend sind.

---

521 BWVGH, NVwZ-RR 2024, 1012.
522 BayVGH, NVwZ-RR 2018, 71 ff.
523 HeVGH, NVwZ-RR 1989, 574; BayVGH, NVwZ-RR 2018, 71 ff.; *Hartmann*, DVBl 2001,776 ff.
524 RPOVG, DVBl 2022, 682.
525 NdsOVG, NVwZ-RR 2004, 62; BWVGH, DVBl 2015, 843 und dazu *Kramer/Cosovic*, DVBl 2016, 525.
526 BayVerfGH, BayVBl 1997, 622.
527 NdsOVG, NVwZ-RR 2005, 349.
528 BayVGH, NVwZ-RR 2000, 219.
529 RPOVG, NVwZ-RR 2020, 655.
530 NWOVG, NVwZ-RR 1997, 109; s. aber auch HeVGH, NVwZ-RR 2004, 281.
531 RPOVG, NVwZ-RR 1997,241.
532 RPOVG, NVwZ-RR 1998, 425; s. aber auch NWOVG, NVwZ-RR 2003, 448.
533 BayVGH, NVwZ-RR 1998, 258.
534 RPOVG, NVwZ-RR 2020, 655.
535 BWVGH, NVwZ 1985, 288 und NVwZ-RR 1994, 110; BayVGH, NVwZ-RR 1999, 600.
536 BayVGH, NVwZ-RR 2003, 670.

Beispiele: Bürgergutachten, Verbandsbeteiligungen, Hearings, Bildung von Vertretungen oder Einsetzung von Beauftragten für Senioren oder Menschen mit Behinderung (§ 27a NWGO), Beteiligungsrechte für Kinder (§ 4c und § 8c HeGO, § 36 NKomVG).

Hingegen ist es nicht gestattet, per Satzung Handlungspflichten auf ein anderes Gemeindeorgan zu verlagern, das originär nicht dafür vorgesehen ist.

Beispiel: Bestimmung einer kommunalen Bürgerbeteiligungssatzung, die Kindern Teilhabe- und Teilnahmerechte verleiht, die über die im Gesetz vorgesehenen Anhörungs- und Antragsrechte hinausgehen[537].

Zwischenfrage: Was ist der Unterschied zwischen einem Bürgerbegehren und einem Bürgerentscheid?

168 **g. Subjektives Bürgerrecht auf Rechtskontrolle?** Steht den Gemeindebürgern ein Mitwirkungsrecht in Gestalt eines materiellen **subjekt-öffentlichen Rechts auf Kontrolle** dahin zu, ob die Kommune ihre Kompetenzen einhält? Einerseits könnten derartige Rechtspositionen auf das Demokratieprinzip gestützt werden, das auch auf die Durchsetzung verliehener Mitwirkungsrechte angelegt ist. Andererseits verkennen derartige **Mitgliederansprüche** gegenüber der Gemeinde die Stellung des Bürgers im Gefüge der Verfassungsordnung, weil sie ihn zum Sachwalter öffentlicher Interessen machen[538]. Ein Kontrollrecht käme einem allgemeinen **Gesetzesvollziehungsanspruch** gleich, der weder mit den Grundrechten noch mit den Mitgliedschaftsrechten der Bürger im Rahmen der Selbstverwaltung in Einklang stünde.

169 **h. Ehrenamtliche Mitwirkung.** Kommunale Demokratie und ehrenamtliche Aufgabenerfüllung sind eng miteinander verbunden. Jenseits der bereits erörterten ehrenamtlich wahrgenommenen Zuständigkeiten der Gemeindevertretung und ihrer Ausschüsse (s. o. § 3 VIII 2 a) sehen Gemeinde- und Kreisordnungen zahlreiche Tätigkeiten vor, die eine **ehrenamtliche Mitarbeit der Bürger** gestatten und verlangen (§ 15 Abs. 1 BWGO, Art. 19 Abs. 1 BayGO, § 28 NWGO, Art. 86 Abs. 2 SächsVerf.). Dabei handelt es sich um typisch demokratisch fundierte Dienstleistungen, die auf die Idee der politischen Selbstverwaltung der Gemeinden zurückgehen (s. o. § 4 III).

Übereinstimmend beruhen die einschlägigen Gesetze auf folgender Grundkonzeption:

> Bürger sind zur nebenberuflichen Übernahme vorübergehender oder auf Dauer berechneter Verwaltungsgeschäfte für die Gemeinde nicht nur berechtigt, sondern auch verpflichtet (§ 1 Abs. 3 BWGO).

Insoweit besteht ein Unterschied zu den Einwohnern, die lediglich zu einer vorübergehenden Mitwirkung herangezogen werden dürfen (§ 28 Abs. 1 NW GO).

Die Verpflichtung der Bürger beruht auf der Überlegung, dass sich auf freiwilliger Basis zu wenig Bürger zur Mitwirkung bereitfinden, weshalb die Gefahr besteht, dass die Funktionsfähigkeit der kommunalen Aufgabenerfüllung gefährdet ist. Schon die rechtliche Ausgestaltung zeigt, dass die Gemeinden mindestens in bestimmten Umfang auf die ehrenamtliche Mithilfe angewiesen sind.

Beispiele: Mitwirkung bei der Erfüllung vordringlicher Pflichtaufgaben und bei Notfällen (Hand- und Spanndienste) nach § 10 Abs. 5 BW GO und Art. 12 Abs. 2 GG. Einsatz bei der Freiwilligen Feuerwehr[539]. Tätigkeit als Wahlhelfer[540].

---

537 HeVGH, DVBl 2022, 1433.
538 S. zur Diskussion *Oebbecke*, NVwZ 1988, 393; *Messerschmidt*, VerwArch 81, 1990, 55, 80.
539 S. zur Feuerwehrdienstpflicht BVerfGE 92, 91; *Bausback*, BayVBl 1995, 737 ff.
540 OLG Düsseldorf, NVwZ 1996, 312.

Einerseits ist es angesichts vermehrter Freizeit sowie der Forderung nach mehr unmittelbarer Demokratie sachgerecht, Bürger verstärkt in die ehrenamtliche Erledigung kommunaler Verwaltungsaufgaben einzubinden, um die verfahrens- und entscheidungsverbessernde, körperschaftsintegrierende und befriedende Wirkung dieser Partizipation auszuschöpfen[541]. Andererseits stehen einem gewünschten Engagement häufig Mobilitätshindernisse der arbeitenden Bevölkerung sowie ein geringes Interesse an einem dauerhaften Einsatz für die Gemeinde entgegen. Insoweit ist zu konstatieren, dass die ehrenamtliche Betätigung für die Gemeinde nicht mit dem vielerorts zu beobachtenden **bürgerschaftlichen Engagement**[542] übereinstimmt. Es findet spontan, situationsbedingt und projektbezogen statt und ist häufig nicht gemeinwohlorientiert, sondern auf die Durchsetzung individueller oder gruppennütziger Interessen angelegt.

Ehrenamtlich tätige Bürger sind ebenso wie Mitglieder der Gemeindevertretung (s. o. § 3 VIII 2 a) unentgeltlich tätig. Sie haben keinen Anspruch auf Vergütung ihrer Dienstleistung, können aber den **Ersatz ihrer notwendigen Auslagen** und ihres **Verdienstausfalles** verlangen (§ 19 BW GO, Art. 20a Bay GO, § 33 NW GO), der ihnen durch die Ausübung der ehrenamtlichen Mitwirkung entsteht. Das gilt auch für die fehlende Zeit für die Erledigung von Haushaltsarbeit, weshalb die notwendigen Kosten für eine Vertretung ebenfalls ersetzt werden (Art. 20a Bay GO, § 45 Abs. 3 NW GO). Diese Rechte sollen dafür sorgen, dass ehrenamtlich mitwirkende Bürger weder finanzielle Einbußen erleiden noch finanziell bessergestellt werden. Gleichzeitig dienen diese Regelungen der unabhängigen Amtsausübung.

4. Der demokratische Status der Unionsbürger

Aufgrund der dargelegten Einbindung Deutschlands in die Europäische Union nach Art. 23 GG (s. o. § 2) ist auch der kommunalrechtlich relevante demokratische Status der Unionsbürger zu berücksichtigen. **Unionsbürger** ist, wer die Staatsangehörigkeit eines Mitgliedstaates besitzt (Art. 20 Abs. 1 AEUV). Nach Art. 22 Abs. 1 AEUV und Art. 40 EU GR-Charta hat jeder Unionsbürger mit Wohnsitz in einem Mitgliedstaat, dessen Staatsangehörigkeit er nicht besitzt, bei Kommunalwahlen das aktive und passive Wahlrecht. Diese integrationspolitisch gewollte Regelung bezweckt einen Verzicht auf das sonst generell und traditionell für Wahlen erforderliche Kriterium der **Staatsangehörigkeit** im Interesse einer unionsweiten Stärkung des Demokratieprinzips (Art. 28 Abs. 1 S. 3 GG, § 12 BW GO, § 13 Abs. 2 RPGO)[543]. Unklar ist, ob der Begriff Wahlen auch **Abstimmungen** einschließt. Die Ausweitung kann nicht mit dem Hinweis verneint werden, es handle sich um eine Ausnahmeregelung[544]. Vielmehr ist auf den Beteiligungszweck abzustellen. Danach ist auch diese Form der Beteiligung am Ortsleben Ausdruck einer politisch gewollten Verbreiterung der demokratischen Komponente. Angesichts dieses weiten integrierenden Mitwirkungsverständnisses sind Regelungen, die EU-Ausländern aufgrund der EU-Kommunalwahlrichtlinie die Teilnahme an einer demokratisch motivierten Bürgermeisterwahl verbieten[545] mit dem Unionsgedanken des Art. 22 Abs. 1 AEUV nicht vereinbar.

5. Der demokratische Status der Ausländer

Die in den Gemeinden lebenden **Ausländer** im Sinne des § 2 Abs. 1 AufenthG, die nicht die Staatsangehörigkeit eines Mitgliedstaates der EU besitzen (s. auch Art. 116 GG), sind lediglich **Einwohner** (s. o. § 5 I 2). Einerseits entspricht dieser Rechtsstatus

---

541 BVerfGE 71, 116.
542 S. *Klie/Meysen*, DÖV 1998, 452 ff.
543 Richtlinie 94/80/EG des Rates vom 19.12.1994 über die Einzelheiten des aktiven und passiven Wahlrechts bei den Kommunalwahlen für Unionsbürger, Abl. EG Nr. L 368 vom 31.12.1994, 38 ff.
544 *Schwarz*, in: von Mangoldt/Klein/Starck, GG-Kommentar, 7. Aufl. Art. 28 Rn. 121.
545 Unklar *Burgi*, Kommunalrecht,7. Aufl. § 11 Rn. 23.

der Systematik des Grundgesetzes, wonach nur Deutsche als Volk im Sinne von Art. 20 Abs. 2 und Art. 28 Abs. 1 S. 2 GG zu verstehen sind. Andererseits wird diese Situation hinsichtlich einer gewünschten Integration von Ausländern (§ 1 Abs. 1 AufenthG) in das gesellschaftliche Leben der Kommunen als unbefriedigend angesehen. Deshalb wurden in einigen Bundesländern Gremien geschaffen, die als Ausgleichsmechanismus für das fehlende kommunale Wahlrecht fungieren sollen.

Beispiele: Integrationsrat (§ 27 NWGO), Integrationskommission (§ 89 He GO).

Der Integrationsrat wird von den betroffenen Ausländern mit Ausnahme der Einwohner gewählt, die Asylbewerber sind oder für die das Aufenthaltsrecht nicht gilt (§ 27 Abs. 2 und Abs. 4 NW GO). Diese Gremien besitzen unterschiedliche Teilhabe- und Teilnahmerechte. So können Ausländer als sachkundige Einwohner in kommunale Ausschüsse berufen werden, um dort Gruppeninteressen zu vertreten. Ferner steht es den Gemeinden im Rahmen der Gesetze frei, zusätzliche spezielle Formate zu kreieren, mit denen spezifischen Bedürfnissen der Ausländer in der Gemeinde angemessen Rechnung getragen wird[546].

Zwischenfrage: Beschreiben Sie den demokratischen kommunalen Status der Unionsbürger und der Ausländer!

II. Legitimation durch Kommunalwahlen

1. Legitimation der Repräsentativorgane

172 Die zentrale demokratische Mitwirkungsmöglichkeit der Gemeindebürger ist die unions- und verfassungsrechtlich gewährleistete Teilnahme an Kommunalwahlen.

Beispiele: Art. 28 Abs. 1 S. 2 und S. 3 GG i. V. m. Art. 22 Abs. 1 AEUV, Art. 26 und 72 BWVerf., Art. 14 und 12 BayVerf., Art. 72 HeVerf., Art. 31 NW Verf.).

Zwischenfrage: Welche Verfassungsnormen begründen das kommunale Wahlrecht?

Das **Kommunalwahlrecht** ist in den Kommunalwahlgesetzen normiert, die wegen des Gestaltungsspielraumes der Bundesländer unterschiedlich ausgeformt sind[547]. Es regelt die Details der Wahlvorbereitung, der Wahldurchführung sowie des Wahlverfahrens und schafft damit die Voraussetzungen für die demokratische Legitimation der Kommunalvertretungen und ihrer Organe[548].

Beispiele: Wahlorgane, Wahlbezirke, Wählerverzeichnisse, Briefwahl, Mandatsverteilung und ihre Berechnung.

Ausnahmsweise kann nach Art. 28 Abs. 1 S. 4 GG an die Stelle gewählter Vertreter eine **Gemeindeversammlung** treten. Dabei handelt es sich um eine Ausprägung der **unmittelbaren Demokratie**, die insoweit die repräsentativ ausgestaltete Grundform der lokalen Demokratie verdrängt (s. auch Art. 86 Abs. 1 S. 2 Sächs. Verf. und o. § 5 I 2 b).

Eine weitere Erscheinungsform sind die sog. **Rathausparteien** und die örtlichen Wählerinitiativen, deren Fokus auf der Lösung lokaler Probleme und spezifischer Gemeindeinteressen durch ihre bestimmten Vertreter liegt. Allerdings fallen diese und ähnliche politische Zusammenschlüsse unbeschadet des existierenden Konkurrenzverhältnisses nicht in den Schutzbereich des Art. 21 GG. Zur effizienten Aufgabenerfüllung kommt es deshalb darauf an, dass diese Vereinigungen nicht durch Wahlrechtsklauseln, Wahlwerbung und andere Hürden benachteiligt werden[549]. So können sie sich auf den **Grundsatz der abgestuften Chancengleichheit** im politischen Wettbewerb auf der Ortsebene berufen.

---

546 S. auch *Oebbecke*, VVDStRL 62, 2003, 366, 378.
547 BVerfGE 4, 44.
548 BVerfGE 47,253,272.
549 BVerfGE 69,92; BayVGH, NVwZ-RR 1991, 153; VG Düsseldorf, NVwZ-RR 1997, 729.

II. Legitimation durch Kommunalwahlen

Es wurde bereits erwähnt, dass sich die politische Mitwirkung der Gemeindebürger nicht auf die Wahl der Repräsentanten der Gemeindevertretung beschränkt. Vielmehr sehen die Gemeindeordnungen vor, dass das Gemeindegebiet in **Bezirke** oder **Ortsteile** gegliedert werden können (s. o. § 3 VIII 8). Sofern die dort gebildeten Organe an Stelle der Gemeindevertretung eigenverantwortlich bezirksbezogene Verwaltungsaufgaben erledigen, sind die Bezirks- oder Ortsteilvertretungen ebenfalls demokratisch zu legitimieren[550]. Dabei steht es dem Kommunalgesetzgeber frei, ob er sich für eine unmittelbare Wahl durch das betreffende Wahlvolk oder für eine mittelbare Wahl durch die Gemeindevertretung entscheidet. Dementsprechend setzen die Gemeindeordnungen unterschiedliche Wahlkonzepte um.

Beispiele: § 69 Abs. 1 BW GO, Art. 60 Abs. 3 Bay GO, § 36 Abs. 1 NW GO.

2. Legitimation der kommunalen Wahlbeamten

Außer den Gemeinde- und Bezirksvertretungen bedürfen auch die **leitenden Kommunalbeamten** einer demokratischen Legitimation zur Amtsausübung.

Beispiele: Bürgermeister, Beigeordnete, Landräte.

Denn sie werden nicht wie andere Beamte durch eine Verwaltungsbehörde ernannt, sondern ebenfalls entweder unmittelbar von den Bürgern (§ 45 BW GO, Art. 17 Bay GO, § 65 und § 71 NW GO) oder mittelbar durch die Gemeindevertretung gewählt. Die Gesetzgeber haben damit der herausgehobenen Stellung dieser Amtsträger und ihrer besonderen Verantwortung für das Wohl der Gemeinde Rechnung getragen[551].

Beispiel: Der Bürgermeister ist Garant der rechtsstaatlichen Ordnung in der Gemeinde. Er hat Leitbildfunktion und muss mit seiner persönlichen Integrität geeigneter Orientierungspunkt für Bedienstete und die Gemeindevertretung sein[552].

Im Gegensatz zu den typischen **Berufsbeamten** entspricht es einem Bedürfnis auf der Gemeinde- und Kreisebene, dass bei der Auswahl der kommunalen Wahlbeamten neben der **Eignung, Befähigung und fachlichen Leistung** (Art. 33 Abs. 2 GG) auch politische Überlegungen einfließen. Es besteht jedoch Klarheit darüber, dass nicht gewählt werden kann, wer nicht die Gewähr dafür bietet, dass er jederzeit für die **freiheitliche demokratische Grundordnung** im Sinne des Grundgesetzes und der entsprechenden Landesregelungen eintritt (§ 24 Abs. 3 ThürKWG, § 62 Abs. 1 SAKVG). In der Kommunalpraxis kann die Überprüfung der Verfassungstreue in einem Disziplinarverfahren erfolgen[553].

Die Stellen der kommunalen Wahlbeamten sind grundsätzlich **öffentlich auszuschreiben** (§ 71 Abs. 2 NWGO), damit sich alle für die entsprechende Stelle in Frage kommenden Personen auf die Führungsstelle bewerben können. Diese Vorschriften dienen der Transparenz des Wahl- und Berufungsverfahrens, um willkürliche Entscheidungen zu verhindern und eine Kontrolle zu ermöglichen. Die kommunalen Wahlbeamten sind regelmäßig **hauptamtlich** tätig. Ausnahmen gibt es nur für kleinere Gemeinden, bei denen deshalb auf eine verwaltungsprofessionelle Amtsführung verzichtet werden kann, weil etwa die Kreisverwaltung entsprechende Unterstützungen leisten und Defizite ausgleichen kann.

Kommunale Wahlbeamte bedürfen zur Begründung eines beamtenrechtlichen Status nach der Wahl einer **förmlichen Ernennung**. Insoweit ist umstritten, ob die gewählte Person einen einklagbaren Ernennungsanspruch besitzt. Die rechtliche Beurteilung hat zwischen der beamtenrechtlichen- und der kommunalverfassungsrechtlichen Perspek-

---

550 BVerfGE 47, 253, 272.
551 NWVerfGH, DVBl 2020, 1084 ff. und dazu *Seybold*, NVwZ 2021, 293 ff.
552 *Masuch*, NVwZ 2023, 1694.
553 *Masuch*, NVwZ 2023, 1694.

tive zu unterscheiden⁵⁵⁴. Kommunalverfassungsrechtlich ist mit der Wahl die zur Besetzung des Postens entscheidende Willenserklärung abgeschlossen, weshalb die gewählte Person den Vollzug des Wahlergebnisses verlangen kann, sofern es nicht zu einem Rechtsstreit zwischen Konkurrenten kommt⁵⁵⁵.
Teilweise sind die **Legislaturperiode der Gemeindevertretung und die Amtsperiode** der kommunalen Wahlbeamten deckungsgleich. Teilweise reicht ihre Wahlzeit über die Wahlperiode der Gemeindevertretung hinaus. Überlappende Regelungen betonen zum einen die Rolle der Wahlbeamten als ausgleichender Faktor gegenüber den das Gemeindeleben gestaltenden politischen Kräften. Zum anderen belegen sie die besondere Verantwortung für die Kontinuität der Gemeindeverwaltung, die sich nicht ausschließlich an den Mehrheitsverhältnissen der jeweiligen Gemeindevertretung orientieren soll. Unabhängig davon dienen längere Wahlzeiten der beruflichen Absicherung der Wahlbeamten und der Gewinnung qualifizierter Kräfte.

Zwischenfrage: *Welche Argumente sprechen für die zeitliche Unterscheidung zwischen der Wahlperiode der Gemeindevertretung und der Wahlbeamten?*

3. Delegitimierung durch Abwahl

174 Das Gegenstück zur Wahl ist die kommunalverfassungsrechtlich vorgesehene Möglichkeit der **Abwahl leitender Kommunalbeamten**. Der Gesetzgeber sieht zwei Konstellationen vor: Eine Abwahl durch die Bürger oder die Abberufung durch die Gemeindevertretung (§ 66 Abs. 1 und § 71 Abs. 7 NWGO)⁵⁵⁶. Wann kommt eine Abwahl in Betracht? Nach der Rechtsprechung ist Voraussetzung, dass

„*das politische Vertrauensverhältnis, die Gleichgestimmtheit zwischen Bürgern und Wahlbeamten, Kommunalvertretung und Kommunalvorstand derart gestört ist, dass eine Basis für eine weitere sachgerechte Zusammenarbeit fehlt*"⁵⁵⁷.

Zum Schutz der Betroffenen setzt die Abwahl die Einhaltung eines formalisierten Verfahrens und die Erreichung bestimmter Mehrheiten voraus. Die kommunalpolitische Option der Abwahl verdrängt nicht die Einleitung **beamtenrechtlicher Disziplinarverfahren**, die andere Ziele verfolgen. Deshalb kommt neben oder vor der Abwahl eine vorläufige Dienstenthebung in Betracht⁵⁵⁸.

Zwischenfrage: *Wann kommt eine Abwahl leitender Kommunalbeamter in Betracht?*
Zwar hat die Spruchpraxis in der Vergangenheit die Abwahl grundsätzlich akzeptiert⁵⁵⁹. Es ist jedoch zu kritisieren, dass abgesehen von Bedenken aus Art. 33 Abs. 5 GG der Status der Betroffenen in hohem Maße von Schwankungen hinsichtlich der politischen Mehrheitsverhältnisse in der jeweiligen Gemeindevertretung abhängt. Unabhängig davon besteht die Gefahr, dass dieses Instrument parteipolitisch dazu missbraucht wird, um sich von unbequemen Beamten zu trennen. Ferner kann das Institut der Abwahl eine ordnungsgemäße und nach juristischen Maßstäben erforderliche qualitative ausgerichtete Verwaltungstätigkeit beeinträchtigen. Schließlich ist das bereits angeführte Argument zu bedenken, dass leitende Verwaltungsbeamte als ausgleichender und die Fachneutralität wahrender Faktor gegenüber den gestaltenden Kräften der kommunalen Ebene fungieren sollen und diese Rolle geschwächt werden kann⁵⁶⁰.
Jedenfalls ist eine Abwahl rechtswidrig, wenn sie rechtsmissbräuchlich erfolgt oder auf Verfahrensfehlern beruht⁵⁶¹. Die Abwahl ist **kein Verwaltungsakt** im Sinne des § 35

---

554 *Schnapp*, Amtsrecht und Beamtenrecht, 1977, 85.
555 *von Glasenapp*, NordÖR 2011, 253 ff.
556 S. näher *Böhme*, DÖV 2012, 55 ff.
557 BVerwG, DÖV 1993, 204; VG Frankfurt am Main, NVwZ 2006, 720, 722.
558 BVerfG, NVwZ 2017, 1702 ff.
559 BVerfG, NVwZ 1994, 473; BVerwG, NVwZ 1985, 275 und NVwZ 1990,772.
560 BVerwGE 90, 104; *Hennecke*, Jura 1988, 374; *Thiele*, DÖD 1988, 49.
561 NWOVG, NVwZ-RR 1995, 591 ff.; NdsOVG, DÖV 1993, 1101.

VwVfG, weil der Gemeinderat keine Behörde ist. Vielmehr handelt es sich um einen Akt der politischen Willensbildung und der kommunalen Selbstgestaltung[562].
Zwischenfrage: *Nennen Sie einige Gründe, die gegen eine Abwahl von Hauptverwaltungsbeamten sprechen!*

III. Kommunale Wahlrechtsgrundsätze

1. Allgemeinheit

Das Demokratieprinzip verlangt, dass die Repräsentanten des Volkes in den Kommunal- und Bezirksvertretungen sowie die Bewerber um kommunale Spitzenämter – ebenso wie auf der EU-, der Bundes- und der Landesebene – in einem rechtsstaatlich ausgeformten Verfahren bestimmt werden. An der Wahlvorbereitung sind die **politischen Parteien** (Art. 21 GG) sowie **kommunale Wählervereinigungen** (sog. Rathausparteien – s. o. § 5 II 1) beteiligt, die jeweils Kandidaten aufstellen, die dann von den entsprechenden Gremien gewählt werden müssen, um an den Kommunalwahlen teilzunehmen zu können.

Voraussetzung ist jeweils die Einhaltung verfassungsrechtlich übereinstimmend vorgegebener **Wahlgrundsätze** (Art. 39 Abs. 2 EU-GR Charta, Art. 38 Abs. 1 GG, Art. 72 BWVerf, Art. 138 HeVerf, Art. 57 Abs. 2 NdsVerf). Für den Kommunalsektor heißt das, dass – wie bereits erwähnt – die Vertretung aus
– allgemeinen,
– unmittelbaren,
– freien,
– gleichen und
– geheimen
Wahlen hervorgegangen sein muss (Art. 28 Abs. 1 S. 2 GG).
Zwischenfrage: *Können Sie die Wahlrechtsgrundsätze benennen?*

> **Allgemeinheit** bedeutet, dass alle in der Gemeinde wohnenden Staatsbürger und Unionsbürger nach Erreichen des Wahlalters wahlberechtigt sind.

Die Beteiligung von Jugendlichen ab 16 Jahren ist verfassungsgemäß[563], obwohl es häufig an fundierten Kenntnissen über das Funktionieren der Demokratie fehlt (s. o. § 5 I 3 a). Eine Beteiligung von Ausländern ist weder erforderlich noch verfassungsrechtlich zulässig (s. o. § 5 I 5).

2. Unmittelbarkeit

> **Unmittelbarkeit** liegt vor, wenn jede abgegebene Stimme bestimmten oder bestimmbaren Wahlwerbern zugerechnet werden kann, ohne dass nach der Stimmabgabe noch eine Zwischeninstanz eingeschaltet ist, die nach ihrem Ermessen den Vertreter auswählt[564].

Dieser Wahlgrundsatz soll gewährleisten, dass die gewählten Repräsentanten mit der Stimmabgabe bestimmt werden. Das System der sog. „starren Liste", bei dem das personelle Angebot der vorschlagenden Parteien und Wählergruppen für den Wähler zwingend ist, verletzt nicht den Grundsatz der unmittelbaren Wahl[565].

---

562 HeVGH, DVBl 1989, 934 und DVBl 2024, 127.
563 BVerfG, NJW 2018, 3328.
564 BVerfGE 47, 253, 279.
565 BVerfGE 7, 63, 69.

Die Gewählten werden nach dem Grundsatz der **Verhältniswahl** bestimmt. Danach erfolgt die Sitzverteilung im Verhältnis der für die Wahlvorschläge abgegebenen Stimmen. In einigen Bundesländern können die Wahlberechtigten ihre Stimmen auf mehrere Kandidaten verteilen (**panaschieren**) oder einem Kandidaten mehrere Stimmen geben (**kumulieren**). Diese Listenausgestaltung hat sich trotz der wahltechnisch komplizierten Handhabung und der damit verbundenen Fehlerquote in der Kommunalpraxis bewährt (§ 26 Abs. 2 S. 4 BWGO). Denn sie ist in besonderem Maße geeignet, den demokratischen Gedanken und die Idee der **Persönlichkeitswahl** passgenau umzusetzen sowie den Anreiz zu erhöhen, wählen zu gehen.

3. Wahlfreiheit

177 | **Wahlfreiheit** ist gewährleistet, wenn jeder Wähler sein Wahlrecht ohne Zwang oder sonstige unzulässige Beeinflussung von außen ausüben kann.

Die Wahlfreiheit garantiert nicht nur die freie Wahlbetätigung bei der Stimmabgabe, sondern auch ein grundsätzlich freies Wahlvorschlagsrecht für alle Wahlberechtigten. Die Wahlfreiheit schützt damit eine freie Kandidatenaufstellung unter Beteiligung der Mitglieder der Parteien und Wählergruppen, weshalb die Kandidatenauswahl weder rechtlich noch faktisch deren Führungsgremien zur alleinigen Entscheidung überlassen werden darf[566].

Die Wahlfreiheit kann durch **Öffentlichkeitsarbeit** der Gemeinden und ihrer Bediensteten vor Kommunalwahlen tangiert sein.

> **Beispiele:** Unzulässige „amtliche" Wahlwerbung (s. den Praxisfall zu § 5)[567]. Vorenthaltung von Informationen für den Wahlkampf[568]. Verteilung von Süßigkeiten an die Wahlhelfer am Wahltag durch einen zur Wiederwahl anstehenden Bürgermeister[569].

In diesen Fällen bedarf es einer Abwägung zwischen dem Recht und der Pflicht der Gemeinden zur sachbezogenen Information der Einwohner einerseits und der Notwendigkeit der **parteipolitischen Neutralität** der Gemeindeorgane in Wahlkampfphasen im Interesse der chancengleichen Teilnahme an der Wahl andererseits[570].

Die Rechtsprechung bejaht einen Verstoß gegen den Grundsatz der Wahlfreiheit, wenn die Öffentlichkeitsarbeit spürbar auf das Wahlergebnis umschlägt, d. h., wenn wesentliche Auswirkungen auf das Wahlergebnis nicht auszuschließen sind[571]. Das ist der Fall, wenn nach allgemeiner Lebenserfahrung eine konkrete Möglichkeit besteht, dass der in Frage stehende Verstoß für das Wahlergebnis von entscheidender Bedeutung gewesen sein kann[572].

Die Neutralitätspflicht der Amtsträger während der Wahlkampfzeit erstreckt sich ferner auf weitere Beeinflussungen.

> **Beispiele:** Nichtüberlassen von Hallen für Wahlkampfveranstaltungen. Wahlempfehlungen zugunsten einer Partei oder eines Wahlbewerbers, die ein Bürgermeister in amtlicher Eigenschaft abgibt[573]. Unrichtige oder desinformierende amtliche Äußerungen eines Bürgermeisters etwa über die Finanzsituation der Gemeinde[574].

---

566 BVerfGE 47, 253, 282.
567 BVerwG, NVwZ 1997, 1220; BVerwGE 118,101; NWOVG, NVwZ-RR 1989, 149; BWVGH, DÖV 2019, 625.
568 BVerwG, NVwZ 2003, 983.
569 NdsOVG, NordÖR 2023, 474.
570 BWVGH, DÖV 2019, 625.
571 NWOVG, NVwZ-RR 1989, 149; BVerwG, NVwZ-RR 1989, 262 und NVwZ 1997, 1220.
572 NdsOVG, NordÖR 2023, 474.
573 BVerwG, NVwZ 1997, 1220; RPOVG, DÖV 2001, 830; RPVerfGH, NVwZ 2002, 78.
574 NWOVG, DVBl 2012, 588.

4. Wahlgleichheit

Als besondere Ausprägung des allgemeinen verfassungsrechtlichen Gleichheitssatzes (Art. 3 Abs. 1 GG) gilt auch für das Kommunalwahlrecht das Prinzip der **Wahlgleichheit**.

178

> Wahlgleichheit verlangt, dass jede Person unter identischen Voraussetzungen zur Wahl zugelassen werden und jede abgegebene Stimme den gleichen Zählwert und damit denselben Erfolgswert haben muss[575].

Folglich sind Abweichungen nur aus besonders gerechtfertigten und zwingenden Gründen gestattet[576].

Beispiel: Das BVerfG hat befunden, dass auch im Kommunalrecht 5 % Sperrklauseln zur Vermeidung von Splitterparteien im Interesse eines störungsfreien Funktionierens der Selbstverwaltung gerechtfertigt sind[577].

In jüngerer Zeit hat es die Anforderungen bezüglich möglicher Funktionsstörungen dahin verschärft, dass nur die mit einiger Wahrscheinlichkeit zu erwartende Beeinträchtigung der Funktionsfähigkeit eine 5 % **Sperrklausel** rechtfertigen könne[578]. Vor diesem Hintergrund haben einige Bundesländer die Sperrklauseln ganz abgeschafft oder auf eine niedrigere Prozenthürde abgesenkt (Art. 78 Abs. 1 S. 3 NWVerf), deren Zulässigkeit ebenfalls von Gerichten bezweifelt wird[579].

Beispiel: Nach Ansicht des Verfassungsgerichts des Landes Nordrhein-Westfalen reicht es nicht aus, eine 2,5 %-Klausel darauf zu stützen, es solle verhindert werden, dass Vertreter kleinerer Parteien, Wählervereinigungen oder Einzelbewerber gemessen am Wahlerfolg einen überproportionalen Einfluss auf die Entscheidungen haben[580].

Neuerdings wird unter dem Aspekt der Wahlgleichheit auch die Frage diskutiert, ob im Hinblick auf den verfassungsrechtlich in Art. 3 Abs. 2 S. 2 GG enthaltenen Auftrag zur tatsächlichen Durchsetzung der **Gleichberechtigung von Frauen und Männern** eine geschlechterproportionale Aufstellung von Wahlvorschlägen (**Geschlechterparität**) erforderlich ist[581]. Das ist zu verneinen, weil Frauen bei der Kandidatenbewerbung und Aufstellung dieselben Startchancen haben wie Männer. Es gibt jedoch keinen Anspruch darauf, auch tatsächlich gewählt zu werden. Zudem würde die Programm-, Organisations- und Wahlvorschlagsfreiheit der Parteien empfindlich eingeengt.[582] Vor diesem Hintergrund hat das BVerfG zutreffend dargelegt, dass man dem Grundgesetz keine Verpflichtung zur Spiegelung des Bevölkerungsanteils von Frauen und Männern in Parlamenten entnehmen könne[583].

5. Geheimheit

Der Grundsatz der **geheimen Wahl** steht im Zusammenhang mit der freien Wahl und soll für eine unbeeinflusste Stimmabgabe sorgen.

---

575 BVerfGE 41,399, 413; BWVGH, NVwZ-RR 1989, 36.
576 BVerfGE 34, 81, 91 und 47,253,272.
577 BVerfGE 6, 104.
578 BVerfG, NVwZ 2008, 407 und dazu *Wolf*, JuS 2008, 746; NW VerfGH, NVwZ 2000, 666; ThürVerfGH, NVwZ-RR 2009, 1; BremStGH, NVwZ- RR 2009, 905.
579 S, auch NWVerfGH, DVBl 2009, 250 Rn. 58 und näher *Burgi*, Kommunalrecht, 7. Aufl., § 11 Rn. 10 a.
580 NWVerfGH, DVBl 2018,180 ff.
581 RPVerfGH, NVwZ 2014, 1319.
582 BayVerfGH, NVwZ-RR 2018, 457.
583 BVerfG, NVwZ 2021, 469; s. auch BVerfG, NVwZ 2022, 1788.

> Geheimheit liegt vor, wenn die Wahlvorbereitungen und der Wahlvorgang so gestaltet sind, dass es unmöglich ist, die Wahlentscheidung des Wählers zu erkennen oder zu rekonstruieren.

Dieser Grundsatz erstreckt sich ferner auf die Auszählung der Stimmen. So muss es etwa bei der Ermittlung der Briefwahlergebnisse ausgeschlossen sein, dass die Wahlentscheidung einer bestimmten Person zugeordnet werden kann.

Für die Verteilung der Mandate auf die Listen entsprechend der errungenen Stimmenzahl stehen verschiedene Berechnungsmethoden zur Verfügung. Sie müssen den Grundsätzen der **Wahlrechtsgleichheit** und dem Recht der politischen Parteien auf **Chancengleichheit** Rechnung tragen und zu gerechten Ergebnissen führen.

Beispiele: *Hare-Niemeyer*-Verfahren, *d'Hondtsches* Höchstzahlverfahren, *Sainte-Lague/Schepers*-Verfahren[584].

Unklar ist, ob die **Zusammenlegung von zwei Wahlterminen** Wahlgrundsätze tangiert. Das ist zu verneinen, weil der Gesetzgeber grundsätzlich frei ist in seiner Bewertung, ob er eine Erhöhung der Wahlbeteiligung oder eine Hervorhebung der Kommunalwahl präferiert[585].

IV. Inkompatibilitäten

179 Obwohl nach Art. 28 Abs. 2 GG jeder Gemeindebürger das aktive und passive Wahlrecht zu den Vertretungskörperschaften besitzt, sieht Art. 137 Abs. 1 GG (s. auch Art. 7 Abs. 3 EU-Charta der kommunalen Selbstverwaltung) die Möglichkeit vor, die **Wählbarkeit von Angehörigen des öffentlichen Dienstes** für die Gemeinden gesetzlich zu beschränken (**Inkompatibilität**). Diese Mitwirkungsgrenze gestattet zwar, dass eine Person gewählt wird. Sie muss sich aber nach der Wahl zwischen Amt und Mandat entscheiden. Das bedeutet, dass die Übernahme und Ausübung eines Mandats nur zulässig ist, wenn das damit unvereinbare Mandat niedergelegt wird (§ 50 Nds. KomWahlG, § 13 Abs. 3 NW KomWahlG). Was ist der Grund für diese Unvereinbarkeitsregelung?

> Inkompatibilitätsvorschriften dienen der Sicherung der organisatorischen Funktionenteilung gegen Gefahren, die durch das Zusammentreffen von Amt und Mandat in einer Gemeinde entstehen können. Sie sollen drohende Entscheidungskonflikte und durch die Personalunion denkbare Interessenkonflikte vermeiden[586].

Beispiele: Bedienstete einer Behörde, welche die Aufsicht über Gemeinden führen, dürfen nicht der Vertretung der beaufsichtigen Gemeinde angehören[587]. Ein Oberbürgermeister kann nicht zugleich Abgeordneter im Kreistag des Landkreises sein, in dem die Stadt Mitglied ist[588]. Die Unvereinbarkeitsregelung betrifft nicht Arbeitnehmer, die bei der Gemeinde angestellt sind, aber ausschließlich für eine andere juristische Person tätig werden[589]. Unklar ist, ob die Mitgliedschaft von Richtern in Kommunalvertretungen gegen § 4 DRiG verstößt[590].

---

584 Bln. VerfGH, NVwZ-RR 2017, 633 ff.; BayVGH, NVwZ-RR 2021, 272; *Höhlein*, Hare/Niemeyer versus Sainte Lague/Schepers, LKRZ 2012, 485 ff.; *Thomsen*, DVBl 2024, 1126.
585 NWVerfGH, NWVBl 2009, 309.
586 BVerwG, NVwZ 2017, 1711.
587 BVerfGE 18, 172, 183; NWOVG, NWVBl 2002, 464.
588 NdsOVG, DVBl 2020, 57.
589 BayVGH, DVBl 2024, 1431.
590 S. *Thomsen*, NVwZ 2025, 382.

Zwischenfrage: Können Sie Gründe für die Notwendigkeit von Inkompatibilitätsvorschriften nennen?

V. Kontrolle und Rechtsschutz bei Wahlen

Die Einhaltung der aufgezeigten demokratischen Regeln kann verwaltungsintern und gerichtlich überprüft werden. Die Kommunalwahlgesetze gewähren Rechtsschutz zunächst für **wahlvorbereitende Entscheidungen**.

Beispiele: Eintragung in das Wählerverzeichnis. Erteilung des Wahlscheines. Zulassung von Wahlvorschlägen.

Nach der erfolgten Wahl besteht die Möglichkeit, die Ergebnisse im Rahmen einer **Wahlprüfung** und einer **Wahlanfechtung** überprüfen zu lassen[591]. Einerseits bezwecken die einzelnen Kontrolloptionen die Berücksichtigung der Interessen des einzelnen Wahlberechtigten an einem rechtsstaatlich durchgeführten Wahlverfahren. Andererseits geht es um das Gemeinwohlinteresse an der reibungslosen Abwicklung der Wahl als zeitgebundener Kollektivvorgang. Diese unterschiedlichen Interessen sind zum Ausgleich zu bringen, wobei darauf zu achten ist, dass das Wahlverfahren rechtzeitig abgeschlossen wird, um legitimationslose Gemeinden zu vermeiden[592].

1. Kommunalinterne Kontrolle

Hinsichtlich der **Eintragung in das Wählerverzeichnis** sehen die Bundesländer meistens ein zweistufiges **kommunalinternes Kontrollverfahren** vor. Es ist unterschiedlich entweder als **Einspruchs- oder Beschwerdemöglichkeit** ausgestaltet. Das Verfahren wird in der Regel bei der Gemeindebehörde oder dem Gemeindewahlleiter eingeleitet und anschließend an die Rechtsaufsichtsbehörde oder den Wahlausschuss (Beschwerdeausschuss) weitergeleitet. Gegen die von den zuständigen Stellen getroffenen Entscheidungen ist in einigen Ländern der **Verwaltungsrechtsweg** eröffnet. Teilweise ist die Entscheidung im internen Kontrollverfahren endgültig mit der Folge, dass Wahlfehler nur nachträglich im Wege der Wahlprüfung gerügt werden können[593].

Gegen die **Nichtzulassung eines Wahlvorschlags** ist ebenfalls eine Beschwerde oder ein Einspruch zulässig. Der Rechtsbehelf führt zu einer erneuten Entscheidung derselben oder einer anderen Behörde, die in der Zurückweisung oder der Streichung des Bewerbers bestehen kann. Die Einwendungsberechtigung ist länderweise unterschiedlich ausgestaltet.

Beispiele: In Baden-Württemberg ist jeder Bewerber und jeder Unterzeichner eines Wahlvorschlages einwendungsberechtigt. In Bayern können sich betroffene Parteien oder Wählervereinigungen gegen eine Nichtzulassung wehren.

Die Besonderheit dieser Kontrollverfahren besteht darin, dass sie **kurze Einwendungsfristen** setzen sowie nach Fristablauf eine **materielle Präklusion** bewirken. Diese Restriktionen sind der Rechtssicherheit geschuldet. Sie verstoßen nicht gegen Art. 19 Abs. 4 GG[594], weil es hier nicht in erster Linie um die Verletzung subjektiver Rechte, sondern um die Geltendmachung objektiver Wahlverfahrensmängel und der Fehlerbehebung bei der Mandatsverteilung geht.

2. Gerichtliche Wahlprüfung

Die gerichtliche Anfechtung von Kommunalwahlen ist auf den Erlass eines **Verwaltungsaktes** gerichtet, nämlich auf eine verbindliche Feststellung der Ungültigkeit der

---

591 *Weber*, JuS 1989, 902; BVerwG, DVBl 2012, 916 zur Ungültigkeit einer Kommunalwahl.
592 *Meyer*, in: HKWP II, § 27 B IV 2; BayVerfGH, NVwZ 1990, 752.
593 VG Lüneburg, DVBl 2016, 1414.
594 BVerwG, DVBl 1989, 828.

Wahl sowie auf die Aufhebung der die Gültigkeit der Wahl feststellenden Wahlprüfungsentscheidung[595]. Zur Ungültigkeit oder Teilungültigkeit führt ein Wahlprüfungs- oder Wahlanfechtungsverfahren aber nur dann, wenn ein Wahlfehler, das heißt eine rechtswidrige Verhaltensweise von Behörden oder Privatpersonen[596] die Sitzverteilung im Gemeinderat beeinflusst hat[597]. Dabei muss es sich um einen erheblichen Wahlfehler handeln[598], der kausal für die Sitzverteilung ist[599].

Lösung des Praxisfalls:
Es ist zu prüfen, ob die amtierende Bürgermeisterin mit der Abhaltung von „Gesprächen über den Gartenzaun" gegen Wahlgrundsätze verstoßen hat. Hier kommt eine Verletzung des Grundsatzes der freien Wahl in Betracht, sofern die Gespräche das Wahlergebnis nicht nur unwesentlich beeinflusst haben. Insoweit ist zu bedenken, dass kommunale Amtsträger einer strikten Neutralitätspflicht bei ihrer Amtsführung unterliegen (s. o. § 5 III). Daran sind die durchgeführten Gespräche zu messen. In diesem Zusammenhang ist in erster Linie darauf hinzuweisen, dass kein konkreter kommunaler Anlass für die gehäuften Gespräche bestand. Vielmehr musste der Eindruck entstehen, dass die Informationen über die Anliegen der Bürger sowie die Unterrichtung über den Stand der Umsetzung von Projekten in erster Linie der werbenden Wiederwahl der Kandidatin dienen sollten. Damit hat die Amtsinhaberin ihre Neutralitätspflicht verletzt und hierdurch das Wahlergebnis möglicherweise entscheidend beeinflusst.

---

595 NWOVG, NVwZ-RR 1991, 420; RPOVG, NVwZ-RR 1992, 255.
596 BGH, NJW 1981, 588.
597 BVerwGE 118, 105; BayVGH, DÖV 1980, 56; RPOVG, DÖV 1981, 146 und NVwZ 1991, 598; HeVGH, NVwZ-RR 2004, 58.
598 RPOVG, DÖV 2001, 830.
599 BVerwG, NVwZ 2003, 983.

§ 6 Kommunalrecht und Sozialstaatsprinzip

> **Praxisfall:**
> K hat eine einjährige Tochter, für die er rechtzeitig bei der zuständigen Behörde einen Kinderbetreuungsplatz anmeldete. Die Gemeinde G sieht sich außerstande, den Platzwunsch rechtzeitig zu erfüllen. Deshalb verlangt K Schadensersatz für den ihm dadurch entstandenen Verdienstausfall.
> Wie ist die materielle Rechtslage?
> OLG Brandenburg, NVwZ-RR 2024, 835.

I. Bedeutung des Sozialstaatsprinzips für die Kommunen

183 Nach Art. 20 Abs. 1 und Art. 28 Abs. 1 GG ist die Bundesrepublik nicht nur ein demokratischer, sondern auch ein **sozialer Staat**. Dieses Strukturprinzip liegt auch dem Unionsrecht zugrunde, das soziale Ausgrenzung bekämpfen und soziale Gerechtigkeit sowie sozialen Schutz fördern will (Art. 3 Abs. 3 S. 3 EUV). Die damit verbundenen Ziele werden durch zahlreiche Vorschriften zur **Sozialpolitik** und zu **sozialen Grundrechten** konkretisiert (Art. 9, Art. 145 ff. und Art. 151 ff. AEUV). Es sei nur erinnert an die zahlreichen in der EU GR Charta enthaltenen sozialen Rechtspositionen. Allerdings begründet weder die Anerkennung des Rechts auf soziale Sicherheit oder soziale Unterstützung noch die Erwähnung des Gesundheitsschutzes (Art. 35 EU GR Charta) unmittelbare Leistungsrechte, sondern allenfalls mittelbare Teilhaberechte[600].

In Deutschland ist das **Sozialstaatsprinzip** Ersatz für eine Sozialverfassung, auf deren Aufnahme in das Grundgesetz nach eingehender Beratung insbesondere mit Rücksicht auf den im Jahre 1949 gewollten provisorischen Charakter der Bundesverfassung bewusst verzichtet wurde.

Der verfassungsrechtlichen Hervorhebung des Sozialstaatsprinzips liegt die Überlegung zugrunde, dass die Lebensverhältnisse in einem arbeitsteilig organisierten und ökonomisch hochdifferenzierten modernen Staat immer komplexer werden mit der Folge, dass soziale Missstände und Defizite allein durch einen Ausgleich innerhalb der gesellschaftlichen Kräfte weder beseitigt noch verhindert werden können[601]. Insoweit überschneidet sich das Sozialstaatsprinzip mit dem **Solidaritätsprinzip** (§ 1 IV), das wegen der Devise „**Einer für Alle und Alle für Einen**" ebenfalls auf sozialen Ausgleich angelegt ist.

Das BVerfG hat zur Interpretation des Sozialstaatsklausel ausgeführt, der Gesetzgeber sei:

> „verfassungsrechtlich zu sozialer Aktivität, insbesondere dazu verpflichtet, sich um einen erträglichen Ausgleich der widerstreitenden Interessen und um die Herstellung erträglicher Lebensbedingungen für alle...zu bemühen"[602].

Das Landesverfassungsrecht wiederholt und verstärkt teilweise diese grundgesetzlichen Verpflichtungen des Staates.

> **Beispiele:** Wohlfahrtspflege und örtliches Gesundheitswesen (Art. 83 Abs. 1 BayVerf). Recht auf Förderung und Entlastung bei der Sorge um Hilfsbedürftige

---

600 *Brosius-Gersdorf*, in: Kahl/Ludwigs (Hg.), Handbuch des Verwaltungsrechts III 2022, § 83 Rn. 10 f.
601 *Enders*, VVDStRL 64, 2005, 9 ff.; *Vorholz*, in: FS Hennecke, 2022, 337.
602 BVerfGE 1, 105; BayVerfGH, NVwZ 1997, 481, 485; *Brosius-Gersdorf*, in: Kahl/Ludwigs (Hg.), Handbuch des Verwaltungsrechts III 2022, § 83 Rn. 39.

(Art. 22 Abs. 2 SächsVerf), Unterstützung alter und behinderter Menschen (Art. 7 Abs. 2 SächsVerf).
Angesichts dieser Vorgaben liegt es nahe, dass der Sozialstaatsauftrag die **Sozialarbeit der Gemeinden und Gemeindeverbände** umfassend beeinflusst. Er wird in den Gemeindeordnungen konkret als Verpflichtung auf das „**soziale Wohl**" (Art. 57 BayGO) oder abstrakt dahin umschreiben, dass die Gemeinden das „**Wohl der Einwohner**" fördern sollen (§ 1 Abs. 2 BWGO, § 1 S. 2 NWGO). Sie sind dazu aufgerufen, vor Ort die Grundsätze der sozialen Gerechtigkeit und der sozialen Sicherheit umzusetzen, indem sie **Sozialleistungen gestalten** (§ 1 Abs. 1 S. 1 SGB I) und im Rahmen ihrer selbstverwaltungsrechtlichen Grundverantwortung **eigenständige sozialpolitische Konzepte** entwickeln.
Aus dieser umfassenden objektivrechtlichen Sozialverantwortung folgt jedoch kein unmittelbares individuelles Recht auf die Gewährung bestimmter Leistungen. Vielmehr verfügt der Gesetzgeber bei der Umsetzung des sich aus Art. 20 Abs. 1 GG ableitbaren Auftrages zur Schaffung einer gerechten Sozialordnung, über einen weiten Gestaltungsspielraum, bei dessen Ausschöpfung zahlreiche auch gegensätzliche und konkurrierende Interessen zu berücksichtigen sind[603].

Beispiele: Begrenzte Finanzmittel, Priorisierung bestimmter Sozialaufgaben.

Nichts Anderes gilt für das **Recht auf Menschenwürde** nach Art. 1 Abs. 1 GG i. V. m. dem Sozialstaatsprinzip. Diese Rechtsposition ist beschränkt auf die Mittel, die zur Sicherung der physischen Existenz und der Möglichkeit zur Pflege zwischenmenschlicher Beziehungen sowie einem Mindestmaß an Teilhabe am gesellschaftlichen, kulturellen und politischen Leben unbedingt erforderlich sind[604].

II. Kommunale Sozialaufgaben und Ansprüche der Bewohner

184 Im Einzelnen sollen Gemeinden und Gemeindeverbände nach § 1 Abs. 1 S. 2 SGB I dazu beitragen[605]:
– ein menschenwürdiges Dasein zu sichern,
– gleiche Voraussetzungen für die freie Entfaltung der Persönlichkeit, insbesondere auch für jüngere Menschen zu schaffen,
– die Familie zu schützen und zu fördern,
– den Erwerb des Lebensunterhaltes durch eine frei gewählte Tätigkeit zu ermöglichen sowie
– besondere Belastungen des Lebens auch durch Hilfe zur Selbsthilfe abzuwenden oder auszugleichen.

Schon diese Aufzählung zeigt den Querschnittscharakter dieser Aufgabe, der wegen neuer und unplanbarer Herausforderungen nicht abschließend beschrieben werden kann.

Beispiele: Demographische Entwicklung, Integration von Asylsuchenden, Betreuung nach Naturkatastrophen.

Aus der damit umrissenen weiten Aufgabenstellung folgt, dass die Gemeinden im Rahmen ihrer Zuständigkeit die erforderlichen **Einrichtungen und Dienste** bedarfsgerecht zur Verfügung stellen (§ 1 Abs. 2 SGB I) und entsprechende **Aufklärungs-, Beratungs- und Auskunftskapazitäten** bereithalten müssen (§§ 13 ff. SGB I).

---

603 BVerfG, DÖV 2025, 123.
604 BVerfG, DÖV 2025, 123.; *Vorholz*, in: FS Hennecke, 2022, 337.
605 S. auch BVerfG, DÖV 2025, 123.

Beispiele: Die Gemeinden sind verpflichtet, Anträge auf Sozialleistungen entgegenzunehmen und daraufhin zu wirken, dass klare und sachdienliche Anträge gestellt werden (§ 16 SGB I).

Aus der organisationsrechtlichen Perspektive überlappt sich der Sozialstaatsauftrag partiell mit dem kommunalen **Daseinsvorsorgeauftrag**, der unter dem Aspekt „**Kommunalrecht und Infrastrukturprinzip**" (s. u. § 10) behandelt wird.

Zwischenfrage: Erläutern Sie die Ziele kommunaler Sozialaufgaben anhand von § 1 SGB I!

III. Einzelne kommunale Sozialaufgaben

1. Zur Ausführung von Sozialrecht durch die Bundesländer

Das Sozialgesetzbuch sieht nur teilweise ausdrücklich eine kommunale Verantwortung für bestimmte Sozialbereiche vor. Im Übrigen findet sich in den einschlägigen speziellen Sozialgesetzbüchern lediglich ein Verweis auf das Landesrecht (§§ 18 ff. SGB I). Diese differenzierte Regelung beruht auf Art. 83 ff. GG, nach denen grundsätzlich die Bundesländer für die Ausführung von Gesetzen, die Verwaltungsorganisation und die Verteilung der Verwaltungsaufgaben zuständig sind. Insoweit liegt es, vorbehaltlich gegenläufiger Bundesregelungen, in ihrer Hand, ob und inwieweit sie die Gemeinden und Gemeindeverbände mit der Wahrnehmung von Sozialaufgaben beauftragen.

2. Allgemeine kommunale Zuständigkeiten für Sozialleistungen

a. Ausbildungsförderung und Grundsicherung für Arbeitsuchende. Im Einzelnen legt das SGB I die **kommunale Zuständigkeit** für folgende **Sozialleistungen** fest:
Ausbildungsförderung (§ 18 SGB I i. V. m. § 40 Abs. 1 BAföG). Danach errichten die Länder in jedem Kreis und in jeder kreisfreien Stadt ein Amt für Ausbildungsförderung. Die Mittel stellt der Bund zur Verfügung (§ 57 BAföG).
Grundsicherung für Arbeitsuchende (§ 19 SGB I i. V. m. § 6a SGB II). Zuständig sind die kreisfreien Städte und Kreise, soweit das Landesrecht nicht andere Träger bestimmt. Ziel des SGB II ist es, dass Leistungen zur Eingliederung in Arbeit und solche zur Sicherung des Lebensunterhaltes aus einer Hand erfolgen[606]. Ausnahmsweise können einzelne Gemeinden gleichzeitig als sog. **Jobcenter** fungieren (§§ 6a–6d SGB II).
Nach § 3 SGB II können Leistungen zur Eingliederung in Arbeit erbracht werden, soweit sie zur Vermeidung, Beseitigung, Verkürzung oder Verminderung der Hilfsbedürftigkeit für die Eingliederung erforderlich sind. Vorrangig sollen Leistungen erfolgen, die eine unmittelbare Aufnahme einer Ausbildung oder Erwerbstätigkeit ermöglichen. Nach dem Grundsatz des „**Förderns**" (§ 14 SGB II) sollen erwerbsfähige Leistungsberechtigte umfassend und nachhaltig unterstützt werden.

Beispiele: Beratung, persönlicher Ansprechpartner, Potenzialanalyse.

Es ist jedoch problematisch, dass der dem Sozialstaatsgedanken innewohnende Gedanke des „**Forderns**" im Sinne von Eigenverantwortung Niederschlag nur in der Überschrift des ersten Kapitels nicht aber im Gesetzestext gefunden hat. Sprachlich ist das SGB II insoweit irreführend, als dort von **Bürgergeld** die Rede ist (§§ 19 ff. SBG II). Hier wird ein Begriff verwendet, der gerade nicht die Bürger im staats- und kommunalrechtlichen Sinne meint, sondern nur Arbeitsuchende.
Die örtlichen Träger sind nach § 16a SGB II berechtigt, folgende **kommunale Eingliederungshilfen** für das Erwerbsleben zu erbringen: Betreuung minderjähriger Kinder oder von Kindern mit Behinderungen oder die häusliche Pflege von Angehörigen, Schuldnerberatung, psychosoziale Betreuung und Suchtberatung.

---

[606] BVerfGE 119, 331, 362; BSG, DVBl 2021, 725.

187 **b. Kinder- und Jugendhilfe.** Für die **Kinder- und Jugendhilfe** (§ 2 SGB I i. V. m. § 1 SGB VIII) sind ebenfalls die Kreise und die kreisfreien Städte sowie nach Maßgabe des Landesrechts ferner **kreisangehörige Gemeinden** aufgrund der Kommunalträger-Zulassungsverordnung zuständig. Voraussetzung ist, dass die ausgewählten Gemeinden für die Aufgabenwahrnehmung geeignet sind, besondere Einrichtungen schaffen können und die zuständige Vertretungskörperschaft mit zwei Drittel der Mitglieder zustimmt. Die **Jugendhilfe** verfolgt nach § 1 SGB VIII das sozialstaatliche Ziel, die Entwicklung des jungen Menschen zu fördern und ihn zu einer eigenverantwortlichen und gemeinschaftsfähigen Persönlichkeit zu erziehen. Zur Verwirklichung dieser teilweise auch im Landesverfassungsrecht verankerten Vorstellungen (Art 13 BWVerf., Art. 126 Abs. 3 BayVerf., Art. 6 NWVerf.) haben die Träger der Jugendhilfe folgende Aufgaben zu erledigen:
- Vermeidung von Benachteiligungen,
- Unterstützung der Erziehungsberechtigten,
- Bewahrung der jungen Menschen vor Gefahren für ihr Wohl und
- Schaffung positiver Lebensbedingungen[607].

Beispiele: Erziehungs- und Jugendberatung, Jugendsozialarbeit, Adoptions- und Pflegekinderwesen, Jugendgerichtshilfe, Jugendschutz, Betreuungshilfe, Förderung von Kindern in Tageseinrichtungen.

Die vielfältigen Tätigkeiten der Jugendhilfe spiegeln sich in den zahlreichen Einrichtungen, Diensten und Veranstaltungen, welche die Kommunen auf diesem Sektor anbieten.

Beispiele: Spielplätze, Kindertagesstätten, Kinderheime, Jugendhäuser, Ferienlager.

Da einjährige Kinder einen **Anspruch auf frühkindliche Förderung** durch den Besuch einer Tageseinrichtung oder einer Kindertagespflege haben (§ 24 SGB VIII) sind die Kommunen im Rahmen ihrer Gewährleistungsverantwortung verpflichtet, die dafür erforderlichen Einrichtungen und geeignetes Personal vorzuhalten[608] oder für entsprechende Ersatzträger zu sorgen.

Ergänzend haben nach § 24 Abs. 4 SGB VIII Kinder ab dem Schuljahr 2025/2026 mit dem Schuleintritt bis zum **Beginn der fünften Klassenstufe einen Anspruch auf Förderung** in einer Tageseinrichtung. Mit dem ganztägigen Bildungs- und Bereeungsangebot für Kinder im Grundschulalter sollen Erziehung, Bildung und Betreuung gefördert werden. Die Übertragung dieser neuen Aufgabe auf die örtlichen Träger der Jugendhilfe ist wegen Art. 74 Abs. 1 Nr. 7 GG nur zulässig, da der Bund auf der Grundlage von Art. 104c GG Finanzhilfen zur Verfügung stellt, die aber wegen ihres Pauschalisierungscharakters nicht kostendeckend sind (s. u. § 11 XI).

188 **c. Sozialhilfe.** Für die **Sozialhilfe** (§ 28 Abs. 2 SGB I i. V. m. § 3 Abs. 2 SGB XII und §§ 69 ff. SGB VIII) sind Kreise und kreisfreie Städte als **örtliche Träger** dieser Sozialleistungen verantwortlich. Dabei handelt es sich um einen wesentlichen Ausschnitt von **Sozialpflegeaufgaben**, die durch ein personalintensives Verwaltungshandeln gekennzeichnet sind und eine individuelle Zuwendung gegenüber den Betroffenen erfordern[609].

> Aufgabe der Sozialhilfe ist es, den Leistungsberechtigten die Führung eines menschenwürdigen Lebens zu ermöglichen, d. h. ihnen als in die Gemeinschaft eingebundene Individuen über das zum Leben Unerlässliche hinaus einen kulturell-sozialen Mindeststandard zu gewährleisten[610].

---

607 BVerfGE 97, 332, 342 ff.
608 OLG Brandenburg, NVwZ-RR 2024, 835.
609 *Schulze-Fielitz*, in: Hoffmann-Riem/Schmidt-Aßmann/Voßkuhle (Hg.), Grundlagen des Verwaltungsrechts Band I, 2. Aufl. 2012, § 12 II 3.
610 BVerwGE 23, 179 und 35, 178; *Trenk-Hinterberger*, in: von Maydell/Ruland (Hg.), Sozialrechtshandbuch, 5. Aufl., 1177.

Sie erstreckt sich nach § 8 SGB VIII auf Hilfe zum Lebensunterhalt, Grundsicherung im Alter und bei Erwerbsminderung, Hilfen zur Gesundheit, zur Pflege sowie zur Überwindung besonderer sozialer Schwierigkeiten in anderen Lebenslagen. Der umfassende Leistungskatalog belegt nicht nur die faktische Relevanz und Problematik der Sozialhilfe. Er wirkt sich auch auf den Kommunalhaushalt aus, zumal die fiskalische Situation durch die unionsrechtliche garantierte **Freizügigkeit** (Art. 45 und Art. 67 Abs. 2 AEUV) und die damit einhergehenden Wanderbewegungen in attraktivere Sozialleistungssysteme verschärft wird.

Die Sozialhilfe ist als **Hilfe zur Selbsthilfe** ausgestaltet, weshalb die Empfänger gehalten sind, daran mitzuwirken, von der Sozialhilfe unabhängig zu werden. Insoweit ist die Sozialhilfe eine Ausprägung des **Subsidiaritätsprinzips** (s. o. § 1 IV), weil sie lediglich als Ausfallbürge für andere Sozialleistungen und als Garant der Hilfe in Notlagen bereitsteht, die von anderen Sozialleistungen nicht erfasst werden.

Im Gegensatz zu den genannten Sozialsektoren entscheiden die Bundesländer bei anderen Sozialaufgaben darüber, ob die kommunale Ebene beteiligt wird.

> **Beispiele**: Wohngeld nach § 26 SGB I i. V. m. § 24 Wohngeldgesetz. § 10 Asylbewerberleistungsgesetz.

Zwischenfrage: Was bezweckt die Sozialhilfe?

d. Kommunale Gesundheitshilfe. Ein weiterer Baustein gemeindlicher Aufgabenerfüllung ist die **kommunale Gesundheitshilfe**. Sie bezweckt, die Einwohner vor gesundheitlichen Schäden zu bewahren, ihre Gesundheit im Rahmen kommunaler Präventionskonzepte zu fördern und sie in Krankheitsfällen zu unterstützen.

> **Beispiele**: Gesundheitsämter und ihr Ausbau zu Urban-Public-Health-Zentren, Gesundheitskioske als erster Ansprechpartner und Vermittler im Gesundheitssystem, Vorhaltung von Krankenhäusern (§ 3 BW, § 1 NW und § 1 Nds. Krankenhausgesetz[611]) und Versorgungsstrukturen für den Pflegesektor (§ 8 SGB XI). Verantwortung für eine angemessene ärztliche Versorgung.[612]

3. Zur Kooperation bei der Erledigung von Sozialaufgaben

Bei der Wahrnehmung kommunaler Sozialaufgaben stehen Gemeinden und Gemeindeverbände nicht allein. Es ist vielmehr ein typisches Strukturmerkmal gemeindlicher Aufgabenerfüllung, dass Kommunen mit anderen Sozialeinrichtungen **kooperieren**[613] (s. o. § 4 XVIII 3).

> **Beispiele**: Zusammenarbeit mit Trägern der freien Jugendhilfe (§ 27 Abs. 2 SGB I) und der freien Wohlfahrtspflege (§ 28 Abs. 2 SGB I i. V. m. §§ 4 f. SGB XII). Kooperation mit den örtlichen Ausbildungs- und Arbeitsmarktbeteiligten (§ 18 f. SGB I i. V. m. § 18 SGB II).

Abgesehen von dem durchgängigen Kooperationsgebot greifen die Gesetzgeber gelegentlich intensiv in das kommunale Selbstverwaltungsrecht ein, um gesamtstaatliche Ziele durchzusetzen.

> **Beispiele**: Nach § 22a SGB II können die Bundesländer die Kreise und die kreisfreien Städte verpflichten, durch Satzung die angemessene Höhe für Aufwendungen für Unterkunft und Heizung in ihrem Gebiet festzulegen. Ferner kann der Inhalt der Satzung näher bestimmt werden. Nach § 46 SGSB II kann die Finanzierung aus Bundesmitteln für die Grundsicherung für Arbeitssuchende hinsichtlich der Leistungshöhe und der Verwaltungskosten pauschaliert werden.

---

611 BVerfGE 83, 363, 383 ff.
612 HeVGH, DÖV 1989, 34.
613 *U. Becker*, in: FS Hennecke, 2022, 287.

Diese Einschränkung bedeutet, dass die Kommunen auf Kosten sitzenbleiben und dadurch ihre finanzielle Leistungsfähigkeit ausgehöhlt wird. Diese Praxis widerspricht dem Grundgedanken der Art. 84 Abs. 1 S. 7 und Art. 85 Abs. 1 S. 2 GG (s. u. § 11 XI).

IV. Weitere sozialstaatliche Aufgaben der Gemeinden und Kreise

1. Sport und Freizeit

191 Ein wichtiges Betätigungsfeld der kommunalen Sozialvorsorge, die sich mit dem allgemeinen Kulturauftrag überschneidet (s. u. § 9 IV) ist die Pflege und Förderung des kommunalen Sports (Art. 16 MVVerf, Art. 18 Abs. 3 NWVerf, Art. 11 SächsVerf) einschließlich der Bereitstellung und Unterhaltung entsprechender Einrichtungen sowie der Unterstützung örtlicher Vereine. Darüber hinaus sind die Kommunen generell für Erholungs- und Freizeiteinrichtungen verantwortlich.

Beispiele: Kommunale Grünanlagen, Tiergärten.

2. Kommunale Gefahrenabwehr und Risikovorsorge

192 Eine traditionelle sozialstaatlich begründete Aufgabe der lokalen Gemeinschaft ist der Schutz der Ortsbevölkerung vor Gefahren für **Leben, Gesundheit, Eigentum** und andere Rechtsgüter (Art. 57 Abs. 1 BayGO). Hier geht es weniger um die allgemeine polizeiliche Gefahrenabwehr, die grundsätzlich Landesangelegenheit ist, als vielmehr um den **Brand- und Katastrophenschutz**. Während sich die Tätigkeit der kommunalen Feuerwehren ursprünglich auf die Verhütung und Bekämpfung von Bränden beschränkte, nehmen sie heute zusätzlich die technische Hilfeleistung bei Not- und Unglücksfällen, sowie Aufgaben des **Rettungsdienstes und des Katastrophenschutzes** wahr (§ 2 NW Brandschutzgesetz – s. u. § 14 IV).

Um eine klassische Aufgabe der Gefahrenabwehr handelt es sich ferner bei dem **kommunalen Bestattungswesen** sowie bei der Unterhaltung und Reinigung **kommunaler Straßen** (§ 9 Abs. 2 SächsStrG).

3. Sozialgerechte Bodennutzung und sozialer Wohnungsbau

193 Als Träger der Planungshoheit (s. o. § 4 XI) haben die Gemeinde die Aufgabe, das Gemeindegebiet zu gestalten und die bauliche Substanz zu erhalten. Sie können insbesondere unter Ausschöpfung **planungsrechtlicher Instrumente** darüber bestimmen, ob auf welche Weise die Grundstücke innerhalb der Gemeinde genutzt werden.

Beispiele: Vorkaufsrecht[614], Reglementierung von Baugebieten.

Ihre Hauptaufgabe ist es, eine **geordnete städtebauliche Entwicklung** und eine dem Wohl der Allgemeinheit entsprechende **sozialgerechte Bodennutzung** zu gewährleisten, preiswerten Wohnraum zur Verfügung zu stellen (Art. 106 Abs. 2 BayVerf, Art. 46 Abs. 1 BbgVerf, Art. 29 Abs. 2 NWVerf; Art. 7 Abs. 1 SächsVerf) und im Notfall ein Obdach bereitzuhalten (Art. 17 Abs. 3 MVVerf, Art. 15 f. ThürVerf). Der Bund unterstützt dieses Anliegen, indem er den Gemeinden und Gemeindeverbänden für den Bereich des sozialen Wohnungsbaus Finanzhilfen in Aussicht stellt (Art. 104d GG).

Zur Intensivierung der sozialen Wohnraumförderung und im Interesse einer ausreichenden Versorgung der Bevölkerung mit bezahlbaren Mietwohnungen wurde das **Baulandmobilisierungsgesetz** erlassen. Es sieht städtebauliche Entwicklungskonzepte zur Stärkung der Innenentwicklung (§ 176a BauGB) sowie die Bestimmung von Gebieten mit einem angespannten Wohnungsmarkt vor (§ 201a BauGB). Flankiert werden diese Regelungen durch eine Stärkung des kommunalen Vorkaufsrechts (§§ 24 ff. BauGB), das den

---

614 *Kronisch*, NVwZ 2019, 1471 ff.

4. Integration

Im Rahmen der vornehmlich durch das Aufenthaltsgesetz, das Gesetz zur Verbesserung der Unterbringung, Versorgung und Betreuung ausländischer Kinder und Jugendliche sowie das Asylrecht konkretisierten Aufenthaltspolitik der Bundesrepublik ist es Aufgabe der Kommunen, die dort lebenden Ausländer, Flüchtlinge und Asylbewerber in die örtliche Gesellschaft zu integrieren und das Zusammenleben zu fördern. Das erfolgt durch Maßnahmen des **kommunalen Integrationsmanagements**. Es soll Zuwanderern ermöglichen, Sprachkenntnisse zu erwerben, Integrationskurse zu absolvieren und Bildungsoptionen wahrzunehmen[616].

194

5. Gleichberechtigung und Inklusion

Aus der sozialen Perspektive des auch im Kommunalsektor geltenden Gleichheitsgebotes geht es ferner darum, die tatsächliche **Gleichberechtigung von Mann und Frau** auf der Ortsebene etwa durch Frauenförderpläne umzusetzen (Art. 3 Abs. 2 GG, Art. 8 ff. AEUV, AGG). Ferner ist durch maßgeschneiderte **Inklusionsmaßnahmen** sicherzustellen, dass die Benachteiligung Behinderter vermieden wird.

195

> **Beispiele**: Barrierefreier Zugang zu öffentlichen Einrichtungen, gemeinsames Leben und Lernen (§ 2 Abs. 5 NWSchulG).

6. Intersozialer Austausch

Zunehmende Bedeutung gewinnen **Städtepartnerschaften** mit ausländischen Gemeinden, die den instrumentellen Rahmen für die Begegnung von Gemeindeeinwohnern mit Menschen anderer Staaten bilden. Sie dienen der staats- und kommunalpolitisch angestrebten intersozialen Völkerverständigung sowie der Förderung gemeinsamer Interessen und Lebensbedürfnisse[617].

196

Lösung des Praxisfalls:

Es ist offen, ob K einen Anspruch auf die unverzügliche Zuteilung eines Kleinkindbetreuungsplatzes für seine Tochter hat. Nach § 24 Abs. 2 SGB VIII steht jedem Kinder ab einem Jahr ein Anspruch auf frühkindliche Förderung in einer Tageseinrichtung oder in einer Kindertagespflege zu. Damit soll das Ziel erreicht werden, für personensorgeberechtigte Eltern die Vereinbarkeit von Familie und Erwerbsleben zu verbessern und Anreize für die Erfüllung von Kinderwünschen zu schaffen.

Das zuständige Jugendamt hat im Rahmen seiner Gewährleistungsverantwortung nach § 79 Abs. 2 SGB VIII i. V. m. § 27 Abs. 1 Nr. 3, Abs. 2 SGB I sicherzustellen, dass für jedes Kind, das einen Rechtsanspruch hat und entsprechenden Bedarf anmeldet, auch tatsächlich ein Platz zur Verfügung steht. Dieser Anspruch wurde für K nicht erfüllt, weshalb die Behörde ihre Amtspflicht verletzt hat.

---

615 *Battis/Mitschang/Reidt*, NVwZ 2021, 905; *Zimmermann*, DVBl 2023, 443.
616 Bogumil/Kuhlmann/Proeller (Hg.), Verwaltungshandeln in der Flüchtlingskrise, 2019.
617 BVerwGE 87, 237.

§ 7 Kommunalrecht und Rechtsstaatsprinzip

> **Praxisfall:**
> Unternehmer U sammelt Altkleider. Er beantragte bei der Stadt S eine Sondernutzungserlaubnis für die Aufstellung von 20 Altkleidersammelcontainern an unterschiedlichen Standorten. Die Stadt S lehnte den Antrag mit der Begründung ab, der Gemeinderat habe die Verwaltung durch Beschluss beauftragt, keine Sondernutzungserlaubnisse für das Aufstellen von Altkleidersammelcontainern zu erteilen. Sie sei an diesen Beschluss gebunden. Es ist zwischen den Parteien unstrittig, dass es sich bei der Aufstellung von Containern im öffentlichen Straßenraum um eine straßenrechtliche Sondernutzung handelt.
> Wie ist die materielle Rechtslage?
> (OVG Münster, DVBl 2024, 1361 ff.)
> **Hinweis:**
> Rechtsgrundlage für die Erteilung von Sondernutzungserlaubnissen ist § 18 Abs. 1 S. 2 NWStraßengesetz. Danach bedarf die Benutzung öffentlicher Straßen über den Gemeingebrauch hinaus (Sondernutzung) einer Erlaubnis der Straßenbaubehörde. Die Entscheidung steht im Ermessen der Kommune. (§ 18 Abs. 2 NW Straßengesetz).

I. Zur Bedeutung des Rechtsstaates für die Kommunen

197 Ebenso wie das Sozialstaatsprinzip beeinflusst auch das **Rechtsstaatsprinzip** die gesamte kommunale Verwaltungstätigkeit. Denn nach Art. 20 Abs. 3 und Art. 28 Abs. 1 GG sind die Gemeinden und Gemeindeverbände als Bestandteil der Bundesländer in das rechtsstaatliche Korsett des Grundgesetzes eingebettet. Das Unionsrecht schreibt in Art. 2 EUV das Rechtsstaatsprinzip als allgemeine Regel fest, dessen Ausprägungen Gegenstand der EU GR Charta sind. Diese unions- und verfassungsrechtliche Grundaussage wiederholt Art. 28 Abs. 2 S. 1 GG ausdrücklich für die kommunale Selbstverwaltung mit der bereits erörterten Formulierung, dass sie ihre Angelegenheiten **im Rahmen der Gesetze** erledigen müssen (s. o. § 4 XIX 1). Diese durchgehende rechtsstaatliche Verpflichtung ist bereits in anderen Zusammenhängen angeklungen.

> **Beispiele:** Beanstandungs- und Widerspruchsrecht des Bürgermeisters gegenüber Entscheidungen des Gemeinderates (s. o. § 3 VIII 5). Einhaltung des Gesetzesvorbehaltes (s. o. § 4 XX). Gewährung von Rechtsschutz für die Gemeinden (s. o. § 2 V, § 3 VII 10 und § 4 XXII).

Unabhängig von diesen Ausprägungen hat das Rechtsstaatsprinzip weitere kommunalrelevante Dimensionen, die nachfolgend aus drei Blickwinkeln thematisiert werden:
– dem Aspekt der Funktionenteilung,
– dem Status der Bürger und Einwohner sowie
– der Stellung der Gemeinden gegenüber dem Staat als Aufsichtsinstanz.

II. Kommunalrecht als Element der Funktionenteilung

198 Aus rechtsstaatlicher Perspektive ist Kommunalrecht zunächst Ausdruck **vertikaler Funktionenteilung**. Denn sie mäßigt staatliche Macht, indem Bund und Länder Hoheitsrechte in Gestalt von Verwaltungs- und Rechtsetzungsbefugnissen auf die örtliche Ebene übertragen und der Selbstverwaltung überlassen (s. o. § 4). Diese Funktionenteilung wird durch eine **horizontale Komponente** verstärkt, da kommunale Aufgaben von unterschiedlichen Organen haupt- und ehrenamtlich erledigt werden (s. o. § 3 VII 2 a).

III. Der rechtsstaatliche Status der Gemeindeangehörigen im Kommunalrecht

1. Gesetzesbindung und Ermessensschranken

Gemeinden handeln gegenüber Bürger und Einwohnern typischerweise als aufgabenerfüllende Verwaltungsinstanz, die befugt ist, auf der Ortsebene zahlreiche Verwaltungsmaßnahmen zu erlassen (s. o. § 4 V). Bei dieser Tätigkeit sind die Kommunen nach Art. 1 Abs. 3 und Art. 20 Abs. 3 GG wie jeder andere Träger öffentlicher Verwaltung an Gesetz und Recht gebunden (s. auch § 1 NKomVG). Daraus folgt, dass sich jeder Gemeindeangehörige auf die Einhaltung der vorgegebenen juristischen Maßstäbe berufen und Rechtsschutz erhalten kann.

Besondere Bedeutung gewinnt in diesem Kontext der als allgemeines Prinzip des Unions- und Verfassungsrechts anerkannte und durchgehend für alle kommunalen Entscheidungen relevante Grundsatz der **Verhältnismäßigkeit**[618]. Er verlangt, dass das kommunale Verwaltungshandeln auf einem legitimen Ziel beruht und die darauf aufbauenden Maßnahmen für den davon Betroffenen
– geeignet,
– erforderlich und
– angemessen sind.

Zwischenfrage: Repetieren Sie die die einzelnen Prüfstufen des Verhältnismäßigkeitsgrundsatzes!

Bei der Prüfung der **Erforderlichkeit** hat die Kommune zu prüfen, ob nicht Maßnahmen verfügbar sind, welche den Betroffenen und die Allgemeinheit weniger stark beeinträchtigen (Suche nach Alternativlösungen). Das mildere Mittel muss jedoch denselben Erfolg erzielen, das heißt, es muss gleich geeignet sein.

Hinsichtlich der **Angemessenheit** ist das Übermaßverbot (Verhältnismäßigkeit im engeren Sinne) zu beachten. Entscheidend ist, dass die Verwaltungsmaßnahme bezüglich des verfolgten Zwecks nicht völlig unangemessen sein darf. Deshalb ist eine Güter- und Interessenabwägung erforderlich.

> **Beispiel:** Die Auflage, Ordner vor einer Gaststätte zur Verhinderung von Ruhestörungen zu postieren, verletzt nicht nur das Prinzip der Eignung, sondern wegen der fehlenden Erfolgschancen bei gleichzeitigem Kostenaufwand auch das Prinzip der Angemessenheit[619].

Ferner ist zu berücksichtigen, dass zahlreiche kommunale Entscheidungen – wie im Ausgangsfall – im **Ermessen** der zuständigen Verwaltungsbehörde stehen. Hier hat die Gemeinde das Ermessen entsprechend dem Zweck der Ermächtigung auszuüben und die gesetzlichen Grenzen des Ermessens einzuhalten (§ 40 VwVfG). Der Einwohner besitzt ein formell **subjektives Recht auf fehlerfreie Ausübung des Ermessens**. Es kann sich auf einen Anspruch verdichten, wenn der Sonderfall einer Ermessensreduzierung auf Null vorliegt[620]. Im Übrigen handelt eine Gemeinde ermessensfehlerhaft bei
– **Ermessensnichtgebrauch** für den Fall, dass das Ermessen nicht ausgeübt wird oder die Kommune sich irrig gebunden fühlt.
– **Ermessensüberschreitung** für den Fall, dass eine nicht vorhergesehene Rechtsfolge gewählt wird.

---

618 *Petersen*, in: Kahl/Ludwigs (Hg.), Handbuch des Verwaltungsrechts III 2022, § 73.
619 BayVGH, BayVBl 1982, 53.
620 BVerwGE 84, 86.

– **Ermessensfehlgebrauch** für den Fall, dass der Zweck der Ermächtigung nicht berücksichtigt wurde oder sachfremde Erwägungen vorliegen.

Beispiel: Gemeinde G unterhält eine freiwillige Feuerwehr. Sie beantragt beim Landkreis einen Zuschuss für ein neues Löschfahrzeug. In dem Bewilligungsbescheid heißt es, dass das Vergaberecht einzuhalten sei. Nach der Auszahlung des Ausschusses stellte das Rechnungsprüfungsamt fest, dass G mehrfach gegen Vergaberegeln verstoßen hat. Daraufhin wurde der Bewilligungsbescheid widerrufen. Ein Ermessensfehler kommt hier in Betracht, wenn sich der Kreis an die Rückforderung unter Berücksichtigung des Grundsatzes der Wirtschaftlichkeit und Sparsamkeit gebunden fühlte. Denn auch bei intendiertem Ermessen ist zu prüfen, ob eine andere Entscheidung als der vollständige Widerruf in Betracht kommt[621].

 Zwischenfrage: In welchen Fällen handelt eine Gemeinde ermessensfehlerhaft?

2. Gemeinden als Serviceeinrichtung

200 Aus verfahrensrechtlicher Sicht ist zu bedenken, dass Bürger, Einwohner, örtliche Gewerbetreibende und Grundstücksbesitzer häufig auf die Hilfe der Kommunalverwaltung zur Realisierung ihrer materiellen und formellen Rechte und insbesondere der Grundrechte (s. u. § 15) angewiesen sind. Diese Entwicklung haben mehrere Gemeindeordnungen aufgegriffen, indem sie der Ortsbevölkerung entsprechende Rechtspositionen einräumen, welche die **Informations-** und **Kommunikationsverantwortung** zugunsten der Einwohner betonen.

Beispiele: Recht auf Beratung und Auskunft in kommunalen Angelegenheiten. Hilfestellung bei der Einleitung von Verwaltungsverfahren auch dann, wenn für die Durchführung der Kreis oder eine andere Behörde zuständig sind (§ 22 NWGO, § 37 NKomVG). Entgegennahme und Weiterleitung von Anträgen und Erklärungen, die bei dem Kreis oder einer anderen Stelle einzureichen sind (§ 16 SGB I) mit der Konsequenz, dass mit der Abgabe bei der Gemeinde das Erfordernis der Fristwahrung bei der zuständigen Behörde erfüllt ist (§§ 71a ff. VwVfG für Verfahren über eine einheitliche Stelle – one stop agency).

Insoweit ist die Gemeinde als **Serviceeinrichtung** im Sinne einer **einwohner- und wirtschaftsnahen Verwaltung** gefordert, die nicht bürokratisch verkrustet handelt, sondern die Abwicklung von Verwaltungskontakten erleichtert und beschleunigt.

3. Recht auf gute Kommunalverwaltung

201 Diese Servicefunktion wird komplettiert durch das in Art. 41 EU-GR-Charta niedergelegte **Recht auf eine gute Verwaltung**. Dabei handelt es sich nach einer im Schrifttum vertretenen Ansicht um eine bislang im deutschen Verwaltungsrecht unbekannte Umschreibung eines Verwaltungsstils, der ein faires Verwaltungsverfahren garantieren soll[622]. Zwar ist der Anwendungsbereich dieser Norm auf EU-Stellen und auf Mitgliedstaaten ausschließlich zur Durchführung von Unionsrecht beschränkt (Art. 51 EU-GR-Charta). Zutreffend wird jedoch in der Literatur argumentiert, es handle sich bei diesem Recht um eine Ausprägung des Rechtsstaatsprinzips[623], dessen Umsetzung auch als Benchmark für die kommunale Verwaltungsrechtsordnung dienen könne[624].

4. Gemeinden als Beschwerdeinstanz

202 Sind Gemeindeangehörige mit den Leistungen der Kommunalverwaltung nicht zufrieden, können sie sich mit Anregungen und Beschwerden an die zuständigen Stellen

---

621 SHOVG, NVwZ-RR 2023, 220.
622 *Jarass*, DVBl 2018, 1249.
623 *Unger*, VVDStRL 83, 2024, 10 ff.
624 *P.M. Huber*, Grundzüge des Verwaltungsrechts in Europa, in. v. Bogdandy/Cassese/P. M. Huber (Hg), Jus Publicum Europaeum V, 2014, § 73 Rn. 222.

IV. Der rechtsstaatliche Status der Gemeinden

wenden (s. o. § 5 I 2 c), Rechtsbehelfe gegen Entscheidungen einlegen (Widerspruch) und Klage erheben, sofern Rechtspositionen vorenthalten werden oder die Gemeinde ermessensfehlerhaft gehandelt hat.

1. Gesetzesvorbehalt und Gesetzesvorrang nach Art. 28 Abs. 2 GG

203 Bereits bei der Erörterung des Selbstverwaltungsprinzips wurde dargelegt, dass Kommunen die ihnen zustehenden Rechte nur im **Rahmen der Gesetze** ausüben dürfen (s. o. § 4 XIX 1). Umgekehrt können sie sich zu ihrem selbstverwaltungsrechtlichen Schutz bei Einschränkungen ihrer Verwaltungsautonomie auf den **Grundsatz des Gesetzesvorbehaltes** berufen. Soweit die dafür erforderlichen Bedingungen eingehalten sind, wirkt der Gesetzesvorbehalt gegenüber den Gemeinden als **Gesetzesvorrang**.

2. Gesetzesvorbehalt und Verhältnismäßigkeitsgrundsatz

204 Unabhängig von diesen Eckpfeilern für das Verhältnis von Staat und Gemeinden sind Eingriffe in das kommunale Selbstverwaltungsrecht auch dann unzulässig, wenn sie mit dem rechtsstaatlichen Grundsatz der **Verhältnismäßigkeit** (s. o. § 7 III 1) kollidieren. Er gilt auch im Staatsorganisationsrecht und ist deshalb immer zu beachten, wenn Träger öffentlicher Gewalt mit eigenen Rechten gegenüber dem Bund und den Ländern ausgestattet sind[625]. Verhältnismäßig ist ein Eingriff – wie dargelegt – nur, wenn er geeignet und erforderlich ist und nicht gegen das Übermaßverbot im Sinne der Zumutbarkeit verstößt. Dabei gilt als allgemeine Regel, dass die Einschätzungsprärogative des Gesetzgebers umso enger ist, je mehr die Selbstverwaltungsgarantie als Folge der gesetzlichen Regelung an Substanz verliert.

Das Erfordernis der **Geeignetheit** steht unter dem Vorbehalt, dass nicht immer im Voraus feststellbar ist, ob eine staatliche Maßnahme in der Lage ist, das mit ihr verfolgte Ziel zu erreichen. Das trifft insbesondere für die Wirkung kommunal-, sozial und wirtschaftspolitisch begründeter Gesetze zu. Insoweit steht dem Gesetzgeber ein **Beurteilungs-** und ein **Einschätzungsspielraum** zu, der auf prognostische Überlegungen gestützt werden kann.

> **Beispiel**: Eine Bindung der Gemeinden an Wettbewerbsvorschriften ist geeignet, einem Missbrauch kommunaler Marktmacht vorzubeugen[626].

Bei der Prüfung der **Erforderlichkeit** staatlicher Maßnahmen besteht das Problem, dass sich wegen der unterschiedlichen Beurteilung von Zweckeignungen mögliche Beschränkungsalternativen nicht mit Sicherheit feststellen lassen. Jedenfalls sieht die Rechtsprechung eine Typisierung nach Gebietsausdehnung, Einwohnerzahl und Struktur der Gemeinden als verfassungsgemäß an.[627]

> **Beispiele**: Eine in einem Stärkungspaktgesetz vorgesehene Solidaritätsumlage, die Gemeinden in besonders schwierigen Haushaltssituationen einen nachhaltigen Haushaltsausgleich ermöglichen soll, ist geeignet und erforderlich, weil sie bei einer angespannten Haushaltslage des Landes ein verfassungslegitimes Instrument zum Ausgleich kommunaler Finanzkraftunterschiede ist[628]. Hingegen reichen Ziele der Verwaltungsvereinfachung oder der Zuständigkeitskonzentration als Rechtfertigung für einen Aufgabenentzug nicht aus[629].

---

625 BVerfG, DVBl 2018, 35, 39.
626 BVerwGE 80, 50.
627 BVerfGE 83, 363, 382.
628 NWVerfGH, DVBl 2016, 1323, 1328.
629 BVerfG, DVBl 2018, 35, 39.

Ist eine staatliche Maßnahme geeignet und erforderlich, ist ferner zu prüfen, ob sie das **Übermaßverbot** verletzt. Das ist dann zu bejahen, wenn sie nach einer Interessen- und Nutzen-Schadenabwägung für die Gemeinde unzumutbar ist.

> **Beispiel:** Eine Eingliederung einer Gemeinde in eine Verwaltungsgemeinschaft oder in eine Gesamtgemeinde ist im Verhältnis zu ihrer Auflösung der geringere Eingriff[630].

3. Die rechtsstaatliche Rolle der Rechtsprechung

205 In einem funktionengeteilten Rechtsstaat spielt außer dem staatlichen Gesetzgeber auch die Rechtsprechung der **Verfassungs- und Verwaltungsgerichte** für die Interpretation des Art. 28 Abs. 2 GG eine Schlüsselrolle (s. o. § 4 XXI). In diesem Zusammenhang wird teilweise kritisch angemerkt, die Gerichtsbarkeit sei für den häufig beklagten Verlust kommunaler Handlungs- und Gestaltungsfreiheit sowie für die Schwächung der kommunalen Selbstverwaltung ursächlich[631]. Zur Begründung wird angeführt, dass gemeindliche Entscheidungsalternativen von den Gerichten nicht ausreichend toleriert würden und die richterliche Kontrolldichte zu engmaschig sei, weil neben Rechtmäßigkeitsüberlegungen auch **Zweckmäßigkeitserwägungen** angestellt würden[632]. Praktikable Lösungen setzen voraus, dass sich die Gesetzgeber im Interesse der Stärkung der kommunalen Selbstverwaltung zurücknehmen und den Kommunen mehr und eindeutig interpretierbare Gestaltungsspielräume zubilligen[633].

4. Staatliche Rechtsaufsicht über die Gemeinden

206 **a. Rechtmäßigkeitskontrolle.** Entsprechend der aufgezeigten verfassungsrechtlichen Funktionenverteilung innerhalb der Bundesrepublik obliegt die Verwaltung auch den Gemeinden (s. o. § 4 und § 7 II – Art. 69 BWVerf, Art. 11 BayVerf, Art. 3 Abs. 2 NWVerf, Art. 117 SaVerf). Deshalb haben die Bundesländer für eine **ordnungsgemäße Aufgabenerfüllung** zu sorgen (Art. 75 BWVerf, Art. 83 Abs. 4 BayVerf, Art. 57 Abs. 5 NdsVerf, Art. 78 Abs. 4 NWVerf). Dieser Verantwortung kommen sie nach, indem sie ihre Aufgabe als **Aufsichts- und Kontrollorgan** wahrnehmen[634]. Allerdings wird bemängelt, dass die Exekutive teilweise zu intensiv in die kommunale Aufgabenerfüllung hineinregiere, weshalb auch insoweit eine Stärkung der Kommunen gegenüber staatlicher Kontrolle gefordert wird.

> Die Aufsicht über die Gemeinden ist selbstverständliches **Korrelat der Gewährleistung und Einräumen von Verwaltungsbefugnissen**, weil Staatsdistanz nicht mit Staatsfreiheit identisch ist[635].

Das Kontrollerfordernis folgt unmittelbar aus dem Körperschaftsstatus der Gemeinden (§ 1 Abs. 4 BWGO, § 1 Abs. 2 NWGO), als Folge dezentraler Aufgabenerledigung sowie aus den Gesetzesbindungen der Kommunalverwaltung (s. auf Landesebene auch Art. 25 Abs. 2 BWVerf, Art. 2 Abs. 2 NdsVerf, Art. 3 Abs. 3 SächsVerf). Das Erfordernis der Aufsicht ist deshalb eine **Essentiale der Selbstverwaltung**[636]. Aus unionsrechtlicher Per-

---

630 BayVerfGH, BayVBl 1984, 235.
631 S. *Knemeyer*, NJW 1980, 1140, 1147; *Pappermann*, DVBl 1981, 1040.
632 *v. Mutius*, Gutachten E zum 53 DJT 1980, 88 ff., 93 ff.
633 *Schmidt-Roithmeier*, Kommunen vor Verwaltungsgerichten, 1979; Beschlüsse des 58. DJT, 1990, 1342.
634 *Brüning/Söbbecke*, Die Kommunalaufsicht, 3. Aufl. 2024.
635 BVerwGE 152, 188 und BVerwG, NVwZ 2019, 1528 ff.; *Groß*, in Voßkuhle/Eifert/Möllers (Hg.), Grundlagen des Verwaltungsrechts I, 3. Aufl. § 15 Rn. 134.
636 BVerfGE 6, 104, 118; 78, 331, 341.

spektive wirkt Kommunalaufsicht innerhalb der gesamteuropäischen Verbundverwaltung als Garant für einen effektiven Gesetzesvollzug auf der lokalen Ebene[637].
Zwischenfrage: Begründen Sie, weshalb die Staatsaufsicht über die Gemeinden eine Essentiale der Selbstverwaltung ist!
Die Beaufsichtigung der Kommunen erfolgt nicht nach einem einheitlichen Muster. Sie richtet sich vielmehr nach dem jeweiligen **Aufgabentyp** (s. o. § 3 IV 2), weshalb ein differenziertes Vorgehen geboten und zwischen **Rechts- und Fachaufsicht** zu unterscheiden ist (s. auch Art. 84 f. GG).
Die Rechtsaufsicht, die auch als **Kommunalaufsicht** bezeichnet wird, bezweckt eine **Rechtmäßigkeitskontrolle**. Sie soll sicherstellen, dass die Kommunen die für sie geltenden Gesetze und damit den Grundsatz der **Gesetzmäßigkeit der Verwaltung** beachten (s. o. § 4 XIX 1 – Art. 28 Abs. 2 GG, Art. 75 Abs. 1 BWVerf, Art. 83 Abs. 4 BayVerf, Art. 137 Abs. 3 HeVerf, Art. 78 Abs. 4 NWVerf).
Handelt es sich um Aufgaben des **eigenen Wirkungskreises** (Freiwillige und Pflichtaufgaben – s. o. § 3 IV 3) ist der Staat grundsätzlich auf eine Rechtmäßigkeitsaufsicht beschränkt. Soweit Maßstäbe des Rechts fehlen, mangelt es der Rechtsaufsichtsbehörde an einem Kontrollkriterium. Zur exakten Ermittlung des konkret zu untersuchenden Sachverhaltes muss die Aufsichtsbehörde rechtsmethodisch wie ein Gericht vorgehen, das eine Verwaltungsentscheidung überprüft.

> **Beispiele:** Ermessensfehler sind Rechtsfehler im Sinne des § 40 VwVfG, Beurteilungsspielräume können nur auf Beurteilungsfehler überprüft werden[638]. Die Entscheidung über die gesundheitliche Eignung eines Bewerbers für den kommunalen Dienst hat einen prognostischen Anteil, den die Aufsichtsbehörde nicht kontrollieren darf[639].

b. Präventive und repressive Rechtsaufsicht. Inhaltlich betrachtet ist Kommunalaufsicht **Beobachtung** und **Beeinflussung** einschließlich **Berichtigung** des Handelns, Duldens und Unterlassens des Selbstverwaltungsträgers[640]. Systematisch gesehen ist zwischen der nachträglich eingreifenden **repressiven Aufsicht** und der vor Vollendung eines gemeindlichen Rechtsaktes einsetzenden **präventiven Rechtsaufsicht** zu trennen. Die Kommunalgesetze normen unter dem Stichwort „Aufsicht" zusammenhängend nur die repressive Rechtsaufsicht, während sich präventive Aufsichtsoptionen verstreut in einzelnen Vorschriften finden.
Die Kommunalaufsicht verfolgt **Schutz-, Kontroll-, Förderungs- und Vermittlungsziele**[641]. Danach ist die Aufsicht so auszuüben, dass die Rechte der Gemeinden geschützt und die Erfüllung ihrer Pflichten gesichert werden (Art. 108 BayGO, § 147 Abs. 1 NdsGO, § 11 NWGO). Sie soll
– die Entschlusskraft und Verantwortungsbereitschaft der Gemeinden fördern (§ 118 Abs. 3 BWGO), Art. 108 BayGO, § 135 HeGO),
– die Gemeinde verständnisvoll beraten (Art. 108 BayGO) und
– Erfahrungen bei der Lösung kommunaler Aufgaben vermitteln (§ 119 BbgGO, § 133 Abs. 1 SAnhGO)[642]

Diesem Aufsichtsverständnis entspricht es, dass Aufsichtsvorgänge in der Praxis vielfach informell zwischen Gemeinde und der Aufsichtsbehörde stattfinden[643] und durch Zielvereinbarungen im Rahmen eines **Kontraktmanagements** gesteuert werden.

---

637 *Ehlers*, DÖV 2001, 412; *Lohse*, NvwZ 2016, 102.
638 BVerfGE 78, 331, 343.
639 BayVGH, NJW 1989, 790.
640 BVerwG, DÖV 1972, 723.
641 *Kahl*, Die Staatsaufsicht, 2000, 528 ff.; *Schuppert*, DÖV 1998, 831.
642 NdsOVG, NVwZ 1988, 464.
643 BVerfGE 58, 177, 195; *Oebbecke*, DVBl 1994, 147, 150.

Beispiele: Beratungsgespräche[644], Vorschläge, Empfehlungen.

Nur wenn das informelle Verwaltungshandeln der Aufsichtsbehörde erfolglos bleibt, stellt sich die Frage nach der Anwendung förmlicher Rechtsinstitute und der zwangsweisen Durchsetzung des Rechts gegenüber der Gemeinde.

Diese Ausführungen belegen, dass Staatsaufsicht und Selbstverwaltung in einem permanenten Spannungsverhältnis zueinanderstehen:

> Die Aufsicht darf die verfassungsrechtlich gewährleistete Selbstverwaltung nicht aushöhlen und die Selbstverwaltung darf sich nicht aus der in Art. 28 Abs. 2 GG festgelegten Bindung und Verantwortung innerhalb der Staatsorganisation herauslösen.

Ein zweckorientiertes Austarieren unterschiedler Rechtsauffassungen bedarf deshalb einer **Kooperation** zwischen der Aufsichtsinstanz und der betroffenen Gemeinde, wobei bei Maßnahmen stets der **Verhältnismäßigkeitsgrundsatz** einzuhalten ist (s. o. § 7 III 2).

Beispiel: Eine Rechtsaufsichtsbehörde darf nicht als **Einmischungsaufsicht** in kommunale Entscheidungsspielräume eindringen und der Gemeinde bestimmte Maßnahmen innerhalb eines ihr zustehenden Gestaltungsspielraumes alternativlos vorschreiben[645].

Zwischenfrage: Wie unterscheiden sich präventive und repressive Staatsaufsicht?

c. Aufsichtszuständigkeiten. Welche Aufsichtsbehörde zuständig ist, richtet sich einerseits nach dem jeweiligen Gemeindetyp (s. o. § 4 IV 2) und andererseits nach der konkreten Ausgestaltung des Landesorganisations- und Kommunalrechts.

Beispiele: In Nordrhein-Westfalen führt der Landrat als untere staatliche Verwaltungsbehörde die allgemeine Aufsicht über kreisangehörige Gemeinden und über kreisfreie Städte die Bezirksregierung (§ 120 NWGO). Oberste Aufsichtsbehörde für Kommunalangelegenheiten ist das Innenministerium (§ 120 Abs. 4 NWGO). In Baden-Württemberg ist das Regierungspräsidium für die Aufsicht über die Stadtkreise und die Großen Kreisstädte zuständig (§ 119 BWGO).

Sofern der Gesetzgeber Aufsichtsaufgaben und Aufsichtsbefugnisse auf Kreise überträgt, hat er einen vollständigen Informations- und Handlungsdurchgriff staatlicher Behörden sicherzustellen[646].

d. Kein Anspruch auf Einschreiten der Aufsichtsbehörde. Von dem Rechts- und Aufsichtsverhältnis zwischen Staat und Kommune ist die Frage zu trennen, ob Aufsichtsregeln auch das Rechtsverhältnis zwischen Gemeinde und ihren Einwohnern tangieren. Die Kommunalordnungen nehmen zum Problem der **subjektivrechtlichen Ausgestaltung des Aufsichtsrechts** keine Stellung. Deshalb kommt es im Rahmen einer Textinterpretation darauf an, ob Aufsichtsbestimmungen mindestens auch im Interesse der Gemeindeangehörigen erlassen sind. Hierzu ist festzustellen:

> Aufsichtsnormen betreffen das Verhältnis Staat – Gemeinde. Sie sind staatliche Ermächtigungsgrundlage und Organisationsnorm, die nicht einmal beiläufig den Interessen der Einwohner zu dienen bestimmt sind. Denn sie bezwecken ausschließlich die Einhaltung des Rechtsstaatsprinzips und einer sachgerecht arbeitenden Gemeindeverwaltung.

---

644 BVerfGE 58, 177.
645 BVerwG, NVwZ 2019, 152
646 SächsVerfGH, LKV 2006, 79.

IV. Der rechtsstaatliche Status der Gemeinden

Mit anderen Worten: Es geht nur um die Einhaltung der in den einschlägigen Gesetzen angelegten objektivrechtlichen Schranken des kommunalen Handelns[647].
Ferner ist zu bedenken, dass selbst die Aufsichtsbehörden nicht unbedingt zum Einschreiten verpflichtet sind, weil sie sich wegen der Ausgestaltung der einschlägigen Vorschriften als „Kann"-Bestimmungen auf das **Opportunitätsprinzip** berufen können. Wegen dieser auf objektive Rechtmäßigkeit angelegten Kontrolle haben Gemeindeangehörige keinen Rechtsanspruch auf Einschreiten der Aufsichtsbehörde[648]. Sie können allenfalls eine aufsichtsrechtliche Prüfung einer Angelegenheit anregen, die als **Aufsichtsbeschwerde** ohne Rechtswirkung zu qualifizieren wäre[649]. Unabhängig davon sind Kommunen gut beraten, sich intensiv mit der Kritik der Gemeindeangehörigen im Rahmen eines **kommunalen Beschwerdemanagements** zu befassen (s. o. § 7 III 4).
Nachdenkaufgabe: Weshalb haben Einwohner keinen Anspruch auf ein Einschreiten der Aufsichtsbehörden?

e. Präventive Aufsichtsmittel. – aa. Anzeige- und Vorlagepflichten. Das Kernanliegen der Aufsichtstätigkeit zielt entsprechend der aufgezeigten Aufsichtszwecke darauf ab, repressive Maßnahmen weitgehend überflüssig zu machen. Dieser Ansatz entspricht zwar dem modernen Verwaltungskonzept des **Präventionsstaates**. Er birgt allerdings die Gefahr einer schleichenden Steuerung des kommunalen Geschehens. Denn bei der Anwendung des einschlägigen Instrumentariums kann die notwendige Distanz zwischen Aufsichtsbehörde und Gemeinde verloren gehen[650], wenn sich die Kontrolle zur **Wohlverhaltensaufsicht** entwickelt.
Die mildesten Mittel der präventiven Aufsicht sind informationsrechtlich motivierte **Unterrichtungs-, Anzeige- und Vorlagepflichten**, die der Aufsichtsbehörde die Kontrolle über die gemeindlichen Aktivitäten erleichtern sollen. Dieses im Interesse der Gesetzmäßigkeit der Verwaltung existierende Instrumentarium verlangt, dass vorzulegende Gemeindebeschlüsse erst nach Bestätigung oder Nichtbeanstandung vollzogen werden dürfen (s. etwa § 119 Abs. 1 SächsGO).

> **Beispiele**: Satzungsbeschlüsse, Haushaltssatzung, bestimmte Verträge, Errichtung und Veräußerung wirtschaftlicher Unternehmen.

bb. Genehmigungsvorbehalte. Eine typische und klassisch gebräuchliche Erscheinungsform präventiver Kommunalaufsicht sind gesetzlich vorgesehene **Genehmigungsvorbehalte**, die als Zustimmungs- oder Bestätigungsvorbehalt im Gemeinderecht oder in Fachgesetzen normiert sind.

> **Beispiele**: Gemeindliche Bauleitplanung (§ 6 und § 10 BauGB).

Der Standard-Genehmigungsvorbehalt berechtigt die Aufsichtsbehörde zu einer Rechtskontrolle im Sinne einer **rechtlichen Unbedenklichkeitserklärung**. Die Genehmigung ist deshalb zu erteilen, wenn der Rechtsakt die zugrunde liegenden Rechtsvorschriften beachtet[651]. Davon sind Genehmigungsvorbehalte zu unterscheiden, die den Aufsichtsbehörden eine **Zweckmäßigkeits- oder Wirtschaftlichkeitsprüfung** gestatten (s. u. § 12 IV). In diesen Fällen wirken Gemeinde und Staat zusammen (**Kondominium** oder **res mixtae**). Bei diesen Tatbeständen geht es darum, übergeordnete und vom Selbstverwaltungsrecht nicht mehr gedeckte Gestaltungsinteressen umzusetzen[652] oder die Gemeinden vor unüberlegten Geschäften zu schützen[653].

---

647 BVerwG, DÖV 1972, 723.
648 RPOVG, DÖV 1986, 152.
649 BVerwG, DÖV 1972, 723; BVerfGE 31, 42.
650 *Röhl*, in: Schoch (Hg.), Besonderes Verwaltungsrecht, 2018, 342.
651 NWOVG, OVGE 19, 192 ff.
652 NWOVG, NWVBl 1990, 121.
653 BGH, DÖV 2003, 415 und dazu *Eicker*, DÖV 2004, 875 ff.

Bespiele: Veräußerung bestimmter Gegenstände des Gemeindevermögens, Kreditaufnahmen (§ 87 Abs. 4 BWGO).

Die Genehmigung von Zweckverbänden oder Kreisumlagen ist kein Kondominium, weil sie entweder Ausdruck der Kooperationshoheit oder einer politischen Ermessenentscheidung sind[654].

Allerdings widerspricht die große Zahl der Genehmigungsvorbehalte der Tendenz nach mehr Deregulierung und Entbürokratisierung sowie dem Wunsch, die kommunale Selbstverwaltung zu stärken[655]. Deshalb sind die Innenministerien teilweise ermächtigt, Gemeinden von dem Genehmigungsvorbehalt freizustellen, einen Anzeigevorbehalt vorzusehen oder Genehmigungsfiktionen einzuführen.

Beispiele: § 143 HeGO, § 131 NWGO.

212   cc. Rechtsschutz gegen präventive Aufsichtsmaßnahmen. Genehmigungsvorbehalte schränken das kommunale Selbstverwaltungsrecht ein, weshalb sich Gemeinden gegen die Ablehnung einer Genehmigung mit der Erhebung einer **Verpflichtungsklage** wehren können. Hinsichtlich der Klagebefugnis kommt es darauf an, ob die Gemeinde die Verletzung eigener Rechte geltend machen kann. Das hängt von der Rechtsnatur des jeweiligen Genehmigungsvorbehaltes ab. Ob die Klage die Durchführung eines Vorverfahrens voraussetzt, beurteilt sich nach § 68 Abs. 1 S. 2 VwGO und dem einschlägigen Kommunalrecht.

213   f. Repressive Aufsichtsmittel. – aa. Beanstandungsrecht. Sind die präventiven Aufsichtsinstrumente ausgeschöpft, muss man sich den **repressiven Rechtsinstituten** zuwenden. Sie ermöglichen den Aufsichtsinstanzen, der Durchsetzung von Recht wirksam zur Geltung zu verhelfen. Insoweit existiert ein breiter Katalog von Einwirkungsoptionen, die je nach Eingriffsintensität von Informationsrechten bis zu „schweren Geschützen"[656] reichen. Verfahrenstechnisch sind dabei drei Phasen zu unterscheiden: **Vorklärung, Korrektur und Zwangsanwendung**[657].

Zur **Vorklärung** gehört, dass sich die Aufsichtsbehörden typischerweise über einzelne Vorgänge unterrichten lässt, soweit es zur Erfüllung ihrer Kontrollaufgaben notwendig ist (§ 10 BWGO, Art. 111 BayGO, § 137 HeGO, § 121 NWGO).

Beispiele: Vorlage von Akten, Erstellung von Berichten, Einsichtnahme in Protokolle, Durchführung von Prüfungen.

Gegenstand der zweiten Phase ist die Wahrnehmung des **Beanstandungsrechts**. Dieses Kontrollinstrument ist identisch mit dem bereits erörterten, Bürgermeistern zustehenden Recht, gegen **rechtswidrige Gemeindebeschlüsse** vorzugehen (§ 3 VIII 5 a). Es findet seine logische Fortsetzung auf der Aufsichtsebene, indem die Aufsichtsbehörde ebenfalls berechtigt wird, rechtswidrige Beschlüsse und Anordnungen zu rügen und ihre Zurücknahme durch die Gemeinden zu verlangen[658]. Auf diese Weise soll sichergestellt werden, dass das Rechtmäßigkeitsprinzip lückenlos gewahrt wird. Ob ein rechtswidriges Gemeindehandeln vorliegt, ergibt sich primär aus der Verletzung **öffentlich-rechtlicher Vorschriften**. Verstöße gegen privatrechtliche Bestimmungen reichen jedenfalls dann nicht aus, wenn sie den Interessen des Privatrechtsverkehrs dienen[659], weil die Rechtsaufsicht nur die Erfüllung öffentlich-rechtlicher Pflichten bezweckt[660].

---

654 *Ehlers*, NWVBl 1990, 80, 85; NWOVG, NWVBl 1990, 121.
655 S. *Humpert*, Genehmigungsvorbehalte im Kommunalverfassungsrecht, 1990, 16 ff.; Beschlüsse des 58 DJT 1990, 1343; *Marx/Hölzl*, NZBau 2010, 31 f.
656 *Brinktrine/Stich*, Die Verwaltung 2016, 81.
657 *Kahl*, Die Staatsaufsicht, 2000, § 11 VI; *Oebbecke*, DÖV 2001, 406.
658 NWOVG, NVwZ 1987, 155; BVerwG, NVwZ 2016, 72.
659 NWOVG, DVBl 1963, 862.
660 PrOVGE 45, 144 und 70, 57.

IV. Der rechtsstaatliche Status der Gemeinden

Teilweise hat die Beanstandung aufschiebende Wirkung (§ 121 Abs. 1 S. 3 BWGO, Art. 112 BayGO, § 122 Abs. 2 S. 3 NW GO). Das bedeutet, dass die Gemeinde einem **Vollzugsverbot** unterliegt[661]. Allerdings wirkt die aufschiebende Wirkung nur im Innenverhältnis und gilt nicht für die Außenwirksamkeit der beanstandeten Maßnahme. Die Beanstandung hat **Anstoßfunktion.** Denn die damit verbundene Feststellung der Rechtswidrigkeit einer gemeindlichen Entscheidung soll der Kommune **Gelegenheit zur Selbstkorrektur** geben. Gleichzeitig setzt die Anwendung förmlicher Aufsichtsmittel nicht voraus, dass zunächst das gemeindeinterne Kontrollsystem durchlaufen ist und von den dort vorgesehenen Korrekturmöglichkeiten Gebrauch gemacht wurde. Diese Reihenfolge ist aber schon deshalb geboten, weil die Eigenkontrolle als Ausprägung der rechtsstaatlichen Verantwortung der Gemeinde einer von einer staatlich veranlassten Fremdkorrektur vorgeht.

Nur wenn die Gemeinde die ihr obliegenden gesetzlichen Verpflichtungen nicht erfüllt, kann die Aufsichtsbehörde anordnen, dass die Gemeinde die notwendigen Maßnahmen innerhalb einer angemessenen Frist nachholt (§ 122 BWGO, Art. 112 BayGO, § 139 HeGO, § 131 NdsGO, § 123 NWGO). Deshalb ist das auf das gemeindliche Unterlassen bezogene Anordnungsrecht kein Gegenstück zum Beanstandungsrecht[662], sondern eine zusätzliche Reaktion auf die Missachtung rechtmäßigen Handelns.

bb. Ersatzvornahme und Einsetzung eines Staatsbeauftragten. Kommt die betroffene Gemeinde einem Verlangen der Aufsichtsbehörde nicht innerhalb einer festgelegten Frist nach, dann ist die Aufsichtsbehörde befugt, die notwendigen Maßnahmen an Stelle und auf Kosten der Gemeinde vorzunehmen oder einem Dritten zu übertragen (§ 123 NWGO, Art. 13 BayGO). Diese scharfe Maßnahme kommt jedoch wegen ihrer erheblichen Eingriffsintensität nur bei fortwährendem pflichtgemäßem Unterlassen oder bei ausdrücklicher Ablehnung der angeordneten Aufsichtsmaßnahme in Betracht. Ferner gebietet der Grundsatz der Verhältnismäßigkeit, dass eine **Ersatzvornahme** vor Durchführung angedroht wird[663].

In Ausnahmefällen kommt als ultima ratio auch die Bestellung eines **Staatsbeauftragten** (§ 124 NWGO) oder die **Auflösung des Gemeinderates** in Betracht (§ 125 NWGO). *Zwischenfrage*: Nennen Sie zwei typische repressive Aufsichtsmittel!

g. Rechtsaufsicht und Opportunitätsprinzip. Für die Wahrnehmung der Kommunalaufsicht gilt grundsätzlich das **Opportunitätsprinzip**.

> Nach dem Opportunitätsprinzip steht es im pflichtgemäßen Ermessen der Aufsichtsbehörde, ob sie von den ihr zur Verfügung stehenden Aufsichtsmitteln Gebrauch macht. Dieses Entschließungsermessen wird durch ein Auswahlermessen ergänzt, das unterschiedliche Reaktionsformen gestattet.

Sämtliche Entscheidungen müssen sich an den Grundsätzen der **Verhältnismäßigkeit** (s. o. § 7 III 2) und des **gemeindefreundlichen Verhaltens** orientieren[664]. Teilweise werden die einschlägigen „Kann"-Vorschriften als **Interventionspflicht** interpretiert[665], die strikte Anwendung des Legalitätsprinzips verlangt oder auf die Rechtsfigur der Ermessensreduzierung auf Null verwiesen[666]. Diese Auslegungsalternativen werden damit begründet, es könne nicht dem Ermessen der Aufsichtsbehörde überlassen

---

661 *Kallerhoff*, NWVBl 1996, 53, 55.
662 So aber *Röhl*, in: Schoch (Hg.)., Besonderes Verwaltungsrecht, 2018, 339.
663 BVerwG, DVBl 2004, 239, 247.
664 NdsOVG, NVwZ 1988, 466 und NdsVBl 2007, 308; *Schoch*, Jura 2006, 195.
665 *Borchert*, DÖV 1978, 721.
666 RPOVG, DVBl 1988, 796.

bleiben, ob sie gegen eindeutige Gesetzesverstöße einschreite. Gegen diese Ansicht ist einzuwenden, dass sich der Sinn der staatlichen Aufsicht nicht darin erschöpft, automatisch jeden Rechtsverstoß schematisch zu verfolgen. Vielmehr ist unter sorgfältiger Abwägung der konkreten Umstände des Einzelfalles zu ermitteln, inwieweit ein **Allgemeininteresse an der Beseitigung der konkreten Rechtsverletzung** besteht[667] oder, ob der Fehler im Rahmen einer funktionellen oder brauchbaren Illegalität geduldet werden kann. Diese Leitlinie kann sicherstellen, dass die Entschlusskraft und Verantwortungsbereitschaft der Gemeinden gewährleistet ist, ohne das Rechtsstaatsprinzip im Kern zu gefährden.

216 h. Aufsichtsmaßnahmen als Verwaltungsakte. Die Aufsichtsmaßnahmen sind im Allgemeinen als **Verwaltungsakte** im Sinne des § 35 VwVfG zu qualifizieren[668]. Sie entfalten insbesondere Außenwirkung, soweit die Gemeinde in Selbstverwaltungsangelegenheiten als juristische Person des Öffentlichen Rechts im Rahmen eines Unter-Überordnungsverhältnisses betroffen ist. Das ist vornehmlich bei dem Einsatz repressiver Aufsichtsmittel der Fall.

Beispiel: Die Ersatzvornahme ersetzt die kommunale Willenserklärung.

Unabhängig davon kann die Anwendung repressiver Aufsichtsmittel – je nach den Umständen des Einzelfalles – mit einem Realakt, einem Normsetzungsakt oder einer privatrechtlichen Willenserklärung verbunden sein.

Beispiel: Einberufung des Gemeinderates oder Erlass einer Satzung durch die Aufsichtsbehörde[669].

Es ist umstritten, ob auch rechtsaufsichtlich begründete Informationsbegehren die Voraussetzungen eines Verwaltungsaktes erfüllen. Das ist im Interesse des Schutzes der kommunalen Selbstverwaltung zu bejahen, wenn die Behörde das Informations- und Unterrichtungsverlangen zu intensiv ausnutzt[670].

217 i. Rechtsschutz gegen Aufsichtsmaßnahmen. Der Rechtsschutz gegen Aufsichtsmaßnahmen richtet sich nach den allgemeinen Prozessvorschriften. Soweit die Gemeindeordnungen auf eine Klagemöglichkeit vor den Verwaltungsgerichten ausdrücklich verweisen (§ 125 BWGO, § 142 HeGO), kommt diesen Bestimmungen angesichts des § 40 Abs. S. 1 und des § 42 Abs. 2 VwGO nur deklaratorische Bedeutung zu. Etwas anderes gilt, wenn Gemeinderecht die vorangehende Durchführung eines Widerspruchsverfahrens ausschließt (§ 126 NWGO).

Unklar ist, ob neben der Gemeinde auch ein Ratsmitglied durch eine Aufsichtsmaßnahme in seinen Rechten verletzt, und deshalb klagebefugt sein kann[671]. Insoweit ist daran zu erinnern, dass Aufsichtsinstrumente lediglich das Verhältnis zwischen Kommune und Aufsichtsbehörde tangieren, weil die Rechtmäßigkeit des Selbstverwaltungshandelns und die ordnungsgemäße Pflichterfüllung im Mittelpunkt stehen[672].

5. Staatliche Fachaufsicht und Rechtsschutz

218 a. Grundlagen der Fach- und Sonderaufsicht. Von der Rechtsaufsicht ist die **Fachaufsicht** zu trennen. Sie wird teilweise auch als **Sonderaufsicht**[673] bezeichnet (§ 119 Abs. 2 NWGO). Diese Begriffe umschreiben die staatliche Kontrolle im Rahmen des den Gemeinden **übertragenen Wirkungskreises** bzw. der von ihnen zu erfüllenden **Weisungs-**

---

667 BVerfGE 6, 104, 118.
668 S. zum Streitstand *Kallerhoff*, NWVBl 1996, 55.
669 BVerwG, DVBl 2004, 239, 247.
670 *Fehrmann*, DÖV 1983, 311, 317; BVerwGE 60, 144.
671 NWOVG, NVwZ-RR 2004, 674.
672 NdsOVG, NVwZ 2018, 1236.
673 Vgl. zur Terminologie *Kahl*, Staatsaufsicht, 2000, 555 ff.

IV. Der rechtsstaatliche Status der Gemeinden

aufgaben (s. o. § 3 IV 3). Die Gemeindeordnungen regeln diesen Aufsichtskomplex nur rudimentär. Stattdessen sind die einschlägigen Fachgesetzes heranzuziehen, die sich mit Aufsichtsdetails befassen. In diesem Sachzusammenhang ist zu beachten, dass Rechts- und Fachaufsicht nicht als klar abgrenzbare Aufsichtsalternativen gegenüberstehen. Vielmehr lässt sich das Rechtsinstitut der Fachaufsicht nur dahin eingrenzen, dass es unterschiedlichen Einwirkungen (Ingerenzen) gestattet, die über eine ausschließliche Rechtmäßigkeitskontrolle hinausgehen[674].

Die Wahrnehmung der Fachaufsicht ist die Konsequenz aus der der Aufsichtsstelle zugeordneten **Sachführungs- und Weisungsbefugnis.** Sie ist Ausdruck der Aufgabeneinbindung der Gemeinde in die Staatsverwaltung und der daraus resultierenden Staatsverantwortung für eine ordnungsgemäße Aufgabenerfüllen auf der Ortsebene. Die Fachaufsicht ist im dualistischen Aufgabenmodell (s. o. § 3 IV 2) grundsätzlich unbeschränkt, während sie im monistischen Modell für das einzelne Aufgabengebiet gesetzlich besonders geregelt sein muss. Die Weisungsbefugnis erstreckt sich auch auf die Handhabung des **gemeindlichen Ermessens** und kann auch auf **Zweckmäßigkeitsüberlegungen** der Aufsichtsbehörde beruhen[675] (s. auch Art. 8 der Europäischen Charta der Kommunalen Selbstverwaltung). Allgemeine Weisungen, die auf die künftige Beeinflussung gemeindlicher Entscheidungen zielen, ergehen häufig in Form von **Verwaltungsvorschriften** oder **Runderlassen**. Angesichts dieser Eingriffsbreite fallen bei der Fachaufsicht repressive Kontrolle und präventive Steuerung des Gemeindehandelns zusammen.

Kommt eine Gemeinde einer Weisung nicht nach, ist grundsätzlich die Rechtsaufsichtsbehörde zur Anwendung der allgemeinen Aufsichtsmittel berechtigt. Das bedeutet, dass sich die Fachaufsichtsbehörden zur Durchsetzung ihrer Weisungsvorgaben an die Rechtsaufsichtsbehörde wenden müssen (§ 129 Abs. 2 S 2 BWGO, § 120 NWGO, Art. 116 Abs. 1 BayGO).

b. Rechtsschutz gegen fachaufsichtliche Maßnahmen. Der Rechtsschutz gegen Fachaufsichtsmaßnahmen ist weniger im Ergebnis als vielmehr in der Begründung umstritten. Einigkeit besteht darüber, dass den Gemeinden der Rechtsweg zu den **Verwaltungsgerichten** in diesen Fällen nicht grundsätzlich versperrt ist, weil es sich bei dem Einsatz von Aufsichtsinstrumenten nicht um gerichtsfreie staatliche Hoheitsakte handelt.

Hingegen ist die Rechtsnatur fachaufsichtlicher Weisungen umstritten. Die Qualifizierung als **Verwaltungsakt** nach § 35 VwVfG wird teilweise mit dem Argument verneint, eine Weisung habe nur dann eine unmittelbare Rechtswirkung nach außen, wenn die Gemeinde in einem eigenen geschützten Recht verletzt werde[676]. Das sei nur zu bejahen, wenn die Aufsichtsmaßnahme den gesetzlich vorgegebenen Rahmen der Weisungsabhängigkeit verlasse und damit in das Selbstverwaltungsrecht eingreife. Im Übrigen sei das Merkmal der Außenwirkung nicht erfüllt, weil die Kommune im übertragenen Wirkungskreis lediglich als nachgeordneter Träger staatlicher Verwaltung im staatlichen Innenverhältnis agiere. Sofern fachaufsichtliche Weisungen als Verwaltungsakte eingeordnet werden können, ist **Anfechtungsklage** zu erheben. Andernfalls, und dafür sprechen verwaltungsverfahrensrechtliche Konsequenzen[677], steht die Leistungsklage zur Verfügung.

Anfechtungs- und Leistungsklage setzen eine Verletzung **subjektiver Rechte** der Gemeinde voraus[678]. Sie lassen sich auf der Rechtsgrundlage des monistischen Modells relativ einfach begründen, weil hier alles dem kommunalen Rechtskreis zuzuordnen ist,

---

674 *Groß*, DVBl 2002, 793, 799.
675 BVerwGE,96, 45, 56; BVerwG, DÖV 1996, 326.
676 BVerwG, NVwZ 1995, 165 und NVwZ 1995, 910; BayVGH, BayVBl 1979, 305.
677 NdsOVG, NVwZ 1982, 385 und NVwZ-RR 1997, 474; s. aber auch BayVGH, BayVBl 1979, 305.
678 BVerwG, NVwZ 1983, 610.

was außerhalb des gesetzlichen Weisungstatbestandes liegt. Hält sich die Weisung nicht an diese Vorgabe, dann verstößt sie automatisch gegen das gemeindliche Selbstverwaltungsrecht. Aber auch bei den Auftragsangelegenheiten des dualistischen Modells darf die Weisungsbefugnis nicht in die Hoheitsrechte der Kommune (s. o. § 4 VII) eingreifen, wenn die Sachaufgabe eine staatliche Angelegenheit ist. Gemeinden können sich ferner auf **wehrfähige Rechtspositionen** berufen, wenn sie über Entscheidungsspielräume verfügt[679].

Beispiel: Planungs-, Beurteilungs- und Ermessensentscheidungen.

Lösung des Praxisfalls:
Es ist zu prüfen, ob die Stadt S gegenüber U rechtmäßig gehandelt hat. Die Aufstellung von Altkleidersammelcontainern ist unstreitig eine Sondernutzung der Straße, die über den Gemeingebrauch hinausgeht und deshalb einer Erlaubnis bedarf. Diese Entscheidung steht im Ermessen der zuständigen Behörde.
Nach § 40 VwVfG i. V. m. Art. 3 Abs. 1 GG ist das der Stadt S eingeräumte Ermessen entsprechend dem Zweck der Vorschrift unter Einhaltung der gesetzlichen Grenzen und insbesondere des Gebots der Gelichbehandlung auszuüben. Wurde der Zweck der Vorschrift hier ausreichend berücksichtigt? Hier geht es vornehmlich um Gründe, die einen sachlichen Bezug zur Straße haben. In diesem Zusammenhang sind zahlreiche öffentliche und gegenläufige Nutzerinteressen abzuwägen und auszugleichen. Es sei nur an Belange des Straßenbildes zur Vermeidung einer „Übermöblierung" des öffentlichen Straßenraumes oder an den Schutz eines bestimmten Straßenbildes erinnert[680].
Die Stadt S darf das ihr zustehende Ermessen auch durch den Erlass ermessenlenkender Verwaltungsvorschriften (Ermessensrichtlinien) ausüben. Damit bezweckt sie eine rechtlich zulässige Selbstbindung der Verwaltung, die jedoch wesentliche Besonderheiten des Einzelfalles nicht außer Acht lassen darf. Deshalb darf die Stadt S in atypischen Konstellationen, bei denen die generelle Ermessensausübung die individuelle Beachtung des konkreten Einzelfalls nicht hinreichend berücksichtigt, von den ermessenslenkenden Vorschriften abweichen. Folglich ist zu untersuchen, wie die Praxis der Stadt S zu bewerten ist. Fest steht, dass die Stadt S keine ermessenlenkenden Verwaltungsvorschriften hinsichtlich des Erlasses von Sondernutzungserlaubnissen verabschiedet hat. Denn die Ablehnung des Antrages ging auf einen bindenden Ratsbeschluss zurück, der keine Ermessensüberlegungen einschloss und daher Sonderfälle nicht berücksichtigte.
Im Ergebnis liegt hier ein Fall des Ermessensnichtgebrauchs vor mit der Folge, dass die Entscheidung über die Ablehnung der Sondernutzung rechtswidrig ist.

---

679 BayVGH, BayVBl 1985, 368.
680 NWOVG, NVwZ-RR 2017, 855 Rn. 54.

§ 8 Kommunalrecht und Umweltstaatsprinzip

> **Praxisfall:**
> Die Stadt T erhebt eine Verpackungssteuer auf Einweggeschirr und -besteck für Essen und Getränke zum sofortigen Verzehr und zum Mitnehmen, um Mehrweglösungen zu fördern und den Einwegabfall im Gemeindegebiet zu reduzieren. Je Besteck oder Schale sind 50 Cent fällig, für Einwegbesteck sowie Trinkhalme 20 Cent. Die Steuer darf über den Verkaufspreis finanziert werden. Dagegen wendet sich die Franchisenehmerin von McDonald`s, die in T ein Restaurant betreibt. McDonald`s Deutschland kritisiert, kommunal individuelle Verpackungssteuern führten zu überbordender Bürokratie, Wettbewerbsverzerrungen und zusätzlichen finanziellen Belastungen für die bereits gebeutelte Gastronomie und deren Gäste. Außerdem fehle es an der Steuergesetzgebungskompetenz, die den Gemeinden nur für örtliche Verbrauch- und Aufwandsteuern zustehe (Art 106 Abs. 6 S. 1 GG). Daran fehle es, weil die Speisen und Getränke auch zum Mitnehmen verkauft würden.
> Darf T die Verpackungssteuer weiter erheben? Prüfen Sie die materielle Rechtslage!
> (BVerwG, GewArch 2023, 414; BVerfG, NVwZ 2025, 329)

I. Kommunen als Adressaten des Umweltstaates

1. Schutz der natürlichen Lebensgrundlagen als wertvollstes Gut

Im Gegensatz zu den bisher erörterten etablierten Staatsprinzipien hat sich das **Umweltstaatsprinzip** erst in jüngerer Zeit entwickelt. Seine Aufnahme als Unions- und Staatsziel in
– EU-Verträge (Art. 3 Abs. 3 EUV, Art. 11 und 191 ff. AEUV),
– Art. 37 EU-GR-Charta[681],
– das Grundgesetz (Art. 20a GG) und
– das Landesverfassungsrecht (Art. 3 Abs. 2 und 141 BayVerf., Art. 3a BWVerf., Art. 26b und c HeVerf, Art 6c NdsVerf, Art. 29a NWVerf, Art. 11 SHVerf)[682]

folgt aus der Erkenntnis, dass die **natürlichen Lebensgrundlagen** das wertvollste Gut sind, die vor zu starkem Ressourcenverbrauch zu schützen und auf hohem Niveau nachhaltig zu fördern sind.

> **Beispiel**: Art. 141 BayVerf weist ausdrücklich daraufhin, dass der Schutz der natürlichen Grundlagen zu den vorrangigen Aufgaben der **Gemeinde** gehört. Gleichzeitig wird der Verfassungsauftrag katalogartig präzise beschrieben. Außerdem werden die Gemeinden verpflichtet, die Zugänge zu Bergen, Seen und Flüssen freizuhalten oder unter Einschränkung des Eigentumsrechts freizumachen.

Zwischenfrage: Nennen Sie die wichtigsten verfassungsrechtlichen Vorschriften, die den Schutz der natürlichen Lebensgrundlagen betonen!

Diese Ziele verfolgen ferner aus Art. 1 Abs. 1 und Art. 2 Abs. 2 S. 1 GG ableitbare **Schutzpflichten** gegenüber der Bevölkerung (s. u. § 8 VI und § 15 II)[683].

2. Kommunale Sorge für das ökologische Wohl und Berücksichtigungsgebot – sustainable city

Der Schutz der natürlichen Lebensgrundlagen im exemplarischen Sinne des § 1 BImSchG ist zentrale Hauptaufgabe und konservatives Element kommunaler Verwal-

---
681 *Böhm*, in: Kahl/Ludwigs (Hg.), Handbuch des Verwaltungsrechts III 2022, § 84 Rn. 6 ff.
682 *Böhm*, a. a. O. § 84 Rn. 73.
683 BVerfG, NVwZ 2021, 951.

tungstätigkeit. Denn die Gemeinden spielen aufgrund ihrer Einwohner-, Orts- und Problemnähe und wegen der Umweltauswirkungen auf ihrem Territorium eine tragende Rolle für die zukunftsgerichtete Ausgestaltung der lokalen Umwelt und die ökologische Transformation[684]. Angesichts dieser Ausgangslage sind die umweltrechtlichen Defizite in der Lehrbuchliteratur kaum nachvollziehbar[685].

Nachdenkaufgabe: Lesen Sie § 1 BImSchG und beurteilen Sie, ob diese Vorschrift sämtliche Umweltanforderungen erfasst!

Diese herausragende Bedeutung kommt bereis in **Grundsatz 22 der UN-Umwelterklärung von Rio de Janeiro** vom 14.6.1992 zum Ausdruck, wonach Gemeinden und andere lokale Gemeinschaften aufgrund ihrer Erfahrung und traditionellen Gewohnheiten eine wichtige Funktion im Umgang mit der Umwelt zukommt.

Ökologisches Leitbild sind die **sustainable city** oder die **green city**[686]. Diese Umweltentwürfe basieren auf der permanenten Prüfung der kommunalen Umweltverträglichkeit aller Maßnahmen und Vorgänge sowie auf der **Vorbildfunktion der öffentlichen Hand** (§ 4 GEG – s. u. § 8 I 3). Diese Verpflichtung ergibt sich ferner konkludent aus dem in den Gemeinde- und Kreisordnungen ausdrücklich festgelegten Auftrag, für das **Wohl der Einwohner** zu sorgen (§ 1 Abs. 2 BWGO, § 1 Abs. 1 NWGO), der auch das **ökologische Wohl** einschließt und die **künftigen Generationen** (Art. 69 RPVerf, Art. 3a Abs. 1 BWVerf, § 1 Abs. 1 S. 2 NWGO, § 1 Abs. 1 SHGO) einbezieht[687]. Diese Verantwortung bedeutet konkret:

> Umweltbelange sind bei der Schaffung, Anwendung und Auslegung von Rechtsnormen, bei Interessenabwägungen sowie Ermessensentscheidungen zu berücksichtigen und am Vorsorge- und Verursacherprinzip zu messen[688].

Dieses umfassend zu verstehende **Berücksichtigungsgebot** gilt angesichts der Querschnittsaufgabe „Umwelt" fachübergreifend und ist zusammen mit dem **Verschlechterungsverbot** deklaratorischer Gegenstand zentraler Umweltgesetze

Beispiele: § 13 KSG und § 8 KAng für Planungen und Entscheidungen, Erlass von Baum- und Grünanlagensatzungen, Bau von Gemeindestraßen (§ 2 Abs. 1 Nr. 4 BImSchG), Verabschiedung von Luftreinhalteplänen (§§ 44 ff. BImSchG), Bauleitplanung (§ 1a BauGB), Öffentliche Auftragsvergabe (§ 97 Abs. 3 GWB).

3. Interne und externe Umweltaufgaben

222 Die Gemeinden sind als Träger öffentlicher Verwaltung zunächst selbst verpflichtet, mit ihrem Handeln und Verhalten zur Erfüllung von Umweltzielen beizutragen. Ihre **Vorbildfunktion** (s. o. § 8 I 2) betrifft die interne Gestaltung von Arbeitsabläufen sowie die Verwendung von Material und Gebrauchsgütern, die jeweils allgemeinen Umweltanforderungen entsprechen müssen (§ 45 KrWG).

II. Kommunaler Klimaschutz

223 Drängendes und dauerhaftes Umweltanliegen der Staatengemeinschaft und der Kommunen ist der **Klimaschutz**[689]. Seine Notwendigkeit resultiert mindestens aus der Erderwärmung und ihrer negativen Folgen für Natur und Menschen.

---

684 *Gottschalk*, NVwZ 2019, 1728.
685 S. etwa *Burgi*, Kommunalrecht, 7. Aufl.; *Geis*, Kommunalrecht, 6. Aufl.
686 *Lorenzen*, DVBl 2023, 398; *Vorholt*, NVwZ 2023, 705.
687 S. allgemein dazu BVerfG, NJW 2021, 1723 (Klimaschutzbeschluss).
688 RPVerfGH, NVwZ 2006, 206.
689 Valentin (Hg.), Klimaschutz und Städte, 2023; *Schink*, in: FS Henneke 2022, 241.

Beispiele: Starkregen, Stürme, Hitze- und Trockenperioden, Gefährdung der Ökosysteme und der Biodiversität.

Zum vorsorgenden Schutz vor den Auswirkungen des Klimawandels wurden zahlreiche Gesetze erlassen, die bestimmte, auch von den Gemeinden zu beachtende Klimaschutzziele festschreiben. Im Mittelpunkt steht das **Klimaanpassungsrecht**[690]**,** das im Bundes-Klimaschutzgesetz, landesrechtlichen Entsprechungen sowie im Bundes-Klimaanpassungsgesetz seinen Niederschlag fand. Danach müssen die Bundesländer die Erarbeitung detaillierter, auf Risikoanalysen basierender Klimaanpassungskonzepte auch für Gemeinden und Kreise sicherstellen, die dann fachübergreifend in kommunalen Planungen zu berücksichtigen sind.

Ergänzend wurden in existierende Fachgesetze zur Verdeutlichung des Verfassungsanliegens nachträglich **Klimaschutzparagrafen** eingeführt oder Vorschriften um Klimaziele ergänzt.

Beispiele: § 1a PBefG, § 1a Abs. 5 BauGB, § 6 Abs. 4a S. 2 StVG.

Zur Verstärkung der Zielerreichung sehen Rechtsvorschriften teilweise vor, dass dem Klimaschutz bei **Abwägungsvorgängen** ein **überragend öffentliches Interesse** zukommt mit der Folge, dass es gegenüber anderen Interessen vorrangig ist.

Beispiel: § 2 Abs. 3 S. 1 Wärmeplanungsgesetz (WPG).

Nach § 4 WPG sind Kommunen verpflichtet, für ihr Gemeindegebiet eine Wärmeplanung zu erstellen, fortzuschreiben (§ 25 WPG) sowie Wärmenetzausbau- und Dekarbonisierungsfahrpläne zu entwickeln (§ 32 WPG). § 4 Abs. 3 WPG gestattet auch eine gemeinsame Wärmeplanung für mehrere Gemeindegebiete. Das Gesetz will einen wesentlichen Beitrag zur Herstellung, Erzeugung sowie Versorgung mit Raumwärme, Warmwasser- und Prozesswärme aus erneuerbaren Energien leisten, zur treibhausgasneutralen Wärmeversorgung beitragen (§ 1 WPG) und die Anzahl der an das Wärmenetz anzuschließenden Gebäude signifikant steigern[691].

Diese und andere Klimaschutzvorschriften wirken sich insoweit unmittelbar auf die Ortsbevölkerung aus, als sie verpflichtet werden kann, kommunale Einrichtungen zu nutzen, die umweltfreundliche Nah- und Fernwärme produzieren (**Anschluss- und Benutzungszwang** – s. u. § 10 IV 3 d).

Beispiel: § 11 Abs. 3 BWGO).

Es versteht sich von selbst, dass die Übertragung von Klimaschutzaufgaben auf die Kommunen die Haushalte erheblich belasten wird. In diesem Zusammenhang ist unklar, ob die Regel des Art. 84 Abs. 1 S. 7 GG, wonach Gemeinden bei der Übertragung neuer Aufgaben ein finanzieller Ausgleich zusteht, ausreichend beachtet wurde. Daran bestehen Zweifel, weil gegenwärtig lediglich befristete Förderprogramme aufgelegt wurden, die etwa Stellen für Klimaschutzmanager finanzieren. Zwei kommunale Spitzenverbände fordern deshalb eine neue **Gemeinschaftsaufgabe** mit dem Titel „Klimaschutz und Klimaanpassung".

Unabhängig davon ist unklar, ob Staat und Kommunen die Mammutaufgabe Klimaschutz allein meistern können oder ob es nicht angebracht ist, privates Kapital und private Expertise im Interesse eines optimalen Umweltschutzes zu mobilisieren.

Beispiele: Klimastadtverträge mit örtlichen Unternehmen, die sich verpflichten, bestimmte Maßnahmen zum Schutz des Klimas zu ergreifen. Private Vorfinanzierung von Projekten (s. o. § 4 XIV).

---

690   *Burgi*, NVwZ 2021, 1401; *Hilbert*, DVBl 2022, 1409; *Fellenberg/Dingemann/Römling*, NVwZ 2024, 281.
691   S. näher *Fründ/Schnittker*, NVwZ 2024, 289.

III. Ökologischer Personennahverkehr

224 Besondere Aufmerksamkeit wird der klimaschutzgerechten Ausgestaltung des **Öffentlichen Personennahverkehrs** gewidmet. Insoweit haben Kommunen in ihrer Eigenschaft als Auftraggeber die Anforderungen an Umfang und Qualität des Verkehrsangebotes, dessen Umweltqualität sowie die verkehrsübergreifende Integration von Verkehrsleistungen zu definieren. Die Ergebnisse fließen dann in einen umweltbasierten Nahverkehrsplan ein (§ 8 Abs. 3 PBefG). Hinzu treten Verkehrslenkungsmaßnahmen zur Verknappung bestimmter Verkehre und zur Förderung umweltfreundlicher Verkehrsmittel (s. u. § 14 IV).

IV. Ökologische Bauplanung

225 Kommunen haben ihre Bauleitpläne so auszugestalten, dass mit Grund und Boden sparsam umgegangen wird und sie dem Leitbild einer klimagerechten Stadtentwicklung entsprechen (§ 1 Abs. 5 und § 1a Abs. 5 BauGB).

Beispiele: Umnutzung ehemaliger Industrie- und Brachflächen, Nachverdichtung von Baulücken und Gebäuden, Begrenzung von Bodenversiegelungen, Verbot von Schottergärten, Baurechtliche Vorschriften über die Begrünung von Flachdächern und Hausfassaden, Erlass von Baumschutzsatzungen, Begrünung von Flächen.

Unabhängig davon haben sie die Energiewende und den Ausbau erneuerbarer Energien dadurch zu unterstützen, dass sie geeignete Flächen zur Verfügung stellen.

Beispiele: § 249 BauGB für Windenergieanlagen, § 249a BauGB für Vorhaben zur Herstellung und Speicherung von Wasserstoff, Bereitstellung von Flächen für Solarthermie.

V. Ökologische Entsorgung

226 Traditionelle und kontinuierlich wachsende Umweltaufgabe ist die Verantwortung der Kommunen für den Sektor **Entsorgung**. Während die Gemeinden im Zeitalter der polizeirechtlich geprägten Wohlfahrtsverwaltung insbesondere für die Seuchenbekämpfung zuständig waren, haben sie heute den Schutz von Menschen und Umwelt vor unterschiedlichen von Wirtschaft und Konsumenten produzierten Abfällen und Abwässern sicherzustellen.

Die ökologische Bewältigung der Entsorgung stellt die Gemeinden und Kreise vor große organisatorische, technische, personelle und finanzielle Herausforderungen. Im Vordergrund steht, exemplarisch für den Entsorgungsbereich, die umweltverträgliche Bewirtschaftung von Abfällen nach dem **Kreislaufwirtschaftsrech**t auf der Basis des **EU-Circular-Economy-Konzepts**. Nach § 17 KrWG i. V. m. den Landesabfallgesetzen sind die Kreise und kreisfreien Städte **öffentlich-rechtliche Entsorgungsträger**. Sie können teilweise durch Vereinbarung Gemeinden das Einsammeln und Befördern von Abfällen übertragen (Art. 5 BayAbfallG, § 1 Abs. 5 HeAbfallG). Teilweise sind die Gemeinden kraft Gesetzes für das Einsammeln und Befördern verantwortlich (§ 5 Abs- 6 NWAbfallG). Als Vorgabe legen § 9 und § 20 Abs. 2 KrWG fest, dass Abfälle grundsätzlich nach bestimmten Stoffen getrennt zu sammeln und zu behandeln sind. Im Übrigen haben die öffentlich-rechtlichen Entsorgungsträger die in ihrem Gebiet anfallenden Abfälle aus privaten Haushalten nach Maßgabe der §§ 6 bis 11 KrWG zu verwerten oder nach § 15 f. KrWG zu beseitigen, wobei die in § 6 KrWG normierte **Abfallhierarchie** zu beachten ist. Danach sind Abfälle möglichst zu vermeiden oder dem Recycling zuzuführen. Nur wenn diese Optionen ausscheiden, ist eine Verwertung und Beseitigung gestattet. Die Details sind Gegenstand fortzuschreibender kommunaler **Abfallwirt-**

schaftskonzepte und **Abfallbilanzen** (§ 21 KrWG). Zur Unterstützung kommunaler Entsorgungsziele dürfen Gemeinden auch **Verpackungssteuern** erheben (s.u. § 11 IV 3a und den Praxisfall).
Die Entsorgungsverantwortung wird durch kommunale Zuständigkeiten für die **Abwasserwirtschaft** (§§ 54 ff. WHG i. V. m. Landesrecht) und die **Altlastenbeseitigung** ergänzt.

VI. Ökologischer Status der Ortsbevölkerung

Zur Erreichung der genannten Ziele sind die Entsorgungsträger zur **Information** und zur **Abfallberatung der Bevölkerung** verpflichtet (§ 46 KrWG, § 3 NW AbfallG). Wegen der unmittelbaren Betroffenheit ist teilweise ferner eine **Beteiligung der Öffentlichkeit** bei Umweltprojekten vorgesehen.

Beispiel: § 7 WPG für die Aufstellung von Wärmeplänen.

Der Status der Einwohner und Unternehmen ist ferner gekennzeichnet durch abfallrechtliche **Überlassungspflichten** (§ 12 KrWG), **Duldungspflichten** für Grundstückseigentümer (§ 19 KrWG) sowie die Anordnung von **Anschluss- und Benutzungszwang** von Entsorgungseinrichtungen (s.u. § 10 IV 3 d).
Da die Grundrechte als intertemporale Freiheitssicherung vor einer einseitigen Verlagerung kommunaler Umweltziele in die Zukunft schützen, kann bei einer Beeinträchtigung grundrechtlicher Schutzgüter im Einzelfall eine Verfassungsbeschwerde zulässig sein[692].

> **Lösung des Praxisfalls:**
> Es ist fraglich, ob die Stadt T zur Unterstützung ihrer umweltpolitischen Ziele eine kommunale Verpackungssteuer erheben darf. Das wäre nur der Fall, wenn sie auch den Charakter einer örtlichen Steuer im Sinne von Art. 106 Abs. 6 S. 1 i. V. m. Art. 105 Abs. 2a S. 1 GG hätte. Das BVerfG hat dazu ausgeführt, das Merkmal der Örtlichkeit könne auch bei Speisen und Getränken gegeben sein, die nicht zum Verzehr von mitnehmbaren take-away-Gerichten an Ort und Stelle bestimmt sind, und zwar dann, wenn der Verbrauch typischerweise im Gemeindegebiet erfolge. Das treffe für Gerichte und Getränke zum Mitnehmen zu, die auf die „Schnelle" verzehrt würden. Ferner setze die Gesamtkonzeption des geltenden Abfallrechts auf wirtschaftliche Anreize zur Verminderung von Verpackungsabfall, indem es auf die Produktverantwortung der Kreislaufwirtschaft abstelle. Derartige Anreize seien den beabsichtigten Lenkungswirkungen der Verpackungssteuer vergleichbar.
> Das weitere Vorbringen gegen die Verpackungssteuer hat keine verfassungsrechtliche Relevanz. Folglich ist die Erhebung der Verpackungssteuer verfassungsgemäß.
> **Hinweis:** Eine andere Meinung ist hinsichtlich der Interpretation des Merkmals „Örtlichkeit der Steuer" durchaus vertretbar[693].

---

692 BVerfG, NVwZ 2021, 951.
693 *Uschkereit*, GewArch 2024, 134.

§ 9 Kommunalrecht und Kulturstaatsprinzip

> **Praxisfall:**
> Die Gemeinde G will ein Theater errichten, das sich als kulturelles Highlight von ähnlichen Einrichtungen anderer Kommunen deutlich abheben soll. Die Bevölkerung lehnt das dazu von der Verwaltung vorgelegte Konzept aus Kostengründen ab. Die Gemeindevertretung meint, sie sei verpflichtet, aus kulturellen Erwägungen das Theater zu bauen.
> Wie ist die materielle Rechtslage?

I. Kultur als Hausgut der Bundesländer

228 Während die verfassungsrechtlichen Maximen des Sozial- und Umweltstaates bundesrechtlich geprägt sind, zählt die Realisierung des **Kulturstaatsprinzips** zum **Hausgut der Bundesländer** (Art. 3 Abs. 1 BayVerf)[694]. Die EU und der Bund verfügen entsprechend dem verfassungsrechtlichen Grundkonzept einer offenen Gesellschaft lediglich über ergänzende, gesamtstaatlich begründete Kulturkompetenzen, die vornehmlich Kommunen fördern und unterstützen sollen.

Beispiele: Art. 165 und Art. 167 AEUV (Entwicklung einer qualitativ hochstehenden Bildung, Entfaltung der Kulturen). Art. 7 GG (Schulwesen), Art. 104c GG (Finanzhilfen für kommunale Bildungsinfrastrukturen).

II. Umfassender kommunaler Kulturauftrag

229 Im Übrigen sind die Gemeinden und Kreise für die Versorgung der Ortsbevölkerung mit kulturellen Angeboten und deren Schutz zuständig (Art. 26e HeVerf, Art. 6 NdsVerf, Art. 40 Abs. 1 RPVerf, Art. 18 Abs. 1 NWVerf, Art. 13 Abs. 3 SHVerf)[695]. Der facettenreiche kommunale Kulturauftrag lässt sich nicht abschließend bestimmen[696]. Er muss für zukunftsorientierte kreative Varianten entwicklungsoffen bleiben. Der **Kulturbegriff** inkludiert auch die Bildungsverantwortung der Kommunen, weil Bildung Fundament jeglicher kulturellen Entfaltung ist. Exemplarisch heißt es dazu in § 1 NW Kulturgesetzbuch:

„Kunst und Kultur stiften Sinn, können Menschen Heimat und Orientierung geben, öffnen aber auch Räume der Reflektion und kritischen Distanz. Voraussetzung dafür ist das Schaffen der Künstlerinnen und Künstler, die Teilhabe an Kultur und die Befähigung aller zu eigener schöpferischer Gestaltung."

Die Stärkung der Kunst und Kultur soll insbesondere den Zusammenhalt in der Gesellschaft fördern und zur Herstellung gleichwertiger Lebensverhältnisse in den Gemeinden beitragen (§ 2 Abs. 3 NW Kulturgesetzbuch).
Diese Umschreibung entspricht der Devise, dass sich Kultur in einem freiheitlich organisierten Staat möglichst unbeeinflusst entwickeln soll. Das ist auch der Grund, weshalb die Ausgestaltung der kommunalen Kultur im Interesse der Wahrung kommunaler Autonomie weitgehend eine **freiwillige Aufgabe** (s. o. § 3 V 3) ist, die mit dem **staatlichen**

---

694 *Geis*, DÖV 1992, 522; *Kluth*, DÖV 2024, 669.
695 S. ferner die Nachweise bei *Kluth*, DÖV 2024, 669.
696 *Scheytt*, Rechtsgrundlagen der kommunalen Kulturarbeit, 1994; *Tolkmitt/Berlit*, LKV 2010, 385.

Förderauftrag korrespondiert. Diese Verortung schließt eine partielle staatliche Reglementierung nicht aus (Art. 3c Abs. 1 BWVerf, § 2 Abs. 1 Sächs Kulturraumgesetz).

Beispiel: Nach Art. 10 Abs. 4 BayVerf ist das kulturelle Leben der Gemeindeverbände vor Verödung zu schützen.

Soweit ein übergeordnetes gesamtstaatliche Interesse an der Schaffung, Unterhaltung, Fortführung und Bewahrung kultureller Güter und Dienstleistungen existiert, unterfallen Gemeinden und Kreise der staatlichen Aufsicht.

Beispiele: Schulwesen (Art. 7 Abs. 1 GG). Denkmalschützende Ortsbildpflege (Art. 3c Abs. 2 BWVerf, Art. 18 Abs. 2 NWVerf).

III. Einzelne Erscheinungsformen kommunaler Kulturaktivitäten

1. Schulträgerschaft

Kernzuständigkeit der Gemeinden und Gemeindeverbände ist ihre Verantwortung für die **Erziehung und Bildung** der Ortsbevölkerung. Die Bildungsrolle manifestiert sich vornehmlich in der Pflichtaufgabe **Schulträgerschaft** (Art. 8 Abs. 3 NWVerf), die sich auf die Errichtung, Förderung, Organisation, Ausstattung und Verwaltung der Schulen erstreckt (Art. 27 Abs. 2 RPVerf, § 78 NWSchulG). Dementsprechend sind auch die erforderlichen Mittel zur Verfügung zu stellen (Art. 12 Abs. 2 und Art. 11 Abs. 3 BWVerf). Bei der Einrichtung und dem Betrieb von Schulen **wirken Land und Gemeinde zusammen** (Art. 28 RPVerf).

230

> Die Gemeinden entscheiden über die Bereitstellung von Schulgebäuden, einschließlich ihrer Ausstattung, über Schulbezirke und Schuleinzugsbereiche, Standortfragen sowie die Mehrzwecknutzung von Schulgebäuden. Dabei handelt es sich nach überkommener Ansicht um **äußere Schulangelegenheiten**, während die **inneren Schulangelegenheiten** (Lehrpläne, Durchführung des Unterrichts, Ausbildung der Lehrenden und Schuldisziplin) vom jeweiligen Bundesland festgelegt werden.

Allerdings stehen die beiden Sektoren nicht trennscharf nebeneinander. So können die Gemeinden auch die Lehrkräfte auswählen. Und neue Entwicklungen in technologischer und personeller Sicht entgrenzen die klassische Aufteilung.

Beispiel: Finanzierung digitaler Arbeitsmittel, Beschäftigung von Sozialarbeitern und Psychologen.

Daneben steht die Jugend- und Erwachsenenbildung, die etwa bei der Vorhaltung von **Volkshochschulen** relevant wird (Art. 22 BWVerf, Art. 17 NWVerf).

2. Kommunale Kulturförderung

Zu den historisch gewachsenen elementaren Wirkungsfeldern der kommunalen Selbstverwaltung gehört ferner die **gemeindliche Kulturtätigkeit** einschließlich der Wahrung des lokalkulturellen Erbes, die jeweils wesentliche Bestandteile kommunaler Identität sind. Die damit zusammenhängenden Aktivitäten müssen schon wegen des Zuzugs von Personen aus anderen Regionen und der Migrationsgeschichte vieler Einwohner multikulturell angelegt sein und dem Gedanken der „**Glokalisierung der Kultur**" Rechnung tragen. Die Kulturförderung soll das Interesse für kulturelles Engagement wecken und fördern, die Ortsbevölkerung an unterschiedliche kulturelle Formate heranführen und daran teilhaben lassen.

231

Beispiele: Theater, Konzerte, Museen, Ausstellungen, Archive, Bibliotheken, Musikschulen, Jugend- und Kulturzentren, kulturoffene Beggungsstätten, Chöre und Orchester.

Eine breit angelegte gemeindliche Kulturarbeit kann Ausstrahlungswirkung entfalten und als wichtiger **Standort- und Imagefaktor** kommunale Marketinginitiativen unterstützen.

IV. Sportförderung

232 Im Zusammenhang mit der kommunalen Kulturarbeit wird in manchen Landesverfassungen parallel dazu der **Schutz und die Förderung des Sports** erwähnt (Art. 26g HeVerf, Art. 6 NdsVerf, Art. 40 Abs. 4 RPVerf, Art. 18 NWVerf, Art. 11 SächsVerf, Art. 16 MVVerf). Diese Verknüpfung ist schon deshalb zutreffend, weil Sporteinrichtungen und Sportangebote (s. auch o. § 6 IV 1) essenzieller Bestandteil jedes kommunalen Bildungs- und Kulturengagements sind.

V. Denkmalschutz

233 Eine besondere kommunale Verantwortung lastet auf den Gemeinden ferner im Hinblick auf den Denkmalschutz. So hält Art. 3c BWVerf beispielhaft fest:

„Die Landschaft sowie die Denkmale der Kunst, der Geschichte und der Natur genießen öffentlichen Schutz und die Pflege der Städte und Gemeinden."

Einerseits ist es Hauptaufgabe der Denkmalpflege, historische Bausubstanz zu schützen und zu erhalten. Andererseits ist die äußere Gestalt der Gemeinde im Rahmen einer sorgfältigen Ortsbildpflege zu erneuern und weiterzuentwickeln.

> **Lösung des Praxisfalls:**
> Es kommt entscheidend darauf an, ob die Gemeinde G zur Errichtung eines Theaters verpflichtet ist. Zwar sind die Kommunen für die Versorgung mit kulturellen Angeboten zuständig. Allerdings ist der kommunale Kulturauftrag facettenreich und kaum gesetzlich vorgeprägt. Vielmehr handelt es sich bei der Ausgestaltung des örtlichen Kulturangebotes im Interesse der Wahrung kommunaler Autonomie um eine freiwillige Aufgabe. Etwa Anderes würde nur gelten, wenn staatliche Vorgaben G verpflichten würde, ein Theater zu betreiben. Das ist aber ersichtlich nicht der Fall. Folglich muss G kein Theater bauen.

§ 10 Kommunalrecht und Infrastrukturprinzip

Praxisfall:
G betreibt seit 30 Jahren einen Gemüsegroßhandel auf dem Großmarkt, den die Stadt S auf der Grundlage einer städtischen Satzung als öffentliche Einrichtung veranstaltet. Mit einer Satzungsänderung beschloss der Stadtrat der Stadt S die öffentliche Einrichtung Großmarkt aufzulösen. G meint, S könne den Großmarkt nicht ersatzlos schließen, weil sie eine Pflicht zur Fortführung des Großmarktes habe.
Wie ist die materielle Rechtslage?
(BVerwG, GewArch 2024, 491, DVBl 2025, 34)

I. Der Infrastrukturauftrag der Kommunen

1. Gegenstand der kommunalen Infrastruktur

Sozial-, umwelt- und kulturstaatliche Anforderungen an die Kommunen tangieren auch das **Infrastrukturprinzip**[697]. **234**

> Infrastruktur ist die Sammelbezeichnung für alle Tätigkeiten, die sich mit der Versorgung der Ortsbevölkerung mit Gütern und Dienstleistungen sowie der Schaffung, Unterhaltung und Weiterentwicklung entsprechender kommunaler öffentlicher Einrichtungen befassen[698] (s. u. § 10 IV).

Diese Umschreibung lässt erkennen, dass die Bereitstellung der Infrastruktur eine fundamentale transformatorisch angelegte kommunale Aufgabe ist[699]. Denn das gesellschaftliche und wirtschaftliche Leben auf der Ortsebene funktioniert bei steigenden Ansprüchen der Einwohner und Unternehmen nur dann, wenn die Gemeinde oder der Kreis die dazu erforderlichen Rahmenbedingungen setzen. Deshalb spricht das BVerfG in diesem Zusammenhang auch von einem **Infrastruktursicherungsauftrag**[700].

Diese Charakterisierung verdeutlicht, dass das Infrastrukturprinzip umfassend zu verstehen ist und deshalb nicht überschneidungsfrei neben anderen verfassungsrechtlichen Vorgaben steht. Gleichwohl ist es angesichts der überragenden Bedeutung dieses Verfassungswertes angemessen, auf die allgemeinen Strukturen dieses Grundsatzes und insbesondere zusammenfassend auf die kommunale Leistungserbringung durch öffentliche Einrichtungen einzugehen

Eine allgemein akzeptierte **Definition des Infrastrukturbegriffs** existiert nicht[701]. Sie ist auch entbehrlich, weil die sach- und fachübergreifende Generalaufgabe, die weitgehend mit der klassischen **Daseinsvorsorge**[702] (s. etwa § 1 NWÖPNVG) korrespondiert, entwicklungsoffen bleiben muss, um veränderten Bedürfnissen Rechnung zu tragen[703]. Insbesondere die Verbindung von Wohnen, Arbeiten, Produzieren und Freizeitgestaltung setzt zukunftsfähige innovative Infrastrukturkonzepte voraus.

---

[697] S. zur sozialen Daseinsvorsorgeeinrichtungen *Brosius-Gersdorf*, in: Kahl/Ludwigs (Hg.), Handbuch des Verwaltungsrechts III § 83 Rn. 52 ff.
[698] BVerfGE 97, 332, 343.
[699] *Groß*, in: Voßkuhle/Eifert/ Möllers (Hg.), Grundlagen des Verwaltungsrechts, 3. Aufl. § 15 Rn. 52.
[700] BVerfGE 108, 370, 393.
[701] *Stober*, in Wolff/Bachof/Stober/Kluth, Verwaltungsrecht I, 14. Aufl. 2025, § 4 Rn. 17; *Durner*, in: Kahl/Ludwigs (Hg.), Handbuch des Verwaltungsrechts I, 2021, § 21 Rn. 7.
[702] S. dazu *Forsthoff*, Lehrbuch des Verwaltungsrechts I, 10. Aufl 1973, 370.
[703] BVerwGE 118, 181, 191.

Hier wird kommunale Infrastruktur verstanden als die

> Gesamtheit der materiellen, formellen, institutionellen und personellen Einrichtungen, die den Gemeindeangehörigen, Unternehmen und Grundstücksbesitzern infolge gemeindlicher Leistungsbereitstellung zur Verfügung stehen[704].

Im Einzelnen umfasst die kommunale Infrastruktur folgende Segmente:
- Versorgung mit **Energie und Wasser** (Art. 57 Abs. 2 BayGO, § 2 Abs. 2 MVGO, § 44 Abs. 1 BW Wassergesetz, § 48 Abs. 1 RP Wassergesetz)[705] einschließlich der dazu benötigten Kraft- und Wasserwerke sowie der Versorgungsleitungen für Gas und Wasserstoff (§ 50 WHG).
- Errichtung, Unterhaltung, Um- und Ausbau von **Gemeindestraßen** entsprechend den Verkehrsbedürfnissen. Verkehrslenkung durch den Einsatz von Ampeln und Beschilderungen. Vorsorge gegen schädlichen Verkehrslärm und Feinstaub durch Verkehrsberuhigung und Verkehrsbeschränkungen.
- Entwicklung und Umsetzung von **Nahverkehrsplänen** im Rahmen der Regionalisierung des öffentlichen Personennahverkehrs (ÖPNV – § 8 PBefG, § 1 NWÖPNVG).
- Aufbau und Unterhaltung einer **Entsorgungsinfrastruktur** zur Realisierung des Kreislaufwirtschaftsrechts und eines Abwassermanagements (s. o. § 8 V).
- Vorhaltung einer **Bildungs- und Kulturinfrastruktur** (Kindertagesstätten, Schulen und Volkshochschulen, Museen, Theater – s. o. § 9).
- **Sicherheits- und Ordnungsinfrastruktur** (Brand- und Katastrophenschutz – s. u. § 14).
- Vorhaltung und Weiterentwicklung digitaler **Informations- und Kommunikationsinfrastrukturen** (Betrieb von Telekommunikationsleitungsnetzen einschließlich der dazu erforderlichen Dienstleistungen (Art. 26d HeVerf, § 107 Abs. 1 NWGO, § 1 Abs. 6 Nr. 8 BauGB)[706] auf dem Weg zu „*smart cities*". Sowohl im Bereich Telekommunikation als auch im Rahmen kommunaler Medienarbeit (Presse-, Öffentlichkeits- und Publikationstätigkeit) kann es zu Kollisionen mit privatwirtschaftlichen Aktivitäten kommen, weshalb der spezifische Orts- und Aufgabenbezug einzuhalten ist.

Beispiel: Eine Gemeinde gibt ein gratis verteiltes kommunales Amtsblatt heraus, das aus einem amtlichen und einem Anzeigenteil besteht. Hier kommt es darauf an, ob die Publikation die erforderliche kommunalpolitische Neutralität wahrt oder ob sie als funktionales Äquivalent einer privat verlegten Zeitung wirkt[707].

 Zwischenfrage: Nennen Sie einige typische kommunale Infrastruktursektoren!

2. Kommunale Verantwortung für kritische Infrastrukturen

Einige der genannten Infrastrukturbereiche zählen zu den sensiblen oder **Kritischen Infrastrukturen**.

> Das sind Organisationen, Einrichtungen und Dienste, deren Beeinträchtigung oder deren Ausfall empfindliche Störungen des öffentlichen Lebens oder Gefährdungen der öffentlichen Sicherheit nach sich ziehen können, weil sie von wesentlicher Bedeutung für das Zusammenleben und das Funktionieren des Gemeinwesens sind (§ 2 Abs. 10 S. 1 BSIG)[708].

---

704 *Stober*, in: Wolff/Bachof/Stober/Kluth, Verwaltungsrecht I, 14. Aufl. § 4 Rn. 17 ff.; *Stober/Korte*, Öffentliches Wirtschaftsrecht Allgemeiner Teil, 20. Aufl. § 26 Rn. 853.
705 BVerfGE 58, 45; *Reinhardt*, NVwZ 2023, 281.
706 BVerwG, NVwZ 2013, 304; *Nitsch/Weiss/Frey*, NVwZ 2020, 1642.
707 BGH, NJW 2019, 763 und dazu *Katz*, DÖV 2019, 261.
708 *Guckelberger*, DVBl 2019, 525, 530; S. ferner die Beiträge in Eisenmenger (Hg.), Der Schutz Kritischer Infrastrukturen, 2024.

Beispiele: § 12g EnWG; EU-Richtlinie zur Resilienz Kritischer Infrastrukturen, die durch das Gesetz zum Schutz Kritischer Infrastrukturen (KRITIS-Dachgesetz) umgesetzt werden soll.

Zwischenfrage: Definieren Sie den Begriff Kritische Infrastruktur!

II. Rechtsgrundlagen und Dimensionen des kommunalen Infrastrukturauftrages

Das Infrastrukturprinzip ist im Unionsrecht, im Grundgesetz und in den Landesverfassungen angelegt. Aus EU-Sicht erbringen die Gemeinden nach Art. 14 und Art. 106 Abs. 2 AEUV zur Sicherstellung der Infrastruktur **Dienstleistungen von allgemeinem wirtschaftlichem Interesse**. Sie sind unverzichtbarer Bestandteil des europäischen Gesellschafts-, Werte- und Verwaltungsmodells und gehören nach Art. 4 Abs. 2 EUV sowie Art. 36 EU GR Charta zur nationalen, von der Union geachteten Identität[709]. Allerdings besteht über die Grundkonzeption und die sachliche Abgrenzung dieser Dienstleistungen Streit, während das Ziel einer hochwertigen, sicheren und preisgünstigen **Funktionsgarantie** nicht in Frage gestellt wird[710].

Ferner sollen lokale Gebietskörperschaften allgemein an den Vorteilen partizipieren, die sich aus dem EU-Binnenmarkt ergeben. Diese Forderung betrifft insbesondere die **Teilhabe an transeuropäischen Netzen** in den Bereichen Verkehr, Telekommunikation und Energieinfrastruktur (Art. 26 und Art. 170 AEUV).

Das Grundgesetz befasst sich vornehmlich aus der finanzverfassungsrechtlichen Perspektive mit der infrastrukturellen Unterstützung der lokalen Ebene, indem es **Finanzhilfen für Investitionen** der Gemeinden und Gemeindeverbände zur Verfügung stellt (s. u. § 11 IV 4). Es setzt nicht voraus, dass Kommunen Infrastrukturen bereitstellen müssen, kann jedoch Rahmenbedingungen für eine infrastrukturelle Versorgung festlegen.

Beispiele: Art. 104b GG (Ausgleich unterschiedlicher Wirtschaftskraft). Art. 104c GG (Steigerung der Leistungsfähigkeit der kommunalen Bildungsinfrastruktur). Art. 104d GG (Förderung des sozialen Wohnungsbaus).

Auch das Landesverfassungsrecht erwähnt gelegentlich bestimmte gemeindliche Infrastrukturaufgaben.

Beispiele: Art. 83 BayVerf umschreibt die Aufgaben der Kommunen im eigenen Wirkungskreis. Ähnlich umfassend ist Art. 26d HeVerf formuliert. Danach erstreckt sich die kommunale Verantwortung auf die Förderung der „technischen, digitalen und sozialen Infrastruktur und von angemessenem Wohnraum" (s. ferner Art 3a BWVerf und Art. 14 Abs. 1 SHVerf).

Kommunalrechtlich verpflichten die Gemeinde- und Kreisordnungen übereinstimmend, das **Wohl der Einwohner** zu fördern. Diese allgemein gehaltene Formulierung gestattet kompetenzrechtlich eine flexible Anpassung an veränderte Bedürfnisse der Menschen in der Industrie-, Dienstleistungs-, Digital- und Klimaanpassungsgesellschaft

Die bisherigen Ausführungen belegen, dass das kommunale Infrastrukturprinzip mehrere Dimensionen hat:
- **organisationsrechtliche** (Öffentliche Einrichtungen – s. u. § 10 III und IV),
- **subjektivrechtliche** (Ansprüche der Menschen – s. u. § 10 IV 3) und
- **finanzrechtliche** (Geldleistungen – s. u. Abgabenprinzip § 11).

---

[709] NWOVG, GewArch 2023, 35; *Durner*, in: Kahl/Ludwigs (Hg.), Handbuch des Verwaltungsrechts I, 2021, § 21 Rn. 19 ff.

[710] *Voßkuhle*, VVDStRL 62, 2003, 268, 286 ff.; *Jung*, in: Callies/Ruffert (Hg.), EUV-AEUV-Kommentar, 4. Aufl. Art. 106 AEUV Rn. 36 ff.

III. Kommunale Leistungs- versus Gewährleistungsverwaltung

237 Die kommunale Infrastrukturverantwortung erfasst die Planung, Finanzierung, Herstellung, Unterhaltung und Weiterentwicklung der einschlägigen Einrichtungen (s. u. § 10 IV). Sie ist jedoch nicht mit einer Monopolisierung dieser Leistungen in kommunaler Hand im Sinne einer Vollzugs-, Erfüllungs- oder Produktionsverantwortung identisch. Stattdessen besteht die Alternative *„make or buy"*, weshalb zwischen Infrastrukturverwaltung als **Leistungsverwaltung** und **Gewährleistungsverwaltung** zu trennen ist. Aufgrund dieser Differenzierung können Infrastrukturleistungen durch private Wirtschaftssubjekte, durch **Kooperation** zwischen der Kommune und der Privatwirtschaft oder über eine parallele oder duale Aufgabenwahrnehmung erbracht werden[711].

> **Beispiele**: Duales Abfallwirtschaftssystem, für dessen Umsetzung nach § 22 KrWG private Dritte zur Erfüllung von Entsorgungsaufgaben beauftragt werden können. Abwasserbeseitigung nach dem Betreibermodell. Nebeneinander von kommunalen, kirchlichen und privaten Krankenhäusern. Freie und öffentliche Jugendhilfe (§§ 3 ff. SGB VIII). Öffentliche und private Kindertagesstätten und Schulen. Kommunale und kirchliche Friedhöfe. Leasingmodelle zum Bau und zur Finanzierung öffentlicher Einrichtungen und Verwaltungsgebäude. Konzessionsmodelle zur Vorhaltung des öffentlichen Personennahverkehrs (§ 8 und § 8 PBefG). Beauftragung Privater als Projektentwickler zur Vorbereitung und Durchführung städtebaulicher Maßnahmen (§ 167 BauGB). Einschaltung Dritter zu Beschleunigung von Bauleitplanverfahren (§ 46 BauGB).

Zwischenfrage: Wie unterscheidet sich die Leistungsverwaltung von der Gewährleistungsverwaltung?

Eine Leitlinie in diese Richtung enthält die **Privatisierungsprüfpflicht** des § 7 BHO. Sie hat jedoch im Kommunalrecht nur vereinzelt Niederschlag gefunden (Art. 61 Abs. 2 Bay GO, § 71 Abs. 1 Thür. KO)[712] und wird in der Praxis weitgehend ignoriert. Von der formellen Privatisierung im Sinne einer **Organisationsprivatisierung** ist die Frage zu trennen, ob Kommunen auch Verwaltungsaufgaben materiellrechtlich privatisieren dürfen. Das ist zulässig, wenn sie ihrer Gewährleistungsverantwortung über **Regulierungs-, Einwirkungs- und Kontrollpflichten** ausreichend nachkommen.

> **Beispiel**: Die Zulassung eines Schaustellers zu einem als öffentliche Einrichtung betriebenen Volksfest muss die Gemeinde selbst beschließen. Sie darf diese Entscheidung nicht einem privaten Dritten – wie etwa einem Schaustellerverband – überlassen.

Trotz der in jüngerer Zeit zunehmenden Tendenz einer **Rekommunalisierung** im Sektor Infrastruktur wird der Vorteil privatisierter Infrastrukturprojekte hauptsächlich in der kurz- und mittelfristigen Entlastung der öffentlichen Haushalte und der zeitlich schnelleren Realisierung gesehen, weil der zeitliche aufwendige Vorlauf kommunaler Bereitstellung entfällt[713].

IV. Kommunale öffentliche Einrichtungen

1. Begriff der kommunalen öffentlichen Einrichtung

238 Der beschriebenen Sorge um das Wohl der Ortsbevölkerung kommen die Gemeinden unter Anderem nach, indem sie **öffentliche Einrichtungen** schaffen und (Art. 21

---

711 *Stober/Korte*, Öffentliches Wirtschaftsrecht, 20. Aufl. Rn. 855 ff.
712 *Schliesky*, DÖV 1996, 109 ff.
713 Sachverständigenrat zur Begutachtung der wirtschaftlichen Entwicklung, Jahresgutachten 1991/1992, BT-Ds 12/1618, 222.

BayGO, § 10 Abs. 2 BWGO, § 8 NWGO) und diese der Allgemeinheit oder bestimmten Kreisen über eine **Widmung** zugänglich machen[714].

> Öffentliche Einrichtungen sind unterschiedlich strukturierte und zweckorientierte Betriebe, Unternehmen, Anstalten und andere Leistungsapparaturen, die der Daseinsvorsorge der Bevölkerung dienen[715].

Beispiele: Stadthalle, Kläranlage, Schwimmbad, Theater, Museum, Volkshochschule, Technologiehof, Obdachlosenunterkunft, Friedhof, IT-Anlagen[716].

Die Entscheidung über die Schaffung, Beibehaltung und Weiterentwicklung öffentlicher Einrichtungen steht im pflichtgemäßen **Ermessen der Gemeinde**[717], soweit nicht Pflichtaufgaben (s. o. § 3 IV 3) bestimmte organisatorische Vorkehrungen verlangen. Nach dem Wortlaut der Gemeindeordnungen soll sich die Gemeinde bei ihren Entscheidungen von zwei Kriterien leiten lassen (§ 10 Abs. 2 S. 1 und § 102 Abs. 1 Nr. 2 BWGO, § 8 Abs. 1 NWGO):
– Besteht ein **öffentliches Bedürfnis** für die Einrichtung?
– Bleibt die Einrichtung im Rahmen der **kommunalen Leistungsfähigkeit**?

Die Eigenschaft einer öffentlichen Einrichtung entsteht durch eine **Widmung**, die den Nutzungszweck sowie die Nutzungsgrenzen festlegt. Sie beruht grundsätzlich auf einem Beschluss des Gemeinderates, da es sich auch wegen des damit verbundenen Einwohneranspruchs (s. u. § 10 IV 3) um eine grundlegende Entscheidung und nicht um ein Geschäft der laufenden Verwaltung handelt (s. o. § 3 VIII 5 b). Es steht der Gemeindevertretung frei, in welcher Form sie die Widmung der Einrichtung vornimmt.

Beispiele: Erlass einer Satzung oder Benutzungsordnung, Ratsbeschluss, dinglicher Verwaltungsakt (§ 35 S. 2 VwVfG).

Fehlt es an einer ausdrücklichen Widmung, wird teilweise angenommen, eine **tatsächliche Indienststellung** sei kompetenzwidrig[718] und damit unwirksam[719]. Im Gegensatz dazu geht die Rechtsprechung grundsätzlich davon aus, eine konkludente Widmung sei dem Gemeinderat zuzurechnen. Insoweit spreche die **Vermutung** dafür, dass er die faktische, von der Öffentlichkeit genutzte Einrichtung schweigend billige[720]. Diese Ansicht ignoriert die Rolle der Gemeindevertretung als Souverän und sie trägt zur Rechtsunsicherheit bei, weil der Rückgriff auf Fakten und Vermutungen unscharf ist[721].

Unabhängig davon muss sich aus der Entscheidung der Gemeindevertretung ergeben, ob die Einrichtung einem bestimmten öffentlichen Zweck gewidmet sein soll.

Beispiele: Die Oberammergauer Passionsspiele sind keine öffentliche Einrichtung, weil sie nicht zu dem Zweck durchgeführt werden, dem einzelnen Mitbürger die Mitwirkung zu ermöglichen, sondern um mit der Gesamtheit der Bürger das Gelübde von 1633 zu erfüllen[722]. Kommunale Volksfeste sind öffentliche Einrichtungen[723]. Festplätze können auch für auswärtige Veranstalter gewidmet sein[724].

---

714 BayVGH, BayVBl 1969, 102; BWVGH, NVwZ-RR 1989, 267.
715 NWOVG, DVBl 1976, 398, GewArch 2023, 35 und GewArch 2024, 406.
716 NWOVG, DVBl 2015, 1467.59.
717 BremOVG, NVwZ-RR 2023, 159; BayVGH, DVBl 2023, 1233.
718 BVerwG, NVwZ 2018, 73.
719 *Hettich*, NVwZ 2023, 1689.
720 RPOVG, NVwZ 1982, 379; NWOVG, NVwZ-RR 2000, 535, BayVGH, NVwZ-RR 2003, 771 und NJW 2012, 1095.
721 *Hettich*, NVwZ, 2023, 1689.
722 BayVGH, NJW 1991, 1498.
723 BayVGH, NVwZ-RR 1988, 71.
724 BWVGH, NVwZ-RR 1989, 268.

2. Rechts- und Organisationsformen öffentlicher Einrichtungen

239 **a. Grundsatz der Wahlfreiheit.** Kraft ihrer **Organisationshoheit** (s. o. § 4 VIII) können die Kommunen grundsätzlich frei über die öffentlich-rechtliche oder privatrechtliche Organisationsform und die Ausgestaltung des Benutzungsverhältnisses[725] entscheiden (s. o. § 9 III). Allerdings ist die Verwendung privatrechtlicher Konstellationen an die Erfüllung bestimmter Voraussetzungen gebunden, die einen Formenmissbrauch verhindern sollen. So verlangen die Gemeindeordnungen unter Anderem (s. etwa §§ 103 bis 105 BWGO, § 108 Abs. 1 NWGO)

- das Vorliegen eines **wichtigen Interesses**,
- die Wahl einer Rechtsform, welche eine **Haftungsbeschränkung** der Gemeinde vorsieht und
- eine angemessene, rechtlich abgesicherte **Einflussnahme auf die Einrichtung.**

Viele öffentliche Einrichtungen sind rechtlich unselbstständig. Sie werden im Rahmen der allgemeinen Verwaltung oder als **Regiebetrieb** innerhalb der Gemeindeorganisation geführt.

Beispiele: Sport- und Parkanlagen, Friedhöfe.

240 **b. Anstalten.** Teilweise agieren diese unselbstständigen Erscheinungsformen als **nichtrechtsfähige Anstalten**. Einerseits unterscheiden sie sich im Außenverhältnis nicht von ihrer Trägergemeinde. Andererseits können sie im Innenverhältnis über einen wirtschaftlichen Spielraum verfügen, sofern sie einen eigenen Etat nach einem Wirtschaftsplan durch anstaltseigenes Personal verwalten.

Beispiel: Musikschulen[726].

Typische Organisationseinheit für kommunale Einrichtungen ist die **rechtsfähige Anstalt** (s. u. § 12 IX 2), die teilweise auch als selbstständige **Kommunalanstalt** bezeichnet wird (§ 102a BWGO). Bei dieser Option handelt es sich um eine juristische Person des öffentlichen Rechts, die gegenüber den Benutzern Zurechnungs-, Zuordnungs-, Vermögens- und Haftungsobjekt ist und unter eigenem Namen im Rechtsverkehr auftreten kann. Dieser Status gestattet den Gemeinden die Zwecksetzung der Anstalt zu bestimmen, die Anstaltsorgane zu bestellen und das Handeln der Geschäftsführung zu beeinflussen. Diese Organisationsvariante zeichnet sich durch eine hohe Flexibilität aus, weil sie den Kommunen zahlreiche Wahlmöglichkeiten einräumt.

Beispiele: Kommunale Sparkassen. Eine Gemeinde kann bestehende Eigenbetriebe, unselbstständige Organisationseinheiten sowie Kapitalgesellschaften durch Ausgliederung und Formenwechsel in selbstständige Kommunalanstalten umwandeln, um die sich daraus ergebenden Gestaltungsvorteile zu nutzen (§ 102a Abs. 1 und § 102c Abs. 1 BWGO, § 114a NWGO).

241 **c. Kapitalgesellschaften und kommunale Erfüllungsgehilfen.** Als **Kapitalgesellschaften** organisierte öffentliche Einrichtungen kommen in der kommunalen Praxis hauptsächlich als **Aktiengesellschaft** oder **GmbH** vor. Für die Entscheidung für die Rechtsformen sprechen die kaufmännische Beweglichkeit und die gegenüber öffentlich-rechtlichen Organisationsformen erweiterten Entscheidungsspielräume in der Unternehmensführung und der Personalpolitik (s. u. § 12 IX 3).

Beispiele: Verkehrsbetriebe, Stadtwerke, Parkhausbetriebe, Wohnbaugesellschaften, Stadthallen[727].

---

725 BVerwG, NJW 1990, 134; SächsOVG, DVBl 1997,507; A. A. SHOVG, NVwZ-RR 1997, 47.
726 NWOVG, NVwZ 1995, 814.
727 BVerwG, NJW 1990, 134.

Darüber hinaus sind Kommunen befugt, Privatrechtssubjekte als **kommunale Erfüllungsgehilfen** einzusetzen[728]. Sie werden in den einschlägigen Gesetzen häufig als „Dritte" bezeichnet, die **Verwaltungshilfe** leisten. Sie bezweckt eine Erweiterung verwaltungsrechtlicher Organisationsoptionen im Sinne einer entlastenden Eingliederung Privater in das behördliche Tätigkeits- und Verantwortungsspektrum[729].

> **Beispiele**: Programmierung und Überwachung von Verkehrsampelanlagen durch private Unternehmer. Hundebestandsaufnahmen. Abwasserbeseitigung durch Private nach § 56 WHG und § 101 Abs. 5 SHGO. Beauftragung privater Abfallwirtschaftsunternehmen nach § 22 KrWG und § 35 Verpackungsgesetz. Einbindung in die Parkraumüberwachung. Einschaltung Dritter zur Vorbereitung von Bauleitplanverfahren (§ 4b und § 46 BauGB).

Die Besonderheit bei der Einbeziehung Dritter ist, dass die Gemeinde Aufgabenträger bleibt und die erforderlichen Abgaben erhebt. Rechtsbeziehungen bestehen nur zwischen der Kommune und dem Betreiber der Einrichtung, dessen Leistungen die Gemeinde vergütet. Die Einschaltung kommunaler Erfüllungsgehilfen setzt zur Absicherung von Nutzungsansprüchen der Einwohner voraus, dass die Gemeinde ausreichend Einfluss auf das zwischengeschaltete Unternehmen hat. Sie besitzt eine **Einwirkungspflicht**, der sie durch Abschluss eines entsprechenden privatrechtlichen Vertrages mit dem Dritten genügt[730].

Zwischenfrage: Beschreiben Sie die Rolle kommunaler Erfüllungsgehilfen und nennen Sie einige Beispiele!

3. Die Rechtsstellung der Benutzer öffentlicher Einrichtungen

a. Lastentragungspflicht. Die Errichtung und Unterhaltung öffentlicher Einrichtungen kostet Geld. Deshalb sind alle Einwohner verpflichtet, die Lasten zu tragen, die durch die Bereitstellung öffentlicher Einrichtungen entstehen (Art. 21 Abs. 1 S. 2 BayGO, § 10 Abs. 2 S. 3 BWGO, § 8 Abs. 2 NWGO). Dabei handelt es sich vornehmlich um **Abgabenlasten** in Gestalt von Steuern, Gebühren und Beiträgen (s. u. § 11). Der Lastenbegriff beschränkt sich jedoch nicht auf die fiskalische Seite. Er kann im Ausnahmefall auch als persönlichen **Indienstnahme** vorkommen. Allerdings wird von diesem Rechtsinstitut nur ausnahmsweise in Notsituationen Gebrauch gemacht.

> **Beispiel**: Feuerwehrdienstpflicht[731].

b. Informations- und Beratungsrechte. In einer Dienstleistungs- und Informationsgesellschaft können Einwohner das breite Spektrum kommunaler Leistungen nur ausschöpfen, wenn sie über die vorhandenen Angebote umfassend informiert sind. Deshalb sind die Kommunen im Rahmen ihrer Informationsverantwortung verpflichtet, die Serviceaufgabe Information und Beratung der Gemeindeangehörigen sicherzustellen (s. o. § 7 II 2).

> **Beispiele**: Bürgerberatungsstellen, Sozialberatungsstellen (§ 17 SGB VIII), Umweltberatungsstellen (§ 40 KrWG).

c. Zulassungs- und Benutzungsrechte. – aa. Zulassungsanspruch. Mit der Widmung der öffentlichen Einrichtung und der Lastentragungspflicht korrespondiert das **Recht der Einwohner** (s. o. § 5 I 2) **auf Zulassung** zur jeweiligen öffentlichen Einrichtung (§ 10 Abs. 2 S. 2 BWGO, § 8 Abs. 2 NWGO)[732]. Es wird in kommunalen Satzungen oder allgemeinen Nutzungsbedingungen näher ausgestaltet, die auch einen Widerruf des An-

---

728 BGH, NVVBl 1988, 213.
729 S. *Stober*, in Wolff/Bachof/Stober/Kluth, Verwaltungsrecht II, 8. Aufl. § 91 Rn. 6 ff.
730 BVerwG, NJW 1990, 135.
731 BVerfGE 92, 91.
732 *Schoch*, NVwZ 2016, 257.

spruchs bei Nichtbeachtung der Nutzungsvoraussetzungen vorsehen können[733]. Das Zulassungsrecht, verstanden als subjektiver Nutzungsanspruch, gilt nicht nur für Einwohner. Daneben können sich alle **Grundbesitzer** und **Unternehmen** unabhängig davon darauf berufen, ob sie in der Gemeinde ansässig sind. Dasselbe gilt für **juristische Personen** und **Personenvereinigungen**. Diese Einbeziehung trägt dem Gedanken Rechnung, dass der angeführte Nutzerkreis über die Kriterien Eigentum und Beruf einen sachlichen Anknüpfungspunkt mit der konkreten Gemeinde aufweist und die Gemeindelasten mitträgt.

Hingegen können **Ortsfremde** nicht die privilegierend wirkende Einwohnerklausel geltend machen, es sei denn, der Anwendungsbereich wird ausdrücklich angeordnet (§ 12 Abs. 1 BbgKVerf). Im Übrigen wird der Rechtsstatus dieser Personengruppe in den Kommunalordnungen nicht angesprochen, obwohl ihr im Gemeindealltag große praktische Bedeutung zukommt. Denn die Bevölkerung ignoriert territorial vorgegebene Grenzen und nutzt Einrichtungen in den Orten, die für sie vorteilhaft sind.

> **Beispiele**: Einwohner von Umlandgemeinden benutzen städtische Einrichtungen und Großstadteinwohner nehmen die Vorteile von Einrichtungen der benachbarten Landgemeinden wahr, obwohl weder kommunalrechtliche Ansprüche bestehen noch kostendeckende Gebühren erhoben werden.

In diesem Zusammenhang ist unklar, ob Gemeinden Einheimische mit dem Argument privilegieren dürfen, dass sie ihre knappen Ressourcen auf ihre Einwohner beschränken. Das ist zu bejahen, weil damit ein Ausgleich für besondere Belastungen möglich ist und Auswärtige einen zusätzlichen sachlichen und personellen Aufwand verursachen.

> **Beispiel**: Unterschiedliche Eintrittspreise für die Benutzung eines Schwimmbades für Einwohner und auswärtige Besucher[734].

Etwas anderes gilt, wenn öffentliche Einrichtungen durch gemeindeübergreifende Finanzzuweisungen gefördert werden oder einzelne Gemeinden zentralörtliche Versorgungsfunktionen wahrnehmen.

Ortsfremde haben einen **Anspruch auf ermessensfehlerfreie Entscheidung** der Gemeindeverwaltung. Sie hat den Grundsatz der Gleichbehandlung und der Berufsfreiheit der Zulassungsbewerber zu beachten und muss die Vergabegrundsätze sowie die Vergabepraxis berücksichtigen (s. u. § 15)[735].

> **Beispiele**: Eine Gemeinde darf einem reisenden Zirkusunternehmen, das über eine Erlaubnis nach § 11 Abs. 1 S. 1 Tierschutzgesetz verfügt, die Überlassung kommunaler Flächen nicht aus tierschutzrechtlichen Gründen versagen[736]. Auswärtige Zirkusbetriebe können sich auf Art. 12 Abs. 1 GG berufen, der durch einen schlichten Gemeinderatsbeschluss nicht ausgehebelt werden darf[737].

Teilweise ergeben sich Zulassungsansprüche gegenüber Gemeinden aus im gesamtstaatlichen Interesse erlassenen bundesrechtlichen Vorgaben

> **Beispiele**: § 70 GewO für die Zulassung zu Messen, Ausstellungen und Märkten. Art. 21 GG i. V. m. § 5 Parteiengesetz für die Zurverfügungstellung von Räumen für Parteiveranstaltungen im Interesse der chancengleichen Behandlung[738]. § 24 Abs. 2 SGB VIII für den Anspruch auf Kinderbetreuung in Tageseinrichtungen, der sich mit Rücksicht auf das Wunsch- und Wahlrecht nach § 5 SGB VIII auf das Recht zum Besuch einer bestimmten Einrichtung verdichten kann[739]. § 17 EnWG für das

---

733 BayVGH, NVwZ-RR 2018, 705 ff.
734 BVerfG, NJW 2016, 3153. S. auch BVerwG, DVBl 1997, 1062.
735 BVerwGE 39, 235; BWVGH, BWVBl 1996, 101.
736 NdsOVG, NVwZ 2017, 728.
737 BayVGH, DVBl 2023, 1233.
738 BVerwG, NVwZ 2019, 537; NdsOVG, NVwZ-RR 2022, 697.
739 NdsOVG, NJW 2020, 3264.

Recht auf Netzanschluss gegenüber einem kommunalen Betreiber von Energieversorgungsnetzen.

Die Zulassung zur Benutzung einer öffentlichen Einrichtung erfolgt regelmäßig durch den Erlass eines Verwaltungsaktes oder eine andere Maßnahme der Gemeindeverwaltung[740]. Aus dieser Verfahrensweise folgt, dass der Rechtsanspruch nicht unmittelbar auf Benutzung, sondern nur auf **Zulassung zur Benutzung** der öffentlichen Einrichtung gerichtet ist. Unklarheit besteht darüber, an wen der Zulassungsanspruch bei einer Organisationsprivatisierung (s. u. § 10 III und 12 IX 3) zu adressieren ist[741]. Insbesondere wird diskutiert, ob ein Verschaffungsanspruch gegenüber der Gemeinde besteht[742]. Das ist wegen der Letztverantwortung der Kommunen für ihre öffentlichen Einrichtungen zu bejahen.

Das subjektive Recht auf Zulassung zu einer kommunalen Einrichtung ist nur im Rahmen des **Widmungszwecks** gewährleistet. Anträgen auf eine den Widmungszweck übersteigende besondere Nutzung kann die Gemeinde im Rahmen einer Ermessensentscheidung stattgegeben[743].

Beispiel: Soweit eine Turnhalle dem Schulsport dient, ist sie nicht zugleich als Gemeinschaftsunterkunft für politische Parteien gewidmet. Die Überlassung kann insbesondere abgelehnt werden, wenn die Benutzung der Turnhalle für Parteizwecke bislang stets abgelehnt wurde[744].

Im Einzelfall kann die Beschränkung des Widmungszwecks unzulässig sein. Das ist insbesondere der Fall, wenn die Gemeinde Grundrechte missachtet.

Beispiele: Der Ausschluss der Überlassung einer öffentlichen Einrichtung für Nutzer, die sich nur mit einem bestimmten Thema befassen, verstößt gegen die Meinungsfreiheit[745]. Stellt eine Gemeinde eine öffentliche Einrichtung für die Durchführung bestimmter Veranstaltungen zur Verfügung, besteht ein Anspruch auf Gleichbehandlung unter Berücksichtigung der Selbstbindung der Verwaltung[746].

bb. Zulassungsgrenzen. Außer der Beschränkung durch den festgelegten Widmungszweck gibt es weitere Zulassungsgrenzen. Die wichtigste ist die **Kapazität der öffentlichen Einrichtung**[747]. Ist sie erschöpft, dann entfällt der Zulassungsanspruch, es sei denn, dass dieses Argument aus gesetzlichen Gründen nicht greift.

Beispiel: Der Anspruch auf einen Platz in einer Tageseinrichtung für Kinder nach § 24 Abs. 2 SGB VIII steht nicht unter einem Kapazitätsvorbehalt[748]. Daraus folgt, dass die Kommunen die notwendigen Kapazitäten vorhalten müssen.

Da Angebot und Nachfrage bei öffentlichen Einrichtungen häufig auseinanderfallen, kommt es darauf an, dass die **Zulassungs- und Auswahlentscheidung** sachgerecht und wertneutral erfolgt. Das setzt voraus, dass sie unter Berücksichtigung der Grundrechte der Betroffenen (Chancengleichheit und Wettbewerbsoffenheit – s. u. § 15) transparent und nachvollziehbar ist[749]. Insofern stehen unterschiedliche Auswahlmaßstäbe zur Verfügung, die auch miteinander kombinierbar sind[750].

---

740 *Schoch*, NVwZ 2016, 25.
741 RPOVG, DÖV 1986, 153.
742 BVerwG, NJW 1990, 134.
743 S. zu den Grenzen HeVGH, NJW 1987, 145.
744 BWVGH, DÖV 1989, 30; BayVGH, JuS 2012, 383.
745 BVerwG, DVBl 2022, 974.
746 NWOVG, NVwZ-RR 2023, 774; BremOVG, NVwZ-RR 2023, 159.
747 BayVGH, DÖV 2003, 819.
748 SächsOVG, NJW 2017, 3014.
749 NWOVG, NVwZ-RR 2017, 690.
750 *Röhl*, in Schoch (Hg.), Besonderes Verwaltungsrecht, 2018, 389.

Beispiele: Priorität, Los⁷⁵¹, Bekannt- und Bewährtheit⁷⁵², Neuartigkeit, Ausgewogenheit, Attraktivität. Ein Burkiniverbot in einer Badeordnung verstößt gegen Art. 3 Abs. 1 GG, wenn gleichzeitig das Tragen von Neoprenanzügen gestattet ist⁷⁵³.

Konkurrenzschutz darf wegen der Neutralitätspflicht der Gemeinden bei Auswahlentscheidung keine Rolle spielen. Unabhängig davon ist die Kommune als Veranstalter zu einer **optimalen Mangelverwaltung** verpflichtet.

Beispiel: Das Auswahlmerkmal „Bekannt und Bewährt" darf nicht zu einer Neubewerbersperre führen.

 Zwischenfrage: Benennen Sie einige rechtlich zulässige Auswahlkriterien!

246 **cc. Ausgestaltung des Nutzungsverhältnisses.** Der kommunalrechtliche Zulassungsanspruch ist bei Anwendung der **neueren Subjektstheorie** öffentlich-rechtlicher Natur⁷⁵⁴. Allerdings besteht die Nutzung öffentlicher Einrichtungen aus zwei Teilen, die wegen des kommunalen Wahlrechts hinsichtlich des Rechtsregimes unterschiedlich qualifiziert werden können. Denn das Nutzungsverhältnis kann sowohl öffentlich-rechtlich als auch privatrechtlich ausgestaltet sein. Fehlt es an eindeutigen Indizien besteht eine widerlegbare Vermutung, dass es sich um einen öffentlich-rechtlichen Akt handelt⁷⁵⁵.

Beispiele: Indizien sind Allgemeine Geschäftsbedingungen oder Satzung, Entgelt oder Gebührenerhebung.

Entscheidet sich die Gemeinde für eine privatrechtliche Nutzungsform, sind wegen des öffentlich-rechtlichen Zulassungsanspruchs unterschiedliche Rechtswege zu beschreiten und verschiedene Haftungsregeln zu beachten (s. o. § 4 XVII). Deshalb wird an Stelle der kritisierten **Zweistufentheorie**⁷⁵⁶ vorgeschlagen, ein einheitliches öffentlich-rechtliches Rechtsverhältnis zugrunde zu legen. Dieses einleuchtende Konzept orientiert sich aber zu wenig an der kommunalen Praxis, die das Einheitsmodell ignoriert⁷⁵⁷. Die Entscheidung der Kommune für ein privatrechtliches Nutzungsverhältnis gestattet keine freie privatautonome Gestaltung der Leistungsbeziehungen⁷⁵⁸. Vielmehr gilt **Verwaltungsprivatrecht**, das als mit öffentlich-rechtlichen Bindungen modifiziertes Privatrecht charakterisiert werden kann.

dd. Schaubild: Anspruchsvoraussetzungen

247 Ein Rechtsanspruch auf Zulassung zu einer öffentlichen Einrichtung besteht, wenn folgende Voraussetzungen erfüllt sind:
A. Formelle Voraussetzungen
  I. Antrag auf Zulassung
  II. Fristeinhaltung
B. Materielle Voraussetzungen
  I. Vorliegen einer öffentlichen Einrichtung
  II. Vorliegen der persönlichen Anspruchsvoraussetzungen
  III. Nutzung im Rahmen der Widmung
  IV. Keine Ausschlussgründe (Kapazität)

---

751 BVerwG, NVwZ 2006, 786.
752 BayVGH, GewArch 2004, 24.
753 RPOVG, NVwZ 2020, 170.
754 S. näher Wolff/Bachof/Stober/Kluth, Verwaltungsrecht I, 14. Aufl. § 22 III 3.
755 BWVGH, NVwZ 1987, 701.
756 S. näher Wolff/Bachof/Stober/Kluth, Verwaltungsrecht I, 14. Aufl. § 22 III 4 d.
757 Kritisch ebenfalls *Axer*, NVwZ 1996, 114.
758 BWVGH, DÖV 1978, 569.

d. Anschluss- und Benutzungszwang. – aa. Anschlusspflicht. Nach den übereinstimmenden Vorschriften sämtlicher Kommunalordnungen dürfen Gemeinden und Kreise die Benutzung bestimmter öffentlicher Einrichtungen anordnen (**Benutzungszwang**) und bestimmen, dass die Grundstücke ihres Hoheitsgebietes an die vorhandenen Infrastrukturanlagen anzuschließen sind (**Anschlusszwang** – Art. 24 Abs. 1 Nr 1–3 BayGO, § 11 Abs. 1 BWGO, § 13 NKomVG, § 9 NWGO, § 14 SächsGO). Diese Monopolisierung hat zur Folge, dass die Betroffenen die dabei entstehenden Kosten zu zahlen haben (**Lastentragungspflicht** – s. o. § 10 IV 3 a).

Die Gemeinde- und Kreisordnungen benennen die pflichtigen Einrichtungen teilweise katalogartig und formulieren ergänzend, dass auch für

„ähnliche der Volksgesundheit, dem öffentlichen Wohl oder dem Schutz der natürlichen Lebensgrundlagen"

dienende Einrichtungen ein Anschluss- und Benutzungszwang auferlegt werden kann. Der Rückgriff auf diese Generalklauseln stellt sicher, dass dieses Rechtsinstitut dynamisch bleibt und einer Fortschreibung bei neu auftretenden Bedürfnissen nicht im Wege steht. Gleichzeitig bilden die genannten Kriterien die rechtliche Grenze für die Festlegung von Infrastruktur-Pflichten für die Gemeindeangehörigen sowie die Grundstücksbesitzer und Unternehmen.

> Der **Volksgesundheit** dienen Einrichtungen zur Erhaltung der körperlichen Unversehrtheit und der Vermeidung von Krankheiten.
> Dem **öffentlichen Wohl** dienen Einrichtungen, die zur Grundversorgung der Ortsbevölkerung im Rahmen der Daseins- und Zukunftsvorsorge geschaffen werden.
> Dem **Schutz der natürlichen Lebensgrundlagen** dienen Einrichtungen des Umwelt- und Klimaschutzes.

Beispiele: § 11 Abs. 1 S. 1 BWGO, § 9 Abs. 1 S. 1 NWGO, § 13 NKomVG (Wasserversorgung, Abwasserbeseitigung, Straßenreinigung), § 109 GEG (Fernwärme- oder Fernkälteversorgung)[759].

Diese aufgabenbezogene Ausrichtung stellt klar, dass ausschließlich fiskalische Interessen nicht ausreichen[760].

bb. Zur Grundrechtsbetroffenheit der Anschlusspflichtigen. Da Anschluss- und Benutzungspflichten in die Freiheitsrechte der Betroffenen eingreifen, gilt der Grundsatz des Gesetzesvorbehaltes (s. o. § 4 XIX 1), hier in Form eines **Satzungsvorbehaltes** (s. o. § 4 XII). Darüber hinaus werden die Anschlusspflichtigen in ihrem Eigentumsrecht verletzt, soweit vorhandene eigene Einrichtungen nicht weiter genutzt werden dürfen. Zutreffend weist die Rechtsprechung darauf hin, dass es sich hierbei lediglich um eine hinzunehmende Konkretisierung der dem Eigentum innewohnenden **Sozial- und Umweltpflichtigkeit** handelt[761]. Diese Aussage entbindet die Gemeinden jedoch nicht von der Suche nach alternativen grundrechtsschonenderen Versorgungsmodellen.

Beispiele: § 107 GEG gestattet schriftliche Vereinbarungen zwischen Eigentümern und Bauherrn, die für ein bestimmtes Quartier eine gemeinsame Wärme- und Kälteversorgung errichten und betreiben wollen. Die Duldung elektronischer Funkwasserzähler dient dem Schutz der Trinkwasserhygiene[762].

---

759 BVerwG, NVwZ 2017, 61 zu dem inzwischen aufgehobenen § 16 EEWärmegesetz.
760 BVerwG, NVwZ 1986, 754.
761 BGHZ 40, 355, 361; BVerwG, NVwZ-RR 1990, 96.
762 BayVerfGH, NVwZ 2022, 17.

Zur Vermeidung individueller Härten und zur Berücksichtigung besonderer lokaler Gegebenheiten kann die Satzung **Ausnahmen vom Anschluss- und Benutzungszwang** vorsehen.

> **Beispiele:** Eine Gemeinde kann den Zwang auf bestimmte Teile des Gemeindegebietes oder auf bestimmte Gruppen von Grundstücken, Gewerbebetrieben oder Personen beschränken (§ 11 Abs. 2 BWGO). Befreiung vom Benutzungszwang, um eine angemessene Amortisation der Aufwendungen für eine private Wasserversorgungsanlage zu ermöglichen[763].

Allerdings muss eine Gemeinde einem **Befreiungsbegehren** nicht entsprechen, wenn wegen zu erwartender Folgeanträge eine funktionsfähige Fortführung der Einrichtung zu erträglichen Preisen nicht mehr möglich ist[764].

250 cc. Kein Anspruch auf Schaffung oder Fortführung öffentlicher Einrichtungen. Fraglich ist, ob sich Gemeindeangehörige und ortsansässige Unternehmen neben den erwähnten Ansprüchen auf Zulassung und Benutzung auch auf ein individuelles Recht auf **Schaffung, Beibehaltung und Erweiterung** berufen können. Das ist jedenfalls für den Bereich der **freiwilligen Kommunalaufgaben** (s. o. § 4 IV 3) zu verneinen[765]. Zum einen erwächst dem einzelnen Menschen oder Gewerbetreibenden aus der Bereitstellungspflicht der Gemeinde nicht automatisch eine entsprechende subjektive Rechtsposition auf Gründung oder Weiterbetrieb[766]. Zum anderen sprechen der Wortlaut und der Zweck des Art. 28 Abs. 2 GG nur von einem Recht, nicht aber von einer Verpflichtung zur Erledigung freiwilliger Aufgaben[767]. Und schließlich würden Einwohneransprüche den demokratisch legitimierten haushalts- und organisationsrechtlichen Handlungs- sowie Entscheidungsspielraum der Gemeinden massiv einschränken.

> **Beispiele:** Kein Anspruch auf den Betrieb einer öffentlichen Toilettenanlage[768]. Kein Anspruch, dass ein Markt fortgeführt[769] oder zu einem bestimmten Termin stattfindet[770].

Eine neue Bewertung von Anschluss- und Benutzungspflichten ergibt sich aus der Tatsache, dass in jüngerer Zeit bislang von Gemeinden erbrachte Infrastrukturleistungen teilweise privatisiert wurden, weshalb existierende kommunalrechtliche Ansprüche automatisch entfallen sind. Um die Versorgung gleichwohl zu gewährleisten haben die Gesetzgeber den Einwohnern in ihrer Eigenschaft als Verbraucher Ersatzrechte gegenüber privaten Infrastrukturunternehmen eingeräumt.

> **Beispiele:** Allgemeine Anschlusspflicht nach § 18 EnWG. Grundversorgungspflicht nach § 36 EnWG. Personenbeförderungspflicht nach § 22 PBefG.

4. Rechtsschutz

251 a. Verwaltungsrechtsweg. Zwischen Gemeinden und Anschluss- sowie Benutzungsberechtigten und Verpflichteten entstehen in der Praxis häufig Streitigkeiten. Die Kommunalgesetze enthalten hinsichtlich des Rechtsschutzes keine Regelungen. Im Mittelpunkt steht stets die Frage, ob ein öffentlich-rechtliches Rechtsverhältnis vorliegt, für das der Verwaltungsrechtsweg eröffnet ist. Hier ist zu differenzieren.

Der **Anspruch auf Zulassung** zur Benutzung einer öffentlichen Einrichtung, die Frage des „Ob", ist selbst dann öffentlich-rechtlich zu qualifizieren, wenn das Benutzungsver-

---

763 BayVGH, DVBl 2017, 265.
764 BVerwG, NVwZ 1986, 754; BWVGH, NVwZ-RR 1990, 239; RPOVG, NVwZ-RR 1996, 193.
765 BVerwG, NVwZ 2024, 1572.
766 BWVGH, NVwZ-RR 1990, 502; RPOVG, NVwZ-RR 1993, 318.
767 BVerwG, GewArch 2024, 491 ff.
768 NWOVG, NJW 2018, 1991.
769 BVerwG, NVwZ 2024, 1572.
770 BayVGH, GewArch 2003, 121.

IV. Kommunale öffentliche Einrichtung

hältnis, die Frage des „Wie", privatrechtlich geregelt ist[771]. Denn das Zulassungsrecht ist Bestandteil der Gemeindeordnungen und verpflichtet ausschließlich die Kommunalverwaltung als Träger öffentlicher Gewalt. Daher muss die Zulassung zur Nutzung einer kommunalen Einrichtung nach § 40 Abs. 1 VwGO vor einem **Verwaltungsgericht** erstritten werden[772]. Diese Zuordnung gilt ferner für alle die Zulassung beschränkenden und ausschließenden Verwaltungsmaßnahmen.

Beispiele: Hausverbot. Art. 21 Abs. 1 GG i. V. m. § 5 Parteiengesetz für die Versagung der Nutzung für eine Partei[773].

Hinsichtlich der **Nutzungsrechte** hängt der Rechtsweg von der jeweiligen **Ausgestaltung des Benutzungsverhältnisses** ab, die durch Auslegung der entsprechenden Vorschriften zu ermitteln ist.

Beispiel: Die Nutzung eines gemeindlichen Holzlagerplatzes zu privaten Zwecken auf der Grundlage eines „Pachtvertrages" ist zivilrechtlicher Natur[774].

Erfolgt die Benutzung der Einrichtung auf der Grundlage einer kommunalen Satzung, dann ist der Verwaltungsrechtsweg eröffnet. Im Übrigen wird der öffentlich-rechtliche Charakter des Nutzungsverhältnisses vermutet.
Die prozessrechtliche Einordnung von Anschluss- und Benutzungspflichten ist unproblematisch, da es sich hier um eine Erscheinungsform kommunalrechtlicher Eingriffsverwaltung handelt.

b. Klageart und Klagebefugnis. Als Klageart kommt die **Verpflichtungsklage** in Betracht, wenn für die Zulassung zu einer öffentlichen Einrichtung ein besonderer **Zulassungsverwaltungsakt** erforderlich ist. Die allgemeine **Leistungsklage** ist einschlägig, wenn die Benutzung ohne besonderen Zulassungsakt gewährt wird[775]. Hingegen ist die Anfechtungsklage die richtige Klageart, wenn sich der Betroffene gegen einen durch Verwaltungsakt begründeten Anschluss- und Benutzungszwang wehrt oder die Aufhebung eines Ausschlusses von einer öffentlichen Einrichtung begehrt[776]. Eine **Unterlassungsklage** kommt in Betracht, wenn sich Nachbarn oder andere Personen durch den Betrieb einer kommunalen Einrichtung beeinträchtigt fühlen[777].
Die **Klagebefugnis** ist zu bejahen, wenn geltend gemacht wird, dass das Recht auf Zulassung und Benutzung der öffentlichen Einrichtung möglicherweise beeinträchtigt ist oder der Anschluss- und Benutzungszwang subjektive Rechte verletzt.
Eine Klage ist begründet, wenn ein Anspruch auf Zulassung und Benutzung besteht oder die Anordnung des Anschluss- und Benutzungszwangs rechtswidrig ist. In diesem Zusammenhang kann das Gericht uneingeschränkt prüfen, ob ein öffentliches Bedürfnis für einen Anschluss- und Benutzungszwang vorliegt, da den Kommunen insoweit kein Beurteilungsspielraum zusteht[778].

Zwischenfrage: Unter welchen Voraussetzungen ist eine verwaltungsrechtliche Klage auf Zulassung zu einer öffentlichen Einrichtung zulässig?

Lösung des Praxisfalls:
Es ist fraglich, ob die Auflösung des Großmarktes als öffentliche Einrichtung der Stadt S rechtmäßig ist. In Betracht kommt ein Verstoß gegen Art. 28 Abs. 2 GG, der

---
771 Wolff/Bachof/Stober/Kluth, Verwaltungsrecht I, 14. Aufl. § 22 III; NdsOVG, DVBl 2023, 106.
772 BayVGH, NVwZ 1995, 812.
773 BVerwG, NJW 1990, 134; NWOVG, NVwZ 1995, 814.
774 AG Weißenburg, GewArch 2019, 395.
775 BayVGH, NVwZ 1995, 812.
776 NWOVG, NVwZ 1995, 814.
777 BWVGH, NVwZ 1985, 253.
778 BWVGH, BWVBl 1973, 26.

den Gemeinden das Recht gewährt, alle Angelegenheiten der örtlichen Gemeinschaft in eigener Verantwortung zu regeln. Damit ist kein gegenständlich bestimmter, oder nach feststehenden Merkmalen bestimmbarer Aufgabenkatalog, wohl aber die Befugnis gemeint, sich allen Angelegenheiten der örtlichen Gemeinschaft ohne besonderen Kompetenztitel annehmen zu dürfen. Nach dem Wortlaut besteht ein Recht, aber keine Pflicht zur Aufgabenwahrnehmung. Nichts anderes ergibt sich aus der Verfassungssystematik, wie Art. 93 Abs. 1 Nr. 4b GG belegt. Auch der Zweck des Art. 28 Abs. 2 GG steht der Annahme einer Aufgabenerfüllungspflicht entgegen, weil diese Norm ein Aufgabenerfindungsrecht verbürgt. Angesichts der langfristig kaum überschaubaren Kostensituation beim Betrieb öffentlicher Einrichtungen liefe das Recht leer, sich neuen Aufgaben zuzuwenden. Deshalb muss dem Recht, Aufgaben an sich zu ziehen, auch die Befugnis innewohnen, sich von bisher erledigten Aufgaben zu trennen zu können.

Etwa anderes wäre nur vertretbar, wenn die Unterhaltung eines Großmarktes eine durch Bundes- oder Landesrecht festgelegte Pflichtaufgabe der Gemeinden wäre. Das ist aber nicht ersichtlich.

Im Ergebnis war die Stadt S deshalb berechtigt, den Großmarkt aufzulösen.

§ 11 Kommunalrecht und Abgabenstaatsprinzip

> **Praxisfall:**
> A ist Eigentümer eines Wochenendhauses in der Gemeinde H, die aufgrund formell rechtsgültig erlassener Satzung eine Zweitwohnungssteuer in ihrem Gemeindegebiet erhebt. A hält § 4 der auf einer tauglichen materiellen Rechtsgrundlage entsprechend Art. 105 Ab. 2a GG beruhenden Satzung für unwirksam und erhebt deshalb eine Normenkontrollklage nach § 47 Abs. 1 Nr. 2 VwGO. Zur Begründung führt A aus, die Gemeinde habe als Bemessungsmaßstab der Zweitwohnungssteuer den Flächenmaßstab in Gestalt der Wohnfläche gewählt und zusätzlich den reinen Bodenrichtwert auf der Basis EURO pro qm unbebauter Grundstücksfläche hinzugerechnet. Diese Berechnungsmethode verstoße gegen den Gleichheitssatz.
> Prüfen Sie, ob die Gemeinde H die Zweitwohnungssteuer erheben darf und ob § 4 der Steuersatzung rechtmäßig ist.
> (SHOVG, DVBl 2025, 54)

I. Finanzierungsoptionen

Bei der Erfüllung sozialer, kultureller, ökologischer und anderer Kommunalaufgaben entsteht ein beträchtlicher Finanzbedarf[779]. Zur Deckung des dafür erforderlichen Aufwands gibt es mehrere Wege. Ursprünglich waren auf der Ortsebene nur wenige und überschaubare Angelegenheiten zu erledigen. Deshalb bot sich das Modell der **Selbstversorgung der Bevölkerung** an. Es baute auf der eigenwirtschaftlichen Betätigung der Kommunen sowie nutzbarer sächlicher und personeller Ressourcen der Gemeindemitglieder auf, die ihre Grundstücke, Arbeitsmittel und Arbeitskraft für das lokale Gemeinwohl zur Verfügung stellten.

Diese Finanzierungsoption scheidet heute wegen der Größe der Gemeinden, der Vielfalt komplexer Verwaltungsaufgaben und der damit verbundenen Professionalisierung des Verwaltungspersonals aus. Sie schimmert allenfalls gelegentlich in Vorschriften durch, die eine Pflicht zu **gemeindlichen Hand- und Spanndiensten** vorsehen, denen aber – außer in Notfällen – keine praktische Bedeutung mehr zukommt.

> **Beispiele:** Art. 12 Abs. 2 GG, Art. 21 RPVerf, § 10 Abs. 5 BWGO, Art. 24 Abs. 1 Nr. 4 BayGO, Art. 9 BayKatSG (Feuerwehrdienstpflicht, Deichhilfe)[780].

Um den schleichenden Verlust geldwerter Eigenleistungen der Einwohner auszugleichen, wurde erstmals in der Preußischen Städteordnung von 1808 ein **kommunales Steuerbewilligungsrecht** verankert. Es ist Folge des Übergangs von der Natural- zur Geldwirtschaft und Ausdruck des Steuer- und Abgabenstaates, dessen kommunalrechtliche Seite hier zu entfalten ist.

II. Rechtsgrundlagen des Abgabenstaatsprinzips

1. Finanzrechtliche Bestimmungen

Im Unterschied zu den bisher erörterten Verfassungsgrundlagen wird das **Abgabenstaatsprinzip** nicht ausdrücklich als eigenständige Leitlinie im Unionsrecht oder im

---

779 *Henneke*, Öffentliches Finanzwesen, Finanzverfassung, 2. Aufl. 2000.
780 *Jarass/Pieroth*, GG-Kommentar. 18. Aufl. Art. 12 Rn. 119.

Grundgesetz erwähnt. Stattdessen ist es lediglich versteckter Gegenstand finanzverfassungsrechtlicher Bestimmungen, die zusammengenommen seine Geltung als Folge öffentlich-rechtlicher Aktivitäten als gegeben voraussetzen.

Beispiele: Nach Art. 311 Abs. 1 AEUV stattet sich die Union mit den erforderlichen Mitteln aus. Art. 104a ff. GG befassen sich mit der Verteilung des Steueraufkommens und Finanzhilfen.

Lediglich für die Kommunalebene wird das GG konkreter. Denn nach Art. 28 Abs. 2 Satz 3 GG umfasst die Gewährleistung der Selbstverwaltung (s. o. § 4)

„auch die Grundlagen der finanziellen Eigenverantwortung; zu diesen Grundlagen gehört eine den Gemeinden mit Hebesatzrecht zustehende wirtschaftskraftbezogene Steuerquelle."

Aus dieser Festlegung wird ein Anspruch auf eine **aufgabenadäquate Finanzausstattung** abgeleitet[781], die nicht unter dem Vorbehalt der wirtschaftlichen Leistungsfähigkeit der Kommunen stehe. Diese Aussage bedeutet, dass den Gemeinden Finanzmittel in einem Umfang zur Verfügung stehen müssen, die es ihnen ermöglichen, neben den Pflichtaufgaben noch ein Mindestmaß an freiwilligen Selbstverwaltungsaufgaben zu erledigen[782]. Allerdings hat es das BVerfG offengelassen, ob eine angemessene finanzielle Ausstattung Teil der kommunalen Finanzhoheit ist. Art. 28 Abs. 2 S. 3 GG verpflichte den Staat lediglich dazu,

„den Kommunen gegebenenfalls die Mittel zur Verfügung zu stellen, die sie zur Erfüllung ihrer Aufgaben benötigen"[783]*.*

Dieser Auftrag richte sich aber in erster Linie an die Bundesländer. Dementsprechend wiederholen und präzisieren landesverfassungsrechtliche Normen diese Aussage, indem sie Gemeinden und Kreisen das Recht einräumen,

„eigene Steuern und andere Abgaben nach Maßgabe der Gesetze zu erheben."

(Art. 83 Abs. 2 BayVerf, Art. 73 Abs. 2 BWVerf, Art. 58 NdsVerf, Art. 79 NWVerf, Art. 56 SHVerf).

Zur Absicherung der finanziellen Unabhängigkeit halten Art. 84 Abs. 1 S. 7 und Art. 85 Abs. 1 S. 2 GG im Umkehrschluss fest, dass der Bund Aufgaben auf Kommunen nur übertragen darf, wenn die Finanzierung sichergestellt ist[784]. Auf der Länderebene wird dieser Verfassungsgrundsatz durch die Aufnahme des **Konnexitätsprinzips** verankert. Danach muss bei einer Aufgabenzuweisung immer auch die Kostendeckung berücksichtigt werden und Mehrbelastungen sind nach dem Motto zu kompensieren: *„Wer bestellt, bezahlt"* (Art. 83 Abs. 3 BayVerf, Art. 78 Abs. 3 s. 2 NWVerf, Art. 57 Abs. 4 NdsVerf, Art. 49 Abs. 5 RPVerf, Art. 57 Abs. 2 SHVerf). Allerdings ist der Anwendungsbereich nicht einheitlich normiert. Teilweise betrifft das Konnexitätsprinzip lediglich die Übertragung staatlicher Aufgaben (Art. 120 Abs. 1 SaVerf, Art. 91 Abs. 3 ThürVerf). Teilweise werden alle Aufgaben einbezogen[785].

Daneben können sich die Kommunen auf mehrere Vorschriften im Abschnitt Finanzwesen des GG berufen.

Beispiele: Kommunen können an Steuereinnahmen von Bund und Ländern partizipieren (Art. 106 Abs. 6 GG, Art. 73 Abs. 3 BWVerf sowie Finanzhilfen für bedeutsame Investitionen erhalten (Art. 104b–d GG – s. u. § 11 IV).

---

781 BVerwG, NVwZ 2011, 1388; *Brüning*, in: Kahl/Ludwigs (Hg.), Handbuch des Verwaltungsrechtes III, 2022, § 64 Rn. 72 und 75.
782 ThürVerfGH, KommJur 2012, 14.
783 BVerfG, NVwZ 2018, 1703.
784 BVerfG, NVwZ 2018, 140 und NVwZ 2020, 1342.
785 *Leisner-Egensperger*, NVwZ 2021, 1487.

Den angeführten finanzverfassungsrechtlichen Vorgaben wird deshalb im Hinblick auf die Garantie der kommunalen Selbstverwaltung zutreffend eine „Sicherungsfunktion" beigemessen[786].

2. Umfassender Abgabenbegriff

Diese Textanalyse belegt zum einen, dass der Abgabenbegriff umfassend zu verstehen ist und als Oberbegriff für Geldleistungen dient[787]. Eingeschlossen werden Gebühren und Beiträge, die aber nur in den Kommunalordnungen angesprochen werden.

Beispiele: § 78 BWGO, § 77 NWGO.

Und sie verdeutlicht zum anderen, dass sich die klassische Lastentragungspflicht im modernen Staat auf eine in Geld zu beziffernde Abgabenpflicht der Einwohner, Grundstücksbesitzer und Unternehmen reduziert, die der grundrechtlich gesicherten Freiheit von persönlichen Dienstleistungspflichten entspricht[788].

Für die Ermittlung der Rechtsnatur einer Abgabe kommt es weder auf die Bezeichnung noch auf die konkrete haushaltsmäßige Behandlung durch den Gesetzgeber an. Entscheidend ist vielmehr der materielle Gehalt, der durch Auslegung festzustellen ist[789].

III. System und Rangfolge der Kommunalfinanzierung

1. Aufgabentypen und Finanzquellen

a. Rangfolge der Mittelbeschaffung. Der Blick in die normative Ausgangslage lässt erahnen, dass Finanzbedarf und Abgabenbelastung stets der nervus rerum kommunaler Gestaltungspolitik sind. Denn die Kommunalorgane haben die schwierige Frage zu beantworten, ob sie bestimmte Aufgaben überhaupt übernehmen oder beibehalten und ob sie von der Gemeinde selbst oder von Dritten erbracht und finanziert werden sollen. Bei staatlich übertragenen Aufgaben wird zusätzlich relevant, ob und inwieweit die Kommunen eine Kostenerstattung oder einen Ausgleich beanspruchen können. (Art. 83 Abs. 3 BayVerf, Art. 78 Abs. 3 NWVerf).

Welche Finanzmittel stehen den Gemeinden im Einzelfall zur Aufgabenerfüllung zur Verfügung? Die übereinstimmenden haushaltsrechtlichen Bestimmungen sind zwar einerseits eindeutig formuliert. Gleichzeitig verwenden sie den Begriff „**sonstige Finanzmittel**", der nicht näher erläutert wird (§ 77 Abs. 2 Nr. 2 BW GO). Diese unbestimmte Einnahmequelle verschiebt die gesetzlich angeordnete Rangfolge der Mittelbeschaffung, weil sie an erster Stelle auszuschöpfen ist.

Zusammengenommen sieht das kommunale Finanzierungsschema[790] wie folgt aus:
– **Sonstige Finanzmittel** (Erträge aus kommunalem Grund- und Kapitalvermögen, Betriebsüberschüsse, Einzahlungen – § 78 Abs. 2 S. 1 BWGO).
– **Öffentlich-rechtliche Entgelte** für kommunale Leistungen (Verwaltungsgebühren, Benutzungsgebühren, Beiträge, Konzessionsabgaben) und privatrechtliche Entgelte – § 78 Abs. 2 BWGO, § 77 Abs. 2 Nr. 1 NWGO, Art. 62 Abs. 2 Nr. 1 BayGO.
– **Steuereinnahmen** (Grund- und Gewerbesteuer, Landessteuern – Art. 62 Abs. 2 Nr. 2 BayGO, § 83 Abs. 2 Nr. 2 NdsGO, § 77 Abs. 2 Nr. 2 NWGO, § 78 Abs. 2 Nr. 2 BWGO).
– **Kredite**. Sie dürfen nur aufgenommen werden, wenn eine andere Finanzierung nicht möglich ist oder wirtschaftlich unzweckmäßig wäre (Art. 62 Abs. 3 BayGO, § 77 Abs. 4 und § 86 NWGO, § 78 Abs. 3 BWGO). Diese Einschränkung wird damit

---
[786] *Brüning*, in: Kahl/Ludwigs (Hg.), Handbuch des Verwaltungsrechts II, 2022. § 64 Rn. 71.
[787] BVerwG, DVBl 1993, 441; s. allgemein *Christ/Oebbecke*, Handbuch Kommunalabgabenrecht, 2. Aufl. 2022.
[788] *F. Kirchhof*, VVDStRL 92, 1993, 72, 78.
[789] BVerfGE 92, 91, 108, 114.
[790] Henneke/Waldhoff (Hg.), Handbuch Recht der Kommunalfinanzen, 2. Aufl. 2023.

gerechtfertigt, dass Darlehen wegen ihres Schuldencharakters die kommunale Haushaltssituation zusätzlich belasten.

b. Gemeindefinanzierung

257

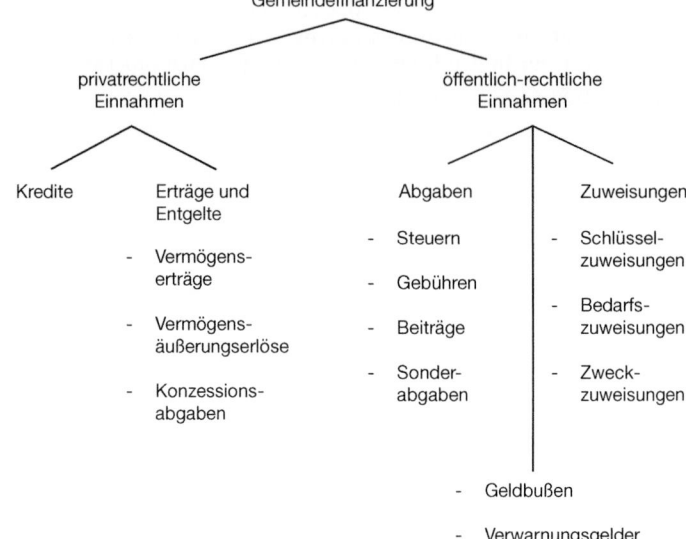

Abbildung 5 Gemeindefinanzierung

2. Subsidiarität und Vertretbarkeit

258 Die Auflistung der einzelnen Finanzquellen hat gezeigt, dass die Verwendung eigener Kapitalerträge sowie die Erhebung von Gebühren und Beiträge die primären Deckungsmittel sind, während für Steuern und Kredite das **Subsidiaritätsprinzip** gilt[791]. Allerdings steht die Ausschöpfung der ranghöheren Aufkommen unter dem als Erhebungsgrenze wirkenden Vorbehalt der **Vertretbarkeit und Gebotenheit** (§ 77 Abs. 2 Nr. 1 NWGO, § 78 Abs. 2 Nr. 1 BWGO), der den Gemeinden einen gerichtlich nur eingeschränkt überprüfbaren Gestaltungsspielraum zugesteht[792]. Zusätzlich sind die **wirtschaftlichen Kräfte der Abgabepflichtigen** zu berücksichtigen (§ 78 Abs. 2 Nr. 2 S. 2 BWGO, § 77 Abs. 3 NWGO).

Beispiel: Sozialstaatliche Erwägungen schlagen sich in Sozialtarifen nieder.

 Zwischenfrage: Beschreiben Sie das System und die Rangfolge der Kommunalfinanzierung! Unklar ist, ob die Rangfolgenormen **subjektive Rechte der Abgabepflichtigen** begründen. Wortlaut und systematische Stellung sprechen dafür, dass diese Vorschriften lediglich eine geordnete Haushaltswirtschaft (s. auch u. § 12) sicherstellen sollen[793]. Betroffene können sich aber auf die Einhaltung des **Gesetzesvorbehaltes** (s.o. § 4 XIX 1) berufen, weil die Abgabenerhebung in Freiheitsrechte der Abgabepflichtigen eingreift. Bei Verstößen gegen das Rangfolgenprinzip kann ferner die **Rechtsaufsichtsbehörde** einschreiten[794].

---

791 NWOVG, NVwZ 1990,393; a. A. NdsOVG, ZKF 1991, 131 – programmatische Finanzregel.
792 NWOVG, NVwZ 1990, 393.
793 S. aber BVerwG, DÖV 1993, 1093.
794 HeVGH, NVwZ 1992, 807.

IV. Steuern

1. Verfassungsrechtliche Ausgangslage

Die zu beachtende Rangfolge der kommunalen Finanzierungsoptionen sagt nichts über die tatsächliche Relevanz einzelner Aufkommen für die Praxis aus. Wichtigste kommunale Einnahmequelle sind die **Steuern**. Dabei handelt es sich nach der Legaldefinition des § 3 Abs. 1 AO um

> „Geldleistungen, die nicht eine Gegenleistung für eine besondere Leistung darstellen und von einem öffentlich-rechtlichen Gemeinwesen zur Erzielung von Einnahmen allen auferlegt werden, bei denen der Tatbestand zutrifft, an den das Gesetz die Leistungsflicht knüpft."

Aus der Perspektive des Selbstverwaltungsrechts ist zu differenzieren zwischen
- **echten Steuern**, die eine Gemeinde in eigener Verantwortung erheben darf,

  Beispiele: Grund- und Gewerbesteuer
- und **unechten Steuern**, die der Gemeinde aufgrund einer Ertragsbeteiligung zufließen[795].

  Beispiele: Anteile an der Einkommen- und Umsatzsteuer (Art. 106 Abs. 5 GG).

Insgesamt betrachtet ist das steuerrechtliche Finanzierungssystem komplex geregelt und in der Anwendung kompliziert, weil unterschiedliche Interessen der einzelnen Gebietskörperschaften aufeinanderprallen und auszugleichen sind. Nach dem Aufbau der bundesstaatlichen Finanzverfassung erfolgt die Aufteilung des Steuerertrags grundsätzlich nach dem sog. **Trennprinzip** zwischen Bund, Ländern und Gemeinden (Art. 106 Abs. 1, Abs. 2 und Abs. 6 GG). Davon machen die Gemeinschaftssteuern eine Ausnahme, weil sie auch die Gemeinden in bestimmten Quoten an dem Aufkommen beteiligen.

Beispiele: Einkommen- und Umsatzsteuer (Art. 106 Abs. 3 i. V. m. Abs. 4, 5, 5a und 7 S. 1 GG).

Sofern dieses Verteilungssystem zu unerträglichen Ergebnissen und übergroßen Finanzkraftunterschieden führt, erfolgt ergänzend ein Finanzausgleich zugunsten der Gemeinden (Art. 106 Abs. 7 S. 2 GG).

2. Grundsteuer und Gewerbesteuer

Nach Art. 106 Abs. 6 S. 1 GG steht den Gemeinden das Aufkommen der **Grund- und Gewerbesteuer** zu (Ertragshoheit). Dabei handelt es sich jeweils um **Realsteuern**, die nicht auf die persönlichen Verhältnisse des Steuerschuldners abstellen, sondern sach- und objektbezogen sind[796].
Gegenstand der Grundsteuer ist der im Gemeindegebiet liegende **Grundbesitz** einschließlich der land- und forstwirtschaftlichen Betriebsgrundstücke sowie gleichgestellter Betriebsgrundstücke (§§ 2 ff. GrStG). Besteuerungsgrundlage ist der sog. **Einheitswert**, der nach den Vorgaben des Bewertungsgesetzes ermittelt wird. Die Gewerbesteuer war früher die Haupteinnahmequelle der Kommunen. Ihre finanzrechtliche Bedeutung war jedoch rückläufig, weil die Einheitswerte nicht an die tatsächliche Entwicklung angepasst wurden[797]. Das BVerfG hat deshalb eine **Grundsteuerreform** angeordnet[798], die unter der Prämisse der Aufkommensneutralität umgesetzt wurde. Die Bundesländer konnten zwischen zwei unterschiedlichen Bewertungsmodellen wählen.

Beispiel: Baden-Württemberg hat sich für ein modifiziertes Bodenwertmodell entschieden. Danach richtet sich der Grundsteuerwert nach der **Grundstücksfläche** und dem jeweiligen, von dem unabhängigen Gutachterausschuss der Gemeinde fest-

---

795 *Schwarting*, Kommunale Steuern, 3. Aufl. 2022.
796 BFH, DStRE 2006, 1288.
797 BVerfGE 89, 329, 339.
798 BVerfGE 148, 147 Rn. 92.

gestellten **Bodenrichtwert**. Nicht relevant ist der Wert des Gebäudes auf dem entsprechenden Grundstück.

Die Gemeinden sind nach Art. 106 Abs. 6 S. 2 GG berechtigt, die Hebesätze der Grundsteuer im Rahmen der Gesetze festzulegen (§ 26 GrStG). Die **Hebesatzhoheit** verschafft den Kommunen Freiräume, die sich in differenzierten Ausgestaltungen zwischen Wohnungs- und Gewerbeeigentum niederschlagen können. Die Grundsteuer-Gesetzgeber können allerdings Vorgaben für die Höhe der Hebesätze festlegen. Das BVerfG hat bekräftigt, dass sich aus dem Grundgesetz kein Höchstbetrag für den Hebesatz herleiten lasse. Die Kommunen seien nur verpflichtet, Steuern nicht willkürlich zu erhöhen und erdrosselnde Wirkungen zu vermeiden[799].

Darüber hinaus steht den Gemeinden das Aufkommen der **Gewerbesteuer** zu. Sie ist einerseits finanzwirtschaftlich die wichtigste eigene Steuerressource der Gemeinden und wegen des **Hebesatzrechts** ein Eckpfeiler der kommunalen Finanzautonomie. Andererseits ist sie aus unterschiedlichen wirtschafts-, ordnungs- und steuerpolitischen Gründen umstritten. So wird geltend gemacht, der Staat greife mehrfach auf Unternehmensgewinne zu, weil die Betriebe zusätzlich zur Körperschafts- und Einkommensteuer ertragssteuerrechtlich belastet würden. Ferner wird kritisiert, die Gewerbesteuer unterliege starken konjunktur- und unternehmensbedingten Schwankungen. Diese Besonderheit habe zur Folge, dass die Gemeinden dadurch entstehende Ausfälle häufig nicht durch andere Einnahmen kompensieren könnten[800].

Diesen Argumenten ist entgegenzuhalten, dass die Gewerbesteuer eingeführt wurde, um den durch die in den Gemeinden ansässigen Betriebe entstehenden Finanzbedarf zu decken. Dabei ließ sich der Gesetzgeber von der Erwägung leiten, dass Handwerk, Industrie und Handel und andere Zweige infrastrukturelle Belastungen und Aufwendungen verursachen, die über die Erhebung der Gewerbesteuer ausgeglichen werden sollen[801]. An dieser Ausgangslage hat sich nichts geändert, weil die Gewerbesteuer auch in einer Dienstleistungs- und Digitalwirtschaft ein unentbehrliches Instrument kommunaler Wirtschafts- und Strukturförderung ist. Das gilt in besonderem Maße vor dem Hintergrund eines intensiven Standortwettbewerbs innerhalb der Bundesrepublik und des EU-Binnenmarktes.

Gewerbesteuerpflichtig sind die stehenden Gewerbebetriebe und die Reisegewerbebetriebe, sofern es sich um gewerbliche Unternehmen nach § 15 EStG handelt. Diese Fixierung bedeutet, dass weder landwirtschaftliche noch freiberufliche Unternehmen erfasst sind. Grundlage der Steuererhebung ist der **Gewerbeertrag** (§ 6 GewStG). Die Höhe der Gewerbesteuer hängt entscheidend von dem gewählten Hebesatz der jeweiligen Gemeinde ab (Art. 106 Abs. 6 S. 2GG). Folglich hat diese Abgabe nicht nur erhebliche Bedeutung für die Finanzierung von Gemeindeaufgaben. Vielmehr ist insbesondere die örtliche Wirtschaft betroffen, die bei steigenden anderweitigen Gemeindeeinnahmen oder in Rezessionsphasen Hebesatzsenkungen fordert und bei Erhöhungen einen Standortwechsel vornimmt. Unabhängig davon wird teilweise aus wettbewerbspolitischen und steuersystematischen Gründen eine Abschaffung der Gewerbesteuer[802] und ihr Ersatz durch ein anderes Steuermodell gefordert.

> **Beispiel:** Es ist kaum vermittelbar, dass die Freien Berufe, welche die Leistungen der Kommunen in derselbe Weise wie Gewerbebetriebe beanspruchen und für die die Gewerbesteuer ausgleichend wirken soll, aus der Steuerpflicht herausfallen[803].

---

799 *Thomann*, DÖV 2024, 1050.
800 *Fuest*, DVBl 2022, 444.
801 BVerfGE 21, 54, 65; 46, 224, 236.
802 *Tipke*, Die Steuerrechtsordnung, 1993, § 17.
803 *Stober /Eisenmenger*, Öffentliches Wirtschaftsrecht, Besonderer Teil, 18. Aufl. § 45 Rn. 88; s. auch BT-Ds. 15/1517 und 1664; A. M. BVerfG, JZ 2008, 993, 997.

IV. Steuern **261, 262**

3. Örtliche Steuern und Steueranteile

a. Verbrauch- und Aufwandsteuern. Nach Art. 106 Abs. 6 S. 1 GG steht den Gemeinden ferner das Aufkommen der „**örtlichen Verbrauch- und Aufwandsteuern**" zu. Das sind Abgaben, bei denen **261**
- der Steuertatbestand im Gebiet der erhebenden Gemeinde verwirklicht wird,
- dessen unmittelbare Wirkungen sich im Gemeindegebiet erschöpfen[804] und
- die nicht mit gleichartigen Bundessteuern kollidieren (Art. 105 Abs. 2a GG)[805].

Verbrauchssteuern sind Warensteuern. Sie wollen den Verbrauch vertretbarer, regelmäßig zum alsbaldigen Verzehr oder kurzfristigen Verbrauch bestimmter Güter des ständigen Bedarfs belasten und die wirtschaftliche Leistungsfähigkeit abschöpfen[806].

> **Beispiele**: Hundesteuer[807], Vergnügungssteuer, Jagdsteuer, Pferdesteuer, Kulturförderabgabe, Übernachtungsabgabe („Bettensteuer")[808], Verpackungssteuer[809].

Aufwandsteuern sind Steuern auf die in der Einkommensverwendung für den persönlichen Lebensbedarf zum Ausdruck kommenden wirtschaftlichen Leistungsfähigkeit, die fiskalisch belastet werden soll[810].

> **Beispiele**: Zweitwohnungssteuern partizipieren an der wirtschaftlichen Leistungsfähigkeit der Wohnungsnutzer für ihren persönlichen Lebensbedarf[811]. Eine Übernachtungssteuer ist bundesrechtlich geregelten Steuern nicht gleichartig, weil sie weder – wie die Umsatzsteuer – auf alle Aufwendungen gleichermaßen erhoben wird, noch aus einer Steuerquelle schöpft, die der Bund bereits einer besonderen Besteuerung unterzogen hat[812].

Der Gemeindegebietsbezug soll einerseits den erhöhten kommunalen Personal- und Sachaufwand unter Berücksichtigung der Leistungsfähigkeit der Nutzer ausgleichen. Andererseits soll mit dieser räumlichen Beschränkung ein die Wirtschaftseinheit tangierendes Steuergefälle vermieden werden. Deshalb muss der Steuertatbestand so gestaltet sein, dass der außerhalb der Gemeinde entstehende Verbrauch und Aufwand nicht erfasst wird. Diese Bedingung ist jedoch häufig nur schwer zu erfüllen, weil das Merkmal der Örtlichkeit nicht immer eindeutig abgrenzbar ist und sich die rechtlichen Rahmenbedingungen ändern. Gleichzeitig weist das BVerfG darauf hin, dass an die Gleichartigkeit keine überspannten Anforderungen gestellt werden dürften[813].

> **Beispiele**: Lokale Verpackungssteuern (s. Praxisfall zu § 8)[814]. Die Erhebung einer kommunalen Wettbürosteuer ist generell ausgeschlossen, weil der Bundesgesetzgeber den Gegenstand der Rennwett- und Lotteriegesetze bereits einer speziellen und abschließenden bundesrechtlichen Besteuerung unterzogen hat[815].

b. Beteiligung an dem Aufkommen der Einkommen- und Umsatzsteuer. Eine überaus wichtige kommunale Finanzquelle der Gemeinden ist ihre Beteiligung an der **Einkommensteuer**. Insoweit sind die Bundesländer nach Art. 106 Abs. 5 GG verpflichtet, einen bestimmten Anteil des Gesamtaufkommens auf der Grundlage der Einkommen- **262**

---

804 BVerfGE 16, 306; BVerwGE 96, 272, 283.
805 BVerfG, DVBl 2017, 1566.
806 BVerwG, GewArch 2023, 414.
807 BayVGH, NJW 2024, 982.
808 ThürOVG, DVBl 2017, 1572.
809 BVerfG, NVwZ 2025, 328.
810 BVerfG, NVwZ 2022, 1038.
811 BVerfG, GewArch 2019, 477.
812 BVerfG, NVwZ 2022, 1038.
813 BVerfG, NVwZ 2024, 1022.
814 *Uschkereit*, GewArch 2020, 483; *ders.*, GewArch 2024, 134; BVerwG, GewArch 2023, 414; BVerfG, NVwZ 2025, 328.
815 BVerwG, NVwZ 2024, 1022.

steuerleistungen der Einwohner an die Gemeinden weiterzuleiten. Außerdem erhalten die Gemeinden nach Art. 106 Abs. 5a GG einen Anteil an der **Umsatzsteuer**, der auf der Basis eines orts- und wirtschaftsbezogenen Schlüssels ermittelt wird.

4. Finanzzuweisungen

263 Die Steuereinnahmen der Kommunen werden ergänzt durch allgemeine und zweckgebundene **Finanzzuweisungen**. Diese Finanzausgleichsmaßnahmen (Art. 106 Abs. 8 und Art. 107 GG) sind ein Beleg für die Aufgabengemeinschaft von Staat und Gemeinden im Sinne einer *„finanziellen Schicksalsgemeinschaft"* und für die wechselseitige Gesamtverantwortung für das Gemeinwohl. Sie zielen als kommunale Stärkungselemente vertikal auf einen Ausgleich zwischen Land und Kommunen und horizontal zwischen Kommunen mit unterschiedlicher Finanzkraft[816]. Im Einzelnen ist zwischen folgenden Zuweisungsformen zu differenzieren:
Allgemeine Finanzzuweisungen (Dotationen) sollen die Finanzkraft der Gemeinden verbessern. Ihre Verwendung steht im Belieben der kommunalen Organe. Sie gliedern sich in:
– **Schlüsselzuweisungen**, deren Höhe sich nach der durchschnittlichen Ausgabenbelastung und der eigenen Steuerkraft der Gemeinde richtet.
– **Bedarfszuweisungen**, die bei finanziellen Notsituationen zur Abdeckung von Fehlbeträgen im Verwaltungshaushalt gewährt werden.
– **Kopfbeträge** für die Wahrnehmung von Auftrags- und Weisungsangelegenheiten (s. o. § 4 IV 4), die allerdings häufig nicht die tatsächlich entstandenen Kosten abdecken.
– **Sonderlasten** wie etwa Schülerbeförderungskosten und Straßenlastausgleich.
Die **zweckgebundenen Finanzzuweisungen** (Subsidien) werden für bestimmte Vorhaben gewährt
Beispiele: Schul- und Straßenbau, Feuerschutz, Krankenhausfinanzierung.

Dieses Zuweisungsformat ist verfassungsrechtlich umstritten, weil die Vergabe häufig nach Prioritätsverfahren erfolgt und die Zuteilung mit Auflagen verbunden ist (*„Goldener Zügel"*). Darüber hinaus ist nicht sichergestellt, ob die bedachten Gemeinden in der Lage sind, die zumeist von ihnen selbst zu tragenden Folgekosten aufzubringen.
Sofern der Bund Finanzzuweisungen leistet, tritt er lediglich als Geldgeber auf. Er darf Bedingungen und Auflagen nur vorschreiben, wenn ihre Erfüllung zur verfassungsmäßigen Zweckerreichung erforderlich ist (**Bezüglichkeitsgebot**).

5. Sonderlastenausgleich und Finanzhilfen

264 Nach Art. 106 Abs. 8 GG ist der Bund bei Sonderbelastungen durch von ihm veranlassten Einrichtungen unter bestimmten Voraussetzungen zu finanziellen Ausgleichsleistungen an betroffene Gemeinden verpflichtet (**Sonderlastenausgleich**).
Beispiele: Kosten für Kasernen, Flüchtlingsunterkünfte, Erstaufnahmestellen.

Neben dem klassischen Instrumentarium des Finanzausgleichs hat sich in jüngerer Zeit eine **Finanzhilfekompetenz** entwickelt, die sich in mehreren Novellierungen des GG spiegelt. Danach kann der Bund in festgelegten Aufgabenbereichen **Finanzhilfen für bedeutsame Investitionen** der Gemeinden einschließlich der **Gemeindeverbände** gewähren, um ihre Aufgabenerfüllung zu unterstützen. Zutreffend weist das BVerfG daraufhin, dass Finanzhilfen der besonderen Aufgabenlast den Gemeinden geschuldet sind, denen insbesondere im Infrastruktursektor (s. o. § 10) wirtschaftsgeographisch eine überragende Bedeutung zukomme[817].

---

816 Brüning, in: Kahl/Ludwigs (Hg.), Handbuch des Verwaltungsrechts III, 2022, § 64 Rn. 73.
817 BVerfG, NVwZ 2024, 658.

- Nach Art. 104b Abs. 1 GG können Finanzhilfen zur Abwehr einer **Störung des gesamtwirtschaftlichen Gleichgewichts**, zum Ausgleich unterschiedlicher Wirtschaftskraft im Bundesgebiet sowie zur **Förderung des wirtschaftlichen Wachstums** gewährt werden.
- Nach Art. 104c GG sind Finanzhilfen zur Steigerung der Leistungsfähigkeit der **kommunalen Bildungsinfrastruktur** gestattet[818].
- Nach Art. 104d GG können Finanzhilfen für den **sozialen Wohnungsbau** geleistet werden (s. o. § 6 IV 3).

Nach dieser Finanzierungssystematik sind nicht Bund und Kommunen, sondern Bund und Länder föderale Partner bei der Vergabe von Finanzhilfen. Deshalb ist eine unmittelbare Vergabe von Bundesmitteln an Gemeinden nicht statthaft. Aus der Verwendung des Wortes Finanz„hilfe" folgt ferner, dass Vollfinanzierungen ausscheiden.

Im Gegensatz zu diesen ausdrücklichen Ermächtigungen des Bundes werden die Gemeinden nicht in Art. 106a GG genannt, der sich mit der Ausgleichsfinanzierung für den **öffentlichen Personennahverkehr** befasst. Das ist vor dem Hintergrund zu beanstanden, dass der chronisch defizitäre Personennahverkehr seit der Privatisierung der Bundesbahn (Art. 87e GG) in den Verantwortungsbereich der Kommunen fällt (§ 8 PBefG). Hingegen berücksichtigt Art. 91e Abs. 2 S. 2 GG die Besonderheit, dass ausgewählte Gemeinden als sog. Optionskommunen die Aufgabe der **Grundsicherung für Arbeitsuchende** (s. o. § 6 III 2 a) übernehmen. Die dabei anfallenden notwendigen Ausgaben einschließlich der Verwaltungsausgaben trägt der Bund[819].

Zwischenfrage: In welchen Bestimmungen des Grundgesetzes werden Finanzhilfen zugunsten der Kommunen erwähnt?

6. Steuererfindungsrecht

Streitig ist, ob die Gemeinden aus eigenem Recht Steuern erfinden und erheben dürfen (**Steuererfindungsrecht**) oder ob es ihnen lediglich gestattet ist, von landesrechtlich eingeräumten Steuerquellen Gebrauch zu machen (s. o. § 4 X). Teilweise enthalten Kommunalabgabengesetze eine Klausel, dass Kommunen Steuern erheben können, soweit nicht Bundes- oder Landesgesetze etwas anderes bestimmen (§ 1 Abs. 1 NWKAG).

Beispiele: Vergnügungssteuer für das Halten von Musikautomaten[820], Spielgerätesteuer[821], Pferdesteuer[822].

Teilweise ist die Steuerhebung gesetzlich verboten.

Beispiele: Art. 3 Abs. 3 BayKAG für Getränke-, Jagd-, Speiseeis- und Vergnügungssteuer.

Teilweise werden die örtlichen Verbrauchs- und Aufwandsteuern wegen ihres geringen Ertrages, des hohen Erhebungsaufwandes, der zusätzlichen Belastung und der sozialen Auswirkungen als „**Bagetell- oder Ärgernissteuern**" bezeichnet und ihre Abschaffung gefordert. Dieser Vorschlag ist wegen der Notwendigkeit einer angemessenen Finanzausstattung der Gemeinden zur Realisierung der Selbstverwaltung in Zeiten knapper Kassen nicht unproblematisch. Denn ein Verzicht würde den eigenverantwortlichen finanziellen Gestaltungsspielraum der Gemeinden einengen und ihnen die Chance auf eine Verfügung über die „*freie Spitze*" nehmen.

---

818 Kommunalinvestitionsförderungsgesetz, BGBl I 2017, 3122, 3127.
819 BVerfG, DVBl 2014, 1534.
820 NWOVG, NVwZ 1986, 1051 und DÖV 1992, 885; NdsOVG, NVwZ 1989, 591.
821 BVerwG, NVwZ 1989, 1175.
822 BVerwG, NVwZ 2016, 620.

V. Gebühren, Beiträge und Sonderabgaben

1. Gebühren

266 Weitere zentrale kommunale Finanzquellen sind Zuflüsse aus **Gebühren und Beiträgen**[823]. Beide Abgabenformen ziehen die Nutzer kommunaler Leistungen zu den entstandenen Kosten heran.

> Gebühren sind Geldleistungen, die als Gegenleistung für eine besondere Leistung, Amtshandlung oder sonstige Tätigkeit der Verwaltung (**Verwaltungsgebühren**) oder für die Inanspruchnahme öffentlicher Einrichtungen und Anlagen (**Benutzungsgebühren**) erhoben werden (§§ 4 f. NWKAG).

Beispiele: Genehmigungsgebühren, Eintrittsgebühren, Straßenreinigungsgebühren.

Wegen des prägenden Charakters der Gegenleistung ist auch von einem **Verwaltungspreis** für individuell zurechenbare Leistungen die Rede[824].

Davon sind **Verleihungsgebühren** zu unterscheiden, die teilweise auch als **Konzessionsabgaben** bezeichnet werden. Das sind Entgelte für die Möglichkeit, von einer Verleihung oder Bewilligung zur wirtschaftlichen Nutzung eines Gutes für die Allgemeinheit Gebrauch zu machen.

Beispiel: § 48 EnWG für die Nutzung öffentlicher Verkehrswege durch Energieversorgungsunternehmen.

2. Beiträge

267
> **Beiträge** sind Geldleistungen, die dem Ersatz des Aufwandes für die Herstellung, Anschaffung und Erweiterung öffentlicher Einrichtungen und Anlagen dienen (Art. 5 BayKAG, § 6 NdsKAG, § 8 NWKAG).

Beispiele: Erschließungsbeiträge nach § 127 BauGB, Kur- und Fremdenverkehrsbeiträge (§ 11 NWKAG), Kostenersatz für Haus- und Grundstücksanschlüsse (§ 10 NWKAG).

Für die Auferlegung von Beiträgen ist es unerheblich, ob die Vorteile vom Pflichtigen tatsächlich in Anspruch genommen werden. Vielmehr genügt der abstrakte Vorteil einer bloßen Möglichkeit der Inanspruchnahme, während die Gebührenerhebung den konkreten Vorteil der tatsächlichen Nutzung voraussetzt.

 Zwischenfrage: Definieren Sie den Gebühren- und den Beitragsbegriff! Worin unterscheiden sie sich voneinander?

3. Gebühren- und Beitragsbemessung

268 Für die quantitative Bemessung der Gebühren gilt das aus dem rechtsstaatlichen Grundsatz der Verhältnismäßigkeit (s. o. § 7 III 2) entwickelte **Äquivalenzprinzip**. Danach müssen Gebühr und tatsächlicher Wert der in Anspruch genommenen Leistung einander entsprechen[825]. Die Anwendung dieses Grundsatzes setzt voraus, dass das KAG oder die Gebührensatzung diese Bemessungsgrundlage zur konkreten Feststellung der Gebührenhöhe festschreiben. Orientierungsmaßstab ist das **Kostendeckungsprinzip**, wonach das Gebührenaufkommen den sächlichen und persönlichen Verwaltungsaufwand bzw. den Nutzen der Inanspruchnahme nicht überschreiten darf (Art. 8 Abs. 2 BayKAG,

---

823 S. näher Wolff/Bachof/Stober/Kluth, Verwaltungsrecht I, 14. Aufl. § 42 Rn. 24 ff.
824 BVerfG, NJW 1988, 2129.
825 BVerfGE 20, 257, 270; BVerwG, GewArch 1989, 348.

§ 5 Abs. 4 und § 6 Abs. 1 S. 3 NWKAG). Die Abgabe darf folglich den Gebührenpflichtigen nur insoweit belasten, wie dies zur anteiligen Kostendeckung erforderlich ist. Dabei bilden die Ausgaben des jeweiligen Verwaltungszweiges die obere Grenze. Damit soll ausgeschlossen werden, dass sich die Verwaltung zum Nachteil der Nutzer bereichert. Zur Gebührenbemessung ist der **Wirklichkeitsmaßstab** zugrunde zu legen. Falls diese Grundlage schwierig zu ermitteln oder wirtschaftlich nicht vertretbar ist, darf hilfsweise auch ein **Wahrscheinlichkeitsmaßstab** gewählt werden (§ 6 Abs. 3 NWKAG).

Das Kostendeckungsprinzip schließt, sofern der Gesetzgeber dazu ermächtigt, den **Lenkungscharakter von Gebühren** nicht aus. Diese Option ist insbesondere bei der Konkretisierung von Ermessenstatbeständen, zur Verhaltenssteuerung und aus sozialen Erwägungen gestattet.

> **Beispiele**: Staffelung von Abfallgebühren nach Schadstoffgehalt (Art. 7 Abs. 5 Nr. 5 BayAbfWG). Berechnung der Kita-Gebühren nach dem Elterneinkommen[826]. Bei der Anwendung des § 6a Abs. 5a S. 3 StVG dürfen klimapolitisch motivierte Lenkungszwecke nicht herangezogen werden, da die Kriterien für die Gebührenfestsetzung abschließend normiert sind[827].

Die Höhe der Beitragspflicht richtet sich nach den **gebotenen Vorteilen** (§ 5 Abs. 2, Art. 6 Abs. 2 BayKAG), die nach den tatsächlichen Aufwendungen oder nach Einheitssätzen ermittelt werden (§ 8 Abs. 4 NWKAG). Es kommt also auch hier das Kostendeckungsprinzip zur Anwendung. Ferner darf die **Leistungsfähigkeit des Abgabepflichtigen** als zusätzlicher Bemessungsmaßstab zugrunde gelegt werden, mit dem das **Solidaritätsprinzip** (s. o. § 1 IV) umgesetzt wird.

> **Beispiel**: Bei Gebühren für Parkausweise dürfen neben dem Personal- und Sachaufwand für das Ausstellen der Parkausweise auch die Bedeutung, der wirtschaftliche Wert oder der sonstige Nutzen der den Bewohnern eröffneten Parkmöglichkeiten berücksichtigt werden (Fahrzeuggröße, Lage der Parkmöglichkeit), um zusätzlich zur Kostendeckung einen Vorteilsausgleich zu erreichen[828].

4. Sonderabgaben

Ferner dürfen die Gemeinden **Sonderabgaben** erheben, soweit sie dazu ermächtigt sind[829]. Dieser Abgabentyp unterscheidet sich von Gebühren und Beiträgen dadurch, dass er keine Gegenleistung der Gemeinde voraussetzt und zweckgebunden ist. Die Hauptbedeutung der Sonderabgaben liegt in der **Kompensation** erlangter Vorteile. Folglich wird der Abgabenzweck am besten erfüllt, wenn die Abgabe nicht erhoben werden muss.

> **Beispiele**: Ablöseabgabe für die Stellplatzpflicht auf Grundstücken nach dem Bauordnungsrecht[830]. Feuerwehrabgabe[831] (Art. 4 BayKAG).

Sonderabgaben können in Konflikt mit dem verfassungsrechtlich austarierten Steuerkompetenzsystem geraten. Deshalb müssen sie bestimmte Voraussetzungen erfüllen, auf die hier nicht eingegangen werden kann[832].

---

826 BVerfGE 97, 332; BVerwGE107, 188 und dazu *Fischer*, NVwZ 2002, 794.
827 BVerwG, DÖV 2023, 960.
828 BVerwG, DÖV 2023, 960.
829 BVerfGE 13, 167, 170; BayVerfGH, BayVBl 1979, 269.
830 BVerwG, NJW 1986, 600.
831 BVerfG, JZ 2014, 396; BVerwG, DVBl 2011, 956.
832 BVerfGE 93, 319, 342; *Jarass*, DÖV 1989, 1013.

VI. Privatrechtliche Erträge und Entgelte

270 Angesichts der grundsätzlich bestehenden Wahlfreiheit der Gemeinden bei der Ausgestaltung von Rechtsverhältnissen mit den Einwohnern können sie sich neben den beschriebenen hoheitlichen Einnahmequellen auch auf privatrechtliche Erträge und Entgelte zurückgreifen.

Beispiele: Einnahmen aus Mieten und Pachten, Gewinne der wirtschaftlichen Unternehmen, Erlöse aus Vermögensveräußerungen (Art. 75 BayGO, § 90 Abs. 3 NWGO).

VII. Kreditaufnahmen

271 Kreditaufnahmen sind nach den haushaltswirtschaften Bestimmungen der Kommunalgesetze nur zulässig, wenn eine andere Finanzierung nicht möglich oder unzweckmäßig ist und die Kreditverpflichtungen mit der dauernden Leistungsfähigkeit der Gemeinde im Einklang steht. Sie sind folglich die **ultima ratio** der Einnahmenbeschaffung und unterliegen der Genehmigung der Aufsichtsbehörde (§ 86 Abs. 3 NWGO).

Beispiele: Investitionen, Umschuldungen (Art. 71 Abs. 1 BayGO, § 86 NWGO).

VIII. Privatwirtschaftlich orientierte Finanzmodelle

272 Angesichts des großen Geldbedarfs, wachsender kommunaler Aufgaben und steigender Ansprüche der Ortsbevölkerung stellt sich die Frage nach alternativen Finanzierungskonzepten. Hier ist an privatwirtschaftlich geprägte Modelle zu denken, welche die kommunalen Haushalte entlasten können. Sie sind allerdings nur in Erwägung zu ziehen, wenn bei einer Gesamtbetrachtung die Vorteile für die Gemeinden überwiegen.
Im Vordergrund stehen nicht die fiskalischen Auswirkungen formeller Privatisierungen, bei denen die Gemeinde lediglich das Rechtskleid in Gestalt einer **Organisationsprivatisierung** wechselt (s. u. § 12 IX 3) und privatrechtliche Entgelte fordern kann. Vielmehr ermöglichen **funktionelle Privatisierung**en den Gemeinden, etwa über **Public-Private-Partnerships** Kosten zu verlagern. Das Besondere dieser Finanzierungsoption besteht darin, dass sich die Kommune zwar aus der direkten Leistungserbringung zurückzieht, sie aber im Rahmen ihrer Funktionsverantwortung durch andere Anbieter gewährleistet[833].

Beispiele: Übernahme kommunaler Erschließungskosten durch Dritte (§ 124 Abs. 2 BauGB). Vertragliche Kostenabwälzung für städtische Planungen, Anlagen und Einrichtungen über städtebauliche Verträge (§ 11 BauGB). Konzessionsverträge zur Erbringung von Leistungen des öffentlichen Personennahverkehrs (§ 8 PBefG) oder der Energieversorgung.

IX. Finanzierung der Auftrags- und Weisungsangelegenheiten

273 Die bisherigen Ausführungen befassten sich mit den Finanzquellen zur Aufgabenerfüllung im **eigenen Wirkungskreis** der Kommunen (s. o. § 3 IV 3). Davon ist die Einnahmensituation bei den **Auftrags- und Weisungsaufgaben** zu trennen. Die Finanzierung erfolgt durch Verwaltungsgebühren, pauschale staatliche Finanzzuweisungen, Zweckzuwendungen sowie eigene Deckungsmittel der Gemeinden. Die staatlichen Zuweisungen sind häufig als **Auftragspauschalen** ausgestaltet, die sich an der Einwohnerzahl und nicht an den tatsächlichen Kosten orientieren (Art. 78 Abs. 3 NWVerf). Sofern diese

---

[833] *Stober/Korte*, Öffentliches Wirtschaftsrecht Allgemeiner Teil, 20. Aufl. Rn. 1198 ff.

Finanzmittel die verursachten Kosten nur partiell decken, ist es gerechtfertigt, die **kommunale Fremdverwaltung** als die „*billigste Form der Staatsverwaltung*" zu bezeichnen. Diese Praxis gefährdet das eigenverantwortliche Handeln der Kommunen und höhlt ihre finanzielle Basis aus[834].

Auf diese Problematik hat der Verfassungsgesetzgeber im Rahmen der Föderalismusreform reagiert und mit den bereits erwähnten Art. 84 Abs. 1 S. 7 und Art. 85 Abs. 1 S. 2 GG ein **Verbot** aufgerichtet, den Gemeinden Aufgaben zu übertragen, ohne ihre Finanzierung mit zu regeln[835].

Auf Landesebene existieren zum fiskalischen Ausgleich für Aufgabenübertragungen sog. **Konnexitätsklauseln** (s. o. § 11 II 1), die den Kommunen eine finanzielle Kompensation zur Kostendeckung garantieren (Art. 83 Abs. 3 BayVerf, Art. 73 BWVerf, Art. 137 Abs. 6 HeVerf, Art. 49 Abs. 5 RPVerf, Art. 57 Abs. 2 SHVerf). Anstoß dieser Entwicklung war eine Entscheidung des NWVerfGH[836]. Er arbeitete heraus, dass Art. 78 Ab. 3 NWVerf eine Verfassungsdirektive zugunsten der kommunalen Selbstverwaltung dahin enthalte, dass der Landesgesetzgeber zu einer Kostenregelung verpflichtet sei[837]. Im Anschluss daran argumentierten auch andere Gerichte, nur dieser Ausgleichsmechanismus verhindere, dass die Gemeinden infolge einer Überbelastung mit Pflichtaufgaben ihre Selbstverwaltungsauftrag vernachlässigen würden oder nicht mehr wirksam erfüllen könnten[838]. Aus dieser Interpretation folgt, dass die erwähnten Bestimmungen den Schutz der in Art. 28 Abs. 2 Satz 3 GG und im Landesverfassungsrecht verankerten **Finanzhoheit der Gemeinden** (s. o. § 4 X) sowie die Erhaltung ihrer finanziellen Leistungsfähigkeit bezwecken[839]. Allerdings garantiert der Anspruch auf eine aufgabenadäquate Finanzausstattung keine **Vollfinanzierung** im Sinne einer kompletten Kostenerstattung, da insoweit auch gleichrangige haushaltsrechtliche Grundsätze zu berücksichtigen sind[840]. Es ist jedoch vorgesehen, dass die Kostenerstattung bei erheblichen Abweichungen anzupassen ist (Art. 78 Abs. 3 NWVerf).

Zwischenfrage: Erläutern Sie die Bedeutung des Konnexitätsprinzips!

X. Finanzierung der Landkreise

1. Schwache Beteiligung an Steueraufkommen

Die verfassungsrechtlich vorgezeichnete Finanzsituation der Kreise als Gemeindeverbände ist deutlich schwächer als die der Gemeinden. So steht ihnen ausweislich des Art. 106 Abs. 6 GG weder das Aufkommen der Grundsteuer noch der Gewerbesteuer zu. Dasselbe gilt für die Beteiligung an der Einkommensteuer und der Umsatzsteuer (Art. 106 Abs. 5 und Abs. 5a GG). Die Einnahmen und Ausgaben der Kreise driften deshalb auseinander, zumal Bund und Länder viele Verwaltungsvorgänge auf die Kreise übertragen haben. Diese Ausgangssituation führt dazu, dass Kreise häufig die Wahrnehmung freiwilliger Aufgaben einstellen oder reduzieren müssen. Zwar können sie nach Maßgabe des Landesrechts am Aufkommen der örtlichen Verbrauchs- und Aufwandsteuern beteiligt werden (Art. 106 Abs. 6 S. 1 GG). Diese Einnahmequelle verschafft den Kreisen jedoch keine Planungssicherheit. Folglich sind sie auf den Erhalt von **Finanzzuweisungen und Finanzhilfen** von Bund und Ländern (s. o. § 11 IV 4) angewiesen:

---

834   *Maskawit*, DVBl 1984, 1044.
835   BVerfG, NJW 2020, 3232.
836   NWVerfGH, DVBl 1985, 685.
837   NdsStGH, DÖV 1995, 994.
838   BVerwG, NVwZ 1987, 798; NWOVG, NVwZ 1988, 77.
839   SHVerfG, NVwZ-RR 2021, 1.
840   RPVerfG, DVBl 2021, 263 und dazu *Henneke*, DVBl 2021, 216.

- Finanzhilfen nach Art. 104b–d GG hinsichtlich bedeutsamer Investitionen.
- Finanzzuweisungen hinsichtlich kommunaler Sonderbelastungen (Art. 106 Abs. 8 GG).

Die Landesgesetzgeber wiederum entscheiden darüber, ob und inwieweit den Kreisen ein Anteil an den Gemeinschaftssteuern zusteht (Art. 106 Abs. 7 GG) und ihnen das Aufkommen von Landessteuern zufließt (**fakultativer Gemeindefinanzausgleich**).

Diese Beschreibung verdeutlicht, dass die Gemeindeverbände am Tropf von Bund und Ländern hängen und auf dessen Wohlwollen angewiesen sind.

2. Kreisumlage als Finanzierungskonstante

275 Dieser fiskalische Hintergrund verdeutlicht, dass die **Kreisumlage** die einzige Finanzierungskonstante ist. Sie wird von den kreisangehörigen Gemeinden erhoben, soweit die sonstigen Erträge eines Kreises die entstehenden Aufwendungen nicht decken (§ 56 Abs. 1 NWKrO).

Beispiel: Gebühren für die Nutzung von Kreiseinrichtungen und Kreisdiensten.

Die Kreisumlage ist keine Abgabe im klassischen Sinne. Sie wird weder von natürlichen oder juristischen Personen noch von Personenvereinigungen erhoben. Stattdessen handelt es sich um einen Anwendungsfall des **kommunalen Finanzausgleichs**[841].

Beispiel: Nimmt ein Kreis Jugendhilfeaufgaben nach dem SGB wahr, so hat er für kreisangehörige Gemeinden ohne Jugendamt eine einheitliche aufwendungsbezogene Belastung festzusetzen (§ 6 Abs. 5 NWKrO).

Da die Kreisumlage die kreisangehörigen Gemeinden finanziell trifft, erfolgt ihre Festsetzung im Benehmen mit den dazu verpflichteten Gemeinden (§ 55 Abs. 1 NWKrO). Diese Beteiligung verdeckt aber das Problem, dass Kreise ihre Haushalte teilweise nicht ausgleichen können, weil die zugehörigen Gemeinden aufgrund einer angespannten Finanzsituation häufig nicht in der Lage sind, die Kreisumlage vollumfänglich zu begleichen.

Hier kommt der **Grundsatz des finanziellen Gleichrangs** zum Zuge.

> Er verpflichtet die Kreise, die grundsätzlich gleichrangigen finanziellen Interessen der Gemeinden ausreichend in Rechnung zu stellen und verbietet ihnen, ihre eigenen Aufgaben und Interessen einseitig und rücksichtslos gegenüber deren Interessen und Aufgaben zu bevorzugen.

Das bedeutet, dass die Kreise nicht nur den eigenen Finanzbedarf, sondern auch denjenigen der umlagepflichtigen Gemeinden offenlegen müssen, weil nur so ein Ausgleich kommunaler finanzieller Interessen im kreiskommunalen Raum erfolgen kann[842]. Dabei handelt es sich um eine permanent bestehende Ermittlungspflicht, die bei Veränderungen der finanziellen Lage der betroffenen Gemeinden eine Aktualisierung der finanziellen Situation verlangt[843]. Im Rahmen seiner Prüfpflicht kann sich der Kreis auf einen Bewertungs- und Einschätzungsspielraum berufen, der die gerichtliche Überprüfung auf die angemessene Würdigung der ermittelten Daten beschränkt[844].

XI. Zur tatsächlichen Finanzsituation der Kommunen

276 Die rechtliche Ausgangslage der Kommunen im Abgabenstaat gibt keine zuverlässige Auskunft über die reale Finanzsituation der Gemeinden und Gemeindeverbände. Sie

---
841 BVerfGE 83, 363, 392.
842 BVerwGE 165, 381; BVerwG, NVwZ 2023, 824.
843 SAOVG, BeckRS 2023, 25158.
844 SAOVG, BeckRS 2024, 13625.

XI. Zur tatsächlichen Finanzsituation der Kommunen

wurde allenfalls bei der Erörterung der Problematik der Erhebung der Kreisumlage gestreift (s. o. § 11 X). Wissenschaft, Rechtsprechung und Kommunalpraxis sind sich weitgehend darüber einig, dass die Kommunen chronisch strukturell unterfinanziert sind, weil Ausgaben und Einnahmen weit auseinanderklaffen[845]. Zu Recht wird betont, die unzureichend abgesicherte Finanzausstattung sei die „*Achillesferse*" der kommunalen Selbstverwaltung[846]. Die Folgen liegen auf der Hand:
- freiwillige Leistungen müssen gestrichen,
- Budgets gekürzt und
- Nutzerpreise erhöht werden.

Die Ursachen für diese defizitäre Lage sind vielfältig und können hier nur exemplarisch angeführt werden:
- Das Konnexitätsprinzip zwischen Bund, Ländern und Kommunen (s. o. § 11 IX) wird nicht vollumfänglich angewendet[847].
- Kommunen haben immer mehr neue Aufgaben vornehmlich im Sozialbereich und Umweltsektor wahrzunehmen (s. o. § 6 und § 8)[848] und müssen vorgegebene hohe Standards erfüllen.
- Konjunkturelle Schwankungen schmälern die Einnahmen.
- Die Ansprüche der Ortsbevölkerung an die kommunale Aufgabenerfüllung wachsen.
- Die teilweise marode kommunale Infrastruktur (s. o. § 10) zwingt zu hohen Sanierungsinvestitionen und
- hohe Tarifabschlüsse für kommunale Bedienstete überfordern die kommunalen Haushalte.

Ein Lösungsvorschlag geht dahin, dass Gemeinden eine feste Quote ihrer Gesamteinnahmen für die Wahrnehmung freiwilliger Selbstverwaltungsaufgaben zur Verfügung stehen müsse. Diese Ansicht ist abzulehnen, weil dann Art. 28 Abs. 2 GG von einem Abwehrrecht in ein Leistungsrecht umgedeutet werden würde[849]. Abhilfe könnte auch eine **Altschuldenhilfe** bringen, bei der sich der Bund einmalig an der Entschuldung der Kommunen beteiligt.

Lösung des Praxisfalls:

Die zu prüfende Zweitwohnungssteuer müsste eine örtliche Aufwandsteuer sein. Das sind Abgaben, die nach Art. 105 Abs. 2a GG mit bundesrechtlich geregelten Steuern nicht gleichartig sind, bei denen der Steuertatbestand im Gebiet der erhebenden Gemeinde verwirklicht wird und deren unmittelbare Wirkungen sich im Gemeindegebiet erschöpfen. Der Bund hat noch keine Zweitwohnungssteuer eingeführt. Die Zweitwohnungssteuer könnte aber mit der bundesrechtlich normierten Grundsteuer (Art. 106 Abs. 6 GG) kollidieren, welche auf die Ertragsfähigkeit des Grundbesitzes als Einnahmequelle abzielt. Die Grundsteuer ist jedoch eine Objektsteuer, während die Zweitwohnungssteuer die finanzielle Leistungsfähigkeit aufgrund der Verwendung von Aufkommen für einen bestimmten Aufwand, nämlich die Haltung einer Zweitwohnung, abschöpfen will.

Der Steuertatbestand wird nur in der Gemeinde H umgesetzt. Die unmittelbaren Wirkungen beschränken sich auf das Gemeindegebiet. Jedenfalls ist aus dem Sachverhalt keine andere Wirkung ersichtlich. Deshalb darf die Gemeinde H grundsätzlich eine Zweitwohnungssteuer verlangen.

---

845 *Thormann*, DÖV 2024, 1050.
846 *Groß*, in: Voßkuhle/Eifert/Möllers (Hg), Grundlagen des Verwaltungsrechts, 3. Aufl. § 15 Rn. 52.
847 *H. Meyer*, NVwZ 2021, 1754.
848 *H. Meyer*, NVwZ 2021, 1754.
849 *Korioth*, in: Voßkuhle/Eifert/Möllers (Hg.), Grundlagen des Verwaltungsrechts I, 3. Aufl. § 42 Rn. 81.

Fraglich ist, ob § 4 der Satzung rechtmäßig ist, der zum Steuermaßstab (Lagewert) Stellung nimmt. Hier kommt ein Verstoß gegen den Gleichheitsgrundsatz Art. 3 Abs 1 GG in Betracht, der gebietet, wesentlich Gleiches gleich und wesentlich Ungleiches ungleich zu behandeln. Bei der Ausgestaltung der steuerrechtlichen Regelungen hat die Gemeinde einen Handlungsspielraum und sie kann sich von Praktikabilitätserwägungen leiten lassen. Der tatsächliche Aufwand des einzelnen Zweitwohnungsinhabers würde sich am besten anhand eines wirklichkeitsnahen Maßstabes ermitteln lassen. Diese Variante ist aber laut Sachverhalt hier nicht gegeben.

Deshalb darf der Satzungsgeber auf einen Ersatzmaßstab zurückgreifen und Typisierungen berücksichtigen. Allerdings muss der Ersatzmaßstab einen Bezug zwischen dem Innehaben der Zweitwohnung und dem dafür erfolgten Aufwand in dem Sinne aufweisen, dass der festzustellende Wert wahrscheinlich ist (Wahrscheinlichkeitsmaßstab). Ferner muss jeder Berechnungsfaktor geeignet sein, den Belastungsgegenstand hinreichend zu erfassen und einen lockeren Bezug dazu haben. Insoweit ist zu beachten, dass der Bodenrichtwert erheblichen Preisschwankungen unterliegt, die sich auf die Höhe der Zweitwohnungssteuer auswirken. Dies gilt insbesondere, wenn bestimmte Gemeindegebiete von starken Preiserhöhungen betroffen sind. Im Gegensatz dazu ist der Kostenaufwand für das Innehaben der Zweitwohnung nicht im gleichen Maße gestiegen. Folglich erfasst die Konzentration der Bemessungsgrundlage auf den Bodenrichtwert für den Aufwand und das Innehaben einer Zweiwohnung nicht realitätsnah. Vielmehr führt die Dominanz des Lagewerts zu einer gleichheitswidrigen Verzerrung.

Im Ergebnis ist deshalb festzuhalten, dass § 4 der Satzung unwirksam ist.

§ 12 Kommunalrecht und Wirtschaftlichkeitsprinzip

> **Praxisfall:**
> Der Verlag V vertreibt neben Tageszeitungen als Printausgaben auch digitale Medien. Die Stadt S betreibt die Internetseite „dortmund.de". Auf diesem Stadtportal werden neben amtlichen Mitteilungen auch redaktionelle Inhalte publiziert. Auf diese Weise will das Stadtportal umfassend und aktuell über das Geschehen in der Stadt und in der Verwaltung informieren und Veranstaltungen bekannt geben.
> V ist der Ansicht, das Stadtportal verstoße gegen das Prinzip der Staatsferne der Presse und sei deshalb wettbewerbswidrig.
> Wie ist die materielle Rechtslage?
> (BGH, NJW 2022, 3213 und NJW 2023, 3361)

I. Zum Verhältnis von Abgabenstaat und Wirtschaftlichkeitsprinzip

Das **Abgabenstaatsprinzip** (s. o. § 11) weist enge Bezüge zum **Wirtschaftlichkeitsprinzip** auf. Einerseits haben Gemeinden bei der Beschaffung von Finanzmitteln die wirtschaftliche Leistungsfähigkeit der Abgabepflichtigen zu berücksichtigen. Andererseits sind sie im Rahmen der Haushaltswirtschaft verpflichtet, bestimmte Wirtschaftsgrundsätze zu beachten. Einerseits verfügen die Kommunen über das Abgabenprivileg. Andererseits besteht unabhängig davon ein Bedarf an eigenwirtschaftlicher Betätigung zur Erfüllung gemeindlicher Aufgaben. Dabei gilt folgende Prämisse:

277

> Gemeinden sollen ihre Einnahmen grundsätzlich über die Teilhabe am Ertragswert privater Leistungserbringung erhalten, während unternehmerische Motivation dem Abgabenstaat wegen fehlender öffentlicher Zielsetzung fremd ist[850].

Während bei dem Abgabenstaatsprinzip die Generierung von Einnahmen im Vordergrund steht, befasst sich das Wirtschaftlichkeitsprinzip mit der Beteiligung am Wirtschaftsverkehr und dem richtigen Umgang mit den vorhandenen Finanzmitteln. Systematisch betrachtet kann man das Wirtschaftlichkeitsprinzip deshalb als **Kehrseite des auf das Gemeinwohl verpflichteten Abgabenstaates** charakterisieren. Das bedeutet:

> Die Abgabenerhebung und die eigenwirtschaftliche Betätigung sind nur insoweit gerechtfertigt, als die Einnahmen dazu verwendet werden, öffentliche Zwecke und Interessen für die Ortsbevölkerung optimal zu realisieren.

Folglich ist jegliches Verwaltungshandeln der Gemeinden dem **Primat der Wirtschaftlichkeit** unterworfen
  Beispiele: Unterhaltungskosten für gemeindliche Einrichtungen, Auftragsvergabekosten (§ 97 Abs. 1 S. 2 GWB), Personalkosten, Sachmittelkosten.

---

[850] BVerfGE 75, 192; *Ehlers*, JZ 1990, 1089; *ders.* Gutachten zum 64 DJT, 2002, 72; *Stober/Korte*, Öffentliches Wirtschaftsrecht, Allgemeiner Teil, 20. Aufl. Rn. 775.

II. Wirtschaftlichkeitsprinzip als Verfassungsgrundsatz

1. Verfassungsrechtliche Grundlagen des Wirtschaftlichkeitsprinzips

278 In jüngerer Zeit hat sich zu Recht die Ansicht durchgesetzt, dass das für das gesamte Verwaltungshandeln Maßstäbe setzende Wirtschaftlichkeitsprinzip den Rang eines Verfassungsprinzips besitzt und Ausdruck einer **„Good Governance"** ist[851]. Es wurzelt unionsrechtlich in Art. 310 Abs. 5 und Art. 317 Abs. 1 AEUV, die ausdrücklich auf den Grundsatz der Wirtschaftlichkeit der Haushaltsführung hinweisen. Aus Art. 114 Abs. 2 GG lässt sich diese Maxime mittelbar herleiten, weil der Bundesrechnungshof für die Prüfung der Wirtschaftlichkeit der Haushalts- und Wirtschaftsführung des Bundes zuständig ist. Parallele Verfassungsbestimmungen existieren auf der Landesebene (s. etwa Art. 52 Abs. 2 SHVerf).

Kommunalverfassungsrechtlich ist dieses Prinzip Gegenstand der Segmente **„Wirtschaftliche Betätigung"** (§§ 102 ff. BWGO, §§ 107 ff. NWGO) und **„Haushaltswirtschaft"** (§§ 77 ff. BWGO, §§ 75 ff. NWGO) in den Gemeindeordnungen. Dort finden sich Aussagen sowohl zur Zulässigkeit wirtschaftlicher Unternehmen der Gemeinden als auch zur wirtschaftlichen Haushaltsführung.

2. Haushaltshoheit und konjunkturelle Verantwortung

279 Juristischer Ausgangspunkt sämtlicher Wirtschaftlichkeitsüberlegungen ist die selbstverwaltungsrechtlich garantierte kommunale **Finanzhoheit** (s. o. § 4 X). In ihrer Ausprägung als **Haushaltshoheit** umfasst sie die Befugnis, das kommunale Vermögen zu verwalten und die mit Einnahmen und Ausgaben verbundenen Vorgänge eigenverantwortlich zu erledigen.

Das Haushaltsrecht der Kommunen ist zwar im Interesse der Einheitlichkeit und Vergleichbarkeit gesetzlich stark reglementiert (s. etwa §§ 75 ff. NWGO). Gleichzeitig haben einige Bundesländer aus Gründen der Flexibilität und im Interesse der Weiterentwicklung der kommunalen Selbstverwaltung **Experimentierklauseln** in die Gemeindeordnungen aufgenommen (Art. 117a BayGO, § 129 NWGO). Sie gestatten zur Erprobung neuer Steuerungsmodelle zeitlich begrenzte Ausnahmen von bestimmten haushaltsrechtlichen Vorschriften mit dem Ziel, die kommunale Haushaltsautonomie zu stärken. Die Gemeinde hat ihre Haushaltswirtschaft so zu planen und zu führen, dass den Erfordernissen des **gesamtwirtschaftlichen Gleichgewichts** Rechnung getragen wird (Art. 61 Abs. 1 S. 3 BayGO, § 77 Abs. 1 S. 2 BWGO, § 75 Abs. 1 S. 3 NWGO. Diese Verknüpfung mit Art. 109 Abs. 2 GG i. V. m. dem Stabilitätsgesetz belegt nicht nur, dass die kommunale Finanz- und Haushaltswirtschaft auch angesichts der wachsenden finanziellen Verflechtungen der unterschiedlichen Verwaltungsebenen für die Zielerreichung eine beachtliche Rolle spielt. Sie ist ferner ein Beweis dafür, dass auch die Kommunen aus der traditionellen ökonomisch neutralen Bedarfsdeckungsfunktion heraustreten und den Haushalt zur wirtschaftspolitischen Steuerung einsetzen (Art. 109 Abs. 4 Nr. 1 GG, Art. 3 Abs. 3 EUV und Art. 119 AEUV).[852]

III. Haushaltsplan und Haushaltsgrundsätze

280 Grundlage der kommunalen Haushaltswirtschaft ist der **Haushaltsplan**, der für die Haushaltsführung verbindlich ist (§ 79 Abs. 3 NWGO).

---

[851] Wolff/Bachof/Stober/Kluth, Verwaltungsrecht I, 14. Aufl. 2025, § 18 Rn. 37 m. w. N.; *Stober/Korte*, Öffentliches Wirtschaftsrecht, 20. Aufl. § 9 III.
[852] BVerfG, NJW 2011, 2947; ThürOVG, GewArch 2002, 325.

III. Haushaltsplan und Haushaltsgrundsätze

Er enthält alle im Haushaltsjahr für die Erfüllung der Aufgaben der Gemeinden voraussichtlich
- anfallenden Erträge und eingehenden Einzahlungen
- entstehenden Aufwendungen und zu leistenden Auszahlungen sowie
- notwendigen Verpflichtungsermächtigungen (Art. 64 BayGO, § 80 Abs. 1 S. 2 BWGO, 79 Abs. 1 NWGO).

Der Haushaltsplan ist unverzichtbarer Teil der **Haushaltssatzung** (Art. 63 Abs. 12 S. 1 Nr. 1 BayGO, § 78 Abs. 2 Nr. 1 NWGO). Sie muss inhaltlich folgenden Grundsätzen entsprechen:
- Vollständigkeit des Haushaltsplans,
- Klarheit und Wahrheit des Haushaltsplanes und
- Gesamtdeckung des Haushaltsplanes im Sinne eines Haushaltsausgleichs (Art. 64 Abs. 3 S. 1 BayGO, § 75 Abs. 2 NWGO).

Zwischenfrage: Welchen Grundsätzen muss die Haushaltssatzung entsprechen?

Eckpfeiler der kommunalen Haushaltsführung ist die durchgängige Verpflichtung auf die Grundsätze der **Wirtschaftlichkeit und Sparsamkeit** (§ 77 Abs. 2 BWGO, § 75 NWGO) als Folge davon, dass die Kommunen ihre Ausgaben primär mit dem Geld der Abgabepflichtigen finanzieren (s. o. § 12 I).

> Wirtschaftliches Handeln ist auf eine **Nutzenmaximierung** gerichtet, wenn es als Gebot verstanden wird, mit gegebenen Mitteln den größtmöglichen Nutzen zu erzielen.

Hier steht die Ertragsmaximierung im Sinne von Effektivität im Vordergrund, weil die günstigste Relation zwischen dem gesteckten Ziel und den eingesetzten Mitteln angestrebt wird (**Maximalprinzip**).

> Soll ein bestimmter Nutzen mit dem geringstmöglichen Mitteleinsatz erreicht werden, spricht man vom **Minimalprinzip** oder **Sparsamkeitsprinzip**[853].

Bei dieser Variante geht es darum, den Umfang der einzusetzenden Produktionsfaktoren unter dem Aspekt der Effizienz möglichst klein zu halten und dadurch **Ressourcen zu sparen**[854].

Wenngleich die Wirtschaftlichkeit des Verwaltungshandelns gesetzlich vorgeschrieben ist, kann man diesen Grundsatz nicht wie einen typischen unbestimmten Rechtsbegriff handhaben. Er kann für das „Ob" der Aufgabenerfüllung gelten, weil der Gemeinde als Selbstverwaltungsträger ein weiter **kommunalpolitischer Gestaltungsspielraum** zusteht, der im Einzelfall auch unwirtschaftliche Projekte und Maßnahmen gestattet. Deshalb kann die Wirtschaftlichkeit allenfalls bei dem „Wie" der Aufgabenwahrnehmung relevant werden. Aber auch insoweit ist der Gemeinde wegen ihrer demokratischen Legitimation ein Beurteilungsspielraum zuzubilligen[855].

Beispiele: Ein Entscheidungsträger handelt nicht stets pflichtwidrig, wenn er nicht das sparsamste im Sinne des niedrigsten Angebotes wählt. Pflichtwidrigkeit ist vielmehr nur bei evidenten und schwerwiegenden Verstößen oder dann anzunehmen, wenn Abweichungen in keiner Weise vertretbar sind[856]. Spekulationsgeschäfte verstoßen gegen das Wirtschaftlichkeitsgebot[857].

---

853 Wolff/Bachof/Stober/Kluth, Verwaltungsrecht I, 14. Aufl. § 18 Rn. 37f m. w. N.; *Fehling*, VerwArch 95, 2004, 443; BGH, NJW 2020, 628.
854 *Stober/Korte*, Öffentliches Wirtschaftsrecht, 20. Aufl. Rn. 248 f.
855 BVerwG, DVBl 1984, 523.
856 BGH, NJW 2020, 628.
857 BGH, NJW 2018, 177.

Zwischenfrage: Beschreiben Sie den Unterschied zwischen dem Minimal und dem Maximalprinzip!

Der Haushaltsplan ist jährlich (**Grundsatz der Jährlichkeit**) vor Beginn des Haushaltsjahres (**Grundsatz der Vorherigkeit**) zu erstellen und bereits im Entwurfsstadium der Öffentlichkeit vorzulegen (**Grundsatz der Publizität** – § 80 Abs. 3 NWGO).

Die Gemeinde hat, ähnlich wie ein Unternehmen, Bücher zu führen, in denen nach Maßgabe der Gemeindeordnung und nach den Grundsätzen **ordnungsgemäßer Buchführung** unter Berücksichtigung der besonderen gemeindehaushaltsrechtlichen Bestimmungen die Verwaltungsvorfälle und die Vermögens-, Ertrags- und Finanzlage in der Form der doppelten Buchführung (**kommunale Doppik**) ersichtlich zu machen sind (§ 77 Abs. 3 BWGO).

Dementsprechend setzt sich der Haushaltsplan zusammen aus einem
- **Ergebnisplan** (Angabe von Erträgen und Aufwendungen),
- **Finanzplan** (Angabe von Einnahmen und Auszahlungen),
- **Teilplänen** und gegebenenfalls einem
- **Haushaltssicherungskonzept** (§ 80 Abs. 2 BWGO, § 79 Abs. 2 NWEGO).

Ferner sind dem Haushaltsplan ausweislich des exemplarisch genannten § 1 Abs. 2 NWKomVO unter anderem folgende Unterlagen beizufügen:
- ein Vorbericht,
- ein Stellenplan,
- eine Übersicht über die Verpflichtungsermächtigungen,
- eine Übersicht über die Entwicklung des Eigenkapitals

sowie
- eine Übersicht über den Stand der Verbindlichkeiten aus Krediten und sonstigen Verpflichtungen.

IV. Haushaltssatzung

281 Der Haushaltsplan erlangt Rechtsqualität mit der Festsetzung als Teil der **Haushaltssatzung**, die wiederum die Basis für die kommunale Haushaltswirtschaft ist. Angesichts der ökonomischen Bedeutung der Haushaltssatzung für das Geschäftsgebaren der Gemeinde leuchtet ein, dass die Haushaltssatzung eine Pflichtsatzung ist, die für bestimmte Teile der Genehmigung der Aufsichtsbehörde bedarf.

Der **Kämmerer** arbeitet den Satzungsentwurf aus und legt ihn dem Rat zur Beschlussfassung vor. Nach der öffentlichen Beratung und Beschlussfassung der Haushaltssatzung im Rat sowie der Anzeige bei der Aufsichtsbehörde ist die Haushaltssatzung öffentlich bekannt zu machen. Im Anschluss daran ist sie mit allen Bestandteilen und Anlagen öffentlich auszulegen (Art. 65f Abs. 3 S. 3 BayGO, § 86 Abs. 2 S. 3 NdsGO, Sofern die Satzung genehmigungspflichtige Teile enthält, darf die Auslegung erst nach der Genehmigungserteilung erfolgen (s. auch § 80 NWGO).

Ihrer normativen Qualität nach ist die Haushaltssatzung aus zwei Gründen als Rechtssatz zu qualifizieren. Zum einen enthält sie über die verwaltungsinterne Bindung hinaus wegen der Steuerfestsetzungen zugleich drittwirkende Teile. Und zum anderen besitzen auch die sog **Innenrechtssätze** Rechtsqualität, da sie den Verwaltungsvollzug organisatorisch nach verfassungsrechtlichen Vorgaben regeln. Allerdings entfaltet die Haushaltssatzung nach h. M. **keine Wirkung im Außenverhältnis** und sie begründet keine Ansprüche Dritter (s. u. § 12 VI – Art. 64 Abs. 3 S. 3 BayGO, § 79 Abs. 3 S. 3 NWGO)[858].

Da die Haushaltssatzung in einem bestimmten formalisierten Verfahren erlassen wird, stellt sich die Frage nach den Rechtsfolgen bei **Verfahrensfehlern**. Insoweit kann an

---

858 BWVGH, DÖV 2018, 632.

die differenzierende Betrachtungseise angeknüpft werden, die anlässlich der Erörterung allgemeiner Satzungsfehler entwickelt wurde (s. o. § 4 XII 4 c):
- Unbeachtlich wegen Unwesentlichkeit sind Fehler durch Versäumung der Anzeige oder Vorlagepflicht der Satzung sowie Fehler anlässlich einer mangelhaften Auslegung des Haushaltsplanes.
- Eine fehlende Genehmigung sowie die Versäumung der öffentlichen Auslegung können nachgeholt und damit geheilt werden.
- Scheidet eine nachträgliche Fehlerbehebung aus, ist die Haushaltssatzung nichtig.

Zwischenfrage: *Beschreiben Sie die Rechtsqualität von Haushaltssatzungen!*

V. Rechnungsprüfung

Die aufgezeigten umfangreichen Vorkehrungen zur Sicherung einer verantwortungsvollen, demokratisch-öffentlichen Finanzwirtschaft werden komplettiert durch eine wirksame **Finanzkontrolle**, die auf eine retrospektiv lückenlose Rechtfertigung der Finanzbewegungen gerichtet ist. Prüfbasis ist der **Jahresabschluss**, der das Ergebnis der Haushaltswirtshaft einschließlich des Standes des Gemeindevermögens und der Verbindlichkeiten zu Beginn und zum Ende des Haushaltsjahres nachweist.

Die sog. **örtliche Rechnungsprüfung** liegt grundsätzlich bei dem, im Interesse einer ordnungsgemäßen Aufgabenkontrolle in allen Kreisen und kreisfreien Städten (Art. 104 Abs. 2 S. 3 BayGO, § 109 BWGO) und teilweise auch in Großen und Mittleren kreisangehörigen Städten (§ 101 NWGO) zu errichtenden **Rechnungsprüfungsamt**. Es entspricht der Kontrollfunktion und seiner besonderen organisatorischen Stellung im Gefüge der Gemeindeorgane, dass das Rechnungsprüfungsamt bei der Erfüllung zugewiesener Prüfungsaufgaben unabhängig agiert und **nicht an Weisungen gebunden** ist. Diese Position wird personell dadurch gestärkt, dass Leiter und Prüfer des Rechnungsprüfungsamtes zu Bürgermeistern, Beigeordneten und Fachbediensteten für das Finanzwesen sowie der Gemeindekasse nicht in einem die **Befangenheit begründenden Verhältnis** stehen dürfen. Diese Compliance-Regelung gilt auch für die Ausübung anderer Ämter, die mit den Aufgaben der Rechnungsprüfung kollidieren können (§ 109 Abs. 5 BWGO, § 101 Abs. 6. NWGO). Der Leiter des Rechnungsprüfungsamtes muss hauptamtlicher Bediensteter sein, eine spezielle Vorbildung nachweisen und die für dieses Amt **erforderliche Erfahrung und Eignung** besitzen (§ 101 Abs. 3 NWGO, § 109 Abs. 3 BWGO). Die herausragende Stellung wird durch die Bestimmung unterstrichen, dass die Leitung der örtlichen Rechnungsprüfung nur unter erschwerten Voraussetzungen von seinem Amt abberufen werden kann (§ 101 Abs. 5 NWGO).

Zwischenfrage: *Erläutern Sie die besondere Rechtsstellung des Gemeindeprüfungsamtes und begründen sie die Notwendigkeit dafür!*

Hauptaufgabe des Rechnungsprüfungsamtes sind die Prüfung des Jahresabschlusses, des Lageberichtes, der Gemeindekasse sowie der vergebenen Aufträge, die sich jeweils auf eine reine Gesetzmäßigkeitskontrolle beschränkt. Anstelle des Rechnungsprüfungsamtes kann die Gemeinde mit der Durchführung der Jahresabschlussprüfung auch **Wirtschaftsprüfer, Wirtschaftsprüfungsgesellschaften** oder die **Gemeindeprüfanstalt** beauftragen (§ 102 Abs. 2 NWGO). Die Nutzung dieser Kontrollalternativen macht Sinn, weil Wirtschaftsprüfer ebenfalls unabhängig und professionell mit Prüfaufträgen auf der Basis doppelter Buchführung vertraut sind.

Unabhängig von den genannten Prüfinhalten ist eine Prüfung der **Wirtschaftlichkeit und Zweckmäßigkeit** der Verwaltungsarbeit, von Vorräten und Vermögensbeständen, der Wirtschaftsführung kommunaler Unternehmen sowie eine Buch- und Betriebsführung vorgesehen (Art. 106 BayGO, § 119 NdsGO, § 103 NWGO). Die Prüfungen werden in einem Schlussbericht zusammengefasst, über den die Gemeindevertretung abstimmt

(Art. 102 Abs. 3 S. 1 BayGO, § 96 Abs. 1 NWGO). Findet die nachgewiesene Verwaltungsführung die Zustimmung der Gemeindevertretung, so erteilt sie dem verwaltungsleitenden Organ „**Entlastung**" (Art. 102 Abs. 3 S. 1 BayGO, § 96 Abs. 1 S. 4 NWGO) im Sinne einer rechtlichen und politischen Verantwortungsübernahme.

Anschließend ist die Jahresrechnung mit sämtlichen Berichten und Beschlüssen der **überörtlichen Rechnungsprüfungsstelle** vorzulegen, deren Tätigkeit auch als Ausprägung einer Aufsichtsprüfung qualifiziert werden kann (§ 113 BWGO). Welche Prüfeinrichtung in Betracht kommt, richtet sich nach der Gemeindegröße.

Beispiele: Innenministerien, Bezirksregierungen, Rechnungshöfe, Landkreise, Gemeindeprüfanstalten (§ 105 Abs. 1 NWGO), kommunale Prüfungsverbände.

Die überörtliche Prüfung bezieht sich nur auf die Gesetzmäßigkeit der kommunalen Haushalts- und Wirtschaftsführung und ist damit ein Anwendungsfall der Rechtsaufsicht, die auch die Überprüfung der Korrektheit des Kassenwesens einschließt (sog. Kassenprüfung – § 113 BWGO). Soweit sich die Nachprüfung auch auf die Wirtschaftlichkeit und Zweckmäßigkeit des Haushaltsgebarens erstreckt ist zweifelhaft, ob diese Ausweitung mit der Selbstverwaltungsgarantie vereinbar ist. Da der überörtlichen Prüfung keine Sanktionsmittel zur Verfügung stehen, ihre Ergebnisse vielmehr nur die Funktion einer objektiven und wahrheitsgemäßen Offenlegung der kommunalen Arbeitseffizienz haben, wird man die Verfassungsmäßigkeit wegen des fehlenden Eingriffscharakters bejahen können.

Bei Beanstandungen der Aufsichtsbehörde hat die betroffene Gemeinde innerhalb einer bestimmten Frist mitzuteilen, ob sie den Feststellungen Rechnung getragen hat. Soweit sog. wesentliche „Anstände" nicht erledigt sind, kann die Aufsichtsbehörde die **Bestätigung der Rechtmäßigkeit** einschränken (§ 114 Abs. 5 BWGO). In diesem Zusammenhang gewinnt auch das gesetzgeberische Anliegen an Relevanz, dass die Aufsichtsbehörde die Gemeinden auf Antrag in Fragen der **Organisation und Wirtschaftlichkeit der Verwaltung** beraten soll (§ 114 Abs. 2 BWGO, § 106 Abs. 8 NWGO).

VI. Rechtsstellung der Einwohner und Abgabepflichtigen

283 Die bisherigen Ausführungen haben das Abgaben- und Haushaltsrecht aus dem Blickwinkel der Gemeinde beleuchtet. Davon ist die Rechtsstellung der von der Haushaltswirtschaft betroffenen Personen zu unterscheiden. Damit Einwohner und Abgabepflichtige möglichst früh über die finanzwirtschaftlichen Maßnahmen der Gemeinde erfahren können, sehen einige Gemeindeordnungen vor, dass der **Entwurf der Haushaltssatzung öffentlich auszulegen** ist. Damit besteht nicht nur die Möglichkeit der Kenntnisnahme, sondern auch das Recht, **Einwendungen zu erheben**, über die der Rat beschließt (§ 80 Abs. 3 S. 2 NWGO). Das Einwendungsrecht soll die Ortsbevölkerung motivieren, sich an der Diskussion über die einzelnen Haushaltsansätze und Abgabenmodalitäten zu beteiligen. In der Kommunalpraxis spielt diese subjektive Rechtsposition einer **allgemeinen Bürgerbeteiligung** erstaunlicherweise keine nennenswerte Rolle.

Die Einwendungsoption sollte schon deshalb genutzt werden, weil sie die einzige Korrekturposition gegenüber dem Haushaltsplan ist. Denn sämtliche Gemeindeordnungen sehen übereinstimmend vor, dass der verabschiedete Haushaltsplan **keine Ansprüche Dritter** begründet (§ 80 Abs. 4 S. 2 BWGO, § 79 Abs. 3 S. 3 NWGO). Die ausschließlich objektivrechtliche Ausrichtung lässt sich damit begründen, dass der Haushaltsplan nur für die verwaltungsinterne Haushaltsführung verbindlich ist, wenngleich er gelegentlich gleichzeitig Grundlage einer Subventionierung von Privatunternehmen sein kann. Folglich besitzen Betroffene auch **keinen Anspruch gegenüber den Kontroll- und Aufsichtsinstanzen** auf Einschreiten bei einem haushaltswidrigen Gebaren einer Gemeinde[859].

---

[859] NWOVG, NVwZ-RR 2025, 154.

VII. Grundlagen und Grenzen der wirtschaftlichen Betätigung der Gemeinde

1. Die Gemeinde als Verbraucherin

Die objektivrechtliche Funktion des Haushaltsplanes sagt nichts darüber aus, ob die bislang nicht erörterte **wirtschaftliche Betätigung der Kommunen** Einwohnern und sonstigen Betroffenen subjektive Rechte gegenüber ökonomischen Aktivitäten der Gemeinde einräumt. Die Antwort setzt voraus, dass man sich näher mit den unterschiedlichen Rollen befasst, in denen die **Gemeinde als Wirtschaftsakteur** auftritt. Im Grunde genommen sind zwei Kategorien marktmäßiger Teilnahme zu unterscheiden:
– die Tätigkeit als Verbraucherin von Leistungen und
– die Tätigkeit als Unternehmerin[860].

Kommunen werden auf der Nachfrageseite wirtschaftlich aktiv, wenn sie **öffentliche Aufträge** vergeben

„über die Beschaffung von Leistungen, die die Lieferung von Waren, die Ausführung von Bauleistungen oder die Erbringung von Dienstleistungen zum Gegenstand haben" (§ 103 Abs. 1 GWB).

Hier verhält sich die Gemeinde wie eine Verbraucherin oder ein Kunde eines Geschäftspartners, die Lieferaufträge, Bauaufträge, Dienstleistungsaufträge oder Konzessionen abschließen (§ 103 Abs. 2–4 und § 105 GWB). Dazu ist die Gemeinde verfassungsrechtlich legitimiert, weil sie damit öffentliche Aufgaben im Rahmen der Selbstverwaltung wahrnimmt.

> **Beispiele**: Bau und Unterhaltung von Verwaltungsgebäuden und öffentlichen Einrichtungen, Kauf von Büromaterial.

Wegen des finanziellen Umfangs und der ökonomischen Bedeutung des Beschaffungswesens ist die überkommene Bezeichnung als **fiskalische Hilfsgeschäfte** nicht mehr zielführend. Denn die Kommunen zählen rechtstatsächlich zu den über eine beträchtliche Marktmacht verfügenden Hauptauftraggebern der Privatwirtschaft. Da die EU auch einen **Vergabebinnenmarkt** anstrebt, müssen die Kommunen an die einschlägigen, in nationales und regionales Recht umgesetzten EU-Richtlinien beachten.
– RL 2014/24/EU v. 26.2.2024 über **die öffentliche Auftragsvergabe**,
– RL 2014/25/EU v. 26.2.2024 über die Vergabe von Aufträgen im Bereich Wasser, Energie und Verkehrsversorgung (**Sektorenrichtlinie**) und
– RL 2014/23/EU (**Konzessionsrichtlinie**).

Dieses Regelwerk vermittelt zusammen mit § 97 Abs. 6 GWB den Auftragnehmern ein **subjektives Recht auf Einhaltung des Vergaberechts**.
Verfahrensrechtlich stehen der Gemeinde unterschiedliche Optionen zur Verfügung (§ 119 GWB):
– offenes Verfahren für alle Unternehmen,
– nicht offenes Verfahren für ausgewählte Unternehmen,
– Verhandlungsverfahren mit ausgewählten Unternehmen,
– Innovationspartnerschaft zur Entwicklung noch nicht marktmäßig verfügbarer Leistungen und
– wettbewerblicher Dialog zur Erörterung aller Aspekte der Auftragsvergabe.

Die jeweilige Auswahl des Verfahrensweges muss aus wettbewerblichen Erwägungen begründet und aktenkundig gemacht werden.
Im Übrigen kommt es für die Auftragsvergabe auf die jeweils festgelegten **Schwellenwerte** an. Unterhalb der von der EU regelmäßig angepassten Schwellenwerte (§ 106

---

860 S. näher Wolff/Bachof/Stober/Kluth, Verwaltungsrecht I, 14. Aufl. 2025, § 23; *Stober/Korte*, Öffentliches Wirtschaftsrecht, 20. Aufl. § 24.

GWB) gilt nicht das Vergaberecht, sondern das **Haushaltsrecht** unter besonderer Berücksichtigung des **Wirtschaftlichkeitsgebotes** (s. o. § 12 III). Insoweit kann auf kommunalrechtlich normierte Unterschwellenvergabeverordnungen zurückgegriffen werden, die auch mittelstandsfreundliche Komponenten enthalten (§ 106b BWGO). Einschränkende Vorgaben existieren hinsichtlich der **Versorgung mit Energie und Wasser.** So dürfen Gemeinden teilweise Verträge nur abschließen, wenn die Erfüllung der Aufgaben nicht gefährdet wird und die berechtigten wirtschaftlichen Interessen der Gemeinde und ihrer Einwohner gewahrt werden (§ 107 Abs. 1 BWGO). Ähnlich verhält es sich, wenn auf den Aspekt der **Leistungsfähigkeit** der Gemeinde hingewiesen wird (§ 107a Abs. 1 NWGO).

2. Die Gemeinde als Unternehmerin

285 **a. Unions- und verfassungsrechtliche Ausgangslage.** Die Gemeindeordnungen ermöglichen den Kommunen unter bestimmten Voraussetzungen, sich als **Unternehmerin** zu betätigen. Der dazu existierende rechtliche Rahmen ergibt sich aus dem Unionsrecht, sowie dem deutschen Verfassungsrecht, Bundes- und Landesrecht. Einigkeit besteht darüber, dass
- Öffentliche Aufgaben erfüllt werden müssen,
- unternehmerische Tätigkeiten legitimationsbedürftig sind und
- die kommunalen Organe hinreichende Einwirkungsmöglichkeiten auf ihre Unternehmen behalten müssen[861].

Insoweit hält das Unionsrecht fest, dass es sich bei kommunalen Unternehmen um Einheiten handelt, auf die die Gemeinde

„aufgrund Eigentums, finanzieller Beteiligung, Satzung und sonstiger Bestimmungen einen beherrschenden Einfluss ausüben kann" (Art. 2 lit b Transparenzrichtlinie).[862]

Angesichts wachsender kommunalwirtschaftlicher Aktivitäten haben die Landesgesetzgeber in jüngerer Zeit die Rahmenbedingungen für unternehmerisches Handeln in unterschiedlicher Weise geändert. Einerseits wurden die Zulässigkeitsvoraussetzungen verschärft und andererseits gelockert, um ökonomische Härten aufgrund der **Liberalisierung** ehemals kommunaler Märkte zu verringern und spezifischen kommunalen Bedarfen entgegenzukommen. Gleichzeitig ist im Rahmen einer **Rekommunalisierung** zu beobachten, dass zahlreiche, zwischenzeitlich von Privatunternehmen erledigte Aufgaben der Daseinsvorsorge und der Infrastrukturverwaltung (s. o. § 10) wieder in den Aufgabenbereich der Gemeinden zurückgeholt wurden[863].

Beispiel: Rückkauf von Energieversorgungsunternehmen.

Nach Art. 14 AEUV haben die Union und die Mitgliedstaaten dafür zu sorgen, dass die Grundsätze und Bedingungen für das Funktionieren der **Dienste von allgemeinem wirtschaftlichem Interesse** so gestaltet sind, dass sie ihren Aufgaben nachkommen können. Dieser Schutz wird mit ihrer besonderen Bedeutung für die Förderung des sozialen und territorialen Zusammenhalts begründet (s. auch Art. 36 EU GR Charta). Allerdings ist diese Formulierung ausweislich der Entstehungsgeschichte der Vorschrift nicht mit dem Begriff **Daseinsvorsorge** identisch[864], weist aber wegen der Gemeinwohlbindung bestimmte Gemeinsamkeiten auf. Dazu zählen nach Art. 17 DLR die Sektoren:
- Elektrizität,
- Gas,
- Wasserversorgung,
- Abwasser- und Abfallbewirtschaftung,

---

861 BVerfG, DVBl 2018, 871.
862 EG (2006/111 ABl. EG 2006 L 318, 17.
863 *T. I. Schmidt*, DÖV 2014, 357.
864 *Krajewski*, VerwArch 2008, 99, 179.

VII. Grundlagen und Grenzen der wirtschaftlichen Betätigung der Gemeinde

die deshalb aus der Dienstleistungsrichtlinie herausgenommen wurden (Art. 1 Abs. 2 und Abs. 3 DLR). Diese Dienste sind dadurch gekennzeichnet, dass sie unabhängig von Kostendeckungs- und Rentabilitätsgesichtspunkten allgemein zugänglich, flächendeckend, kontinuierlich und erschwinglich erbracht werden. Diese Ziele des Art. 14 AEUV entsprechen weitgehend Art. 106 AEUV, wonach die **Wettbewerbsregeln** grundsätzlich nicht für öffentliche Unternehmen gelten, die derartige Leistungen erbringen. Folglich wird der **Funktionsfähigkeit dieser Organisationen** grundsätzlich Vorrang vor dem Wettbewerbsschutz eingeräumt. Allerdings gestattet das in Art. 5 Abs. 1 EUV verankerte **Subsidiaritätsprinzip** den Mitgliedstaaten, das heißt in Deutschland primär den zuständigen Bundesländern, im Kommunalrecht konkretisierende allgemeine Vorschriften einzuführen. Insgesamt ist jedenfalls von ein Unionsrechtskonformität der ökonomischen Aktivität öffentlicher Unternehmen auszugehen, deren Existenz in Art. 106 Abs. 1 AEUV ausdrücklich erwähnt wird.

Grundgesetz und Landesverfassungen treffen keine klare Aussage zur Rechtmäßigkeit kommunaler Unternehmen. Insbesondere kann man wegen der **wirtschaftsverfassungsrechtlichen Offenheit des Grundgesetzes** nichts für oder gegen eine unternehmerische Tätigkeit auf der Kommunalebene ableiten[865]. Ähnlich verhält es sich mit dem Grundsatz der **Subsidiarität**, der nur in Art. 23 Abs. 1 S. 1 GG und damit nur in einem unionsrechtlichen Kontext erwähnt wird. Mittelbar ergibt sich eine Billigung öffentlicher Unternehmen aus Art. 110 Abs. 1, Art. 134 und Art. 135 Abs. 6 GG. Hingegen begrenzt Art. 28 Abs. 2 GG die Kommunen auf die Erfüllung von Verwaltungsaufgaben und räumt ihnen kein Recht auf wirtschaftliche Betätigung ein, um die Ortsbevölkerung vor Verlusten bei erfolglosem unternehmerischem Wirtschaften zu schützen. Denn die Selbstverwaltungsgarantie ist eine staatsgerichtete Organisations- und Kompetenznorm und keine wirtschaftsorientierte Befugnisnorm[866].

b. Facettenreiche Herausforderungen. Jenseits dieser unions- und verfassungsrechtlichen Überlegungen ist zu beachten, dass die Bestimmungen über die unternehmerische Betätigung der Gemeinden im Spannungsverhältnis zwischen dem **kommunalen Leistungsauftrag** (s. o. § 10) und dem **kommunalen Haushaltsrecht** (s. o. § 12 I) steht[867]. Denn dieser Ausschnitt kommunaler Aufgabenerfüllung befasst sich einerseits mit der Errichtung, Übernahme und Erweiterung wirtschaftlicher Unternehmen sowie der Gründung und Beteiligung an Gesellschaften, die auf den Betrieb eines wirtschaftlichen Unternehmens gerichtet sind und die sich mit **öffentlichen Einrichtungen** der Gemeinden überschneiden können. Andererseits hängen Ob und Umfang der wirtschaftlichen Betätigung entscheidend von der konkreten Finanz- und Haushaltssituation sowie der Zweckmäßigkeit der eigenen Aufgabenerfüllung oder einer Zusammenarbeit mit Privatunternehmen ab.

Die wirtschaftliche Betätigung der Kommunen ist facettenreich und als Spiegelbild unterschiedlicher gemeindlicher Gestaltungsoptionen kaum abschließend beschreibbar. Sie orientiert sich an variantenreichen Bedürfnissen der Bevölkerung, an divergierenden politischen Interessen, an historischen Gegebenheiten sowie gewandelten sozialen, ökonomischen, kulturellen, ökologischen und technischen Herausforderungen.

c. Wirtschaftliche Betätigung und wirtschaftliche Unternehmen als Schlüsselbegriffe. Bei dieser komplexen Ausgangslage kommt es entscheidend darauf an, wie die Schlüsselbegriffe wirtschaftliche Betätigung und wirtschaftliche Unternehmen zu interpretieren sind.

Die Legaldefinition des § 107 Abs. 1 S. 3 NWGO beschreibt als wirtschaftliche Betätigung den Betrieb von Unternehmen,

---

865 *Stober/Korte*, Öffentliches Wirtschaftsrecht, Allgemeiner Teil, 20. Aufl. Rn. 121 ff. und 773.
866 *Burgi*, NVwZ 2001, 601; *Schink*, NVwZ 2002, 129.
867 *Wurzel/Schraml/Gaß*, Rechtspraxis der kommunalen Unternehmen, 4. Aufl. 2021.

„die als Hersteller, Anbieter oder Verteiler von Gütern oder Dienstleistungen am Mark tätig werden, sofern die Leistung ihrer Art nach auch von einem Privaten mit der Absicht der Gewinnerzielung erbracht werden könnte."

Diese Erläuterung deckt sich mit den Auffassungen der Rechtsprechung und der Kommunalliteratur.[868] Der Hinweis auf die Privatwirtschaft hebt auf die Arbeitsweise und insbesondere auf das Rationalprinzip sowie den kaufmännischen Geschäftsbetrieb ab. Dem gegenüber ist die Erwähnung der Gewinnerzielung kein begriffswesentliches Merkmal der kommunalen Wirtschaftstätigkeit, weil sie mit der öffentlichen Zwecksetzung abzuwägen ist und mit ihr kollidieren kann.

Da es an einer klaren Grenzziehung fehlt, kann sich die wirtschaftliche Betätigung mit der kommunalen Leistungsverwaltung überschneiden. Während es bei dem Leistungsrecht um die Sicherstellung der öffentlichen Nutzung geht, setzt das kommunale Wirtschaftsrecht den Rahmen gegenüber ungehindertem Wirtschaften. Insbesondere schließen sich die Begriffe „kommunale wirtschaftliche Unternehmen" und „öffentliche Einrichtungen" nicht aus, weil Wirtschaftsunternehmen der Gemeinden häufig zugleich als öffentliche Einrichtungen (s. o. § 10 IV) fungieren.

Beispiel: Stadtwerke.

3. Zur Zulässigkeit kommunaler Unternehmen

a. Privilegierte Unternehmen. Die Gemeindeordnungen behandeln die wirtschaftlichen Unternehmen nicht nach einem einheitlichen Muster. Vielmehr ist ihr Status landesrechtlich unterschiedlich normiert und er divergiert je nach Unternehmensgegenstand mit der Folge von Sonderregelungen für **Sparkassen**[869] und die Erscheinungsformen der **Daseinsvorsorge**.

Im Übrigen differenzieren die Gemeindeordnungen generell nach drei, mit unterschiedlichen Rechtsfolgen versehenen Kategorien, nämlich:
– ausdrücklich verbotenen Unternehmen,
– ausdrücklich gestatteten Unternehmen und
– eingeschränkt zulässigen Unternehmen.

Hinsichtlich der Nennung verbotener wirtschaftlicher Unternehmen sind die Gemeindeordnungen zurückhaltend. Übereinstimmend ist lediglich untersagt, **Bankunternehmen** zu errichten und zu betreiben (Art. 87 Abs. 4 S. 1 BayGO, § 107 Abs. 6 NWGO). Darüber hinaus sind viele kommunale Unternehmen zulässig, weil ihr öffentlicher Zweck fiktiv vermutet oder ausdrücklich erwähnt wird (§ 121 Abs. 1a HeGO, § 107 Abs. 2 und § 107a NWGO). Exemplarisch verneint § 102 Abs. 2 BWGO die Eigenschaft eines wirtschaftlichen Unternehmens für:

„1. Unternehmen, zu deren Betrieb die Gemeinde gesetzlich verpflichtet ist,
2. Einrichtungen des Unterrichts, Erziehungs- und Bildungswesens, der Kunstpflege, der körperlichen Ertüchtigung, der Gesundheits- und Wohlfahrtspflege sowie öffentlicher Einrichtungen ähnlicher Art und
3. Hilfsbetriebe, die ausschließlich zur Deckung des Eigenbedarfs dienen."

Wegen ihrer besonderen Aufgabenstellung und des eindeutigen Wortlauts der einschlägigen Bestimmungen gelten die besonderen Zulässigkeitsschranken für wirtschaftliche Unternehmen nicht für die genannten privilegierten Einrichtungen und Betriebe, weil andernfalls die gesetzlichen Fiktionsvorschriften leerliefen.

Beispiel: Die Veranstaltung im örtlichen Interesse liegender traditioneller Wochenmärkte sind der Wirtschaftsförderung dienende gemeindliche Einrichtungen und

---

868 BVerwGE 39, 329; NWOVG, DÖV 1986, 339; *Schmidt-Jortzig*, in: HKWP V, § 93 B II.
869 *Grandke*, DVBl 2022, 455; *T. I. Schmidt*, DÖV 2024, 903.

VII. Grundlagen und Grenzen der wirtschaftlichen Betätigung der Gemeinde

deshalb vollständig aus dem Regelungsbereich über die wirtschaftliche Betätigung ausgenommen[870].

Allerdings sind auch diese Unternehmen nach **wirtschaftlichen Gesichtspunkten** (s. o. § 12 I) zu führen, soweit dies mit dem öffentlichen Zweck vereinbar ist (§ 107 Abs. 2 S. 2 NWGO).

Zwischenfrage: *Nennen Sie einige privilegierte wirtschaftliche Unternehmen und begründen Sie den Privilegierungsgrund!*

b. Kommunalrechtliche Schrankentrias als Zulassungshürde. Greifen die Privilegien nicht, dann sind wirtschaftliche Unternehmen nur dann zulässig, wenn sie die Voraussetzungen der sog. **Schrankentrias** erfüllen (Art. 87 BayGO, § 102 Abs. 1 BWGO, § 107 Abs. 1 NWGO)[871]. Diese Hürde stellt an die Errichtung, Übernahme und wesentliche Erweiterung hohe inhaltliche Anforderungen. Sie bezwecken, die Gemeinden angesichts wachsender kommunalwirtschaftlicher Betätigung vor einer Überforderung der Haushalte zu schützen[872]. Deshalb muss:
– ein das Unternehmen rechtfertigender **öffentlicher Zweck** vorliegen,
– die wirtschaftliche Betätigung in einem **angemessenen Verhältnis zur Leistungsfähigkeit** der Gemeinde und zum **voraussichtlichen Bedarf** stehen und
– das Unternehmen den Bedingungen unterschiedlich formulierter **Subsidiaritätsklauseln** entsprechen.

Während die beiden zuerst genannten Anforderungen weitgehend problemlos subsumierbar sind, ist bei den das Verhältnis zwischen Kommunal- und Privatunternehmen konkretisierenden Subsidiaritätsklauseln zwischen zwei Varianten zu differenzieren:

Sie verlangen entweder, dass die Gemeinden der Tätigkeit nur nachgehen darf, wenn der öffentliche Zweck nicht durch andere (private) Unternehmern **besser und wirtschaftlicher** erfüllt werden kann (§ 107 Abs. 1 Nr. 3 NWGO – **unechte Subsidiaritätsklausel**).

Oder sie setzen voraus, dass der Unternehmenszweck nicht **ebenso gut und wirtschaftlich** durch einen privaten Anbieter erfüllt wird oder erfüllt werden kann (§ 102 Abs. 1 Nr. 3 BWGO[873], § 136 Abs. 1 Nr. 3 NKomVG, § 121 Abs. 1 Nr. 3 HeGO) – **echte, qualifizierte oder verschärfte Subsidiaritätsklausel**. Diese Schranke stellt klar, dass die **wirtschaftliche Betätigung der Gemeinde** gegenüber der **Privatwirtschaft nachrangig** ist, weil die Gemeinde in diesem Fall besser und wirtschaftlicher handeln müsste. In diesem Fall sind die Gemeinden nachweispflichtig, so dass diese gesetzliche Vorgabe inhaltlich einer **Privatisierungsprüfpflicht** mit der Konsequenz entspricht, dass die Gemeinde Angebote einholen und Vergleichsberechnungen vornehmen muss.

> **Beispiel**: Eine Beteiligung einer Gemeinde an einem Unternehmen in Privatrechtsform, dessen Tätigkeit hauptsächlich im Erwerb, der Bebauung und der Veräußerung von Grundstücken besteht, kann nur dann der Daseinsvorsorge zugeordnet werden, wenn die Art der geplanten Bebauung Zwecken der Daseinsvorsorge dient und damit einen öffentlichen Zweck erfüllt[874].

Zu den Anforderungen im Einzelnen:

Es muss ein **öffentlicher Zweck** vorliegen, der das Unternehmen erfordert oder rechtfertigt (Art. 87 Abs. 1 S. 1 Nr. 1 BayGO, § 102 Abs. 1 Nr. 1 BWGO, § 136 Abs. 1 Nr. 1 NKomVG, § 107 Abs. 1 Nr. 1 NWGO). Danach muss das Unternehmen unmittelbar durch seine Leistung und nicht nur mittelbar über seine Gewinne und Erträge dem Gemeinwohl der Ortsbevölkerung und insbesondere der Erfüllung gesetzlicher Pflich-

---

870 NWOVG, DVBl 2023, 483.
871 *Lange*, NVwZ 2014, 616.
872 *Wolff*, DÖV 2011, 721.
873 BWVGH, NVwZ-RR 2013, 328.
874 BWVGH, NVwZ-RR 2015, 307.

ten dienen[875]. Gestattet sind sog. **Gewinnmitnahmen durch Randnutzungen**, weil hier brachliegende Kapazitäten der öffentlichen Hand aufgrund der Gebote der Wirtschaftlichkeit und Sparsamkeit unternehmerisch genutzt werden (§ 121 Abs. 4 HeGO)[876].

Beispiele: Werbung in öffentlichen Verkehrsmitteln. Werbenutzungsverträge zwischen einem Plakatanschlagunternehmen und einer Gemeinde zur werbemäßigen Nutzung des Straßenraumes[877].

Dieser scheinbar rechtlich klaren Interpretation des öffentlichen Zwecks steht jedoch die begrenzte faktische Wirkung dieses unbestimmten Rechtsbegriffes gegenüber. Hinsichtlich der Bandbreite öffentlicher Aufgaben und der ständig wachsenden und sich ändernden Anforderungen fällt es der Kommunalverwaltung nicht schwer, den Zweckbegriff über die traditionellen Bereiche hinaus auszudehnen. Rechtsaufsichtsbehörde und Rechtsprechung können und wollen diesen Wandel nicht aufhalten, weil den Gemeinden bei der Zweckbestimmung eine **Einschätzungsprärogative** zusteht, die einer richterlichen Überprüfung entzogen ist[878].

Das Kriterium der **Leistungsfähigkeit** (Art. 87 Abs. 1 S. 1 Nr. 1 BayGO, § 136 Abs. 1 Nr. 2 NKomVG, § 107 Abs. 1 S. 1 Nr. 2 NWGO) soll die Gemeinden vor Aktivitäten bewahren, die ihre Verwaltungs- und Finanzkraft überfordern.

Die Subsidiaritätsklauseln bezwecken, dass sich die Kommunen auf ihre eigentlichen Kernaufgaben konzentrieren (**kommunalpolitische Komponente**) und keine mit der Unternehmertätigkeit am Markt verbundenen Risiken eingehen (**haushalts- und finanzpolitische Komponente**)[879]. Ferner soll eine ungehemmte wirtschaftliche Betätigung der Gemeinden zu Lasten der Privatwirtschaft verhindert werden (**wirtschaftspolitische Komponente**)[880].

Zwischenfrage: Zählen Sie die Voraussetzungen auf, unter denen eine unternehmerische Betätigung einer Gemeinde zulässig ist und erläutern Sie die dabei verwendeten Begriffe!

4. Ausländische und überörtliche Aktivitäten

Auf den ersten Blick scheint es selbstverständlich zu sein, dass Gemeinden bei wirtschaftlichen Betätigungen nur im Rahmen ihres **Gemeindegebietes** agieren dürfen. Neuerdings gestatten jedoch mehrere Gemeindeordnungen wirtschaftliche Tätigkeiten über die Gemeindegrenzen hinaus einschließlich eines **Engagements auf ausländischen Märkten**.

Exemplarisch heißt es dazu in § 107 Abs. 3 NWGO:

„Die wirtschaftliche Betätigung außerhalb des Gemeindegebietes ist zulässig, wenn die Voraussetzungen des Absatzes 1 vorliegen und die berechtigten Interessen der betroffenen kommunalen Gebietskörperschaften gewahrt sind. Die Aufnahme einer wirtschaftlichen Betätigung auf ausländischen Märkten ist nur zulässig, wenn die Voraussetzungen des Absatzes 1 Satz 1 Nr. 1 und Nr. 2 vorliegen." (s. auch Art. 87 Abs. 2 BayGO).

Die Rechtsprechung verlangt, dass es für ein Tätigwerden außerhalb des Gemeindegebietes eines sachlichen Zusammenhangs mit der kommunalen Daseinsvorsorgeaufgabe im eigenen Gemeindegebiet bedarf[881]. Im Hinblick auf die besondere Bedeutung der Versorgungssicherheit wird die Aufnahme einer überörtlichen **energiewirtschaftlichen Betätigung** teilweise ausdrücklich normiert (§ 107a Abs. 3 NWGO).

---

875 BVerfGE 61, 82, 107 und 93, 319, 342; BVerwGE 39, 329.
876 *Stober/Korte*, Öffentliches Wirtschaftsrecht, Allgemeiner Teil, 20. Aufl. Rn. 800.
877 BWVGH, NVwZ 1993, 903.
878 BVerwGE 39, 329.
879 BVerwG, NJW 1978, 1359.
880 BWVGH, NJW 1984, 251.
881 SaOVG, NVwZ 2017, 1231.

5. Marktbezogene Verfahrensvorgaben

Mehrere Gemeindeordnungen knüpfen die Zulässigkeit kommunaler wirtschaftlicher Betätigung an die Einhaltung **verfahrensrechtlicher Vorgaben**. Sie sollen vornehmlich die örtliche Wirtschaft schützen und bezwecken eine Vorabschätzung potenzieller ökonomischer Folgen kommunalen Wirtschaftens.

Dieses Erfordernis gilt etwa für **Marktanalyseverfahren** (§ 107 Abs. 5 S. 1 und § 107a Abs. 4 NWGO; § 121 Abs. 6 HeGO). Danach ist der Gemeinderat vor der Entscheidung über die Gründung oder die Beteiligung an eingeschränkt gestatteten Unternehmen auf der Basis einer Marktanalyse über die Chancen und Risiken des beabsichtigen wirtschaftlichen Engagement und über die Auswirkungen auf das Handwerk und die mittelständische Wirtschaft zu unterrichten.

Darüber hinaus stehen teilweise **Wirtschaftskammern und Wirtschaftsverbänden Anhörungsrechte** zu (§ 102 Abs. 2 BWGO, § 107 Abs. 5 S. 2 NWGO). Dieser Branchendialog soll der Gemeindevertretung die entscheidenden Informationen zur Beurteilung der Frage liefern, ob für das Vorhaben ein **öffentlicher Zweck** verfolgt wird oder aus ökonomischer Sicht ein **Marktversagen** anzunehmen ist[882].

Die Errichtung, Übernahme oder wesentliche Erweiterung eines wirtschaftlichen Unternehmens sowie die Beteiligung an einem solchen Unternehmen unterliegen grundsätzlich einer **aufsichtsrechtlichen Anzeige- oder Vorlagepflicht** (Art. 96 BayGO, § 115 NWGO).

Zwischenfrage: Was bezwecken verfahrensrechtliche Vorschriften im Zusammenhang mit der Errichtung kommunaler Unternehmen?

6. Drittschützender Charakter der Vorschriften?

Da wirtschaftliche Unternehmen nur eingeschränkt zulässig sind, ist zu prüfen, ob und inwieweit die einschlägigen kommunalrechtlichen Vorschriften gleichzeitig **Schutzwirkung zugunsten wirtschaftlicher Konkurrenten** der Gemeinde entfalten. Das wäre zu bejahen, wenn diese Klauseln mindestens auch im Interesse einzelner Personen und Unternehmen erlassen wurden. Dieses Problem wird im Lichte der sog. Schutznormtheorie unterschiedlich diskutiert. Während der BayVGH es ablehnt, die rechtlichen Schranken kommunaler Wirtschaftstätigkeit als subjektiv-öffentlich-rechtliche Ansprüche zu qualifizieren[883], haben andere Gerichte den drittschützenden Charakter der Vorschriften unter Berufung auf die Subsidiaritätsklauseln[884] oder den öffentlichen Zweck[885] bejaht. Teilweise wurde die subjektiv-rechtliche Qualität ausdrücklich gesetzlich festgeschrieben (§ 121 Abs. 1b HeGo). Soweit verfahrensrechtliche Bestimmungen zugunsten bestimmter Kreise existieren, ist von einem subjektiven Recht auf Einhaltung auszugehen[886].

Lehnt man ein unionsrechtlich auf Art. 106 AEUV gestütztes oder kommunalrechtlich fundiertes subjektives Recht ab, dann wäre zu erörtern, ob der **Schutz der Berufsfreiheit** nach Art. 12 Abs. 1 GG greift. Zwar schützt diese Bestimmung auch die Wettbewerbsfreiheit[887]. Sie hilft aber nicht bei wirtschaftlicher Konkurrenz der Kommunen, es sei denn die privatwirtschaftliche Betätigung würde unzumutbar eingeschränkt, unmöglich gemacht oder es entstünde eine unerlaubte Monopolbildung[888]. Zwar erfasst Art. 12 Abs. 1 GG auch faktisch-mittelbare Beeinträchtigungen wie etwa infolge wirt-

---

[882] *Pegazky (Sattler,* NVwZ 2005, 1376.
[883] BayVGH, BayVBl 1976, 628.
[884] RPOVG, NJW 2000, 801; *Berger,* DÖV 2010, 118; *Pogoda,* LKV 2012, 159.
[885] NWOVG, NVwZ 2003, 1520; BWVGH, NVwZ-RR 2006, 714 und NVwZ-RR 2015, 307; kritisch *Attendorn,* KommJur 2010, 361.
[886] *Jungkamp,* NVwZ 2010, 546.
[887] BVerwGE 71, 183; *Stober/Korte,* Öffentliches Wirtschaftsrecht, Allgemeiner Teil, 20. Aufl. § 18 II 2.
[888] BVerwG, DÖV 1970, 823.

schaftlicher Aktivitäten der Kommunen. Voraussetzung ist jedoch, dass die kommunale Maßnahme eine **berufsregelnde Tendenz** aufweist, um Bagatellfälle auszusondern[889]. Insofern kommt es darauf an, ob eine erdrosselnde Wirkung für die Privatwirtschaft vorliegt, welche die konkreten Rahmenbedingungen für Wettbewerber spürbar verändert[890].

VIII. Wettbewerbliche und verfassungsrechtliche Schranken wirtschaftlicher Betätigung

1. Zur Reichweite der Schutzfunktion des Lauterkeitsrechts

293 Es ist nicht eindeutig klar, ob neben dem Kommunalrecht auch das **Wettbewerbsrecht** Unterlassungsansprüche gegen kommunale wirtschaftliche Betätigung zur Verfügung stellt (§§ 3, 8 Abs. 1 und Abs. 3 UWG). Insbesondere bestehen Zweifel, weil das Wettbewerbsrecht zivilrechtlich geprägt ist und darauf abzielt, Mitbewerber und sonstige Marktteilnehmer vor **unlauteren geschäftlichen Handlungen** zu schützen (§ 1 UWG). Vor diesem Hintergrund erschließt sich die Anwendbarkeit des Lauterkeitsrechts auf wirtschaftliche Aktivitäten von Kommunen nicht unmittelbar.

Zwar wurde gelegentlich die Rechtsfigur des **Marktvorsprungs durch Rechtsbruch** herangezogen, um die Marktteilnahme öffentlicher Unternehmen bei Verletzung von Zulässigkeitsvorschriften als wettbewerbswidrig zu qualifizieren[891]. Diese Auslegung widerspricht jedoch dem Wortlaut des § 3a UWG, der ausdrücklich Rechtsverletzungen nur dann als unlauter einstuft, wenn es sich um Bestimmungen handelt, die zuvörderst auch das **Marktverhalten** im Interesse der Marktteilnehmer regeln sollen. Diese Regelung verdeutlicht, dass das UWG keine öffentlich-rechtlich motivierte **Marktzutrittsschranke** (*Ob der Marktteilnahme*) aufrichten will, sondern sich nur auf das „*Wie des Marktverhaltens*" bezieht[892].

> **Beispiele:** Eine Verletzung kommunalrechtlicher Vorschriften dadurch, dass eine Gemeinde auf dem Sektor der Altautoverwertung eine Tätigkeit aufnimmt, hat nicht zur Folge, dass der beanstandete Handel wettbewerbswidrig im Sinne des § 3a UWG ist[893]. Denn diese Vorschrift dient nicht der Kontrolle der Lauterkeit des Marktverhaltens der Gemeinden[894].
>
> Die Verlegerin einer Tageszeitung, eines Anzeigenblattes und zweier Online-Portale wendet sich gegen die Praxis eines Landkreises, der in seinem Online-Portal unentgeltlich Stellenanzeigen privater Unternehmen veröffentlicht. Der BGH qualifizierte dieses Verhalten als geschäftliche Handlung der öffentlichen Hand, mit der eine Aufgabe der kommunalen Wirtschaftsförderung erfüllt werde. Allerdings müsse sich auch der Landkreis an das Gebot der Staatsferne der Presse nach Art. 5 Abs. 1 S. 2 GG halten, der als Marktverhaltensregel des § 3a UWG zu werten sei. Denn das Angebot kostenloser Stellenanzeigen durch den Landkreis berge die Gefahr existenzieller Schäden für die Presse[895].

Zutreffend wird darauf hingewiesen, es sei eigentlich Aufgabe der kommunalen Aufsichtsbehörden, Zulässigkeit und Reichweite gemeindlicher Öffentlichkeitsarbeit zu klären, weil Streitigkeiten dann vor den Verwaltungsgerichten ausgetragen werden

---

[889] BVerfGE 70, 191 und 97, 228.
[890] Stober/Korte, Öffentliches Wirtschaftsrecht, Allgemeiner Teil, 20. Aufl. § 18 II 2.
[891] OLG Düsseldorf, NJW-RR 1997, 1470 und DVBl 2001, 1283; OLG Hamm, NJW 1998, 3504; NWOVG, NVwZ 2003, 1520.
[892] *Ennuschat*, in Ennuschat/Ibler/Remmert, Öffentliche Recht in Baden-Württemberg, 4. Aufl. Rn. 457.
[893] BGH, NJW 2003, 586 und DÖV 2006, 175.
[894] OLG Frankfurt, NVwZ-RR 2008, 559.
[895] BGH, GewArch 2024, 493; *Schwarz/Dorsch*, NVwZ 2022, 1329.

könnten[896]. Da dieser Weg nicht funktioniert, wird angesichts der unklaren wettbewerbsrechtlichen Beurteilung und wachsender wirtschaftlicher Aktivitäten der Kommunen ein eigenständiges **öffentlich-rechtlich ausgestaltetes Wettbewerbsrecht** gefordert, das auch die wirtschaftliche Betätigung der lokalen Ebene erfasst und wirksam kontrolliert[897]. Ersatzweise wird wenigstens eine Klarstellung in den Gemeindeordnungen angemahnt[898].

2. Unternehmerische Motivation ist den Kommunen fremd

Jenseits dieser wettbewerbsrechtlichen Kontroverse gingen die Verfassungsgeber bei der Festlegung der Finanzverfassung davon aus, dass sich auch die Kommunen vornehmlich aus Einnahmen in Gestalt von **Abgaben** und durch Erträge aus Eigentum finanzieren. Dieses, auf der Basis des Abgabenstaatsprinzips beruhende Abgabenprivileg (s. o. § 11) will die Kommunen von der Teilnahme am allgemeinen gewerblichen Wettbewerb und den damit verbundenen Risiken freistellen[899]. Mit anderen Worten: **Unternehmerische Motivation der Kommunen ist dem Abgabenstaat fremd**[900]. **294**

IX. Organisationsformern wirtschaftlicher Betätigung

1. Eingeschränkte Wahlfreiheit zwischen Organisationsformen

a. Zulassungsvoraussetzungen. Da die wirtschaftliche Betätigung der Gemeinden im Spannungsfeld zwischen öffentlicher Aufgabenerfüllung und unternehmerischen Aktivitäten angesiedelt ist, liegt es nahe, auf privatrechtliche, für die unternehmerische Betätigung geschaffene Organisationsformen zurückzugreifen (§ 103 BWGO, Art. 86 und 92 Abs. 1 BayGO, § 108 Abs. 1 NWGO). Allerdings schränkt der Gesetzgeber das kommunale **Organisationsermessen** aus unterschiedlichen Erwägungen dahin ein, dass nur bestimmte Rechtsformen zulässig sind. **295**

> **Beispiel**: Kommunale Sparkassen werden als Anstalten des öffentlichen Rechts errichtet und betrieben (Art. Bay Sparkassengesetz, § 1 Abs. 1 NW Sparkassengesetz)[901].

Unabhängig davon hängt die Errichtung, Übernahme und wesentliche Erweiterung von sowie die Beteiligung an Unternehmen in einer Rechtsform des privaten Rechts prinzipiell von der Erfüllung – je nach Bundesland – unterschiedlicher, in den Gemeindeordnungen festgelegter Voraussetzungen ab (§ 103 BWGO, § 137 NKomVG, § 108 NWGO). Typische Bedingungen sind:
– das Vorliegen eines wichtigen Interesses,
– begrenzte Haftung,
– beschränkte Übernahme von Verlusten,
– angemessen Einflussmöglichkeiten der Gemeinde und
– Ausrichtung auf den öffentlichen Zweck.

b. Zum Spannungsverhältnis zwischen Kommunal- und Gesellschaftsrecht. Einerseits gewährleistet der zulässige Rückgriff auf privatrechtliche Organisationsformen, dass sich kommunale Unternehmen an marktwirtschaftlichen Prinzipien orientieren und unbürokratisch sowie effizient handeln können. Andererseits kann das Privatrecht nur modifiziert gelten, weil – wie dargelegt – die Konzentration auf die öffentliche Aufgabenerfüllung und die Verantwortlichkeit der Gemeinde eine permanente Einflussnahme **296**

---

896 *Von Wallenberg*, NJW 2022, 3191; *Alexander*, NJW 2019, 763:
897 BVerfGE 105, 252; *Schliesky*, in FS für Stober, 2008, 523; *Wollenschläger*, in G. Kirchhof/Korte/Magen (Hg.), Öffentliches Wettbewerbsrecht, 2016, § 6.
898 *Von Wallenberg*, NJW 2022, 3191.
899 *Stober/Korte*, Öffentliches Wirtschaftsrecht, Allgemeiner Teil, 20. Aufl. Rn. 775.
900 BVerfGE 61, 82, 100.
901 BWVGH, DÖV 1990, 623.

auf die Geschäftsführung sowie Kontrolle verlangt. Dieses Spannungsverhältnis zwischen Kommunal- und Gesellschaftsrecht führt mangels eines **Sondergesellschaftsrechts** zu Inkongruenzen und Auslegungsproblemen. Im Zentrum der Kontroverse steht die zu Interessenkonflikten führende Doppelrolle als Rats- und Aufsichtsratsmitglied.

Beispiele: Während etwa gesellschaftsrechtlich ein imperatives Mandat für Aufsichtsratsmitglieder unzulässig ist, existiert eine kommunalwirtschaftlich begründete Weisungsbindung gegenüber von der Gemeindevertretung entsandter Aufsichtsratsmitglieder in öffentliche Unternehmen[902]. Während Aufsichtsratsmitglieder einer AG einer umfassenden gesellschaftsrechtlichen straf- und haftungsbewehrten Verschwiegenheitspflicht nach § 116 i. V. m. § 93 Abs. 1 S. 3 AktG unterliegen[903], entfällt diese nach der Sondervorschrift des § 394 AktG für Aufsichtsratsmitglieder, die für eine Gebietskörperschaft in den Aufsichtsrat gewählt oder entsandt wurden, soweit es um die der Gebietskörperschaft zu erstattende Berichte geht. Diese Ausnahme wird zutreffend damit gerechtfertigt, der Gemeindevertretung eine effektive demokratische Kontrolle bei gleichzeitiger Verpflichtung zur Verschwiegenheit zu ermöglichen[904]. Das bedeutet, dass der Transparenz der Vorrang vor der Vertraulichkeit eingeräumt wird.

Zur Überwindung der Kohärenzlücke zwischen Gesellschafts- und Kommunalrecht greift die Praxis auf die Grundsätze guter Unternehmens- und Beteiligungsführung zurück, die ihren Niederschlag in kommunalen **Public Corporate Governance-Kodizes** gefunden haben. Sie legen wesentliche Voraussetzungen und Standards für eine verantwortungsvolle Leitung, Steuerung und Überwachung von Unternehmen fest, an denen die öffentliche Hand beteiligt ist. Die nicht verbindlichen Empfehlungen ergänzen das geltende Recht und erklären die einzelnen Prinzipien mit dem Ziel, kommunale Unternehmen auf den öffentlichen Zweck und das Gemeinwohl auszurichten. Dieser Ansatz ist jedoch nur unvollständig verwirklicht. Denn es fehlt an einer Parallelregelung zu § 161 Abs. 1 AktG, wonach der Grundsatz „*comply or explain*" gilt[905]. Neuerdings werden die Empfehlungen der Kodizes durch Anforderungen komplettiert, die aus der Verantwortung kommunaler Unternehmen hinsichtlich ihrer **Corporate Social Responsibility** resultieren[906].

2. Öffentlich-rechtliche Organisationsformen

a. Rechtsfähige Anstalten. Partielle Abhilfe innerhalb der selbstständigen öffentlich-rechtlichen Organisationsformen hat in jüngerer Zeit die neu geschaffene **rechtsfähige Anstalt des öffentlichen Rechts** gebracht. Sie hat sich als geeignete Rechtsform für kommunale Unternehmen durchgesetzt, da sie das Defizit an öffentlich-rechtlicher Formentypik beseitigt und gleichzeitig unternehmerischen Spielraum sichert (§ 102a BWGO, Art. 89 Abs. 1 S. 1 BayGO, § 141 NKomVG, § 114a NWGO)[907]. Ihre Flexibilität spiegelt sich zunächst in der Regelungsoptionen eröffnenden Befugnis zum Erlass von **Anstaltssatzungen** (§ 142 NKomVG).

Beispiele: Übertragung des Satzungsrechts der Gemeindevertretung auf die Anstalt. Einräumung des Rechts zur Abgabenerhebung. Festlegung eines Anschluss- und Benutzungszwangs (§ 102a BWGO, § 114a Abs. 3 NWGO).

---

902 Wolff/Bachof/Stober/Kluth, Verwaltungsrecht II, 8. Aufl. § 93 VIII 3; *Altmeppen*, NJW 2003, 2561.
903 *Weirauch*, DÖV 2024, 146.
904 BVerwG, GewArch 2025, 84 und dazu auch *Weirauch*, DÖV 2024, 146.
905 S. *Mann/Schnuch*, DÖV 2019, 417; Stober/Ohrtmann (Hg.), Compliance für die öffentliche Verwaltung, 2. Aufl. 2023.
906 *Mann/Schnuch*, DÖV 2019, 417.
907 *Ehlers*, ZHR 167, 2003, 546.

Ferner ermächtigt das Kommunalrecht dazu, dass Eigenbetriebe sowie unselbstständige Organisationseinheiten über den Weg einer Ausgliederung und Kapitalgesellschaften durch Formenwechsel in Kommunalanstalten überführt werden können. Damit wird das Ziel erreicht, dass einzelne oder alle mit einem bestimmten Zweck zusammenhängenden Aufgaben auf die Anstalt übertragen werden können (§ 102a Abs. 2 BWGO, § 141 NKomVG).

Die Mehrzweckfunktion der Kommunalanstalt zeigt sich ferner in dem – unter Beachtung der einschlägigen Grundsätze – (s. o. § 13 VII 3) eingeräumten Recht zur wirtschaftlichen Betätigung oder zur Beteiligung an Unternehmen (§ 102a Abs. 1 S. 2 BWGO).

Prägnanter Ausdruck anstaltlicher Selbstständigkeit ist schließlich die Verleihung der **Dienstherrnfähigkeit**. Sie gestattet der Anstalt Beamte zu beschäftigen, die auch Hoheitsbefugnisse ausüben können (§ 102a Abs. 7 BWGO, § 146 NKomVG, § 114a Abs. 9 NWGO).

Die Satzung kann vorsehen, dass die Gemeindevertretung den Mitgliedern des Verwaltungsrates in bestimmten Fällen Weisungen erteilen kann. Allerdings werden die Entscheidungen des Verwaltungsrates nicht unwirksam, wenn Mitglieder Weisungen nicht beachten (§ 145 Abs. 3 S. 4 NKomVG).

Aufsichtsrechtlich ist nachvollziehbar, dass Errichtung, Erweiterung oder Auflösung einer Kommunalanstalt sowie der Satzungserlass entweder **anzeigepflichtig** (§ 115 Abs. 1 NWGO) oder **genehmigungspflichtig** (§ 102a Abs. 4 BWGO) sind.

b. Eigenbetriebe. Eine organisationsrechtliche Alternative zur Kommunalanstalt ist der **Eigenbetrieb** (Art. 88 BayGO, § 140 NKomVG, § 114 NWGO) als klassische Erscheinungsform eines unselbstständigen kommunalen Unternehmens. Die Wahl dieses Unternehmenstyps bedeutet einerseits, dass die Gemeinde weiterhin Träger von Rechten und Verbindlichkeiten bleibt. Andererseits ist der Eigenbetrieb organisatorisch und finanzwirtschaftlich von der Gemeindeverwaltung getrennt. Diese Zwitterstellu9ng erschwert in der Praxis im Einzelfall die Feststellung, in welchem Umfang der Eigenbetrieb nach außen wirksam agieren kann.

Beispiele: Partei- und Prozessfähigkeit des Eigenbetriebs, Eigenschaft als öffentlicher Auftraggeber[908].

Die **Betriebssatzung** legt die interne Betriebsstruktur fest. Die **Betriebsleitung** steuert den Betrieb weitgehend selbstständig und erledigt eigenverantwortlich die laufenden Geschäfte (§ 140 Abs. 4 NKomVG). Der **Werks- oder Betriebsausschuss** ist die verbindende Klammer zwischen der politischen Führung des Rates und der ökonomischen Betriebstätigkeit. Er beschließt über wichtige Angelegenheiten, sofern sich die Gemeindevertretung nicht die Entscheidung über bestimmte Punkte vorbehalten hat. In der Kommunalpraxis werden häufig mehrere Eigenbetriebe zu einer Einheit zusammengefasst (**kombinierte Eigenbetriebe**), um Verwaltungskosten zu sparen sowie eine effektive Aufgabenerledigung zu erreichen.

Beispiel: Stadtwerke.

3. Privatrechtliche Organisationsformen

Bei den privatrechtlichen Organisationsformen präferieren die Kommunen hauptsächlich die **Aktiengesellschaft** und die **GmbH**, während die OHG mangels einer gemeinderechtlich vorgeschriebenen Haftungsbeschränkung ausscheidet. Häufig betreiben Gemeinden Kapitalgesellschaften als Beteiligungsgesellschaften zusammen mit anderen Verwaltungsträgern (gemischt-öffentlich) oder mit Privatpersonen (gemischt-wirtschaftlich). Die Geschäftsführung erfolgt über ein **Beteiligungsmanagement** (§ 150

---

908 *Brugger/Wenzl*, DÖV 2022, 29.

NKomVG), das eine einheitliche Steuerung der kommunalen Wirtschaftstätigkeit bezweckt. Neuerdings wird ferner die lokale Leistungserbringung durch **genossenschaftliche Formen** diskutiert, die eine aktive Beteiligung der Ortsbevölkerung gestatten[909].

4. Materielle Privatisierung von Kommunalaufgaben

299 Von der eben erörterten Nutzung privatrechtlicher Organisationen für kommunale wirtschaftliche Bedürfnisse im Rahmen einer **formellen Privatisierung** ist die **materielle Privatisierung** kommunaler Aufgaben und die Kooperation mit Privatunternehmen zu trennen. Dabei geht es um die Übertragung nicht hoheitlich wahrzunehmender kommunaler Aufgaben zur selbstständigen Erledigung auf Privatpersonen im Rahmen einer **Entkommunalisierung**. Im Vordergrund stehen ordnungspolitische, haushaltspolitische und finanzpolitische Erwägungen. Die Übertragung beruht auf der Vorstellung, dass die Gemeinden lediglich eine **Bereitstellungsfunktion** haben und deshalb Aufgaben nicht selbst erfüllen müssen. Hingegen sei es vorteilhaft, privates Know-how, private Ressourcen und privates Zeitmanagement zu nutzen. Zusammen genommen zielen derartige Privatisierungen darauf ab, Marktbedingungen auszunutzen, um eine bessere, effizientere, kostengünstigere und schnellere Versorgung der Ortsbevölkerung zu erreichen[910].

Die erwähnten Ziele werden aber in der Praxis häufig verfehlt[911]. Ferner wird kritisiert, eine Aufgabenprivatisierung sei nur zu Lasten subjektiv-öffentlicher Teilnahme-, Leistungs- und Benutzungsansprüche realisierbar. Schließlich wird argumentiert, Private seien aufgrund von Marktrisiken kaum in der Lage, das erforderliche Leistungsangebot dauerhaft vorzuhalten. Deshalb findet seit längerer Zeit eine sog. **Rekommunalisierung** statt, indem die Gemeinden Privatisierungen zurücknehmen und von der Gewährleistungs- zur Leistungsverwaltung aus eigener Kraft übergehen.

Beispiele: Kreislauf- und Energiewirtschaft[912].

Aus kommunalrechtlicher Perspektive richtet sich die Zulässigkeit materieller Privatisierungen nach den gesetzlichen Rahmenvorgaben, die teilweise ausdrücklich eine materielle Voll- oder Teilprivatisierung ausschließen. In diesem Kontext ist zu unterscheiden, ob es sich um eine **Pflichtaufgabe** handelt (s. o. § 3 IV 3), oder ob eine Kommune eine Angelegenheit freiwillig wahrnimmt. Insoweit liegt es nahe, dass eine Gemeinde eine Aufgabe nicht aus der Hand geben darf, wenn sie zur Erledigung kraft Gesetzes aus Gemeinwohlgründen in ihrer Verantwortung bleiben soll[913]. Eine Vollprivatisierung entfällt erstrecht bei **Pflichtaufgaben zur Erfüllung nach Weisung**, weil hier die Kommune nur an Stelle des Staates tätig wird.

Bei **freiwilligen Aufgaben** kommt es nach der Spruchpraxis des Bundesverwaltungsgerichts darauf an, ob bei einer materiellen Aufgabenprivatisierung noch eine **wirkungsvolle Selbstverwaltung** möglich ist[914]. Ob dieses unbestimmte Kriterium erfüllt ist, kann nicht abstrakt, sondern nur anhand eines konkreten Einzelfalles entschieden werden.

 Zwischenfrage: Welche Lösung schlagen Sie vor für den Fall, dass eine Stadt als freiwillige Aufgaben einen traditionsreichen Weihnachtsmarkt als freiwillige Aufgabe betreibt, den sie aber an einen privaten Träger abgeben möchte?

---

909 *Markmann*, DÖV 2019, 864.
910 *Breuer*, WiVerw 2015/3, 150.
911 *Stober*, NJW 2008, 2301; *Budäus/Hilgers*, DÖV 2013, 701; *Leisner-Egensperger*, NVwZ 2013, 1110; *T. J. Schmidt*, DÖV 2014, 357.
912 *Bauer*, DÖV 2012, 329.
913 RPOVG, DVBl 1985, 176.
914 BVerwG NVwZ 2009, 1305 und dazu kritisch *Kahl/Weißenburger*, LKRZ 2010, 11; *Schoch*, DVBl 2009, 1533.

Im Ergebnis ist diese Rechtsprechung abzulehnen, da sie den Schutz der Selbstverwaltungsgarantie vernachlässigt und die Gemeinde zwingt, eine Aufgabe beizubehalten, die sie nach dem Wortlaut des Art. 28 Abs. 2 GG nicht wahrnehmen muss. Folglich ist eine gerichtlich angeordnete Pflicht zur Fortsetzung einer Einrichtung in kommunaler Trägerschaft allenfalls in extremen Fällen vertretbar.

Jenseits dieser Eckpunkte existieren teilweise ausdrückliche Privatisierungsermächtigungen, die aber die Gemeinden nicht von ihrer fortdauernden **Gewährleistungsverantwortung** befreien. So hat sie die Pflicht, auf den privaten Betreiber dahin einzuwirken, dass er die übernommene Aufgabe ordnungsgemäß erfüllt (**Ingerenz- oder Einwirkungspflicht**).

Beispiel: Nach § 22 KrWG können die zur Verwertung und Beseitigung von Abfällen verpflichteten Körperschaften (§ 20 KrWG) Dritte mit der Erfüllung ihrer Pflichten beauftragen. Ihre Verantwortlichkeit für die Erfüllung der Pflichten bleibt hiervon unberührt.

Eine Privatisierungsalternative ist die **Nutzungsübertragung**, die sachlich zwischen der formellen und der materiellen Privatisierung einzuordnen ist. Sie ist dadurch gekennzeichnet, dass öffentliche Einrichtungen etwa an gemeinnützige Vereine überlassen werden, die dann für Betrieb, Pflege und Unterhaltung verantwortlich sind und ehrenamtliche Kräfte beschäftigen. Dieses Modell eignet sich hauptsächlich für Einrichtungen im Bereich des Sports[915], der Kultur, des Medien- und Museumswesen, der Jugendhilfe sowie des Bürgernahverkehrs. Dabei handelt es sich sämtlich um Sektoren, die erhebliche Personalkosten verursachen, die durch Nutzungsverträge reduziert werden können. Gleichzeitig verwirklicht die Nutzungsübertragung in besonderem Maße die Mitverantwortung der Ortsbevölkerung für die kommunale Aufgabenerfüllung, ohne Einwohneransprüche zu reduzieren, da die Träger die Nutzung der einschlägigen Einrichtungen sicherstellen müssen[916].

Ein weiteres Modell ist die Teilprivatisierung kommunaler Aufgaben durch eine Zusammenarbeit zwischen Gemeinde und der Privatwirtschaft in Gestalt sog. **Public-Private Partnerships**.

Beispiele: Private Kapitalbeteiligung in Form eines kommunalen Immobilienleasings, Inanspruchnahme von Dienstleistungsangeboten aufgrund von Konzessionsverträgen, Gestattung von Betreibermodellen durch die Beteiligung an einer Gesellschaft.

X. Aufsichtsrecht und Rechtsschutz gegen kommunale wirtschaftliche Tätigkeit

Die Missachtung kommunalwirtschaftlicher Bestimmungen kann zunächst über **aufsichtsrechtliche Maßnahmen** (s. o. § 7 III 4) korrigiert werden. Allerdings greifen die Aufsichtsbehörden in der Verwaltungspraxis nur gelegentlich ein, zumal ihr Einschreiten im Ermessen steht (**Opportunitätsprinzip**)[917].

Davon ist die Frage zu trennen, ob sich **konkurrierende Unternehmen** auf die Einhaltung des Kommunalwirtschaftsrechts berufen können. Ein Vorgehen gegen die **Aufsichtsbehörde** scheidet schon deshalb aus, weil sie bei Verstößen nicht einschreiten muss. Deshalb kann allenfalls ein Anspruch auf fehlerfreie Ermessensausübung bestehen.

Im Übrigen ist bei der Frage nach dem Rechtsschutz privater Unternehmen gegen die wirtschaftliche Betätigung der Gemeinden bereits unklar, welcher Rechtsweg zu be-

---

915 NWOVG, NWVBl 1993, 142.
916 NWOVG, GewArch 1989, 277.
917 *Brüning*, DÖV 2010, 553.

schreiten ist. Erblickt ein Unternehmer in der Aufnahme einer wirtschaftlichen Betätigung der Gemeinde als solcher einen Rechtsverstoß, dann folgt der Streitgegenstand aus der Gemeindeordnung und es geht konkret um die öffentlich-rechtlich geregelte prinzipielle Zulässigkeit der im Streit stehenden kommunalen Betätigung[918]. Im Zentrum der Rechtsschutzüberlegung steht folglich das „Ob" der Betätigung und nicht das Problem, „wie" sich die wirtschaftliche Betätigung auswirkt. Insoweit ist der Verwaltungsrechtsweg eröffnet, weil Verstöße gegen kommunalrechtliche Zulässigkeitsvorschriften für gemeindliche Unternehmen nach der erörterten Rechtsprechung des BGH keine Ansprüche nach dem UWG begründen (s. o. § 12 VIII)[919] und Kläger nicht rechtsschutzlos gestellt werden dürfen.

Greift der private Wettbewerber hingegen nicht den Marktzutritt, sondern dass Wettbewerbsverhalten des kommunalen Unternehmens in Form einer geschäftlichen Handlung an, ist ein **Unterlassungsanspruch nach dem UWG** als Marktverhaltensrecht vor dem Zivilgericht einzuklagen. Richtige Klageart ist die Leistungsklage in Form der Unterlassungsklage.

Eine verwaltungsgerichtliche Klage scheidet aus, da es bei der Zulassung der wirtschaftlichen Betätigung an einem gegen ein privates Unternehmen gerichteten Verwaltungsakt fehlt, der die Rechtsstellung des Unternehmens unmittelbar nachteilig verändert[920]. Nach § 42 Abs. 2 VwGO müsste der Kläger ferner geltend machen, dass er in seinen Rechten verletzt ist. Insoweit ist daran zu erinnern, dass kommunalrechtliche Bestimmungen über die wirtschaftliche Betätigung der Gemeinden private Unternehmen nur objektivrechtliche Bedeutung haben und einzelne Unternehmen lediglich reflexartig tangieren (s. o. § 12 VII 6), weshalb nur noch eine Verletzung des Art. 12 Abs. 1 GG denkbar ist.

Die Begründetheit der Klage hängt davon ab, ob der private Unternehmer als Kläger einen durchsetzbaren kommunalrechtlich begründeten Unterlassungsanspruch besitzt. Das ist nach den bisherigen Ausführungen nicht der Fall[921]. Eine Berufung auf Grundrechte und insbesondere auf Art. 12 Abs. 1 GG scheidet aus, weil auch dieses Grundrecht nicht vor **Konkurrenz der öffentlichen Hand** schützt. Etwas anderes gilt ausnahmsweise nur dann, wenn die wirtschaftliche Betätigung der Gemeinde die privatwirtschaftliche Betätigung unzumutbar einschränkt oder unmöglich macht. Schließlich ist zu berücksichtigen, dass die Zulässigkeit wirtschaftlicher Betätigung wegen der den Gemeinden zugebilligten **Einschätzungsprärogative** gerichtlich nur eingeschränkt überprüfbar ist[922].

> **Lösung des Praxisfalls:**
> Es ist zu prüfen, ob die Stadt S mit dem Betreiben der kostenlosen Internetseite „dortmund.de" gegen das Wettbewerbsrecht verstößt oder ob sie sich auf die Selbstverwaltungsgarantie des Art. 28 Abs. 2 GG bzw. die landesverfassungsrechtlichen Entsprechungen berufen kann.
> Insoweit ist zu bedenken, dass die kommunale Teilhabe an öffentlicher Kommunikation eine Kompetenzwahrnehmung im zugewiesenen Bereich sein kann. Dafür spricht, dass die Befugnis zur Selbstverwaltung als integrierender Bestandteil auch das Recht auf Öffentlichkeitsarbeit einschließt. Es ist notwendig, um den Grundkonsens im demokratischen Gemeinwesen lebendig zu halten. Insofern gestattet Öffentlichkeitsarbeit, die Ortsbevölkerung mit solchen Informationen zu versorgen, die sie zur Mitwirkung an der demokratischen Willensbildung bedürfen. Anders formuliert:

---

918 BVerwGE 39, 329; BWVGH, NJW 1984, 251; NWOVG, DÖV 1986, 339.
919 BGH, NJW 2002, 2645.
920 BVerwGE 39, 329; BayVGH, BayVBl 1976, 628f, *Rautenberg*, KommJur 2007, 1 und 41.
921 BVGH, NJW 1984, 251.
922 BVerwGE 39, 329; NWOVG, NVwZ 1995, 1238.

Die publizistische Tätigkeit der Gemeinde ist nicht auf das Verwaltungshandeln im bürokratisch-technischen Sinne reduziert.

Allerdings ist zu fragen, inwieweit es S gestattet ist, pressemäßige Äußerungen zu verbreiten, die irgendeinen Bezug zur örtlichen Gemeinschaft aufweisen. Rechtssystematisch kommt hier das Argument zum Zuge, dass Kommunen kein allgemeinpolitisches, sondern nur ein kommunalpolitisches Mandat haben. Ferner hat S die institutionelle Garantie der in Art. 5 Abs. 1 S. 2 GG geregelten Pressefreiheit als objektive Grundsatznorm zu beachten. Folglich sind Art. 28 Abs. 2 und Art. 5 Abs. 1 GG zu einem sachgerechten Ausgleich zu bringen. Im vorliegenden Fall entsteht der Eindruck, dass die medialen Angebote von S bei den angesprochenen Verkehrskreisen als funktionales Äquivalent zu einer privaten Zeitung wirken. Je intensiver ein Internetportal in Qualität und Quantität Themen besetzt, deretwegen Zeitungen gekauft werden, desto wahrscheinlicher ist der Leserverlust für Printprodukte. Etwas anderes würde nur gelten, wenn es sich bei den kommunalen Medienangeboten um eine fiskalisch begründete Randnutzung handeln würde. Das ist jedoch wegen des kostenlosen Charakters der Internetseite zu verneinen.

Folglich verstößt das Betreiben der kostenlosen Internetseite gegen Art. 5 Abs. 1 GG.

§ 13 Kommunalrecht und Wirtschaftsförderungsprinzip

> **Praxisfall:**
> Die Firma F veranstaltete bislang in der Gemeinde G aufgrund einer Festsetzung nach § 69 GewO private Wochenmärkte. Im Vergangenen Jahr beschloss G aufgrund einer rechtmäßig ergangenen Satzung, die Wochenmärkte künftig in eigener Regie als öffentliche Einrichtung durchzuführen. F beantragte bei G die Wochenmärkte erneut zu ihren Gunsten nach § 69 GewO festzusetzen. G lehnte diesen Antrag ab und berief sich auf § 69a GewO. Danach ist eine Festsetzung zu versagen, wenn die Durchführung der Veranstaltung öffentlichen Interessen widerspricht.
> Hat F einen Anspruch auf Festsetzung eines privaten Marktes?
> (NWOVG, GewArch 2024, 406)

I. „think global and act local"

301 Die Erläuterungen zum Wirtschaftlichkeitsprinzip belegen, dass die Kommunen mit den Einnahmen der Einwohner, Unternehmen und Grundstücksbesitzer sparsam umgehen müssen (s.o. § 12 I): Denn auch für die lokale Ebene gilt, dass nur ausgegeben werden kann, was zuvor erwirtschaftet wurde, es sei denn man nimmt Kredite auf. Folglich liegt es nahe, dass sich die Gemeinden um eine **florierende Wirtschaft** sowie ein attraktives Arbeits-, Dienstleistungs- und Wohnumfeld kümmern müssen, um möglichst viel eigene Finanzmittel zur Aufgabenerfüllung zu generieren. Dieser Einsatz ist auch deshalb geboten, weil das wirtschaftliche Geschehen in einem Staat grundsätzlich auf dem Territorrium einer Gemeinde oder eines Kreises stattfindet. Nach dem Motto **„think global, act local"** liegt folglich auf dieser Verwaltungsebene die primäre Option zur Ausschöpfung örtlicher ökonomischer Potenziale[923]. Das ist der Kernauftrag der **kommunalen Wirtschaftsförderung**, welche die örtlichen Unternehmen umfassend unterstützen soll.

II. Rechtsgrundlagen der kommunalen Wirtschaftsförderung

302 Dieses Rechtsprinzip wird im Unionsrecht- und im Grundgesetz schon deshalb nur ansatzweise erwähnt, weil die **Wirtschaftsverfassung offen,** und der Sektor der Wirtschaftsförderung vornehmlich **haushaltsrechtlich normiert** ist[924]. So gestattet Art. 104b GG die Gewährung von Finanzhilfen für Investitionen der Gemeinden unter anderem zur **Förderung des wirtschaftlichen Wachstums.** Nach Art. 10 Abs. 4 BayVerf soll das wirtschaftliche Leben im Bereich der Gemeindeverbände vor Verödung geschützt werden.
Mehrere Landesverfassungen verlangen ausdrücklich, dass **Landwirtschaft, Industrie, Gewerbe, Handwerk, Handel und Freie Berufe** zu fördern sind (Art. 43 Abs. 1 HeVerf, Art. 28 NWVerf, Art. 65 RPVerf, Art. 54 SaVerf). Ferner weisen Gemeindeordnungen auf die Verantwortung für das **wirtschaftliche Wohl der Einwohner** hin (Art. 57 Abs. 1 BayGO, § 10 Abs. 2 BWGO, § 8 Abs. 1 NWGO, § 2 Abs. 2 MVKV, § 2 Abs. 2 ThürKO). Folgerichtig fallen **Einrichtungen der Wirtschaftsförderung** wegen ihrer marktergän-

---

923 *Stober/Korte*, Öffentliches Wirtschaftsrecht, Allgemeiner Teil, 20. Aufl. Rn. 213.
924 *Stober/Korte*, Öffentliches Wirtschaftsrecht, Allgemeiner Teil, 20. Aufl. Rn. 119 ff. und 974 ff.

zenden und wettbewerbssichernden Funktion[925] nicht unter den Kreis der sonst eingeschränkt zulässigen wirtschaftlichen Betätigung (§ 107 Nr. 3 NWGO). Die örtlich und regional zuständigen **Sparkassen** komplettieren dieses Konzept der Wirtschaftsförderung, indem sie die die lokale Wirtschaft geld- und kreditwirtschaftlich versorgen[926]. Unabhängig von diesen Spezialbestimmungen folgt die kommunale Zuständigkeit für die lokale Wirtschaftsförderung generell aus der **Selbstverwaltungsgarantie** des Art. 28 Abs. 2 GG[927] sowie aus Bestimmungen, wonach die Kommunen alleinige Träger der öffentlichen Verwaltung sind (Art. 78 Abs. 2 NWVerf) und deshalb alle öffentlichen Aufgaben wahrnehmen dürfen (Art. 49 RPVerf, Art. 54 SHVerf). Angesichts dieser juristischen Ausgangslage ist anerkannt, dass die Förderung der Wirtschaft den **Rang einer besonders wichtigen Unions- und Staatsaufgabe** besitzt[928] und zum Kern des Spektrums **kommunaler Selbstverwaltung** zählt[929].

Zwischenfrage: Welche rechtlichen Ansätze sprechen dafür, dass die kommunale Wirtschaftsförderung den Rang einer wichtigen Unions- und Staatsaufgabe einnimmt?

III. Gegenstand kommunaler Wirtschaftsförderung

Dieser Aufgabenbereich gestattet Gemeinden und Gemeindeverbänden verhaltenssteuernde und gestaltende Förderziele zu verfolgen und die örtliche Wirtschaft über die Gewährung von Leistungen und Belastungsverschonungen zu beeinflussen.

> **Beispiele:** Verbesserung der örtlichen Wirtschaftsstruktur, Stärkung der Beschäftigung, Schaffung von Anreizen für Neuansiedlungen.

Der **Begriff Wirtschaftsförderung** hat sich vornehmlich zur Charakterisierung der kommunalen Perspektive durchgesetzt[930]. Inhaltlich geht die kommunale Wirtschaftsförderung über eine Subventionierung bestimmter Zweige hinaus, da sie nicht auf die Gewährung materieller Hilfen in Gestalt von Geld- und Sachleistungen beschränkt ist. Sie erstreckt sich vielmehr auf das weite Feld der häufig im Schrifttum vernachlässigen **Dienstleistungen**[931], deren Vorhaltung und Erbringung für die lokalen Unternehmen von elementarer Bedeutung sind.

> **Beispiele:** Kommunale Wirtschaftsförderungsgesellschaften, administrative Hilfe bei der Stellung von Förderanträgen, One-Stop-Zuständigkeiten.

IV. Die beihilferechtliche und ordnungspolitische Perspektive kommunaler Wirtschaftsförderung

Gemeinden und Gemeindeverbände dürfen die lokalen Unternehmen begünstigen, soweit Unterstützungen mit dem **EU-Beihilferecht** in Einklang stehen. Dabei geht es um die Grundsatzfrage, ob und inwieweit eine kommunale Zuwendung als Maßnahme eines Hoheitsträgers mit dem Anliegen des **Binnenmarktes** vereinbar ist, der auf einen fairen Wettbewerb zwischen den einzelnen Unternehmen gerichtet ist und einen Subventionswettlauf verhindern soll[932].

---

925 NWOVG, GewArch 2023, 35 und GewArch 2024, 406.
926 *Grandke*, DVBl 2022, 455; *T. I. Schmidt*, DÖV 2024, 903.
927 BVerwG, NVwZ-RR 2013, 465; *Rodi*, Die Subventionsordnung, 2000, § 10.
928 BVerfGE 15, 235, 240.
929 BVerwG, NVwZ-RR 2013, 465; HeVGH, DÖV 1989, 34; *Rodi*, Die Subventionsordnung, 2000, § 10.
930 *Stober/Korte*, Öffentliches Wirtschaftsrecht, Allgemeiner Teil, 20. Aufl. Rn. 948 m. w. N.
931 *Ewer/Behnsen*, NJW 2008, 3457.
932 *Stober/Korte*, Öffentliches Wirtschaftsrecht, Allgemeiner Teil, 20. Aufl. Rn. 977 ff.

> **Beispiele:** Gewährung von Zuschüssen und verbilligter Kredite, Veräußerung von Gemeindegrundstücken unter dem Verkehrswert, Abgabenerlass und Abgabenreduzierung.

Insoweit besteht eine **Anzeigepflicht gegenüber der EU**-Kommission (Art. 108 Abs. 3 AEUV), die eine Überprüfung einleiten kann[933].

Jenseits dieser juristischen Problematik hat das Wirtschaftsförderungsrecht eine **ordnungspolitische Komponente**. Denn bei Unterstützungsmaßnahmen besteht die Gefahr, dass die Unternehmerverantwortung in den Hintergrund gerät und das unternehmerische Risiko auf die Kommune verlagert wird. Das ist haushaltspolitisch mit dem Grundsatz sparsamen Wirtschaftens kaum vereinbar. (s. o. 12 I).

> **Beispiel:** Erhaltung existenzgefährdeter Unternehmen über Erhaltungsbeihilfen, die den Wettbewerb zu Lasten konkurrierender Unternehmen verfälschen und den marktwirtschaftlichen Ausleseprozess behindern sowie die kommunalen Haushalte belasten.

Deshalb muss oberster Grundsatz sein, dass kommunale Wirtschaftshilfe nur **Hilfe zur Selbsthilfe** sein darf. Diese Maxime entspricht nicht nur dem **Subsidiaritätsprinzip** (s. o. § 1 IV). Sie ist zugleich die Prämisse für befristete und degressiv angelegte kommunale Unterstützung.

V. Mittelbare Wirtschaftsförderung als Schwerpunkt kommunaler Unterstützung

305 Vor diesem ordnungspolitischen Hintergrund ist es folgerichtig, dass der Schwerpunkt kommunaler Aktivitäten zur Förderung der örtlichen Wirtschaft auf dem Feld der **mittelbaren Wirtschaftsförderung** liegen muss. Dabei handelt es sich um geeignete und für die Gemeindeentwicklung erforderliche organisatorische und andere wirtschaftsnahe Maßnahmen, die nicht konkret unternehmens- oder personenbezogen, sondern gemeindegebiets- und gemeinwohlorientiert sind.

> **Beispiele:** Unterstützung bei An- und Umsiedlungen, Ausweitung von Gewerbe- und Industriegebieten, Veranstaltung von Messen und Märkten, Grundstücksbevorratung, Einrichtung von Gewerbe- und Technologieparks, Altlasten- und Flächensanierung, Brachflächenmanagement und Standortmarketing, Tourismusförderung[934], Anmietung leer stehender Gewerberäume, um sie zur Aufwertung einer Geschäftsstraße günstig an Start Ups zu vermieten.

VI. Kein Anspruch auf Wirtschaftsförderung

306 Grundstücksbesitzer und Unternehmer haben zwar das Recht, bei einer Kommune Anträge auf Wirtschaftsförderung zu stellen. Sie haben jedoch **keinen subjektivrechtlichen Anspruch auf konkrete Wirtschaftsförderungen**, weil das kommunale Haushaltsrecht jenseits spezialgesetzlicher Regelungen keine Ansprüche Dritter begründet (Art. 64 Abs. 3 S. 3 BayGO, § 80 Abs. 4 S. 2 BWGO, § 79 Abs. 3 S. 3 NWGO). Im Übrigen steht die Leistungsgewährung im Ermessen der Kommune. Davon sind gelegentlich existierende verfahrensrechtlich begründete **Auskunfts- und Beratungsrechte** zu unterscheiden.

---

933 *Stober/Korte*, Öffentliches Wirtschaftsrecht, Allgemeiner Teil, 20 Aufl. Rn. 977 ff.
934 BGH, NJW 2023, 3361.

VI. Kein Anspruch auf Wirtschaftsförderung

Lösung des Praxisfalls:
Es ist zu prüfen, ob F einen Anspruch auf Festsetzung eines privaten Marktes nach § 69 GewO besitzt. Dem Antrag könnte § 69a GewO entgegenstehen, sofern ein öffentliches Interesse von G besteht, die Veranstaltung selbst durchzuführen. Diese Option kann sich aus kommunalrechtlichen Vorschriften ergeben, die das wirtschaftliche Gebaren der Gemeinde regeln. Die Gemeindeordnungen gestatten die Veranstaltung traditioneller kommunaler Wochenmärkte auf öffentlichen Flächen als öffentliche Einrichtung, da diese Tätigkeit der wirtschaftlichen Betreuung der Einwohner dient. Dabei handelt es sich um keine wirtschaftliche Aktivität. Vielmehr sind Märkte Bestandteil der kommunalen Wirtschaftsförderung, die, betrieben als kommunale Einrichtung, marktergänzende und wettbewerbssichernde Funktion und im öffentlichen Interesse liegen.
Folglich ist der Antrag von F wegen des vorhandenen öffentlichen Interesses der Gemeinde an einer Durchführung der Veranstaltung abzulehnen.

§ 14 Kommunalrecht und Sicherheitsstaatsprinzip

> **Praxisfall:**
> K wendet sich gegen die, aus kriminalitätsbelasteten Gründen veranlasste kommunale Videoüberwachung des öffentlich zugänglichen und als öffentliche Einrichtung gewidmeten Klostergartens. Er begehrt von der Gemeinde G Unterlassung der Videoüberwachung und der Aufzeichnungen der Videobilder seiner Person.
> Hat K einen Unterlassungsanspruch gegen die Gemeinde G?
> (BVerwG, NVwZ 2024, 1256)
> Hinweis: Nach Art. 24 Bay Datenschutzgesetz i. V. m. Art. 6 DSGVO ist eine Videoüberwachung unter Anderem zulässig, wenn sie im Rahmen der Erfüllung öffentlicher Aufgaben zum Schutz von Leben, Gesundheit oder Eigentum von Personen dient, die sich im Bereich der öffentlichen Einrichtung aufhalten. Das Gesetz gilt auch für Gemeinden.

I. Sicherheit als Kernbedürfnis der Ortsbevölkerung

307 Auf den ersten Blick scheint das **Sicherheitsstaatsprinzip** im Gegensatz zu den bisher erörterten Staatsgrundlagen nicht kommunalrelevant zu sein. Bei näherer Betrachtung zeigt sich jedoch, dass das **Rechtsgut Sicherheit** ein Grundbedürfnis aller Menschen, tradierter Hauptzweck des Staates sowie legitimitätsstiftende Aufgabe moderner Staatlichkeit ist[935]. Dementsprechend ist das Prinzip Sicherheit Regelungsgegenstand der EU (Art. 3 Abs. 2 EUV, Art. 67 AEUV, Art. 6 EU GR Charta) im Sinne eines „**core need**"[936]. Da eine ausformulierte Sicherheitsverfassung fehlt, ist von einer **offenen Sicherheitsverfassung** auszugehen[937]. Die Konkretisierung des Sicherheitsprinzips ist für jede und damit auch die Verwaltungstätigkeit auf der lokalen Ebene in einer komplexen, komplizierten, mobilen, digitalen und vernetzten Gesellschaft mit wachsenden Bedrohungen und Gefährdungen eine der größten Herausforderungen.

> Aus dieser Perspektive ist auch der moderne Staat ein Sicherheitsstaat[938], dessen Exekutive in der Lage sein muss, die vielfältigen Risiken und Gefahren zu bekämpfen, abzuwehren und präventiv zu bewältigen.

Da der **Sicherheitsbegriff** vielfältig und mehrdeutig ist, gibt es Überschneidungen mit dem Sozialstaat (s. o. § 6) und dem Infrastrukturstaat (s. o. § 10 I 2).

II. Sicherheit als Kernkompetenz der Bundesländer

308 Die Verantwortung für den hier relevanten Ausschnitt der **inneren Sicherheit und Ordnung** obliegt nach der Kompetenzverteilung des Grundgesetzes den Bundeslän-

---

935 *F. Becker*, NJW-Beilage 2/2024, 50.
936 *Sommermann*, Staatsziele und Staatsbestimmungen, 1997, 203.
937 *Stober*, in: Stober/Eisenmenger/Olschok (Hg.), Handbuch Sicherheitswirtschaft und Öffentlich-Private Sicherheitskooperation, 2023, 73.
938 *Sofsky*, Das Prinzip Sicherheit 2005; *Pitschas*, in: Benz/Siedentopf/Sommermann (Hg.), FS König, 2004, 285 ff.

dern, während der Bund nur über die für die Wahrnehmung gesamtstaatlich relevanter Sicherheitsaufgaben erforderlichen Zuständigkeiten verfügt[939].

Beispiel: Nach Art. 35 Abs. 2 GG kann ein Land zur Aufrechterhaltung der öffentlichen Sicherheit und Ordnung in besonderen Fällen Kräfte und Einrichtungen der Bundespolizei zur Unterstützung seiner Polizei anfordern.

III. Kommunalrecht und Sicherheit und Ordnung

Diese Einordnung schließt eine kommunale Aufgabenerfüllung in den Sektoren Sicherheit und Ordnung nicht zwingend aus. Zum einen haben sich die Gemeinden spätestens seit dem Mittelalter mit bestimmten lokal sicherheitsrelevanten Aufgaben befasst.

Beispiele: Seuchenbekämpfung, Bestattungswesen.

Angesichts dieser klassischen Repräsentanten zählen örtliche Sicherheitsinteressen zu dem überkommenen kommunalen Betätigungsfeld und sind damit Bestandteil der grundgesetzlich verankerten Selbstverwaltungsgarantie. Unabhängig davon ist rechtstatsächlich unbestreitbar, dass Gefahren für die Bevölkerung in erster Linie und zuvörderst auf der lokalen Ebene entstehen. Deshalb besteht konsequenterweise zur Optimierung der Sicherheit und zur Verbesserung des subjektiven Sicherheitsgefühls ein Bedarf, Gefahren auch im Gemeindegebiet abzuwehren und vorsorgend im Sinne eines örtlichen Bevölkerungsschutzes[940] als „**urbane Sicherheit**" zu administrieren[941].

Vor diesem Hintergrund ist es sachgerecht und nachvollziehbar, dass die Bundesländer die Gemeinden auf unterschiedliche Weise an der **lokalen Verwaltung der Sicherheit und Ordnung** beteiligen. In erster Linie wird damit das Ziel einer **Dekonzentration der Exekutive** verfolgt, soweit auf der Kreis- und Gemeindeebene eigene staatliche Sicherheits- und Ordnungsbehörden eingespart und kommunale Erfahrungen sowie Ortskenntnis für eine bürgernahe Erledigung genutzt werden.

Die rechtlichen Maßstäbe für die Aufgabenwahrnehmung folgen aus der konkreten kommunalverfassungsrechtlichen Ausgestaltung. Nach dem erörterten **monistischen Aufgabenmodell** (s. o. § 3 IV 2) erledigen die Kommunen sämtliche Aufgaben auf der Ortsebene. Deshalb ist die Wahrnehmung sicherheits- und ordnungsrechtlicher Befugnisse eine **Pflichtaufgaben zur Erfüllung nach Weisung** (§ 2 Abs. 3 BWGO, § 3 Abs. 2 NWGO).

Beispiele: Überwachung von Geschwindigkeitsüberschreitungen (§ 3 NW Gesetz über Aufgaben und Befugnisse der Ordnungsbehörden, Brandschutz (§ 2 Abs. 2 NW Brandschutzgesetz). Melde- und Ausländerangelegenheiten.

Im Gegensatz dazu zählen Sicherheits- und Ordnungsaufgaben nach dem **dualistischen Modell** zum **übertragenen Wirkungskreis** im Sinne einer Auftrags- oder Fremdverwaltung (Art. 11 Abs. 3 BayVerf, Art. 8 Abs. 1 BayGO) zur Besorgung namens des Staates. Insoweit agieren die Kommunen als untere staatliche Verwaltungsbehörde.

Beispiele: Bauordnungsrecht, Gewerbeordnungsrecht, Straßenverkehrsrecht[942], Lebensmittelüberwachung, Veterinärangelegenheiten, Gesundheitswesen (§ 4 RP Gesetz über den öffentlichen Gesundheitsdienst), Meldewesen.

Diese rechtliche Zuordnung hat zur Folge, dass die staatliche Ordnungsverwaltung über ein **besonderes Aufsichtsrecht** verfügt, das unabhängig von der Kommunalaufsicht ausgeübt wird (s. o. § 7 III 5).

---

939 *F. Becker*, NJW-Beilage 2/2024, 50.
940 Freudenberg/von Lewinski Hg.), Handbuch Bevölkerungsschutz, 2024.
941 Deutsch-Europäisches Forum für Urbane Sicherheit (DEFUS): http://www.defus.de
942 BVerwG, DÖV 2023, 960.

Zwischenfrage: Erläutern Sie den Unterschied zwischen der Erfüllung von Sicherheits- und Ordnungsaufgaben nach dem monistischen und nach dem dualistischen Modell!

IV. Ausgewählte kommunale Sicherheits- und Ordnungsaufgaben

310 Der konkrete Kreis der sicherheits- und ordnungsrechtlichen Weisungs- und Auftragsangelegenheiten folgt aus landesrechtlichen Spezialgesetzen, die detailliert über die Aufgabenwahrnehmung Auskunft geben und hier nur exemplarisch aufgeführt werden können.

Kommunale Rettungsdienste sind in Kreisen und Gemeinden aufgrund der Landes-Rettungsdienstgesetze für eine flächendeckende und bedarfsgerechte Versorgung der Bevölkerung einschließlich der notärztlichen Betreuung sowie den qualifizierten Krankentranspost verantwortlich. Beruht der Rettungsdienst auf der Basis des **Submissionsmodells**, dann sind die Dienste zuständig für Ausschreibung, Kontrolle und Leistungsvergütung. Dagegen erfolgt die Leistungserbringung nach dem **Konzessionsmodell** über eine Beauftragung der Kommune. In diesen Fällen verfügen die Rettungsdienste über ein Durchführungsrecht mit der Folge, dass sie Leistungen direkt mit den Versicherungen abrechnen können.

Die **Bekämpfung und Verhütung von Bränden** ist eine traditionelle kommunale Aufgabe, die früher vornehmlich **ehrenamtlich durch die Ortsbevölkerung** wahrgenommen wurde. An dieses überkommene Hilfeverständnis knüpft teilweise auch das moderne Brandschutzrecht an.

> **Beispiel:** § 1 NW Brandschutzgesetz verweist auf die Selbsthilfefähigkeit der Bevölkerung und spricht damit die Subsidiarität hauptamtlicher Brandbekämpfung an.

Aufgrund des rasanten technischen Fortschritts, der wachsenden Gemeindegrößen, der Mobilität der Menschen, zunehmender Katastrophenlagen und Bedarfe an Hilfeleistungen bestand die Notwendigkeit, neben der nach wie vor ehrenamtlich agierenden **freiwilligen Feuerwehr** in größeren Gemeinden und Kreisen **Berufsfeuerwehren** mit hauptamtlichen Einsatzkräften einzurichten (§§ 7 ff. NW Brandschutzgesetz). Kommt in einer Gemeinde eine freiwillige Feuerwehr nicht zustande, hat sie eine **Pflichtfeuerwehr** zu schaffen, zu der die Einwohner herangezogen werden können (§ 14 Abs. 2 NW Brandschutzgesetz).

Kommunale Sicherheits- und Ordnungsdienste sind als Folge der Funktionalreformen eine junge Erscheinung, welche die polizeilicher Aufgabenerledigung auf der Gemeindeebene komplettiert. Eine allgemein anerkannte Umschreibung dieses Tätigkeitsbereichs fehlt, weil länderabhängig diverse voneinander abweichende Variationen praktiziert werden[943], die kein einheitliches Schema erkennen lassen. Deshalb fungiert die Bezeichnung kommunale Sicherheits- und Ordnungsdienste als Sammelbegriff für nicht trennscharf nebeneinander existierende Escheinungsformen. Sie bezwecken, die bei unterschiedlichen Gefahren für die Ortsbevölkerung vorhandenen Sicherheitslücken zu schließen.

Ein Ordnungsmodell ist die sog. **Stadtpolizei** (§ 99 HeSOG), deren kommunale Vollzugsbeamte über Hoheitsbefugnisse verfügen. Davon ist der nicht normierte **Ordnungs- und Servicedienst** zu unterscheiden, der sich nicht auf Sonderrechte berufen kann, aber mit Mitteln zur Selbstverteidigung ausgestattet ist.

> **Beispiele:** Parkraumüberwachung, City-Streife, Lärmschutzkontrolle.

Im Gegensatz dazu beschränkt sich etwa der vornehmlich ehrenamtlich betriebene Ordnungsdienst in Bayern auf eine Beobachtungs- und Meldetätigkeit.

---

943 *Tuchscherer,* Stadtpolizei statt Polizei, 2017.

Im Interesse einer Stärkung der kommunalen **Kriminalitätsprävention** bestehen teilweise sog. **Ordnungspartnerschaften**. Hier wirken Polizei, Kommunen und private Sicherheitsdienste auf vertraglicher Grundlage zusammen, um möglichst optimale Sicherheitsergebnisse zu erreichen[944].

Ein weiteres zentrales Betätigungsfeld örtlich wirkender Sicherheits- und Ordnungsaufgaben ist die Bewältigung unterschiedlicher **straßenverkehrsrechtlicher Problemlagen**. Im Vordergrund steht das Anliegen der Kommunen, unterschiedlichen Bedürfnissen und Interessen der Ortsbevölkerung als Verkehrsteilnehmer gerecht zu werden. Die maßgeblichen Rechtsgrundlagen ergeben sich aus dem StVG und der StVO. Nach § 6 Abs. 4a S. 2 StVG sollen Rechtsverordnungen vorsehen, dass Gemeinden bei der zuständigen Behörde den Erlass von Anordnungen zur **Verbesserung des Schutzes der Umwelt** und zur **Unterstützung der städtebaulichen Entwicklung** beantragen können. Diese Ermächtigungen sind ein großer Schritt zur Stärkung des kommunalen Selbstverwaltungsrechts auf dem Verkehrssektor.

Ergänzend sieht § 45 Abs. 1b S. 3 StVO vor, dass Straßenverkehrsbehörden unter Anderem Parkmöglichkeiten für Anwohner verkehrsberuhigter Bereiche im **Einvernehmen mit den Gemeinden** anordnen können. Dasselbe gilt nach § 45 Abs. 1c StVO für die Errichtung von **Tempo 30 Zonen** innerhalb geschlossener Ortschaften. Allerdings ist die Umsetzung in diesen Fällen an die Erfüllung zahlreicher Voraussetzungen gebunden, die das kommunale Selbstverwaltungsrecht erheblich beschränken. Deshalb wird gefordert, die geltenden Bestimmungen weiter zu lockern und den Kommunen auf der Basis einer **flächenmäßigen Verkehrsplanung** mehr Befugnisse zur örtlichen Steuerung des Straßenverkehrs einzuräumen.

V. Kein ordnungsrechtlicher Anspruch auf Tätigwerden der Kommune

Das Polizei- und Ordnungsrecht dient dem öffentlichen Interesse und folgt dem **Opportunitätsprinzip**. Deshalb besteht grundsätzlich kein Anspruch der Einwohner auf Einschreiten der Ordnungsbehörden zu ihren Gunsten.

> **Lösung des Praxisfalls:**
> Es ist unklar, ob K einen Unterlassungsanspruch gegenüber G besitzt. Nach Art. 24 Bay Datenschutzgesetz ist eine Videoüberwachung von G in kriminalitätsbelasteten öffentlichen Einrichtungen zulässig, weil sie dem Schutz von Leben und Gesundheit dient und die Gemeinde für die Gefahrenabwehr zuständig ist. Die Videoüberwachung darf aber nicht gegen Grundrechte verstoßen. Insofern kann sich K zwar auf das von Art. 2 Abs. 1 i. V. m. Art. 1 Abs. 1 GG geschützte Grundrecht auf informationelle Selbstbestimmung berufen, das einen subjektiv-öffentlich-rechtlichen Unterlassungsanspruch begründet. Dieser Anspruch kommt jedoch nur zum Zuge, wenn der Eingriff rechtswidrig wäre. Ob dies der Fall ist, beurteilt sich nach § 24 Bay Datenschutzgesetz. Angesichts der kriminalitätsbelasteten Ausgangslage des Klostergartens ist dies jedoch zu verneinen. Deshalb kann die Videoüberwachung allenfalls noch gegen den Grundsatz der Verhältnismäßigkeit verstoßen. Insoweit ist festzustellen, dass die Überwachung zur Bekämpfung der Kriminalitätslage geeignet und erforderlich sowie wegen der vorliegenden öffentlichen Interessen für K zumutbar ist. Folglich ist ein Unterlassungsanspruch abzulehnen.

---

944 *Stober*, GSZ 2020, 14; *Frevel*, GSZ 2020, 2017; *Eisenmenger*, in Stober/Eisenmenger/Olschok (Hg.). Handbuch Sicherheitswirtschaft und Öffentlich-Private Sicherheitskooperation, 2023, 337 ff.

§ 15 Kommunalrecht und Grundrechtsstaatsprinzip

> **Praxisfall:**
> Die Gemeinde G beabsichtigt, sechs in ihrer Gemarkung innerhalb eines Bebauungsplanes liegende Grundstücke im Baugebiet „Obere Halde" zu veräußern. Zu diesem Zweck beschloss der Gemeinderat von G „Vergaberichtlinien für die Zuteilung gemeindeeigener Grundstücke unter Zugrundelegung von Bestpreis-, Konzeptqualitäts- und Bewerber-Eignungskriterien". Die aus Privatpersonen bestehenden Antragsteller A bewarben sich als Bauherrengemeinschaft, die mit einer GmbH als Bauträgerin auf dem Baugebiet vier Doppelhaushälften errichten wollten. Ferner bewarben sich mehrere Firmen, die als GmbH-Bauträger am Markt agieren.
> Der Gemeinderat erörterte die Bewerbungen und stellte fest, dass die Unterlagen der Antragsteller nicht vollständig seien und es sich weniger um Baukonzepte als eher um Baugesuche handle. Ferner verfügten die Antragssteller nicht über die Fachkunde zur Errichtung von Reihenhäusern. Deshalb lehnte der Gemeinderat von G die Vergabe an die A ab. Dagegen wollen sich die Antragsteller wehren.
> (BWVGH, DVBl 2022, 1353)
> Prüfen Sie, ob die Antragsteller ein Recht darauf haben, bei der Vergabe berücksichtigt zu werden.

I. Dimensionen der Grundrechtsgeltung im Kommunalrecht

312 Das Kommunalrecht wurde bislang hauptsächlich aus der Perspektive **objektivrechtlich wirkender Verfassungsprinzipien** fruchtbar gemacht. Davon ist die subjektivrechtliche Seite zu trennen, die sich in der grundrechtlichen Ausgestaltung des Verfassungsrechts spiegelt. Dieser Aspekt wurde zwar schon in unterschiedlichen Sachzusammenhängen mehrfach gestreift, weil kommunalrechtliche Sachverhalte häufig einen Grundrechtsbezug aufweisen. Davon ist aber die systematische Darstellung der Grundrechte zu unterscheiden. Aus dieser Perspektive ist das **Grundrechtsstaatsprinzip** für die kommunale Ebene aus zwei Richtungen zu entfalten.
Es betrifft zum einen das bereits erörterte Verhältnis zwischen Staat und Gemeinde aus dem Blickwinkel des **Selbstverwaltungsrechts**. Hier standen die **Grundrechtsfähigkeit von Kommunen** (s. o. § 4 XX) sowie die **Privatrechtsgeltung der Grundrechte** (s. o. § 4 XVI 3) im Mittelpunkt.
Zum anderen geht es um die hier interessierende Problematik, nach welchen grundrechtlichen Maximen das Handeln der Kommunalverwaltung gegenüber Einwohnern, Bürgern, ausländischen Mitmenschen, Unternehmern und Grundstücksbesitzern zu erfolgen hat. Oberster Maßstab jeglicher lokaler Verwaltungstätigkeit ist die Beachtung der **Menschenwürde** (Art. 1 Abs. 1 GG). Dieser höchste Verfassungswert belegt, dass der Mensch nicht Objekt der Verwaltung ist. Er steht vielmehr im Zentrum der Verwaltungsrechtsordnung, der **dienende Funktion** zu kommt[945].
Die umfassende Grundrechtsgeltung für die vollziehende Gewalt folgt aus Art. 1 Abs. 3 und Art. 20 Abs. 3 GG, welche die Bindung als unmittelbar geltendes Recht vorschreiben. Die EU-GR Charta ergänzt diese Regeln (Art. 6 EUV i. V. m. Art. 1 ff. EU GR Ch),

---

[945] *Jarass*, in Jarass/Pieroth, GG-Kommentar 18. Aufl. Art. 1 Rn. *1; Stober*, in: Wolff/Bachof/Stober/Kluth, Verwaltungsrecht I, 14. Aufl. § 2 Rn. 4.

die allerdings ausweislich des Art. 51 EU GR Ch lediglich für EU-Organe sowie Mitgliedstaaten und nur für die Durchführung des Rechts der Union anwendbar ist.

Beispiele: Aktives und passives Wahlrecht zu den Kommunalwahlen (Art. 40 EU GR Charta), Recht auf Bildung (Art. 14 EU GR Charta).

Teilweise werden die bundesverfassungsrechtlichen Vorgaben in Landesverfassungen deklaratorisch wiederholt Die Bundesländer dürfen ferner eigene, auch von den Kommunen zu beachtende Grundrechte einführen, soweit sie hierfür die Gesetzgebungskompetenz besitzen.

Beispiel: Anspruch auf Erziehung und Bildung (Art. 11 Abs. 1 BWVerf).

Grundpflichten der Einwohner und Bürger werden nur gelegentlich und nur insoweit erwähnt, als die Kommunen auf die Mitwirkung der Ortsbevölkerung bei der Wahrnehmung von Verwaltungsaufgaben angewiesen sind.

Beispiel: Art. 12 Abs. 2 GG gestattet herkömmliche, allgemeine, für alle gleiche Dienstleistungspflichten bei Notlagen.

II. Funktionen der Grundrechte auf der Kommunalebene

Grundrechte fungieren zunächst als **Abwehrrechte gegenüber kommunalem Handeln**, indem sie der Verwaltung zustehende Optionen beschränken.

Beispiele: Eine Gewerbeerlaubnis ist zu erteilen, wenn die Voraussetzungen hierfür gegeben, weil eine Versagung die Berufsfreiheit des Antragstellers beeinträchtigen würde. Das von Art. 2 Abs. 1 i. V. m. Art. 1 Abs. 1 GG geschützte Recht auf informationelle Selbstbestimmung kann einer kommunalen Videoüberwachung entgegenstehen[946].

Grundrechte haben ferner letztlich aus der Wertentscheidung des Art. 1 Abs. 1 S. 2 GG ableitbaren **Schutzpflichtcharakter**[947]. Diese Dimension gebietet, dass die Gemeinden und Kreise unbeschadet eines ihnen zustehenden Wertungs- und Gestaltungsspielraumes dafür sorgen müssen, dass Rechtsgefährdungen vermieden werden.

Beispiele: Die Privatisierung öffentliche Dienstleistungen sowie die Kooperation zwischen Gemeinden und privaten Leistungsträgern darf nicht zur Vernachlässigung der kommunalen Gewährleistungsverantwortung führen. Eine Satzungsbestimmung, wonach Grabsteine, die nach Ablauf einer Frist entschädigungslos in die Verfügungsgewalt des Friedhofträgers fallen, verstößt nicht gegen die Eigentumsgarantie[948].

Grundrechte können außerdem **Leistungsrechte** gegenüber Kommunen begründen.

Beispiele: Aus Art. 1 und 20 GG folgt ein Anspruch auf Leistungen zur Sicherung des Existenzminimums. Leistungsrechte können sich ferner auf chancengleiche Teilhabe an vorhandenen kommunalen Einrichtungen ergeben.

Grundrechte als Verfahrensrechte sind Voraussetzung für die Verfolgung und Durchsetzung materieller Grundrechte gegenüber der Kommunalverwaltung.
Zwischenfrage: Beschreiben Sie die grundrechtlichen Funktionen auf der Kommunalebene!

III. Grundrecht auf gute Kommunalverwaltung?

Fasst man diese Grundrechtsfunktionen zusammen, dann stellt sich die Frage, ob sich hieraus ganz allgemein ein **Anspruch auf eine gute Kommunalverwaltung** ableiten

---

946 BVerwG, NVwZ 2024, 1256.
947 *Jarass*, in Jarass/Pieroth, GG-Kommentar 18. Aufl. Vorbem. 32 vor Art. 1 GG.
948 BayVGH, NJW 2023, 3179.

lässt. Insoweit könnte Art. 41 Abs. 1 EU GR Charta greifen. Danach hat jede Person ein Recht darauf, dass ihre Angelegenheiten von den EU-Organen und Einrichtungen unparteiisch, gerecht und innerhalb angemessener Frist behandelt wird. Dieser, elementare Verfahrensstandards absichernde Anspruch bezieht sich allerdings nach seinem klaren Wortlaut nur auf die EU-Ebene[949].

Deshalb kann nur geprüft werden, ob sich dieses Recht auch auf das Grundgesetz stützen lässt. Insoweit wird darauf hingewiesen, dass diese EU-Ausprägung einen **faktischen Unitarisierungsdruck** auslöse[950], der den *„esprit de corps"* realisiere[951]. Dabei handelt es sich jedoch lediglich um eine politische Forderung und einen Appell an den Beamtenethos. Zudem ist ein Rückgriff auf Art. 41 Abs. 1 EU GR Charta entbehrlich, da die genannten Verfahrenspositionen sämtlich Bestandteil des deutschen Verfahrensrechts sind und schon längst zur **urban governance** gehören.

IV. Gleichheitsrechte für die Ortsbevölkerung und Bewerber

315 Die Gemeindeverwaltung ist aufgrund verfassungsrechtlicher Vorgaben – entgegen dem Wortlaut des Art. 3 Abs. 1 GG – verpflichtet, bei ihrem Handeln die **Gleichheitsgebote** zu beachten (Rechtsanwendungsgleichheit). Die Faustformel lautet:

> Gleiche Sachverhalte sind nicht ohne sachlichen Grund ungleich und ungleiche Sachverhalte nicht ohne sachlichen Grund gleich zu behandeln.

Beispiel: Kreis K schließt in seiner Benutzungsordnung die Nutzung von Kreiseinrichtungen für „religiöse Gemeinschaften oder sonstige religiöse Gruppierungen" aus. V. möchte die Kreisräume für eine Jugendweihe-Veranstaltung nutzen. K lehnt den Antrag mit der Begründung ab, die Benutzungsordnung gelte auch für Weltanschauungsgemeinschaften. Der Wortlaut des Art. 4 Abs. 1 GG trennt zwischen Religionen und Weltanschauungsgemeinschaften, weshalb der Begriff Religion kein Oberbegriff ist, der Weltanschauungsgemeinschaften einschließt. Deshalb hätte K zur Vermeidung von Abgrenzungsschwierigkeiten die Weltanschauungsgemeinschaften ausdrücklich in der Benutzungsordnung erwähnen müssen. Da dies nicht geschehen ist, verstößt der Nutzungsausschluss gegen Art. 3 Abs. 1 GG, da ungleiche Sachverhalte gleichbehandelt werden und dafür ein sachlicher Grund fehlt[952].

Besondere Differenzierungsverbote enthalten Art. 3 Abs. 2 und 3 GG, die dem allgemeinen Gleichheitssatz vorgehen. Sie stellen darauf ab, dass Männer und Frauen gleichberechtigt und überkommene Rollenverständnisse irrelevant sind. Zur intensiven Verwirklichung des Verfassungsgebotes der Gleichbehandlung bestellten Gemeinden **Gleichstellungsbeauftragte** (§ 5 NWGO).

Beispiele: Für Frauen dürfen bei von Kommunen geförderten Unternehmensgründungen andere Zugangsbedingungen gelten als für Männer, um nur sie treffende Nachteile auszugleichen[953]. Die Vergabe öffentlicher kommunaler Aufträge darf nicht nach parteipolitischen Erwägungen erfolgen. Die Vergabe von Stellplätzen für Märkte nach § 70 Abs. 3 GewO hat bei Auswahlentscheidungen anhand objektiver nichtdiskriminierender Kriterien zu erfolgen[954].

---

949 EuGH, NVwZ 2019, 1664 – s. o. § 7 III 3).
950 *Kahl*, NJW 20111, 449.
951 *Voßkuhle/Kaiser*, in: Voßkuhle/Eifert/Möllers (Hg.), Grundlagen des Verwaltungsrechts, 3. Aufl. 2022, § 41 Rn. 51 ff.
952 SächsOVG, DVBl 2021, 1316.
953 BVerwG, NVwZ 2003, 92 zum Handwerksbereich.
954 NWOVG, NVwZ-RR 2017, 690.

IV. Gleichheitsrechte für die Ortsbevölkerung und Bewerber

Besonderer Erwähnung bedarf die Notwendigkeit einer Gleichbehandlung für den Fall, dass die Gemeindeverwaltung ihre Entscheidungen auf der Grundlage von **Verwaltungsvorschriften** trifft. Bei dieser Ausgangssituation verstößt die Gemeinde gegen den Gleichheitssatz, wenn sie nicht alle dem in der Verwaltungsvorschrift vorgeschriebenen Vergleichsmaßstab entsprechende Einzelfälle gleichmäßig entscheidet (**Grundsatz der Selbstbindung der Verwaltung**).

Beispiel: Eine Selbstbindung der Verwaltung kann sich durch jahrelang gewährte Sperrzeitverkürzungen ergeben[955].

Zwischenfrage: Was verstehen Sie unter dem Grundsatz der Selbstbindung der Kommunalverwaltung?

Lösung des Praxisfalls:
Es ist zu klären, ob die Gemeinde G mit ihrer Auswahlentscheidung Art. 3 Abs. 1 GG verletzt. Das wäre dann der Fall, wenn sich die Antragsteller auf einen Vergabeverfahrensanspruch berufen könnten, der ihnen ein Recht auf einer ermessensfehlerfreie Vergabeentscheidung einräumen würde. Insoweit muss jeder Mitbewerber aufgrund seines Anspruchs auf Gleichbehandlung eine faire Chance erhalten, nach Maßgabe der für die spezifische Vergabe wesentlichen Kriterien und des vorgesehenen Verfahrens berücksichtigt zu werden. Voraussetzung hierfür ist, dass G ermessenslenkende Richtlinien so klar und eindeutig formuliert, dass jeder verständige Bewerber sie gleichermaßen verstehen und seine Chancen abschätzen kann. Dieses Transparenzgebot soll das Bieterverfahren strukturieren und Rechtssicherheit gewährleisten. Daran fehlt es hier, weil die Richtlinien suggerieren, dass sich auch private Bauherrengemeinschaften bewerben können. Deshalb beruhte die Vergabeentscheidung auf gleichheitswidrigen und damit unwirksamen Vergaberichtlinien.
Im Ergebnis steht den Antragstellern ein Anspruch auf Berücksichtigung bei der Auswahlentscheidung zu.

---

955   BWVGH, NVwZ-RR 2019, 774; NWOVG, GewArch 2020, 190.

Stichwortverzeichnis

Die Ziffern verweisen auf die Randnummern.

A
Abgaben 294
Abgabenhoheit 98
Abgabenstaatsprinzip 253, 277
Abschichtung von Gemeinde- und Kreisaufgaben 132
Abwahl 174
Abwehrrechte 313
Allgemeines Kommunalrecht mit allgemeinen Grundsätzen 2
Allzuständigkeit der Gemeinde 90
Amtshaftung 126
Anschlusszwang 248
Anwendungsvorrang 22
Aufgabenbezogene Herausforderungen 15
aufsichtsrechtliche Maßnahmen 300
Auftrags- und Weisungsaufgaben 100, 273
Aufwandsentschädigung 49
Ausgabenhoheit 98
Ausländer 171
Ausschüsse 65

B
Bauleitplanung 91
Befangenheit
– Mitwirkungsverbot 50
Beigeordnete 70
Beiräte 73
Benutzungszwang 248
Bestandsgarantie 88
Bestimmung der Kreisaufgaben 133
Beteiligung der Öffentlichkeit 227
Bezirksvertretung 72
Bundesstat 27
Bürger 162
Bürgerbegehren 166
Bürgerentscheid 166
Bürgermeister 67
Bürgerversammlung 165

C
core need 307

D
Dekonzentration 38
Dezentralisierung 38, *siehe auch Grundprinzipien*
dualistisches Modell 309

E
Ehrenamt 48
ehrenamtliche Mitarbeit 169

Eigener Wirkungskreis 33
Eigenverantwortlichkeit, der Gemeinde 92
Einheitsgemeinde 40
Einkommensteuer 262
Einwohner 158 f., 161
EU-Beihilferecht 304
EU-Charta der Grundrechte 23
Europäische Charta der kommunalen Selbstverwaltung 23

F
fachaufsichtliche Maßnahmen 219
fakultativer Gemeindefinanzausgleich 274
Finanzhilfen 264
Finanzhoheit 279
Finanzmittel 256
fiskalische Hilfsgeschäfte 284
formelle Satzung 101
Fraktionen 71
freiwillige Kommunalaufgaben 250

G
Gebietshoheit 94
Gebietskörperschaft 94
Gebühren und Beiträge 266
Gefährdungshaftung 123
Gegenstromprinzip 25, 99
Gemeinde
– finanzielle Eigenverantwortung *siehe finanzielle Eigenverantwortung*
Gemeinderat 47
– Aufgaben 54
– Führungs- und Kontrollaufgaben 53
– Öffentlichkeit 56
– Teil der Exekutive 47
– Vorsitzender 61
Gemeinderatsbeschluss 60
Gemeinderatsitzung
– Beschlussfähigkeit 57
Gemeinderatssitzung
– formelles Prüfungsrecht 58
– materielles Prüfungsrecht 58
Gemeinschaftsaufgabe 36, 223
Geschäfte der laufenden Verwaltung 68
Geschäftsordnung 55
Gesetzesvorbehalt 149, 203, 258
Gesetzgebungskompetenz 28
Gesetzliche Vertretung 120
Gesundheitshilfe 189
Gewährleistung der kommunalen Selbstverwaltung 81
Gewährleistungsverwaltung 237

217

Stichwortverzeichnis

Gewerbesteuer 260
Gleichbehandlung 97
Gleichbehandlungsgesetz 97
Grund- und Gewerbesteuer 260
Grundgesetz der Kommunalverwaltung 2
Grundprinzipien 38
Grundrechte
– Privatrechtsgeltung 119
Grundrechtsfähigkeit 312
– von Kommunen 89
Grundrechtsfähigkeit von Gemeinden und Gemeindeunternehmen 150
Grundrechtsstaatsprinzip 312
Grundsatz der Selbstbindung der Verwaltung 315
gute Kommunalverwaltung 314

H
Haftung
– Auschluss 126
– kommunales Benutzungsverhältnis 125
– Rückgriff 126
Handeln im eigenen Namen 117
Haushaltsplan 280
Hebesatzrecht 260
Homogenitätsgebot 4
Homogenitätsgrundsatz 27

I
Idee der Selbstversorgung 91
Informationshoheit 116
Infrastrukturprinzip 234
Inklusionsmaßnahmen 195
Inkompatibilität 179
innere Sicherheit und Ordnung 308

J
Jedermann-Verfassungsbeschwerde 151

K
Kapazität der öffentlichen Einrichtung 245
Kausalität
– abstrakte 50
– konkrete 50
Klage bei den Verwaltungsgerichten 156
Klageart 77, 252
Klagebefugnis 252
kommunale Doppik 280
kommunale Erfüllungsgehilfen 241
kommunale Gefahrenabwehr 192
kommunale Gemeinschaftsarbeit 136
kommunale Haftung 122
kommunale Kulturaktivität 230
kommunale Pflichtaufgabe 33
kommunale Verfassungsbeschwerde
– Prüfungsaufbau 155
kommunale Wahlbeamte 173
kommunale Wahlrechtsgrundsätze 175
kommunale wirtschaftliche Tätigkeit 300
kommunale Wirtschaftsförderung 301 f.

kommunale Zusammenarbeit 135
kommunale Zweckverbände 44
kommunaler Finanzausgleich 275
kommunaler Klimaschutz 223
kommunaler Kulturauftrag 229
kommunaler Leistungsauftrag 286
kommunaler Spitzenverband 141
kommunaler Sport 191
kommunales Aufgabenerfindungsrecht 131
kommunales Haushaltsrecht 286
kommunales Integrationsmanagement 194
Kommunalfinanzierung 256
Kommunalpolitik 12
kommunalpolitische Komponente 289
Kommunalprozessrecht 2
Kommunalrecht
– besonderes 2
– gesamteuropäisch 22
– Geschichte 83
– grundgesetzliche Bezüge 29
– im engeren Sinne 9
– im weiteren Sinne 9
– in- und ausländisches 2
– Kodifikation 10
– Kommunalwissenschaft 11
– Konsolidierung 10
– materielles 2
– unionales und internationales 2
– Unionsrecht, Einfluss 24
kommunalrechtliche Schrankentrias 289
Kommunalrechtspolitik 13, *siehe auch Kommunalwissenschaft*
Kommunalrechtssystem 31
– dualistisch 31
– monistisch 31 f.
Kommunalunion
– Rechtsgrundlagen
– Vertrag von Lissabon 23
Kommunalverfahrensrecht 2
Kommunalverfassungsbeschwerde 152
Kommunalverfassungsmodelle 30
Kommunalverfassungsstreitverfahren 59
– Rechtsaufsicht 74
Kommune
– wirtschaftliche Betätigung 284
konkrete Wirtschaftsförderung 306
Kooperationshoheit 115
Kreise, s Landkreise 41
kreiskommunale Aufgaben 133
Kriminalitätsprävention 310
kritische Infrastrukturen 235

L
Landesverfassungsrecht 146
Landkreise 41
Landschafts- und Bezirksverbände 43
Leistungsklage 252
Leistungsrechte 313

Stichwortverzeichnis

M
Mandat 48
materielles Vorprüfungsrecht 63
Maximalprinzip 280
Mischverwaltung 36
mittelbare Wirtschaftsförderung 305
Mitwirkungsrechte 99
Modell
– dualistisch 32
– monistisch 32
monistisches Aufgabenmodell 309

N
Namensrecht 117
Normenkontrolle 111
– abstrakte 112
– inzident 111

O
öffentliche Einrichtung 238
öffentlicher Personennahverkehr 224
öffentlich-rechtliche Streitigkeiten 76
öffentlich-rechtliche Vereinbarung 138
Opportunitätsprinzip 215, 300, 311
Ordnungsmaßnahmen 59
ordnungspolitische Komponente 304
Organisationsermessen 295
Organisationsformern 295
Organisationshoheit 95, 239
Organkompetenz 104
Organleihe 35
örtliche Gemeinschaft 91

P
Parteifähigkeit 118
Personalhoheit
– kommunale 96
Pflichtaufgaben 299
Pflichtverband 139
Planungshoheit 99
Primat der Wirtschaftlichkeit 277
Privatisierung von Kommunalaufgaben 299
Privatrechtliche Zusammenschüsse 140
Privatrechtsgeltung 312
Prozessfähigkei 118
Public Corporate Governance-Kodizes 296
Public-Private-Partnership 272, 299
Publikation 106

R
Recht auf eine gute Verwaltung 201
Recht der Selbstverwaltung 7
Rechtmäßigkeitskontrolle 33, 206
Rechtsanspruch der Bürger 102
Rechtsaufsicht 207
rechtsfähige Anstalt 240
rechtsfähige Anstalt des öffentlichen Rechts 297
Rechtsfähigkeit 118
Rechtsgut Sicherheit 307

Rechtsschutz 121, 217
Rechtsstaatsprinzip 197
repressive Aufsichtsmittel 213

S
Sandwichposition 17
Satzung
– Nichtigkeit 108
– Rechtmäßigkeit 108
– Rechtsschutz f. 110
Satzungsfehler 108
– Geltungsfiktion 108
– Heilungstatbestand 108
– Unbeachtlichkeitsregel 108
Satzungshoheit 100, 107
Schranken wirtschaftlicher Betätigung 293
Schutzpflichtcharakter 313
Schutzpflichten 93
Selbstverwaltung 117, 143
– Bundesgesetze 145
– EU 144
– juristisch 85
– Landesgesetze 147
– Landesverfassungsrecht 146
– politisch 85
– Schranke Art. 28 Abs. 2 GG 143
– Verwaltungsvorschriften 148
Selbstverwaltungsaufgaben 33
Selbstverwaltungsgarantie als Grundrecht 89
Selbstverwaltungsrecht 312
Sichcrhcit und Ordnung 309
Sicherheitsstaatsprinzip 307
Sitzungsablauf 63
Solidaritätsprinzip 183
Sonderabgaben 269
Sonderlastenausgleich 264
Sonderopfer 127
Sozial- und Umweltpflichtigkeit 249
Sozialaufgaben 185
Sozialhilfe 188
Sozialstaatsprinzip 183
Spiegelbild des Verfassungsrechts 4
Staatshaftungsrecht 122
Staatsziel
– landesverfassungsrechtlich 5
Stadt-Umland-Verbände 42
Steuererfindungsrecht 265
Steuern 259
– echte 259
– unechte 259
Subjektives Bürgerrecht 168
Subjektstheorie 246
Subsidiaritätsgrundsatz 153
Subsidiaritätsprinzip 38, 131, 258, 304
sustainable city 221

T
Territorialprinzip 94, 107
think global, act local 301
Treuepflicht 51

Stichwortverzeichnis

U
überregionale Zusammenarbeit 142
übertragene Aufgaben 69
übertragener Wirkungskreis 96
unerlaubte Handlung
– Haftung 124
– Verkehrssicherungspflicht 124
Unionsbürger 170
Unionsrecht 144
Universalitätzuständigkeit 90, *siehe auch Allzuständigkeit der Gemeinde*
unmittelbarer Vorteil 50
untere Verwaltungsbehörde 34
Unterlassungsanspruch nach dem UWG 300
urban governance 314
urbane Sicherheit 309

V
Verantwortung
– verwaltungsintern 16
Verbandskompetenz 104
Verbrauch- und Aufwandsteuer 261
Verdienstausfall 49
Verfahrens- und Formvorschriften 105
Verfahrensvorgaben 291
Verfassungsbeschwerde 113, 121
Verfassungsprinzip
– Republikprinzip 6

– Unionsprinzip 6
Verfassungsprinzipien 6
– Grundrechte 6
Verpflichtungsklage 252
Verschwiegenheitspflicht 52
Vertretungsverbot 51
Verwaltungsakt 182, 216
Verwaltungsgericht 251
Verwaltungshoheit 114
Verwaltungsverantwortung
– verwaltungsextern 16

W
Weisungsaufgaben 218
Wesentlichkeitstheorie 101
Wettbewerbsrecht 293
Wettbewerbsregeln 285
Widmung 238
wirtschaftliche Gesichtspunkte 288
Wirtschaftlichkeitsprinzip 277 f.
Wirtschaftsförderung 303
Wirtschaftsförderungsprinzip 301

Z
Zulassung zu einer öffentlichen Einrichtung 247
Zweckverband 139
Zweckverbandsversammlung 139
Zweistufentheorie 246